Florian Arnold, Johannes C. Bernhardt, Daniel Martin Feige, Christian Schröter (Hg.)
Digitalität von A bis Z

Edition Medienwissenschaft | Band 104

Florian Arnold ist akademischer Mitarbeiter an der Staatlichen Akademie der Bildenden Künste Stuttgart. Philosophische Promotion an der Universität Heidelberg, designwissenschaftliche Promotion an der HfG Offenbach. Verantwortlicher Redakteur der *Philosophischen Rundschau* und Co-Host des Podcasts ARNOLD&ARNOLD. Forschungen u.a. zu Medientheorie und Metaphysik, Ästhetik und Design.
Johannes C. Bernhardt ist Kulturhistoriker und lehrt an der Universität Konstanz. Nach Stationen an den Universitäten Freiburg, Mannheim und Bochum arbeitete er von 2017 bis 2023 am Badischen Landesmuseum an der Schnittstelle von Digitalität und Partizipation, der Entwicklung des Digitalen Museums und Anwendungen Künstlicher Intelligenz. Schwerpunkte seiner Arbeit sind die Alte Geschichte, Kulturmanagement und digitale Transformation.
Daniel Martin Feige (Prof. Dr.) ist Professor für Philosophie und Ästhetik an der Staatlichen Akademie der Bildenden Künste Stuttgart. Er forscht und publiziert zu Themen der philosophischen Ästhetik und philosophischen Anthropologie sowie ihren Bezügen zu klassischen Fragen der theoretischen und praktischen Philosophie.
Christian Schröter ist Technikphilosoph, Wissenshistoriker sowie leitender Koordinator der Nationalen Forschungsdateninfrastruktur für materielle und immaterielle Kultur (NFDI4Culture) an der Digitalen Akademie der Akademie der Wissenschaften und der Literatur Mainz. Er publizierte zur Digitalität sowie zum Öffnen von Black Boxes und wurde in Heidelberg mit einer Arbeit zu Alan Turings Maschinen promoviert.

Florian Arnold, Johannes C. Bernhardt, Daniel Martin Feige,
Christian Schröter (Hg.)

Digitalität von A bis Z

Bibliografische Information der Deutschen Nationalbibliothek
Die Deutsche Nationalbibliothek verzeichnet diese Publikation in der Deutschen Nationalbibliografie; detaillierte bibliografische Daten sind im Internet über https://dnb.dnb.de/ abrufbar.

© **2024 transcript Verlag, Bielefeld**

Alle Rechte vorbehalten. Die Verwertung der Texte und Bilder ist ohne Zustimmung des Verlages urheberrechtswidrig und strafbar. Das gilt auch für Vervielfältigungen, Übersetzungen, Mikroverfilmungen und für die Verarbeitung mit elektronischen Systemen.

Umschlaggestaltung: Lily Bauerle
Korrektorat: Sophie Kraft, Martin Höhler, Hannah Bultmann
Druck: Majuskel Medienproduktion GmbH, Wetzlar
https://doi.org/10.14361/9783839467657
Print-ISBN: 978-3-8376-6765-3
PDF-ISBN: 978-3-8394-6765-7
Buchreihen-ISSN: 2569-2240
Buchreihen-eISSN: 2702-8984

Gedruckt auf alterungsbeständigem Papier mit chlorfrei gebleichtem Zellstoff.

Inhalt

Vorwort
Florian Arnold, Johannes C. Bernhardt, Daniel Martin Feige, Christian Schröter 9

Algorithmus
Christian Schröter 13

Anthropologie
Christoph Bareither 23

Ästhetik
Daniel Martin Feige 33

Bilder
Roland Meyer 41

Computerarchäologie
Stefan Höltgen 51

Computerspiele
Daniel Martin Feige 61

Daten
Christian Schröter 71

Digitale Geisteswissenschaften
Sybille Krämer 81

Emotion
Eva Weber-Guskar 93

Ethik
Catrin Misselhorn 103

Fiktion
Lisa Åkervall 115

Geist
Jörg Volbers 125

Geschichte
Rebekka Roschy 135

Hacken
Julia Gül Erdogan 145

Hypertext
Christian Wachter 155

Information
Rafael Capurro 165

Kapitalismus
Philipp Staab 175

Künstliche Intelligenz
Sebastian Rosengrün 185

Kultur
Johannes C. Bernhardt 195

Leben
Daniel Martin Feige 205

Maschinelles Lernen
Arno Schubbach 213

Materie
Florian Arnold 223

Netzwerk
Christian Schröter 233

Ontologie
Eva Seidlmayer 243

Politik
Johannes C. Bernhardt 253

Quanten
Jens Schröter 263

Raum
Jens Schröter 273

Recht
Sabine Müller-Mall 281

Risiko
Carsten Orwat 291

Simulation
Gabriele Gramelsberger 301

Sozialität
Armin Nassehi 309

Technizität
Petra Gehring 319

Transhumanismus
Florian Arnold 327

Überwachung
Roland Meyer 337

Vertrauen
Karoline Reinhardt 347

Virtualität
Jörg Noller 357

Visualität
Eva Schürmann 367

Wissen
Tom Poljanšek 379

Xeno
Jörg Sternagel 389

YOLO
Eva Gredel 399

Zukunft
Florian Arnold 409

Biographische Notizen 419

Index 427

Vorwort

Florian Arnold, Johannes C. Bernhardt, Daniel Martin Feige, Christian Schröter

Digitalität ist eines der zentralen Schlagworte der Gegenwart. Wie ein kursorischer Blick in die Geschichte der Medien- und Kommunikationstechnologien zeigt, gehört das Feld des Digitalen selbst in eine lange Reihe technischer Innovationen: Nach der Erfindung der Schrift und Gutenbergs Buchdruck denke man an den ersten Funkspruch über den Atlantik, die erste weltweite Fernsehübertragung, die erste Vorführung der multimedialen Möglichkeiten des Computers für weltweite Kommunikation (»die Mutter aller Demos«), das erste Foto der Erde aus dem All, die Einführung des Personal Computers und die Präsentation des ikonischen iPhones durch Steve Jobs. All diese Ereignisse markieren tiefe Einschnitte, nach denen die Lebens- und die Arbeitswelt auf eine bestimmte Art *anders* war als zuvor, und dies keineswegs nur für die jeweiligen Avantgarden. Die heute nicht mehr wegzudenkende Ubiquität des Internets und die jüngsten Entwicklungen um Künstliche Intelligenz, Large Language Models und ChatGPT reihen sich in diese lange Linie ein, zugleich ziehen sie aber auch eine neue Linie aus, die spätestens seit den 2000er Jahren als digitale Transformation verhandelt wird – verstanden als »ein in digitalen Technologien begründeter, kontinuierlicher Prozess der Veränderung, der alle Bereiche der Gesellschaft betrifft und ihre jeweiligen Funktionsweisen und Organisationsstrukturen von Grund auf neu formiert« (Hilgert 2024).

Digitalität und digitale Transformation sind Komplementärbegriffe. Das damit umrissene Spannungsfeld war lange eher Thema von utopischen Zukunftsvisionen oder dystopischer Science-Fiction. Marshall McLuhan (1968) etwa sah schon in den 1960er Jahren das Ende der Gutenberg-Galaxis gekommen, altehrwürdige Kulturtechniken wie das Lesen und Schreiben würden im elektronischen Zeitalter durch Medien ersetzt, die die Erschließung der Welt mit allen Sinnen neu bestimmen und diese zu einem globalen Dorf zusammenschrumpfen sollten. Seit dem berühmten Dartmouth Workshop schürte das Zauberwort Künstliche Intelligenz in den 1970er und 1980er Jahren in immer neuen Konjunkturen Phantasien und Ängste, die trotz scharfer Kritik etwa durch Joseph Weizenbaum (1978) mit hohen Hypotheken bis in die Gegenwart weiterwirken. Mit dem Ende des Kalten Krieges, der zunehmenden Globalisierung und der Etablierung des Internets wurden die zirkulierenden Versprechen in den 1990er Jahren handfester. Nicolas Negroponte (1995) skizzierte eine postdigitale Welt, in der *post* nicht das Überwinden oder gar die Opposition zum Digitalen meint, sondern seine selbstverständliche Integration in alle Bereiche menschlichen Lebens; Manuel Castells (1996–1998) prägte hingegen den Begriff der Netzwerkgesellschaft, um die globalen Umwälzungen in Wirtschaft, Politik und Kultur systematisch zu vermessen. Seit den 2000er Jahren wurde die digitale Transformation ein zentrales Thema des öffentlichen Diskurses und weitgehend mit Digitalisierung gleichgesetzt, meistens wurde dabei auf die digitale Umsetzung analoger Prozesse fokussiert und höchstens diffus von einem gesellschaftlichen Megatrend gesprochen. Erst seit Mitte der 2010er Jahre gewinnt der Begriff der Digitalität an Bedeutung, um die durch die Digitalisierung entstandenen neuen Möglichkeitsräume zu erfassen, ihre Wechselwirkungen mit der analogen Welt zu beschreiben und die Auswirkungen der digitalen Transformation genauer zu verstehen (Stalder 2021).

Digitalität ist der Ausgangspunkt dieses Buches. Als offener Reflexionsbegriff bietet er sich besonders an, um Beobachtungen, Konzepte und Modelle aus dem gesamten Spektrum der Geistes-, Sozial- und Kulturwissenschaften aufeinander zu beziehen, ins Gespräch zu bringen und weiterzuentwickeln. In der gegenwärtigen Situation verbinden sich technologische Innovationen in immer schnellerer Geschwindigkeit zu einem neuen Amalgam; aus dem globalen Nachrichtennetz, sozialen Medien, Big Data, anpassungsfähigen Algorithmen und personalisierten Endgeräten formt sich ein globaler Verbund verschalteter Medienartefakte, in dem Menschen und Maschinen miteinander kommunizieren. Nicht nur Verhalten, Lernen und Forschen verändern sich grundlegend, auch der Kulturbetrieb und Gedächtnisinstitutionen sind Teil dieses Prozesses. Bibliotheken, Archive und Museen werden vernetzt, verdatet und maschinenunterstützt erschlossen, was große Potenziale aber auch erhebliche Risiken für die Bewahrung von Wissen mit sich bringt (Ovenden 2021). Da »es keine Selbstorganisation eines kulturellen Gedächtnisses gibt, ist es auf Medien und Politik angewiesen«, um den Gefahren »der Verzerrung, der Reduktion, der Instrumentalisierung von Erinnerung« vorzubeugen; Transformation braucht »öffentliche begleitende Kritik, Reflexion und Diskussion«

(Assmann 2018, 15). Damit ist die Zielsetzung des Buches klar umrissen: Wir verstehen es als eine Einladung zum kritischen Mit- und Weiterdenken.

Die Form des Alphabets ist bewusst gewählt. Momentan laufen in allen Disziplinen Versuche, den Begriff der Digitalität präziser zu bestimmen und die Theoriebildung voranzutreiben. Abschließende Antworten sind noch nicht zu erwarten, richtig besehen sollte man diese Versuche auch selbst als Interventionen und Teil der laufenden Transformation begreifen. Mit der alphabetischen Ordnung geht das Buch zu den Anfängen menschlicher Kulturtechniken zurück und organisiert Digitalität in der zeitgemäßen Form eines multiperspektivischen Netzwerks. Es bietet 41 Lemmata von A für Algorithmus bis Z für Zukunft, die durch Querverweise miteinander verbunden sind und eine Erschließung nach den eigenen Interessen ermöglichen. Die Auswahl der Lemmata erfolgte durch die Herausgeber, die Ausgestaltung frei durch die Autor:innen; die Einträge sind als essayistische Einstiege in die jeweiligen Themen knapp gehalten, die zitierte Literatur sowie weiterführende Literaturhinweise bieten Ansatzpunkte für die Vertiefung. Die Form des Alphabets und der begrenzte Raum bringen es mit sich, dass die Auswahl nicht alles abdecken kann. Die Beiträge gehen teils von technischen Phänomenen aus, fokussieren Grundphänomene menschlicher Lebenswelten oder skizzieren den digitalen Impact auf altbekannte Themenfelder. Dabei kommt auch viel zur Sprache, was nicht durch eigene Lemmata abgedeckt ist, weswegen zur gegenläufigen Erschließung ein detaillierter Index beigegeben ist.

Ein Buch über Digitalität mag paradox und anachronistisch erscheinen. Gibt es nicht längst flexiblere und zugänglichere Mittel, sich über die digitale Transformation ins Bild zu setzen? Braucht es noch mehr Text über Text von Menschenhand, während hinter den Bildschirmen und Projektionsflächen stillschweigend Programme und Algorithmen ihre Arbeit verrichten? Während sich Codes mit der Wirklichkeit kurzschließen und Einfluss auf das Reale nehmen? Unsere Antwort auf diese Fragen ist ein emphatisches Ja. Sieht man von fragwürdigen Debatten über die vermeintliche Kreativität, Vernunft oder das Bewusstsein künstlicher Intelligenzen ab, muss man eher eine Rückkehr der Hermeneutik konstatieren: Standen die letzten Jahrzehnte nicht selten im Zeichen von Sinnüberfrachtung und Komplexitätssteigerung noch der banalsten Sachverhalte, ist das Verstehen der Gegenwart kein postmoderner Luxus mehr, sondern erneut existenzielles Bedürfnis. In Abwandlung des berühmten Diktums von Wolfgang Böckenförde könnte man sogar behaupten, dass Digitalität von Voraussetzungen lebt, die sie selbst nicht garantieren kann; sie braucht komplementäres und koordiniertes Denken. Nichts, was dieses Buch zu bieten hat, wäre durch noch so komplexe Prompts in ChatGPT zu erreichen – es würde schlicht in digitaler Selbstbezogenheit versanden.

Ohne die überwältigend positive Resonanz der beteiligten Autor:innen wäre das Buch im vorliegenden Zuschnitt nicht möglich gewesen, angesichts stets knapper Zeit ist dies alles andere als eine Selbstverständlichkeit. In der Redaktion des Bandes war Sophie Kraft eine unschätzbare Hilfe, auf Seiten des Verlags war das Manuskript bei Gero Wierichs in den besten Händen – für all dies möchten wir uns herzlich bedanken!

Karlsruhe, Mainz und Stuttgart,
im Frühling 2024

Zitierte Literatur

Assmann, Aleida (2018). Erinnerungsräume. Formen und Wandlungen des kulturellen Gedächtnisses. München, Beck.

Castells, Manuel (1996–1998). The Information Age. Economy, Society, and Culture. Oxford, Blackwell.

Hilgert, Markus (2024). Zwischen Kulturerhalt und gesellschaftlichem Transfer. Perspektiven der Erforschung kulturellen Erbes im Rahmen der digitalen Transformation. Göttingen, Wallstein. doi.org/10.15499/kds-003-001.

McLuhan, Marshall (1968). Die Gutenberg-Galaxis. Das Ende des Buchzeitalters. Düsseldorf, Econ.

Negroponte, Nicolas (1995). Being Digital. New York, Knopf.

Ovenden, Richard (2021). Bedrohte Bücher. Eine Geschichte der Zerstörung und Bewahrung des Wissens. Berlin, Suhrkamp.

Stalder, Felix (2021). Was ist Digitalität? In: Hauck-Thum, Uta/Noller, Jörg (Hgg.). Was ist Digitalität? Philosophische und pädagogische Perspektiven. Berlin u.a., Metzler, 3–7.

Weizenbaum, Joseph (1978). Die Macht der Computer und die Ohnmacht der Vernunft. Frankfurt a.M., Suhrkamp.

Algorithmus

Christian Schröter

Ohne Algorithmen gäbe es keinen Computer. Ein Mensch, der Schritt für Schritt rechnet, und ein elektronischer Computer, der seine Befehle abarbeitet, folgen beide denselben Rechenregeln – oder man könnte auch schreiben: Sie verkörpern diese Regeln, während sie rechnen. Damit soll nicht gesagt sein, dass alles Denken Rechnen wäre oder alles Rechnen einem Algorithmus folgt (etwa im Sinne einer universellen *Ars Combinatoria* oder des *Hilbertprogramms*). Wenn ich allerdings in einem strengen Verfahren, Schritt für Schritt, lückenlos und ohne intuitive Sprünge ein Rechenproblem sicher lösen kann, indem ich Regeln konsequent anwende, dann arbeite ich algorithmisch. Ein Algorithmus ist ein streng schematisches, allgemeines Rechenverfahren – er ist das Ergebnis schöpferischen Denkens, selbst aber seinem Wesen nach nicht-kreativ.

Dieses streng kontrollierte Vorgehen ist nicht nur die Grundlage unserer Computertechnologie (mutmaßlich bis zur Entwicklung des Quantencomputers; → Quanten), sondern lässt sich auch durch den Einsatz von Rechenmaschinen immens vereinfachen und beschleunigen. Gleichzeitig können wir anhand einer arbeitsfähigen Rechenmaschine – sozusagen im ›externen‹ Modell – nachvollziehen, ob ein bestimmtes Problem einer algorithmischen Lösung zugänglich ist, und ob wir es somit vollständig verstanden haben (oder eben auch nicht).

Wort- und Wissensgeschichte

Das Wort »Algorithmus« hat eine lange Geschichte, und diese Geschichte war nicht immer präsent. Im *Webster's New World Dictionary* von 1957 findet sich kein Eintrag zu »algorithm«, sondern nur zur historischen Form »algorism«, und dieses Wort bedeutet hier noch: mit Hilfe arabischer Ziffern

Algebra zu betreiben. Ein *Vollwertiges Mathematisches Lexikon* von 1734 bringt unter »Algorithmus« zwei enge technische Wortbedeutungen, einmal die vier »Rechnungs=Arten« der »Rechen=Kunst« und weiter die auf Leibniz zurückgehende Infinitesimalrechnung als »die Rechnungsarten mit unendlich kleinen Größen« (Knuth 1969, 1).

Die Geschichte des Algorithmus kann man im Bagdad der Zeit kurz nach Hārūn ar-Rašīd (766–809) beginnen lassen. Sie beginnt mit der Einführung eines wissenschaftlichen Qualitätsmerkmals, das bereits im 11. Jahrhundert europaweit Verbreitung fand: Ein Text galt als gut geschrieben, wenn er keinen Vergleich mit den großen Denkern des arabisch-persischen Ostens scheuen musste. Er sei so klar und deutlich, als ob der große Abū Ǧaʿfar Muḥammad bin Mūsā al-Ḫwārizmī (780–vor 850) ihn persönlich verfasst hätte – *Dixit Algorzmi*, »wie schon al-Ḫwārizmī sagte«, wurde zum Qualitätsprädikat. Al-Ḫwārizmī aus der Provinz Choresmien südlich des Aralsees (im heutigen postsowjetischen Usbekistan) hatte die Ehre, am *Haus der Weisheit* des abbasidischen Kalifen al-Maʾmūn (786–833) in Bagdad zu arbeiten, und in dieser Mischung aus staatlichem Forschungsinstitut, Übersetzerwerkstatt und Gelehrtenbibliothek seinen Forschungen in Geographie, Astronomie und Mathematik nachzugehen. Die Schriften, die er hierbei produzierte, zeichneten sich durch äußerste Klarheit und Nachvollziehbarkeit aus, und sein Stil stand für eine Verlässlichkeit, der man vertrauen konnte. Sein guter Name wurde mit dem »algorithmischen Vorgehen« in methodischer Nachfolge des Bagdader Vorbilds verbunden. Seine Arbeitsfelder unterschieden sich nicht wesentlich von den Aufgaben angewandter staatsfinanzierter Forschung der Gegenwart: Es ging darum, zuverlässige Landkarten zu zeichnen, einen genauen Kalender zu berechnen und präzise Uhren zu konstruieren. Insbesondere galt er als Spezialist für Rechenformeln, mit denen die Erbteile im komplexen islamischen Erbrecht genau, zuverlässig und vor allem nachvollziehbar berechnet werden konnten. Seine Erfolge waren nicht ›aus der Luft gegriffen‹: Er übersetzte selbst die großen Werke aus West und Ost, sowohl altgriechisch verfasste Schriften wie die des Euklid aus den Beständen in Byzanz als auch Sanskrit-Texte der indischen Hochkultur. Sybille Krämer betont als »Grundzug dieser mathematischen Kultur« ihre »synthetische Leistung« (Krämer 1988, 50). Al-Ḫwārizmī gilt auch als (Mit-)Begründer der Algebra, in die er ein System von sechs »Meistergleichungen« einführte, auf die sich alle interessanten Gleichungsoperationen zurückführen lassen würden und deren Geltung er lückenlos auch unter Rückgriff auf geometrische Verfahren beweisen konnte. Eine seiner Abhandlungen führte das Rechnen mit einem speziellen und nur für diese Anforderung vorgesehenen, aber möglichst allgemein gültigen Satz von neun Zahlzeichen ein, mit deren Hilfe eindeutig und regelgeleitet alle benötigten Zahlen notiert werden konnten. Der wichtigste Trick hierbei lag im Notationssystem mit ›Zehnersprung‹, in dem Leerstellen für Zehnerpotenzen vorgesehen waren: Um diese Leerstellen als bewusst gesetzt zu markieren (und so Flüchtigkeitsfehler und Missverständnisse auszuschließen), wurde die »Null« – erstmal als eine Art vollständig nicht-metaphysischer ›Füllkringel‹ – eingeführt.

Diese »Durchsetzung des orientalischen Ziffernrechnens in der alltäglichen Rechenpraxis« – und somit auch der Sprung vom Rechenbrett der Abakisten zur Schriftlichkeit der Algoristen – bedeutete nun, dass Rechnen zu einem Vorgang wurde, »der ausschließlich im Medium von Zeichen stattfindet« und dessen »Spezifik es ist, das Operieren mit Gegenständen, Begriffen, Gedanken zu ersetzen durch das Operieren mit Zeichen, welche an die Stelle dieser Gegenstände, Begriffe und Gedanken treten«, wie Sybille Krämer diese lange historische Entwicklung zusammenfasst (Krämer 1988, 57). Dieses Grundvertrauen auf eine sichere regelgeleitete Vorgehensweise, die in der Form eines Algorithmus zu fassen ist, ist bis heute präsent geblieben – Wissenschaftlichkeit ohne Algorithmen wäre in unserem Sinne unmöglich.

Definition und Typen

Bis in die Gegenwart ist nicht vollständig klar, was genau einen Algorithmus ausmacht und was ihn zum Beispiel von einem Kochrezept oder einer Spielregel unterscheidet: Wir benötigen nach Hans Hermes (1971) immer gute Beispiele, die wir uns anschauen und auf die wir verweisen können. Zu diesen Beispielen gehören die schon in der Grundschule erlernten Rechenverfahren für Addition, Subtraktion und Multiplikation, vor allem, wenn »handgreiflich« mit irgendetwas gerechnet wird. Dies können zum Beispiel Rechenpfennige sein, die man auf einem Rechenbrett hin und her schiebt, oder Schriftzeichen, die mit Kreidestaub auf einer Tafel oder mit Tintenpigment auf Papier aufgetragen werden. Hermes führt einige Merkmale auf, die eine Rechenanweisung haben muss, um »Algorithmus« genannt werden zu dürfen:

- Die Ausübung ist in allen Einzelheiten genau vorgeschrieben, »viel genauer als dies üblicherweise geschieht«;
- Diese Vorschrift ist endlich lang;

- Die Durchführung muss ohne »spezielle mathematische[n] Fähigkeiten« möglich sein;
- Jede Person, welche »die Sprache versteht, in der sie abgefaßt ist«, muss nach dieser Vorschrift handeln können.

Es kann mit Hermes folgende Definition gelten: »Ein Algorithmus ist ein generelles Verfahren, mit dem man die Antwort auf jede einschlägige Frage durch eine simple Rechnung nach einer vorgeschriebenen Methode erhält« (Hermes 1961, 1). Algorithmen sind mit Heinz Zemanek sehr zuverlässig und auch in hohem Maße universell (Goldschneider u. Zemanek 1971, 36). Mit Kuno Lorenz kann hinzugefügt werden, dass es verschiedene Arten von Algorithmen gibt, und zwar solche, die mit einem Ergebnis abbrechen (wie die Bestimmung des größten gemeinsamen Teilers zweier Zahlen), und solche, die nicht abbrechen und die somit unendlich fortsetzbar sind (wie zum Beispiel die näherungsweise Berechnung von Quadratwurzeln). Ein Algorithmus hat dabei die Gestalt von »effektiv anwendbare[n] Umformungsregeln für Zeichenreihen« (Lorenz 1980). Diese Eigenschaft sieht Klaus Mainzer (1980) als Präzisierung des Algorithmusbegriffs im Rahmen einer *Algorithmustheorie*, die untersucht, wie ganz allgemein mit Hilfe von Operationsbefehlen Zeichenketten in andere Zeichenketten regelgeleitet umgeformt werden. Ein Verfahren dieser Art lässt sich auch mit einer Turing-Maschine – einem Papier- und Bleistift-Modell zur streng regelgeleiteten Symbolmanipulation von Alan M. Turing – durchführen, das damit zu einem guten Beispiel dafür wird, was ein Algorithmus sein soll. Schon Ludwig Wittgenstein hat hierzu festgestellt: »Turings ›Maschinen‹. Diese Maschinen sind ja die Menschen, welche kalkulieren« (Wittgenstein gedruckt 1984).

Georg Klaus (1969) fügt eine weitere Unterscheidung zwischen Arten von Algorithmen hinzu: Diese können in der Reihenfolge ihrer Operationen »ein für allemal« festgelegt sein, oder aber sich in der Reihenfolge ihrer Schritte am Ergebnis vorangegangener Operationen orientieren. Ein Algorithmus kann also – wenn man diesen Gedanken erweitert – hart codiert sein (und somit zum Beispiel auch fest gelötet als statische Schaltung) oder dynamisch-anpassungsfähig (und somit mit zustandsabhängigen Sprungbefehlen als dynamische Software arbeiten). Ein Anwendungsbereich der Algorithmustheorie ist hierbei die Technik (auch im Sinne einer Kybernetik als umfassender gesellschaftlichen Steuerungskunde), da sie sich allgemein mit Handlungsanweisungen zur Umgestaltung der Welt befasse (Klaus 1969). Diese stark verallgemeinerte Sicht kann man mit Zemanek auch um ganz lebensweltliche und historische Beispiele ergänzen, und bereits beim Verhältnis von Kopfrechnen zu frühen Rechenmechanismen ansetzen: »Rechenbrett und Algorithmus ergänzen einander, denn ein Rechenbrett ist nichts ohne die Vorschriften, nach denen es bedient wird« (Goldschneider/Zemanek 1971, 36).

Donald Knuth, dessen *The Art of Computer Programming* das zentrale und bis heute nicht abgeschlossene, aber ständig erweiterte Referenzwerk der Algorithmenkunde darstellt, fasst diese Auffassung treffend zusammen: »Ein Algorithmus ist eine Sammlung von Regeln, um eine spezifische Ausgabe aus einer spezifischen Eingabe zu erhalten. Jeder Schritt muss so präzise gefasst werden, dass er in eine Computersprache übersetzt und durch eine Maschine ausgeführt werden kann« (Knuth 1977, 63, übers. CS). Algorithmen sind – verbinden wir diese Sichtweisen – ein universelles Organisationsschema für Kopfarbeit, das arbeitsteilig und zuverlässig von einem Verbund aus Menschen und Maschinen (mit wechselndem Anteil der verschiedenen Gruppen an der Operation) abgearbeitet werden kann.

Diese Arbeitsanweisungen kann man nun notieren, um sie anderen Menschen (und in geeigneter Schreibweise auch Maschinen) zu vermitteln: Den »Euklidischen Algorithmus« (aus den euklidischen *Elementen*, Buch 7, Proposition 1 u. 2) zur Bestimmung des größten gemeinsamen Teilers zweier Zahlen schreibt Knuth (Knuth 1968, 2) wie folgt auf:

> **Algorithmus E** (Euklids Algorithmus). Gegeben sind zwei positive Integer *m* und *n*, finde den größten gemeinsamen Teiler, das ist der größte positive Integer, der vollständig *m* und *n* teilt.
> **E1.** [Finde Rest.] Teile m durch n und nimm r als Rest (Wir haben dann $0 \leq r < n$).
> **E2.** [Ist das Null?] Wenn r = 0, bricht der Algorithmus ab; n ist die Antwort.
> **E3.** [Reduziere.] Setze m ← n, n ← r, und gehe zurück zu Schritt E1.

Die Bedeutung der hier verwendeten Sonderzeichen als operationale »Steuerzeichen« ist bei Knuth eindeutig definiert, und die vorgegebene Schrittfolge von Arbeitsanweisungen kann man leicht als Flussdiagramm anzeichnen.

Algorithmen als Kunst

Auch wenn man jeden Algorithmus mit ein wenig Mühe so klar und deutlich notieren kann, ist es gleichzeitig und ironischer Weise nicht immer einfach, einen beliebig gegebenen Algorithmus vollständig zu untersuchen, da es bereits eine Leistung ist, ihn vollständig ausgearbeitet anzugeben. Denn ein einmal eingeübter Algorithmus kann für Menschen, die ihn sicher beherrschen, unsichtbar werden. Dies zeigt sich mit Zemanek bereits in der Grundschuladdition, die wir als »einen Satz von Regeln eingetrichtert« bekommen haben und die sich »an Zahlen beliebiger Länge stets bewährt«. Wir gebrauchen »Anschreiberegeln«, Rechenübungen wie das kleine Einmaleins und Übertragsverfahren – »aber kaum jemand ist imstande, das Verfahren genau zu beschreiben. Man lernt es ja nur teilweise mittels der Regeln, viel wichtiger sind die Beispiele« (Goldschneider/Zemanek 1971, 36).

Diesem Gedanken folgt auch Lorraine Daston, wenn sie jüngst feststellt, dass für Algorithmen die Grenze zwischen Technik und Beispielen oft unscharf sei. Dies sei darauf zurückzuführen, dass fast alle Algorithmen aus anderen Algorithmen zusammengesetzt seien, von elementaren Operationen bis zu komplexen Gefügen (Daston 2023, 124f.). Schon viele vormoderne mathematische Texte hätten so »zumindest implizit architektonischen Charakter. Zunächst wird das Fundament in Gestalt der grundlegenden Operationen und Gleichungen gelegt; danach baut jede nachfolgende Stufe auf der vorangegangenen auf« (Daston 2023, 125). Ein Nutzen dieses Architekturentwurfs besteht darin, dass Bausteine aus den unteren »Stockwerken« eines »Algorithmenturms« über operationale Verfahren wie »Subroutinen« oder »Module« wiederverwendet werden können. Gleichzeitig legt der Vergleich mit dem Entwurf in der Architektur auch nahe, dass Algorithmenkunde eine Kunst sei – Daston führt den Vergleich mit der musikalischen Komposition an. Es geht hier auch um Einübung einer Kulturtechnik als Kunstform: »Kein Repertoire ohne Auswendiglernen, selbst in hochliteraten und gadgetverliebten Kulturen« (Daston 2023, 125). Die eingeübte Technik, ob Pianospiel oder Weben, müsste hierbei ›in Fleisch und Blut‹ übergehen, »bis sie zur zweiten Natur wird und in den unbewussten Bereich der Intuition absinkt, wo sie gleichsam einverleibt wird«. Diese Leiblichkeit des Rechnenlernens trifft die schwer fassbare, nach beiden Seiten hin offene Rolle eines Algorithmus zwischen Kopfrechnen und Rechenbrett sehr gut und macht sie – in vollem mehrfachen Wortsinn – begreifbar. Die Ähnlichkeit der Rechenkunst zu (anderen) musischen Künsten und der fruchtbare Vergleich der mit dem jeweiligen Erwerb verbundenen Übungsprozesse spiegelt sich dann auch im Titel von Knuths Kompendium sehr passend: *The Art of Computer Programming*. Das Fundament dieser »Programmierkunst« wurde 1968 mit *Fundamental Algorithms* gelegt.

Rechenmaschinen als verkörperte Algorithmen

Knuth betont in seiner Kunst der Computerprogrammierung eine weitere Eigenschaft eines Algorithmus: Die Handlungsanweisungen, die zu einem Algorithmus verbunden werden, müssen klar und deutlich gefasst werden können. Technisch bedeutet dies, dass sie aus einer »Normalsprache« übertragen werden in eine Spezialsprache. Diese Spezialsprache war lange Zeit – so noch für Immanuel Kant (1724–1808) – die Sprache der klassischen formalen Logik des Aristoteles, die allerdings auch Grenzen hatte, wie bereits Gottfried Wilhelm Leibniz (1646–1716) gesehen hat, der die »Universalmathematik« des René Descartes (1596–1950) zu einer »*Characteristica universalis*« – einer allgemeinen Symbolverarbeitung im Binärkodierverfahren – weiterentwickeln wollte (vgl. Gramelsberger 2023, 36ff.). Seit Mitte des 19. Jahrhunderts wurden so zunehmend formale Sprachen entwickelt, in denen Spezialzeichen für jeweils genau bestimmte logische Rechenhandlungen standen und eindeutig festgehaltene Notationsgewohnheiten deren Reihenfolge vorgaben. Aus einer strengen normalsprachlichen Rede wurde so über einige Jahrhunderte hinweg ein Symbolsystem, mit dem man regelgeleitete logische Operationen festhalten konnte, deren Zeichen inhaltlich allgemein und von Sachverhaltsgruppen oder Wissensdomänen prinzipiell unabhängig waren, so bei George Boole (1815–1864). Eine Besonderheit dieser neuen Symbolsysteme für logische Operationsanweisungen war nun, dass man auch Maschinen entwerfen konnte, um diese Rechenanweisungen abzuarbeiten. Hierfür wurden Rechenwerke entworfen – ursprünglich auf Uhrwerksbasis – und Verfahren der Informationsspeicherung entwickelt – so bereits sehr früh die Lochkarte als Entlehnung aus der Webstuhltechnik (→ Geschichte; Technizität).

Die logischen Prinzipien dieser Rechenmaschinen, die ein algorithmisches Arbeitsprogramm abarbeiten konnten, sind bis heute im Kern gleichgeblieben, ihre Verkörperung und Umsetzung hat sich jedoch stark entwickelt. Dennoch lässt sich trotz aller Geschwindigkeit und Komplexität jede Nutzung eines elektronischen Computers – in sehr vielen Schritten und mit sehr viel Fleiß – so nachvollziehen und notieren, dass auch ein anderer Mensch oder vielleicht sehr viele arbeitsteilig rechnende Menschen, zum gleichen Ergebnis kommen können. Prinzipiell ist dies immer möglich.

Den Beweis dafür, dass jeder Algorithmus, den man streng formulieren kann, von einer geeigneten Rechenmaschine abgearbeitet werden kann, hat Turing erbracht. Er tat dies, indem er den strengst möglichen Beweis für eines der größten mathematischen Probleme seiner Zeit – das »Entscheidungsproblem« von Kurt Gödel – Schritt für Schritt, regelgeleitet und lückenlos, so aufgeschrieben hat, dass eine Rechenmaschine ihn durchlaufen konnte. Diese »Papiermaschine« (Dotzler 1996) war ein vollständig ausgearbeiteter Verbund aus Notationsanweisungen und Rechenregeln, die Turing 1936 mit Hilfe von Papier, Stift und Radiergummi noch selbst verkörpern musste, bevor er im Verlauf des zweiten Weltkriegs als Teil einer »Künstlichen Intelligenz des Weltkriegs« (Kittler 1990) ein elektromechanisches Gerät entwerfen und konstruieren konnte, das ihm dies abnahm. Diese »Papiermaschine war wesentlich als Tabelle gestaltet, in der die Arbeitsanweisungen regelgeleitet verknüpft werden konnten (und wir wissen inzwischen auch, dass man eine Turing-Maschine mit Excel-Tabellen wirklich herstellen kann). Alan Turing wurde so – seinen universellen Algorithmus für jede mögliche Berechnung abarbeitend – selbst seine erste »Turing Maschine« (vgl. Turing 1936). Dass er davon ausging, dass unser Denken – zumindest der Teil davon, auf den es ankommt – mit hinreichend Mühe vollständig als Algorithmus zu fassen sei und es daher auch keine ernsthaften Einwände gegen »denkende Maschinen« geben könne, ist eine der Herausforderungen, die er der Gegenwart hinterlassen hat, und die er in seinem »Turing Test« mit Blick auf experimentelle Überprüfbarkeit 1950 wirkmächtig formulierte (Turing 1950; → Künstliche Intelligenz).

In der Gegenwart sind Algorithmen jedenfalls als »Kulturtechnik des Digitalen« (Gramelsberger 2023, 125ff.) allgegenwärtig, und dabei typischerweise unsichtbar. Die selbstanpassenden und undurchsichtig arbeitenden Verfahren des Maschinellen Lernens deuten dabei einen Bedeutungswandel an: von »klassischen Problemlösungsalgorithmen« hin zu »vernetzten Empfehlungsalgorithmen« (Krämer, mündliche Mitteilung), und so von Algebra zu Stochastik (→ Maschinelles Lernen). Hierbei dürfen Wissenschaftler:innen und Techniker:innen nicht vergessen, »wie sehr in die Konstruktion ihrer Algorithmen, Tools und Module verdeckte Vorannahmen eingehen [...], welche ihrerseits die zu erwartenden Ergebnisse präformieren« (Krämer 2022, 57). Auch, um Vertrauen zu schaffen und Risiko zu minimieren (→ Vertrauen; Risiko).[1]

---

1 Herzlichen Dank für fruchtbare Anregungen an Sybille Krämer und das Forschungskolloquium der Digitalen Akademie Mainz.

Zitierte Literatur

Dotzler, Bernhard J. (1996). Papiermaschinen. Versuch über Communication & Control in Literatur und Technik. Berlin, De Gruyter.
Goldschneider, Peter/Zemanek, Heinz (1971). Computer. Werkzeug der Information. Heidelberg u.a., Springer.
Gramelsberger, Gabriele (2023). Philosophie des Digitalen zur Einführung. Hamburg, Junius.
Hermes, Hans (1961). Aufzählbarkeit – Entscheidbarkeit – Berechenbarkeit. Einführung in die Theorie der rekursiven Funktionen. Heidelberg u.a., Springer.
Hermes, Hans (1971). Algorithmus. In: Ritter, Joachim (Hg.). Historisches Wörterbuch der Philosophie Bd. 1 (A–C). Basel, Schwabe.
Kittler, Friedrich Adolf (1990). Die Künstliche Intelligenz des Weltkriegs: Alan Turing. In: Buhr, Gerhard/Kittler, Friedrich A./Turk, Horst (Hgg.). Das Subjekt der Dichtung. Festschrift für Gerhard Kaiser. Würzburg, Königshausen & Neumann, 187–202.
Klaus, Georg (1969). Algorithmus. In: Buhr,Manfred/Klaus, Georg (Hgg.). Philosophisches Wörterbuch Bd. 1 (A bis Konditionalitätsprinzip). Leipzig, VEB Bibliographisches Institut.
Knuth, Donald E. (1968). The Art of Computer Programming Vol. 1. Fundamental Algorithms. Boston, Addison-Wesley.
Knuth, Donald E. (1977). Algorithm. Scientific American 236, 63–81.
Krämer, Sybille (1988). Symbolische Maschinen. Die Idee der Formalisierung in geschichtlichem Abriß. Darmstadt, WBG.
Krämer, Sybille (2022). Von der ›Lesbarkeit der Welt‹ (Blumenberg) zur ›Maschinenlesbarkeit der Datenkorpora‹ oder: Sind die Digital Humanities ein genuiner Teil der Geisteswissenschaften? In: Holischka, Tobias/Viertbauer, Klaus/Preidel, Christian (Hgg.). Digitalisierung als Transformation? Perspektiven aus Ethik, Philosophie und Theologie. Heidelberg u.a., Springer.
Lorenz, Kuno (1980). Algorithmus. In: Mittelstraß, Jürgen (Hg.). Enzyklopädie Philosophie und Wissenschaftstheorie Bd. 1 (A–G). Unter ständiger Mitw. von Siegfried Blasche in Verbindung mit Martin Carrier und Gereon Wolters. Mannheim, Bibliographisches Institut.
Mainzer, Klaus (1980). Algorithmentheorie. In: Mittelstraß, Jürgen (Hg.). Enzyklopädie Philosophie und Wissenschaftstheorie Bd. 1 (A–G). Unter stän-

diger Mitw. von Siegfried Blasche in Verbindung mit Martin Carrier und Gereon Wolters. Mannheim, Bibliographisches Institut.

Turing, Alan Mathison (1936). On Computable Numbers, with an Application to the Entscheidungsproblem. Proceedings of the London Mathematical Society 42, 230–65.

Turing, Alan Mathison (1950). Computing Machinery and Intelligence. Mind 59, 433–60.

Wittgenstein, Ludwig (gedruckt 1984). Bemerkungen über die Philosophie der Psychologie 1. Letzte Schriften über die Philosophie der Psychologie. Werke 7. Frankfurt a.M., Suhrkamp, § 1096.

Weiterführende Literatur

Daston, Lorraine (2023). Regeln. Eine kurze Geschichte. Berlin, Suhrkamp.

Krämer, Sybille (1988). Symbolische Maschinen. Die Idee der Formalisierung in geschichtlichem Abriß. Darmstadt, WBG.

Zemanek, Heinz (1992). Das geistige Umfeld der Informationstechnik. Heidelberg u.a., Springer.

Anthropologie

Christoph Bareither

Wie leben Menschen mit digitalen Technologien? Und wie gestalten digitale Technologien das Leben von Menschen mit? Es ist diese zwei Seiten verbindende Frage, der sich das Feld der Digitalen Anthropologie (DA) schwerpunktmäßig widmet. Kurz gesagt: Die DA stellt die Frage nach dem Werden und der kontinuierlichen Aushandlung von Mensch-Technik-Beziehungen im gelebten Alltag.

Die DA ist keine eigenständige wissenschaftliche Disziplin, sondern ein interdisziplinäres Arbeitsfeld. Dieses Arbeitsfeld wird vor allem durch kulturanthropologische Fächer bespielt, die in Deutschland so unterschiedliche Namen wie Empirische Kulturwissenschaft, (Europäische) Ethnologie oder Sozial- und Kulturanthropologie tragen. Im internationalen Bereich wird die Digital Anthropology meist im Rahmen der Cultural Anthropology verortet. Auch wenn die DA vor allem durch die kulturanthropologischen Fächer aufgebaut und institutionalisiert wird, integriert sie zugleich zahlreiche andere Disziplinen – sowohl in Form von Personen (die an interdisziplinären Schnittstellen arbeiten) als auch von Theorien und Methoden. Dazu zählen insbesondere die Medienwissenschaft, (Technik-)Soziologie, Philosophie und Informatik. Gleichzeitig überschneidet sich die DA mit anderen interdisziplinären Arbeitsfeldern, insbesondere mit den Science and Technology Studies (STS), der Medienanthropologie, Technikanthropologie, Designanthropologie und visuellen Anthropologie, den Digital Humanities sowie den Critical Code und Critical Data Studies.

Auch wenn die DA offen und in kontinuierlicher Bewegung ist, haben sich in den vergangenen Jahren spezifische Denkstile und analytische Zugänge in diesem Arbeitsfeld etabliert. Diese sind das Thema des vorliegenden Beitrags. Aufgrund des begrenzten Umfangs kann hier nicht auf die Methodologie und konkrete Methoden der DA eingegangen werden. Im Fokus stehen stattdessen grundlegende theoretisch-konzeptuelle Perspektiven.

Mensch-Technik-Beziehungen und Digitalität

Der Begriff des Digitalen wird im Feld der DA meist pragmatisch als ein Klassifikationsbegriff für binärcodebasierte Technologien verwendet. Anthropologie wiederum ist (in einem sehr grundlegenden Verständnis) die Wissenschaft vom Menschen. Der Fokus der DA richtet sich in diesem Sinne auf die Beziehungen zwischen Menschen und binärcodebasierten Technologien. Die DA unterscheidet sich dabei nur graduell von Feldern wie der Technikanthropologie und Medienanthropologie, in denen auch *nicht*-digitale Technologien mit einbezogen werden. Im Vergleich zu diesen Feldern besteht die Stärke der DA darin, dass sie die Spezifika der Beziehungen zwischen Menschen und *digitalen* Technologien in den Mittelpunkt rückt. Das heißt allerdings nicht, dass aus Perspektive der DA mit dem Digitalen alles ›neu‹ wird. Vielmehr berücksichtigt die DA, dass die Beziehungen zwischen Menschen und Technologien historisch gewachsen sind und sich in einem Prozess aus »Persistenz und Rekombination« (Schönberger 2015) – also zwischen Beibehaltung des Altbekannten und dessen technikgestützter Transformation – weiterentwickeln (→ Geschichte).

Ein zentrales Anliegen der DA ist dabei, sowohl sozialdeterministische als auch technikdeterministische Ansätze zu überwinden. Aus dieser Perspektive sind Menschen weder rein intentional handelnde Subjekte, die Technologie linear kontrollieren, noch sind sie technologischer Einflussnahme ›passiv‹ ausgesetzt. Vielmehr richtet sich der Blick auf die vielfältigen Wechselbeziehungen zwischen Menschen und Technologien. Die DA zeichnet sich also im Kern durch relationale Perspektiven auf Mensch-Technik-Beziehungen aus. Sie hebt hervor, »dass analoge und digitale Prozesse so untrennbar aufeinander bezogen sind, dass nur ein genaueres Verständnis dieser Relationalität analytischen Gewinn verspricht« (Beck 2015, 3).

Das relationale Denken der DA prägt sowohl das Verständnis des Digitalen als auch des Menschlichen. »[D]igital anthropology presents humanness«, so Haidy Geismar und Hannah Knox, »as a multiplicity of configurations of bodies and things that jostle for coherence, power and a shared language of experience« (Geismar/Knox 2021, 7). Das Menschliche wird also stets in Verflechtung und Auseinandersetzung mit technischen »things« gedacht. Komplementär dazu plädiert Martina Klausner für eine Dezentrierung des Digitalen und Technischen: »To understand digitality from a relational anthropological perspective requires us to attend to the manifold encounters, interfaces and translations beyond digital logics« (Klausner 2022, 8). Dabei ist der jeweils situative Kontext ausschlaggebend dafür, wie sich das Digitale im menschlichen Zusammenleben entfaltet. »For the anthropologist«, argumentiert Daniel Miller, »the digital is always approached in context« (Miller 2018, 3).

Daraus ergibt sich auch ein spezifischer Zugang der DA zu »Digitalisierung« und »Digitalität«. Gertraud Koch schlägt vor, den Begriff der »Digitalisierung« eben nicht informatisch zu rahmen, sondern ihn »im Sinne einer relationalen Anthropologie« als ein Konzept zu verstehen, »in dem Kulturelles, Soziales, Biologisches und Technisches als aufeinander bezogen gedacht und die Erforschung der wechselseitigen Verschränkung angestrebt wird« (Koch 2016, 10–11). Auch »Digitalität« ist dann aus Perspektive der DA kein technischer Begriff, sondern bezeichnet den alltäglichen Modus eines menschlichen Daseins, das in seinen sozialen, kulturellen und biologischen Dimensionen unauflöslich mit digitalen Technologien verflochten ist. Im Zustand der Digitalität – das mag zunächst paradox wirken – lösen sich dann auch die vermeintlichen Trennlinien zwischen einem digitalen und nicht-digitalen Dasein auf (und genauso zwischen einem virtuellen und faktischen, oder zwischen einem online und offline stattfindenden).

In Relation setzen

Wie aber schafft es die DA, die Wechselbeziehungen zwischen Menschen und Technologien konzeptuell zu fassen? Kurz gesagt: Die DA bezieht eine Vielfalt an Theoriebeständen ein, die unterschiedliche Akteur:innen und technische Elemente *in Relation zueinander* setzen (vgl. ausführlicher Bareither 2019).

Eine zentrale Frage der DA ist: *Wie gehen Menschen mit digitalen Technologien um?* Diese Umgangsweisen werden nicht im Sinne intentionalen Handelns beleuchtet, sondern in Form routinierter Tätigkeiten bzw. Praktiken. Die DA interessiert sich dabei, wie alle praxistheoretischen Ansätze, auch für das inkorporierte Wissen, das diese Praktiken leitet. Sie fragt danach, auf welche für selbstverständlich gehaltenen Weisen Menschen mit digitalen Technologien umgehen und wie das inkorporierte Wissen für den ›richtigen‹ Umgang mit Technologie – und dadurch auch die Relation zwischen Menschen und Technologien – sozial verhandelt wird (→ Wissen).

Wenn die DA den Umgang mit digitalen Technologien beleuchtet, dann sind damit nicht nur konkrete physische Tätigkeiten gemeint. Vielmehr geht es auch um Arten und Weisen des Fühlens, Erlebens, Imaginierens und Wahrnehmens von, mit und durch digitale Technologien. Postphänomenologische

Ansätze ermöglichen der DA beispielsweise, danach zu fragen, wie Menschen die Technologien selbst als Wahrnehmungsmedien inkorporieren und Letztere so zum integralen Bestandteil der menschlichen Wahrnehmung der Welt werden (→ Ästhetik; Visualität). Emotionstheoretische Ansätze helfen, zu verstehen, wie Menschen mit und durch digitale Technologien emotionale Erfahrungen machen und mitgestalten (→ Emotion). Andere Ansätze richten sich wiederum auf die Frage, wie Technologien und Algorithmen in ihren Funktionsweisen imaginiert und/oder diskursiv verhandelt werden und wie solche Imaginationen und Diskurse Mensch-Technik-Beziehungen prägen (→ Fiktion).

Komplementär zur Frage nach dem Umgang von Menschen mit digitalen Technologien fragt die DA: *Wie gestalten Technologien das Leben der Menschen mit?* Dabei müssen wiederum zwei Dimensionen unterschieden werden. Zunächst geht es der DA darum, wie digitale Technologien durch ihre spezifischen Potenziale menschliche Praktiken mitgestalten. Dabei denkt die DA nicht technikdeterministisch, sondern nimmt Praxispotenziale und -beschränkungen digitaler Technologien in den Blick – oder mit einem anderen Begriff gesprochen, ihre Affordanzen. Spezifische Technologien legen bestimmte Praktiken besonders nahe und ermöglichen, fördern oder erweitern sie. Andere Umgangsweisen werden durch die gleichen Technologien hingegen unwahrscheinlicher oder sogar verhindert. Affordanzen sind dabei nicht einfach nur die Eigenschaften einer Technologie, sondern technische Potenziale und Beschränkungen, die sich in Relation zu Praktiken und dem inkorporierten Wissen der involvierten Menschen entfalten (→ Technizität).

Darauf aufbauend fragt die DA auch, inwiefern digitale Technologien ›selbst‹ Praktiken ausführen und wie sich diese in das Leben der Menschen einschalten. Gerade im Kontext von künstlicher Intelligenz und maschinellem Lernen wird evident, dass digitale Technologien eine (im Vergleich zu nicht-digitalen Technologien) besonders hohe Komplexität erreichen können, die ihnen eine starke technische Agency verleiht und ihnen erlaubt, bestimmte Abläufe oder Routinen ›selbstständig‹ auszuführen (→ Künstliche Intelligenz; Maschinelles Lernen).

Die DA zeichnet sich also durch eine doppelte relationale Perspektive aus, die sowohl von den Menschen und ihren Praktiken ausgehend deren Relationen zu Technologien untersucht, als auch von den Technologien ausgehend nach ihren Affordanzen, ihrer Agency und ihren ›eigenen‹ Praktiken fragt. Diese doppelte Perspektive kann sich einerseits auf relativ abgrenzbare Mensch-Technik-Beziehungen richten, bspw. Beziehungen zwischen Menschen und ihren Smartphones. Aber die DA berücksichtigt auch die wesentlich umfassenderen technologischen Infrastrukturen, die diese Beziehungen bedingen. So ist das Funktionieren eines Smartphones bspw. abhängig von den ökonomischen und ökologischen Infrastrukturen, die zu seiner Herstellung notwendig sind, sowie den Infrastrukturen der Elektrizität und Datenübermittlung, die seine Funktionen aufrechterhalten, ganz zu schweigen von den zahllosen Infrastrukturen, die von einzelnen Apps (bspw. Social-Media-Plattformen) geschaffen und vorausgesetzt werden. Die DA hinterfragt solche Infrastrukturen und ihre Funktionsweisen und beleuchtet, wie sie das Leben der Menschen prägen. Gleichzeitig fragt sie aber auch hier nach den Politiken und (menschlichen) Praktiken der Infrastrukturierung, die Infrastrukturen erschaffen und aufrechterhalten. Auch auf dieser Ebene geht es der DA also um wechselseitige Relationen zwischen Menschen und Technologien.

Kultur und Assemblage

Ein zentrales Anliegen der DA ist es, Mensch-Technik-Beziehungen nicht isoliert zu betrachten, sondern sie im Kontext ihrer Umwelten zu verstehen. Erst so kann Digitalität in ihrer umfassenden Komplexität und Vielschichtigkeit beleuchtet werden. Dafür stehen der DA unterschiedliche Konzepte zur Verfügung. Eines davon ist das Konzept der Kultur (→ Kultur). Ob und inwiefern in der DA der Kulturbegriff analytisch verwendet wird, hängt stark von der individuellen Positionierung ab. Für viele Vertreter:innen der Empirischen Kulturwissenschaft/Kulturanthropologie, zu denen ich mich selbst zähle, ist der Kulturbegriff trotz seiner vielen problematischen Implikationen noch immer analytisch hilfreich. Dabei ist ausschlaggebend, welches Verständnis von Kultur zugrunde gelegt wird. Besonders anschlussfähig für die DA ist ein sowohl vielfältiger als auch relationaler Kulturbegriff (vgl. Bareither 2022). Im Kern geht es dieser Perspektive darum, »dass die Kulturanalyse ein Denken in Relationen erfordert; sie geht von der Grundannahme aus, dass der Sinngehalt kultureller Phänomene erst durch die Untersuchung des Beziehungsgeflechts entschlüsselt wird, dem sie ihre spezifische Gestalt verdanken« (Lindner 2003, 179).

Kultur ist in diesem Verständnis ein relationales Geflecht aus Beziehungen (wobei diese Beziehungen durch alltägliche Routinen aufrechterhalten werden und sich wandelnde kulturelle Ordnungen bilden). Ein vielfältiger Kulturbegriff, wie ihn die Empirische Kulturwissenschaft vertritt, schließt dabei Beziehungen zwischen sehr unterschiedlichen Elementen ein: zwischen Körpern, Praktiken, Wahrnehmungen, Emotionen, Bedeutungen, Zeichen, materiellen Dingen, Räumen (und so weiter) und natürlich Technologien. Hier ergeben sich produktive Synergien zwischen Kulturanalyse und der relationalen Perspektive der DA auf Mensch-Technik-Beziehungen. Letztere werden dann zu *einem* Element von Kultur – allerdings einem Element, dem in einem zunehmend vom Modus der Digitalität geprägten Alltag eine besondere transformative Kraft und gesellschaftliche Relevanz zukommt. Aus dieser Perspektive ist die zentrale Aufgabe der DA, die Rolle von Mensch-Technik-Beziehungen innerhalb von Kultur – verstanden als relationales Geflecht aus Beziehungen unterschiedlichster kultureller Elemente – zu beleuchten.

Hilfreich ist dafür auch die Perspektive der Assemblagetheorie, die seit einigen Jahren eine Konjunktur in kulturanthropologischen Fächern und in ersten Ansätzen auch im Arbeitsfeld der DA erlebt (vgl. Bareither 2024; Hansen/Koch 2022; Welz 2021). Zurückgehend auf Arbeiten von Gilles Deleuze und Félix Guattari und weiterentwickelt von verschiedenen Autor:innen, wird das Konzept in der Anthropologie eingesetzt, um die Dynamik von emergenten Ensembles aus menschlichen und nicht-menschlichen Akteur:innen und Elementen zu beschreiben. Eine Assemblage ist aber nicht einfach die Summe dieser Akteur:innen und Elemente, sondern ergibt sich aus den Relationen zwischen ihnen. Solche Relationen bilden spezifische Dynamiken und Ordnungen, die in eine andauernde Spannung aus Auflösung und (Re-)Stabilisierung eingebunden sind. Diese Grundidee findet deshalb vermehrt Eingang in die DA, weil sie besonders gut dafür geeignet ist, konkrete Mensch-Technik-Beziehungen im Kontext umfassender soziotechnischer Assemblages zu verorten und die Transformationen dieser Beziehungen und ihrer Dynamiken zu beschreiben.

Das Konzept der Assemblage zielt in der DA also in eine ähnliche Richtung wie ein relationales Verständnis von Kultur, wobei es theoretische Annahmen enthält, die sich nochmals dezidierter auf die Analyse von relationalen soziotechnischen Ensembles ausrichten lassen. Stefan Beck (2015, 10) verwies mit Blick auf die Analyse von Mensch-Technik-Beziehungen bereits darauf, dass der Kulturbegriff schnell zur analytischen *black box* werden kann, und plädierte deshalb für die Einbindung alternativer theoretischer Konzepte. In diesem Kontext erweist sich das Konzept der Assemblage auch als eine hilfreiche Ergänzung des Kulturbegriffs. Im Vergleich zu Kultur zielt der Assemblagebegriff weniger auf ein abstraktes Prinzip, sondern bezeichnet jeweils konkrete und individuelle Beziehungsgeflechte. Aus dieser Perspektive ist das Konzept der Assemblage besonders gut geeignet, um den Blick der DA für Mensch-Technik-Beziehungen im Kontext von Kultur zu erweitern, zu vertiefen und auch zu konkretisieren.

Gesellschaftspolitischer Anspruch

In gegenwärtigen Gesellschaften leben zahllose Menschen längst im Modus der Digitalität. Wir arbeiten, spielen, lernen, erinnern, kommunizieren, präsentieren, vergnügen und verbinden uns mit und durch digitale Technologien. Die potenziellen Forschungsfelder der DA sind dementsprechend vielfältig: Social Media und Populärkulturen, Museen und Erinnerung, romantische oder familiäre Beziehungen, digitale Arbeitswelten, Wissenschaft, Bildung und Politik – all diese und viele weitere Themen werden in der DA in aktuellen Forschungen bearbeitet. Ein derzeit viel diskutiertes Thema ist die digitalanthropologische Forschung zu künstlicher Intelligenz (KI) bzw. maschinellen Lernverfahren. KI wird – so viel scheint sicher – das alltägliche Leben im Modus der Digitalität zunehmend prägen und zahllose Menschen noch stärker darin einbinden.

Dass die DA sich einer solchen Vielfalt von Themen widmet, begründet sich nicht nur durch ihren wissenschaftlichen, sondern auch ihren gesellschaftspolitischen Anspruch (→ Politik). Beim Blick auf die Forschung der DA zeigt sich, dass sich ein Großteil davon mit Fragen und Themen von hoher gesellschaftspolitischer Relevanz auseinandersetzt. Das heißt, viele der Themen der DA werden auch im öffentlichen Diskurs (teils hitzig) verhandelt und oft wird dabei diskursiv eine besondere Dringlichkeit nahegelegt – nichts zeigt das so stark wie die aktuellen Debatten zu KI-bedingten Transformationen des Alltags (einschließlich der damit verbundenen, dystopischen ›Weltuntergangsphantasien‹; → Transhumanismus). Die Rolle der DA innerhalb solcher Aushandlungsprozesse ist nicht, ein auf statistischer Ebene repräsentatives Wissen über Techniknutzung oder -wirkung bereitzustellen. Ihr Ziel ist vielmehr das Verstehen alltagsweltlicher Zusammenhänge, oder wie es Haidy Geismar und Hannah Knox formulieren: »A *digital* anthropology remains crucial if we are to stay attentive to the actual everyday implications of technologies in people's lives« (Geismar/Knox 2021, 14).

Ein zentrales Ziel der DA ist deshalb, differenziertes Grundlagenwissen zu Mensch-Technik-Beziehungen zu schaffen, das dabei helfen kann, konfliktreiche gesellschaftliche Transformationsprozesse im Kontext von Digitalität kritisch zu reflektieren und konstruktiv mitzugestalten. Wie leben Menschen mit digitalen Technologien? Und wie gestalten digitale Technologien das Leben von Menschen mit? Diese Kernfragen der DA sind nicht nur von wissenschaftlicher, sondern genauso auch von gesellschaftspolitischer Relevanz.

Zitierte Literatur

Bareither, Christoph (2024). Kulturen der KI. AI Assemblages und die Transformationen des Alltags. Zeitschrift für Empirische Kulturwissenschaft 120, 5–26. doi.org/10.31244/zekw/2024/01.02.

Bareither, Christoph (2022). Kultur ist mehr… Zum vielfältigen Kulturbegriff der EKW. In: Ludwig-Uhland-Institut (Hg.). Kultur ist. Beiträge der Empirischen Kulturwissenschaft in Tübingen. Tübingen, EKW-Verlag, 11–45. https://publikationen.uni-tuebingen.de/xmlui/bitstream/handle/10900/135151/TVEKW_U128_Digitalisat.pdf?sequence=1&isAllowed=y.

Bareither, Christoph (2019). Medien der Alltäglichkeit. Der Beitrag der Europäischen Ethnologie zum Feld der Medien- und Digitalanthropologie. Zeitschrift für Volkskunde 115, 3–26.

Beck, Stefan (2015). Von Praxistheorie 1.0 zu 3.0 – oder: wie analoge und digitale Praxen relationiert werden sollten. [Vortragsmanuskript] http://www.academia.edu/10952692/.

Geismar, Haidy/Knox, Hannah (2021). Introduction 2.0. In: Geismar, Haidy/Knox, Hannah (Hgg.). Digital Anthropology. London/New York, Berg, 1–18.

Hansen, Lara/Koch, Gertraud (2022). Assemblage – Constructing the Social in Empirical Cultural Research. Hamburger Journal für Kulturanthropologie 14, 3–15. https://journals.sub.uni-hamburg.de/hjk/article/view/1955.

Klausner, Martina (2022). A More-Than-Digital Anthropology. Ethnographies of Participation and Administration. Zeitschrift für Empirische Kulturwissenschaft 118, 5–24. doi.org/10.31244/zekw/2022.02.

Koch, Gertraud (2016). Einleitung: Digitalisierung als Herausforderung der empirischen Kulturanalyse. In: Koch, Gertraud (Hg.). Digitalisierung: Theorien und Konzepte für die empirische Kulturforschung. Köln, Herbert von Halem Verlag, 7–18.

Lindner, Rolf (2003). Vom Wesen der Kulturanalyse. Zeitschrift für Volkskunde 99, 177–88.

Miller, Daniel (2018). Digital Anthropology. Cambridge Encyclopedia of Anthropology. doi.org/10.29164/18digital.

Schönberger, Klaus (2015). Persistenz und Rekombination. Digitale Kommunikation und soziokultureller Wandel. Zeitschrift für Volkskunde 111, 201–213.

Welz, Gisela (2021). Assemblage. In: Hinrichs, Peter/Röthl, Martina/Seifert, Manfred (Hgg.). Theoretische Reflexionen. Perspektiven der Europäischen Ethnologie. Reimer Kulturwissenschaften. Berlin, Dietrich Reimer, 69–87.

Weiterführende Literatur

Geismar, Haidy/Knox, Hannah (2021). Introduction 2.0. In: Geismar, Haidy/Knox, Hannah (Hgg.). Digital Anthropology. London/New York, Berg, 1–18.

Klausner, Martina (2022). A More-Than-Digital Anthropology. Ethnographies of Participation and Administration. Zeitschrift für Empirische Kulturwissenschaft 118, 5–24. doi.org/10.31244/zekw/2022.02.

Koch, Gertraud (2016). Einleitung: Digitalisierung als Herausforderung der empirischen Kulturanalyse. In: Koch, Gertraud (Hg.). Digitalisierung: Theorien und Konzepte für die empirische Kulturforschung. Köln, Herbert von Halem Verlag, 7–18.

Ästhetik

Daniel Martin Feige

Damien Hirst hat 2021 im Rahmen seiner Arbeit *The Currency* 10.000 DIN A4 große, mit farbigen Punkten bemalte und signierte Arbeiten veröffentlicht, die auf den ersten Blick dem Minimalismus oder Konzeptualismus nahezustehen scheinen. Der Clou der Arbeit ist allerdings, dass jedes dieser Objekte mit einem digitalen Zertifikat versehen worden ist und die Käufer sich entscheiden konnten, ob sie den materiellen Gegenstand oder ein digitales Artefakt, ein NFT erwerben wollten (in letzterem Fall ist dann der materielle Gegenstand vernichte worden). NFTs sind paradoxe Gegenstände: Der Gedanke der potenziell unendlichen Reproduzierbarkeit von Daten wird hier durch eine sichere Kontobuchführung über den Besitz unterlaufen. *The Currency* stellt nicht allein in seiner Spannung und scheinbar unüberbrückbaren Kluft von individuellem Gegenstand und digitalem Gegenstand die Frage nach einer digitalen Existenzweise der Kunst. In je nach Lesart gelungener oder bloß ›cleverer‹ Weise thematisiert es auch den immanenten Zusammenhang von Kunst und Markt. Damit trifft Hirsts Arbeit ein zentrales Moment, dass für die digitale Transformation der Kunst charakteristisch ist: Kunstwerke werden nun nicht allein als Objekte auf dem Kunstmarkt gehandelt, sondern die Marktförmigkeit dringt gewissermaßen in ihre Konstitution selbst ein. Im Folgenden werde ich eine Einführung in den Begriff der Ästhetik geben und dann die hier angedeuteten Überlegungen zur Frage, welche Rolle die digitale Transformation für die Kunst spielen könnte, konkretisieren.

Ästhetik und Philosophie der Kunst: Praxisformen des Ästhetischen

Kunstwerke können in unterschiedlicher Weise ›elegant‹, ›gewagt‹, ›neuartig‹, ›witzig‹ oder ›langweilig‹ sein. Auch wenn sich zu diesen Prädikaten epistemische Doubles aus der Perspektive epistemologischer oder ethischer Beurteilungen finden lassen, sind ästhetische Verwendungen dieser Prädikate (vgl. dazu auch Sibley 1959) Ausdruck eines Gegenstandsbezug sui generis, den wir ästhetisch nennen können. Wir kommen in der Betrachtung wie Beschreibung von Kunstwerken, Designgegenständen, Situationen der Natur und auch von Menschen nicht darum herum, die feine Textur solcher begrifflicher Artikulationen in den Blick zu nehmen, was anzeigt, dass das Ästhetische kein gewissermaßen ›roher‹ sinnlicher Weltbezug ist, sondern vielmehr eine spezifische Form der Beurteilung. Sinnlichkeit als Bestimmung des Ästhetischen ist (nicht zuletzt durch den etymologischen Rückgang auf die aisthesis oftmals in der Tradition der Ästhetik überschätzt worden; mit Arthur C. Danto (vgl. dazu auch Danto 1981, Kapitel 4) und seinen Nachfolgern lässt sich geltend machen, dass das ›Sinnliche‹ keineswegs eine notwendige Bedingung des ›Ästhetischen‹ ist, was sich nicht nur daran zeigt, dass es Kunstwerke gibt (etwa Werke der *concept art* und auch Werke der Literatur), für die die Sinnlichkeit keine größere Rolle spielt als für unseren sonstigen Weltbezug, aber auch darin, dass wir etwa Redeweisen wie diejenigen der ›Eleganz‹ oder ›Schönheit‹ eines mathematischen Beweises sehr gut verstehen können (und wir hier nicht seine sinnlichen Eigenarten, etwa typographische Entscheidungen meinen). Diese Überlegungen lassen sich so verstehen, dass wir das Ästhetische in seiner gesamten Breite als *spezifische Form der Beurteilung* begreifen müssen. Und Kant ist in dieser Frage der maßgebliche Stichwortgeber.

Kants zentrale Einsicht in dieser Frage lässt sich so erläutern, dass er theoretische, praktische und ästhetische Ausübungen unserer Vernunft als *formal unterschiedene* Ausübungen begreift (Kant 1974). Das bedeutet nicht, dass wir in theoretischen, praktischen und ästhetischen Beurteilungen ein anderes Objekt vor uns haben, sondern dass sie einen Gegenstand in unterschiedlicher Hinsicht betrachten. Sehr zugespitzt könnt man sagen, dass eine theoretische Betrachtung danach fragt, was der betreffende Gegenstand für ein Ding ist, die praktische Betrachtung danach fragt, ob und inwiefern er ein wünschenswerter Gegenstand ist, und die ästhetische Betrachtung schließlich eine solche ist, die den Gegenstand allein unter der Maßgabe betrachtet, ob die Betrachtung um ihrer selbst willen eine lohnende Erfahrung darstellt.

Gegenüber dem Begründer der Ästhetik als eigenständiger Teildisziplin der Philosophie, Alexander Gottlieb Baumgarten, der behauptet hatte, dass es neben einer klaren und deutlichen Erkenntnis (der diskursiven Erkenntnis) auch eine klare und undeutliche Form der Erkenntnis (eine sinnliche Erkenntnis) gebe (Baumgarten 2013), macht Kant dabei geltend, dass der Begriff der sinnlichen Erkenntnis ein hölzernes Eisen ist: Eine Erkenntnis, die nicht präzise diskursiv sagen kann, was hier erkannt worden ist, ist keine Erkenntnis. Kant zieht daraus den Schluss, dass es im ästhetischen Urteil nicht um Erkenntnis geht, sondern vielmehr um eine sich selbst reproduzierende und als lustvoll erfahrene Betrachtung des Gegenstandes, weil sich unsere Erkenntnisvermögen angesichts des Gegenstandes in einem harmonischen und offenen Spiel miteinander befinden und wir letztlich in dieser Erfahrung unser Passen in die Welt erfahren (im Sinne einer immer wieder neuen und erneuten Bestimmbarkeit ihrer Aspekte).

Entscheidend und überzeugend ist dabei Kants Absage an schlichte Überstiegsfiguren des Ästhetischen: Wie in der theoretischen und praktischen Beurteilung sind auch in der ästhetischen Beurteilung unsere begrifflichen Vermögen im Spiel, aber sie sind in *formal anderer Weise* im Spiel dergestalt, dass sie den jeweiligen besonderen Gegenstand nicht unter ein gegebenes Allgemeines (im Sinne epistemischer oder ethischer Beurteilungen bringen), sondern ihn *in seiner Besonderheit* vernehmen. So definiert Kant Urteilskraft als eine Form der Beurteilung, die nicht subsumptiv von einem gegebenen Allgemeinbegriff aus auf ein je Besonderes zugreift, sondern vom Besonderen in einer unabschließbaren Bewegung zum Allgemeinen geht.

Hegels Kritik an Kant (vgl. als Hintergrund Sedgwick 2012) lässt sich systematisch nun mit Blick auf eine Theorie des ästhetischen Urteils so fassen, dass sie geltend macht, dass eine formalistisch verstandene Theorie der Form unserer Vernunftausübungen abstrakt bleibt. Denn Kants grundsätzlich überzeugender Analyse des ästhetischen Urteils mangelt es an Raum dafür, die Spezifik und Art des Gegenstandes selbst als etwas zu begreifen, was in die Form der Beurteilung eingeht. Dieses Argument lässt sich auch so fassen, dass man sagt, dass einer entsprechenden Theorie eine subjektive Schlagseite droht, insofern sie unseren Gegenstandsbezug von der Seite subjektiver Vermögen her deutet, aber nicht von dem Gehalt des Gegenstandes selbst. Hegel antwortet auf diese Probleme in seinen *Vorlesungen über die Ästhetik* (Hegel 1986) mit einem radikalen Schritt: Das Ästhetische wird nun ausschließlich als eine Theorie der Kunst begriffen, andere ästhetische Phänomene dagegen werden philosophischen Betrachtung als unwürdig erachtet. Der vernünftige Kern von Hegels kunsttheoretischer Neuausrichtung der Ästhetik besteht in der Einsicht, dass gerade Kunstwerke uns eine spezifische und dabei hochstehende Form der Selbstthematisierung ermöglichen; er notiert in der Einleitung (in der Hotho-Ausgabe), dass die Kunst »nur eine Art und Weise ist, das Göttliche, die tiefsten Interessen des Menschen, die umfassendsten Wahrheiten des Geistes zum Bewußtsein zu bringen und auszusprechen.« (Hegel 1986, 20f.). Er stellt die Kunst hier nicht allein in eine Reihe mit Religion und Philosophie, sondern argumentiert dafür, dass die von Kant formal verstandene ästhetische Reflexion zwar eine Form hat, diese Form sich aber in historisch-kulturellen Lebensformen jeweils unterschiedlich konkretisiert und auch verschiedene logische Stufen kennt (das sind die Kunstformen; vgl. Hegel 1986, 389ff.). Anders als für die Reflexionsleistung der Religion und Philosophie ist für die Reflexionsleistung der Kunst charakteristisch, dass sie in nichts anderem als der jeweils geformten Gestalt des Werkes selbst besteht. In diesem Sinne lässt sich Kunst nach Hegel als hochstehende Form eines kollektiven Selbstverständigungsgeschehens begreifen, angesichts derer wir uns im Lichte unserer wesentlichen Orientierungen und grundlegenden Verständnisse selbst ansichtig werden (vgl. Bertram 2014; Feige 2012).

Im Rahmen von Hegels meines Erachtens überzeugender Bestimmung der Rolle der Kunst in der menschlichen Welt weist seine Position allerdings eine spiegelbildliche Leerstelle zu derjenigen Kants auf: Bleibt Kants Vorschlag trotz instruktiver Bemerkungen auch zur Kunst derart formal, dass die Inhalte die Form nicht selbst neu- und weiterbestimmen, so unterschlägt Hegel schlichtweg andere ästhetische Phänomene als die Kunst bzw. erklärt sie einer philosophischen Betrachtung für unwürdig. Adorno hat hier richtigerweise angemerkt, dass sich auch kunstästhetische Fragen nicht ohne einen Seitenblick auf naturästhetische Fragen angemessen stellen lassen (Adorno 2017, v.a. Vorlesung 3). Die Konsequenz daraus muss lauten, dass man mit Kant zwar den Formbegriff des Ästhetischen beibehält und mit Hegel die Kunst als wesentliche Form des Ästhetischen begreift, aber neben der Kunst auch andere Arten und Weisen zulässt, auf die das ästhetische Urteil eine Verwirklichung kennt. Neben der Kunst wären hier das Design und die Natur als *Praxisformen des Ästhetischen* zu nennen (vgl. Feige 2018, Kapitel 4), in denen das ästhetische Urteil eine jeweils unterschiedliche Wendung nimmt. In diesem Sinne gibt es mehr als eine Art und Weise, auf die etwas ästhetisch sein kann.

Kunst und Digitalisierung: Kunst als Gegen-Digitalisierung

Ich möchte hier exemplarisch bei der Frage der Kunst bleiben und in den Blick nehmen, wie sie sich unter den Bedingungen der Digitalisierung ändert. Hegel hat anders als Kant nämlich auch zutreffend herausgearbeitet, dass die Praxisform der Kunst in ihrer historischen Bewegtheit verständlich gemacht werden muss. In kritischem Anschluss an Hegel hat Adorno dabei zu Recht betont, dass ein Movens dieser Bewegung gerade nicht aus der Kunst selbst stammt: Kunst ist »autonom und *fait social*« und letzteres teilt sich »der Zone ihrer Autonomie« mit (Adorno 1973, 16). Das ist gerade nicht im Sinne einer vulgärsoziologischen Reduktion der Autonomie zu verstehen, sondern derart, dass die Reflexion der Kunst geprägt ist von dem, was sie nicht ist: Einer entfremdeten gesellschaftlichen Realität, in der Rationalität auf instrumentelle Rationalität verkürzt ist und im Rahmen derer die Kunst negativ zeigt, dass es auch anders geht (vgl. Horkheimer/Adorno 1969). An der radikalen negativistischen Wendung der Kunst bei Adorno ist überzeugend, dass sie stärker als Hegel anhand der Begriffe des Formgesetzes und des Materials die eigenlogische Konstitution des Kunstwerks zu denken erlaubt und diese zugleich dialektisch in ihrem Unterschied und damit auch ihrer Bezogenheit auf die gesellschaftliche Realität. Der Begriff des Formgesetzes adressiert, dass es die spezifische Organisationsweise des Werks ist (und nicht etwa tiefe ›Inhalte‹ oder eine ›schöne‹ Sinnlichkeit), die den Unterschied der Kunst zur sonstigen gesellschaftlichen Realität markiert: Was ein Element eines Werks ist, entscheidet sich im Werk selbst, so dass Kunstwerke aus sich heraus Spannungsfelder von Elementen etablieren. Kunstwerke sind dahingehend durch ihre Form bestimmt, dass nur diejenigen sie angemessen verstehen, die ihre je spezifische Organisationsweise nachvollziehen. Was ein Klang in Relation zu anderen Klängen besagt, ein Wort im Zusammenspiel mit anderen Worten, kollektive Bewegungen im Raum oder die Verteilung von Farbmustern im Raum lässt sich nur aus dem Kontext der anderen Elemente eines Werks bestimmen. Ein Kunstwerk zu verstehen, heißt damit, durch die entsprechenden Konstellationen interpretativ zu navigieren, wobei (vgl. Danto 1981, 158–164) die Interpretation bereits bei der scheinbar unbeleckten Wahrnehmung beginnt (denn diese unterscheidet immer schon zwischen solchen Aspekten, die Teil des Werks sind, und solchen, die das nicht sind). Wenn derart das einzelne Werk das Prisma der ästhetischen Beurteilung ist (was auch schon Kant und Hegel geltend gemacht haben), folgt daraus für Adorno, dass auch das Material der Kunst im jeweiligen Werk neu (und mit Blick auf die Kategorien der Künste: erneut; vgl. Bertram/Deines/Feige 2021) konstituiert wird. Kunstwerke stehen in Traditionen künstlerischer Materialien, erfinden aber gewissermaßen jeweils neu, was das Material ihrer Kunst ist. Die hier skizzierte Linie der Tradition philosophischer Ästhetik erlaubt es damit, die Allgemeinheit des Begriffs der Kunst mit seiner je spezifischen Verwirklichung zusammenzudenken.

Wenn wir die Digitalisierung im Ausgang von Horkheimer und Adorno als Verschärfung und Radikalisierung der Logik instrumenteller Vernunft begreifen (vgl. Feige i.V.), so ist danach zu fragen, in welcher Weise die Kunst als Praxis, die »autonom und *fait social*« ist, transformiert wird. Paradigmatisch für eine solche Radikalisierung könnten gerade die NFTs sein, die dann weniger ontologische Fragen aufwerfen würden, sondern vielmehr die Logik des Hochfrequenzkapitalismus in die Seinsweise der Gegenstände selbst hineintragen (→ Kapitalismus). Und ebenso paradigmatisch sind die jüngsten Politisierungen der Kunst und die Bestreitung ihrer Autonomie; entsprechende Diskurse und Praktiken sind aus der Perspektive Adornos weniger ein Moment der Emanzipation der Kunst als vielmehr Ausdruck einer Transformation der falschen Verhältnisse. In der eingangs genannten Arbeit von Damien Hirst, aber auch den Arbeiten etwa von Hito Steyerl oder Trevor Paglen, wird paradigmatisch deutlich, was es heißt, dass Kunst im Kontext der Digitalisierung neu bestimmt wird: Sie wird eben nicht ein aktivistisches Projekt der Lösung sozialer, politischer und moralischer Probleme, sondern ihre Reflexion auf die falschen Verhältnisse gewinnt hier einen neuen Sinn, weil die falschen Verhältnisse selbst sich transformiert haben. Besonders hervorgetreten ist Paglen mit Fotografien, Installationen und Performances, die die unsichtbaren Logiken der Überwachung umkehren und demaskieren, allerdings in einer Weise, die an die künstlerische Form gebunden bleibt. Im Rahmen der Arbeit *Sight Machine* hat er das Thema des maschinellen ›Sehens‹ aufgegriffen, indem er die Musiker:innen des Kronos Quartet durch eine Künstliche Intelligenz hat ›beobachten‹ lassen. Die Musiker:innen wurden anhand von Parametern wie Alter, Geschlecht und emotionalen Zuständen taxiert. Im Hintergrund des maschinellen ›Sehens‹ stehen heute zumeist sich wechselseitig trainierende neuronale Netzwerke, die aus Massen von Bildern Musterdetektion betreiben (→ Maschinelles Lernen). Die Ergebnisse, die hier zustande kommen, wirken nicht allein wie im Fall der Ausgaben von Chatbots wie eigentümlich verfremdete Formen unseres Sehens und Sprechens; vielmehr reproduzieren sie hegemoniale Strukturen der Un/Sichtbarkeit, die sich schon in den Ausgangsdaten befinden (→ Überwachung).

Die genannte Arbeit Trevor Paglens demaskiert aber – anders als die zusammen mit Hito Steyerl veröffentlichte Arbeit *Machine Readable Hito* – weniger die entsprechenden Machtgrammatiken (die hier mit problematischen Theorien wie Paul Ekmans Theorie der Basisemotionen eine Allianz eingehen), sondern stellt vielmehr die Inkommensurabilität maschinellen ›Sehens‹ aus: Das dokumentierte ›Sehen‹ ist kategorial von unserem oder einem animalischen (und damit in Wahrheit: *überhaupt* von einem tatsächlichen Sehen) unterschieden. *Sight Machine* gelingt dabei das Kunststück, diese Grammatik des maschinellen ›Sehens‹ zugleich in komischer Weise auszustellen. Die Kategorisierungen passen gar nicht zum Anlass der Praxis und Darbietung des Musizierens (sie sind aber Kategorien, die sich gut mit anderen Kategorien im Sinne der Erstellung von allgemeinen Nutzer:innenprofilen verbinden lassen; vgl. zur Logik der Vermessung Mau 2018), sondern ihre Ausgabe in Wahrscheinlichkeiten, mit der die Künstliche Intelligenz eine Taxonomie der Bilder erstellt, ist skurril: Wir sehen einen ängstlichen Gesichtsausdruck nicht mit einer bestimmten Wahrscheinlichkeit (›48 % *fearful*‹), sondern wir sehen schlicht und einfach, dass eine Person ängstlich ist, wogegen nicht spricht, dass wir uns manchmal natürlich täuschen können und dass uns Personen auch etwas vortäuschen können. Ein solches Sehen, das haben Argumente von Brian Cantwell Smith und anderen gezeigt (Smith 2019), steht einer Künstlichen Intelligenz gerade deshalb nicht offen, weil sie allein Musterdetektion in unseren Repräsentationen der Welt betreibt, sich aber nicht auf die Welt als Welt beziehen kann. Den menschlichen Geist, auch das zeigt Paglens Arbeit, nach dem Vorbild der Musterdetektion von KIs zu verstehen, sagt mehr über solche Positionen aus, die das versuchen, als dass es ein wahrer Gedanke wäre. In Paglens Arbeit zeigt sich damit der konstitutive Riss, der zwischen der digitalen Verarbeitung von Bildern und dem Betrachten von Bildern besteht; zugleich ist sie eine Reflexion auf die Unmöglichkeit einer Bildverarbeitung der Kunst selbst.

Ich möchte vorschlagen, dass für die Arbeiten Hirsts, Steyerls und Paglens als Arbeiten, die nicht allein von der digitalen Transformation geprägt sind, sondern diese zu ihrem eigenen Material machen, folgendes charakteristisch ist: Entsprechende Arbeiten verwirklichen derart einen reflexiven Gebrauch der Infrastrukturen, Interfaces und Technologien, die die Digitalisierung kennzeichnen, dass sie eine Form der *Gegen-Digitalisierung* verwirklichen. Gegenüber der zumindest in ihren ökonomischen und politischen Grammatiken mitunter unsichtbaren Einschreibung von Computertechnologien in unsere Praxiszusammenhänge, die diese vereindeutigen, berechenbar machen und einer Verwertungslogik zuführen, trägt Kunst unter den Bedingungen der Digitalisierung Zonen des Unklaren, Unbestimmten und gerade des nicht länger reibungslosen Berechenbaren und Funktionierenden ein – Zonen, die an die ganz konkrete Form der jeweiligen Arbeit gebunden sind und deshalb nur im Medium der Kunst stattfinden können. In den Werken der Gegenwart taucht das auf, was sich gar nicht länger in Begriffen und Logiken der Digitalisierung abbilden lässt.

Zitierte Literatur

Adorno, Theodor W. (1973). Ästhetische Theorie. Frankfurt a.M., Suhrkamp.
Adorno, Theodor W. (2017). Ästhetik (1958/59). Berlin, Suhrkamp.
Baumgarten, Alexander G. (2013). Theoretische Ästhetik. Hamburg, Meiner.
Bertram, Georg W. (2014). Kunst als menschliche Praxis. Eine Ästhetik. Berlin, Suhrkamp.
Bertram, Georg W./Deines, Stefan/Feige, Daniel M. (2021) (Hgg.). Die Kunst und die Künste. Ein Kompendium zur Kunsttheorie der Gegenwart. Berlin, Suhrkamp.
Danto, Arthur C. (1981). Die Verklärung des Gewöhnlichen. Eine Philosophie der Kunst. Frankfurt a.M., Suhrkamp.
Feige, Daniel M. (2012). Kunst als Selbstverständigung. Münster, Mentis.
Feige, Daniel M. (2018). Design. Eine philosophische Analyse. Berlin, Suhrkamp.
Feige, Daniel M. (i.V.). Kritik der Digitalisierung. Technik, Rationalität und Kunst.
Hegel, Georg F.W. (1986). Vorlesungen über die Ästhetik Bd. 1. Frankfurt a.M., Suhrkamp.
Horkheimer, Max/Adorno, Theodor W. (1969). Dialektik der Aufklärung. Philosophische Fragmente. Frankfurt a.M., Fischer.
Kant, Immanuel (1974). Kritik der Urteilskraft. Frankfurt a.M., Suhrkamp.
Mau, Steffen (2018). Das metrische Wir. Über die Quantifizierung des Sozialen. Berlin, Suhrkamp.
Sedgwick, Sally (2012). Hegels Critique of Kant. From Dichotomy to Identity. Oxford, OUP.
Sibley, Frank (1959). Aesthetic Concepts. The Philosophical Review 68, 421–450.
Smith, Brian Cantwell (2019). The Promise of Artificial Intelligence. Reckoning and Judgment. Cambridge Mass., MIT Press.

Weiterführende Literatur

Carroll, Noël (1999). Philosophy of Art. A Contemporary Introduction. New York, Routledge.
Scheer, Brigitte (1997). Einführung in die philosophische Ästhetik. Darmstadt, WBG.
Siegmund, Judith (2022) (Hg.). Handbuch Kunstphilosophie. Stuttgart, UTB.

Bilder

Roland Meyer

Niemand weiß, wie oft der Vollmond schon fotografiert wurde. Doch die meisten wissen, was sie von einem Bild des Mondes erwarten: scharfe Details und klare Kontraste, so dass sich die Schatten der Krater auf der Mondoberfläche zum berühmten Mondgesicht formieren. Und diese Erwartungen kennen natürlich auch die Smartphone-Hersteller. Für glasklare Details und brillante Schärfe, vor allem unter schwierigen Lichtbedingungen, reichen Optik und Sensoren handelsüblicher Smartphones häufig nicht aus. Die Antwort der Industrie lautet daher: »Künstliche Intelligenz« (→ Künstliche Intelligenz). Die soll für Rauschunterdrückung und eine höhere Auflösung sorgen, greift aber bei manchen Modellen durchaus tiefgreifender in die Bilddaten ein, als vielen bewusst ist: Aus einem diffusen hellen Kreis am dunklen Himmel macht sie einen strahlenden, hochauflösenden Vollmond. Und das funktioniert sogar, wenn man ein unscharfes, verpixeltes Mondbild bloß abfotografiert. Die »Künstliche Intelligenz«, die mit zahllosen Bildern des Mondes trainiert wurde, ergänzt dann automatisch jene Details, die im abfotografierten Original gar nicht mehr zu sehen waren. Anders gesagt: Die Software weiß, was wir vermeintlich erwarten, und liefert uns jenes Bild des Mondes, das schon unzählige Male zuvor fotografiert wurde.

An Phänomenen wie diesen wird deutlich, was Bildlichkeit heute im digitalen Alltag bedeutet – nämlich die Verschränkung von bildkulturellen Erwartungen, die immer noch von älteren, insbesondere fotografischen Bildpraktiken geprägt worden sind, mit technischen Verfahren, die an der Oberfläche noch mit fotografisch anmutenden Effekten einhergehen, tatsächlich jedoch hochkomplexe Formen der Datenverarbeitung darstellen (→ Daten). Unter Bedingungen digitaler Vernetzung und ubiquitärer algorithmischer Auswertung produzieren wir alltäglich massenhaft mehr Bilder als je zuvor: Bilder, die immer noch wie fotografische Bilder aussehen; Bilder, die für uns in vielerlei Hinsicht dieselben Funktionen der Erinnerung, Repräsentation und bisweilen der

Beweissicherung übernehmen, die fotografische Bilder seit bald 200 Jahren übernommen haben. Und doch hat sich im Verhältnis dieser Bilder zur Realität Wesentliches verschoben. In unseren alltäglichen digitalen Bildpraktiken sind Aufzeichnung und Postproduktion mittlerweile unauflöslich miteinander verschränkt. Noch bevor ein Bild auf unseren Displays sichtbar wird, wurde es von algorithmischen Routinen vielfach gefiltert, optimiert und unseren vermeintlichen Erwartungen angepasst – wofür sich mittlerweile der Begriff der *computational photography* etabliert hat.

Die Frage, ob und wieweit den Bildern überhaupt noch zu trauen sei, stellte sich daher auch schon lange vor den aktuellen Entwicklungen generativer KI (→ Vertrauen). Vielmehr begleitet sie die Geschichte digitaler Bilder seit ihren Anfängen, die mittlerweile bereits Jahrzehnte zurückreichen – mindestens bis in die 1990er Jahre, als digitale Bildbearbeitungsprogramme erstmals kommerziell verfügbar wurden. Im Folgenden möchte ich daher die Diskursgeschichte digitaler Bildlichkeit entlang dreier grob chronologisch geordneter Stichworte skizzieren: *Verlust der Referenz, Operative Bilder, Digitale Bildkulturen*.

Verlust der Referenz

Der Diskurs der 1990er Jahre über digitale Bilder war von Verlustdiagnosen geprägt. Angesichts von Photoshop, Morphing und CGI-Effekten im Kino sah man alles, was bislang an technischen, insbesondere fotografischen Bildern stabil und verlässlich schien, in Auflösung begriffen. Mit seiner These vom »Verlust der Referenz« im »postfotografischen« Zeitalter setzte William J. Mitchells einflussreiches Buch *The Reconfigured Eye* von 1992, nur zwei Jahre nach der Markteinführung von Photoshop publiziert, den Ton der Debatte für das kommende Jahrzehnt (→ Visualität). Die »große Bank der Natur«, so formuliert es Mitchell in Anspielung auf eine klassische Metapher der Fototheorie, habe sich mit der Digitalfotografie vom »Goldstandard« verabschiedet, und weder eine »visuelle Wahrheit« noch überhaupt eine stabile Bedeutung der Bilder könne fortan »garantiert« werden (Mitchell 1992, 57).

Mitchell war nicht der Einzige, der in der Frühzeit der digitalen Fotografie vor allem den radikalen Bruch mit dem indexikalischen Wahrheitsversprechen der Fotografie betonte. Verlässliche bildliche Referenz auf eine außerbildliche Wirklichkeit, so eine verbreitete Ansicht, konnte nur vermittels einer »unwiderruflichen Einschreibung« (Hagen 2002, 234) hergestellt werden. Wo jedoch nicht mehr Silbersalze Lichtspuren dauerhaft fixierten, sondern elektronische

Bildsensoren diskrete Messwerte erhoben, schien der fotografische Akt als solcher fundamental entwertet. An die Stelle der singulären Aufzeichnung träten nun vermeintlich vollständig reversible Prozesse der Informationsverarbeitung. Was in ihnen als Bild prozessiert werde, sei letztlich nichts weiter als eine Matrix diskret adressierbarer Farb- und Helligkeitswerte, die sich verlustfrei manipulieren und in beliebiger, auch nicht-visueller Form ausgeben ließen, als Pixel ebenso wie als Töne, Texte oder Ziffernreihen.

Gemeinsam war solchen medientheoretischen Diagnosen, dass sie aus technischen Eigenschaften bildgebender Verfahren, dem Aufbau ihrer Sensorsysteme, Speichertechnologien und Dateiformate etwa, ontologische Wesensbestimmungen des digitalen Bildes abzuleiten versuchten. Was dabei aus dem Blick zu geraten drohte, war der Gebrauch der Bilder. Denn als um die Jahrtausendwende Digitalkameras die traditionell filmbasierten, inzwischen als »analog« bezeichneten Apparate auf dem Massenmarkt abzulösen begannen, bedeutete das für die alltägliche Bildpraxis keineswegs einen fundamentalen Bruch. Von Digitalkameras erzeugte Bilder zogen selbstverständlich nicht nur in Publikumszeitschriften, sondern ebenso in wissenschaftliche Artikel ein, sie dokumentierten nicht allein den Familienurlaub, sondern wurden auch als Beweismittel vor Gericht anerkannt. »Besser als jedes theoretische Argument«, so hat es der Fototheoretiker André Gunthert rückblickend konstatiert, »hat die Durchsetzung der digitalen Praxis gezeigt, dass die Wahrhaftigkeit des Bildes nicht von seiner Ontogenese abhängt« (Gunthert 2019, 32f.).

Gunthertz zentrales Beispiel dafür, wie digitalen Aufnahmen schon früh fraglos Beweiskraft zugesprochen wurde, sind die mit Digitalkameras aufgezeichneten Bilder der Folterungen aus dem US-Militärgefängnis in Abu Ghraib, die 2004 die Weltöffentlichkeit schockierten. Tatsächlich sind gerade diese Aufnahmen ein Beleg dafür, wie sich mit digitaler Fotografie auch neue Formen der Referenz etablierten. Denn dass sich aus ihnen die Verbrechen der US-Armee in solcher Genauigkeit rekonstruieren ließen, hing nicht allein an der visuellen Evidenz der Aufnahmen, sondern auch an der Möglichkeit, über Metadatenauswertung jeder einzelnen Aufnahme Ort, Datum und Uhrzeit eindeutig zuweisen zu können. Erst mit dieser »hyperindexikalische[n] Verdatung« (Rothöhler 2018, 51) wurden aus visuellen Aufzeichnungen, deren Entstehungskontext unklar schien, in Raum und Zeit verankerbare Spuren von Ereignissen.

Insgesamt lässt sich in der alltäglichen digitalen Bildpraxis beobachten, wie dem vermeintlichen Referenzverlust durch eine Vielzahl von Verfahren der Stabilisierung der Referenz begegnet wurde. Dazu gehören, im Bereich des

Bildjournalismus wie der kriminalistischen Beweissicherung, standardisierte Formate und Protokolle, die die Produktion, Postproduktion und Distribution digitaler Bilder möglichst transparent nachvollziehbar machen sollen. Ebenso dazu gehören die ausgefeilten Verfahren der Digitalbildforensik. Denn es hat sich herausgestellt, dass auch digitale Manipulationen Spuren hinterlassen. So weisen etwa Bilder aus Digitalkameras stets charakteristische Muster des Bildrauschens auf – ein Effekt der physikalischen Eigenschaften der Bildsensoren. Werden per Photoshop Bildelemente aus unterschiedlichen Quellen zusammenmontiert, produziert dies auf der Ebene der Mikrostruktur der Bilddaten für das menschliche Auge unsichtbare Brüche und Inkonsistenzen, die sich mit digitalen Methoden sichtbar machen lassen. Als umfassende Daten- und Metadatenproduktion vervielfältigt also digitale Bildgebung die Spuren, denen man nachgehen kann, um die brüchig gewordene Referenz erneut zu stabilisieren.

Operative Bilder

Im Diskurs um das »Ende der Referenz« blieb ausgeblendet, wie umfassend und vielfältig digitale Bilder bereits seit Beginn der 1990er Jahre die Wirklichkeit zu verändern begannen. Dies in den Blick zu rücken war das Verdienst von Harun Farockis Begriff der »operativen Bilder«, den er um 2000 in mehreren Videoarbeiten und Essays entwickelt hat (Farocki 2004). Die Bilder, die Farocki dabei im Sinn hatte, tauchten fast gleichzeitig mit *Photoshop* und den ersten spektakulären CGI-Effekten im Hollywoodkino auf und wurden zunächst ebenfalls unter dem Paradigma des Referenzverlusts, ja der Simulation, verhandelt: die Bilder des ersten Irakkrieges von 1990/91, die vielen Kommentaren als Beleg für die Entwirklichung des Krieges zum digitalen Computerspiel dienten (→ Simulation). Für Farocki dagegen manifestierte sich in den Aufnahmen unbemannter Drohnen und »intelligenter« Waffensysteme, in denen das Schlachtfeld zum scheinbar menschenleeren Schauplatz automatisiert ablaufender Operationen der Zielerfassung wurde, ein neuartiges Verhältnis von Bild und Realität. Die Bilder der Kameras in den selbststeuernden Raketen, die ihre eigene Zerstörung vorwegnahmen, waren Bilder, die die Realität nicht mehr nur repräsentierten, sondern mit tödlichen Konsequenzen in sie eingriffen. Dabei richteten sie sich nicht mehr primär an die Wahrnehmung menschlicher Betrachtersubjekte, sondern waren in technische Operationen eingebunden, in denen sie nahezu rückstandslos aufgehen sollten.

Der Blick auf »operative Bilder« verschiebt die Perspektive von der Wahrheit *des* Bildes im Singular auf die Funktionen *der* Bilder im Plural, und damit von Bildontologie zur Bildpragmatik. Dies hat sich seither als theoretisch äußerst fruchtbar erwiesen. In den letzten zwei Jahrzehnten ist ein ausdifferenzierter Diskurs um operative Bildlichkeit entstanden, der längst über Farockis einschlägige Beispiele aus militärischer Aufklärung, technischen Überwachungssystemen oder der Steuerung autonomer Fahrzeuge und Roboter hinausreicht. Denn wo heute alle Bilder immer schon (auch) digital verteilte Daten sind, hat sich Operativität vom Spezialfall des Bildlichen zu seinem Standardmodus entwickelt. Ein Großteil der Bilder, die von ubiquitären Kameras erfasst werden und in weltumspannenden digitalen Netzen zirkulieren, so hat es Trevor Paglen (2016) bereits vor Jahren konstatiert, werde mittlerweile von Maschinen für Maschinen produziert, so dass die sichtbare Bildwelt rein quantitativ beinahe als Randphänomen erschiene. Die Bilder, die die optischen Sensoren autonomer Fahrzeuge, ubiquitärer Überwachungskameras und smarter Devices im digital aufgerüsteten Eigenheim laufend produzieren, bleiben in der Regel unsichtbar.

Doch auch die Bilder, die wir selbst täglich milliardenfach mit unseren Smartphones machen und auf sozialen Medien teilen, sind schon längst nicht mehr allein für Menschenaugen bestimmt, sondern werden von den globalen Plattformen, die diese endlosen Bilderströme aggregieren und distribuieren, algorithmisch erfasst und analysiert. Anna Munster und Adrian MacKenzie (2019) sprechen in diesem Sinne vom »Platform Seeing«: einer Form der Bildwahrnehmung, die nicht mehr von menschlichen Betrachtersubjekten geleistet wird, sondern als verteilter und vernetzter Prozess der Datenverarbeitung unsichtbar hinter unserem Rücken abläuft, während wir mit den Interfaces unserer Apps und mobilen Gadgets interagieren. Solches Plattformsehen hat es dann auch nicht mehr mit einzelnen Bildern zu tun, sondern mit aggregierten und formatierten »Bildensembles« aus Milliarden von Einzelbildern, aus denen sich Muster extrahieren und Profile erstellen lassen. Was als sichtbares Bild auf unseren Displays erscheint, ist dabei nur die flüchtige und ausschnitthafte Visualisierung unsichtbarer Datenressourcen, die sich großmaßstäblich und überaus gewinnbringend auswerten lassen.

Operative Bilder existieren stets im Plural, und sie tun dies inzwischen in Größenordnungen, die sich strukturell der menschlichen Wahrnehmung entziehen. Doch hier stößt der Diskurs um operative Bilder auch an eine Grenze: Wenn digitale Bilder ganz in Datenoperationen aufgehen, ohne überhaupt noch Sichtbarkeit zu erlangen, in welcher Hinsicht lässt sich dann überhaupt noch von Bildern sprechen? Sicherlich kann man, wie dies Jussi Parikka (2023) jüngst vorgeschlagen hat, »Invisualität« als wesentliches Kennzeichen gegenwärtiger digitaler Bildlichkeit herausstellen und sich ganz auf die vielfältigen Operationen der Formatierung, Adressierung und Filterung, der Kalkulation, Analyse und Synthese, in die digitale Bilddaten eingebunden sind und die sie in vielen Fällen überhaupt hervorbringen, konzentrieren. Doch geht damit nicht Entscheidendes verloren?

Digitale Bildkulturen

Die Digitalisierung der Bildproduktion allein, vor allem die Ablösung optisch-chemischer Aufzeichnungsverfahren durch digitale Sensor- und Speichertechnologien, bedeutete in mancherlei Hinsicht nicht jenen vollständigen Bruch, den man in den 1990er Jahren prognostizierte. Zwar hat er die Grundlagen für eine digitale Kultur gelegt, in der Bildern ganz neue Funktionen zuwuchsen, die entscheidenden infrastrukturellen Voraussetzungen dafür jedoch etablierten sich erst um 2010. Mit dem Aufstieg sozialer Medien und der ubiquitären Verbreitung des Smartphones – diese Diagnose liegt etwa der Annekathrin Kohout und Wolfgang Ullrich (2019ff.) herausgegeben Buchreihe *Digitale Bildkulturen* zugrunde – wurden Bilder in nie gekanntem Ausmaß zum Medium menschlicher Kommunikation. Neue Bildphänomene wie Selfies, Reels und Stories erlaubten die Echtzeitdokumentation und affektive Synchronisation des digitalen Alltags, zugleich entstanden neue Formen der vernetzten visuellen Zeugenschaft und des politischen Bildprotests, ohne die Bewegungen wie *#BlackLivesMatter* kaum denkbar gewesen wären.

Eine alleinige Fokussierung auf die operative Dimension digitaler Bilder und ihre »Invisualität« blendet daher aus, in welchem Ausmaß unsere alltägliche digitale Lebenswelt bildgesättigt ist – von sichtbaren Bildern durchsetzt, ja von ihnen bestimmt. War das Internet in seinen Anfangstagen ein wesentlich textbasiertes Medium, verwandelte es sich in den vergangen rund zwei Jahrzehnten zum riesigen, jederzeit und überall verfügbaren virtuellen Bildarchiv, das nun, etwa in Gestalt von Memes, selbst zum Gegenstand endloser Formen der Aneignung, Variation und Rekombination gemacht wurde. Digitale Bildkulturen speisen sich nicht zuletzt aus dieser grenzenlosen Verfügbarkeit digitaler Bilder.

Zugleich ist alles, was uns online als Bild begegnet, auch und zunächst Datenobjekt, und was an ihm Sichtbarkeit erlangt, immer nur ein Teil seiner Wirklichkeit. Die hyperindexikalische Verdatung endet nicht im Moment der Bildproduktion, auch Bilddistribution und -rezeption werden unter vernetzten Bedingungen metadatenproduktiv: Wann immer wir mit Bildern in sozialen Medien interagieren, sie liken, teilen und kommentieren, reichern wir sie mit Metadaten an. Die Kommunikation mit und über Bilder adressiert so nie nur ein menschliches Gegenüber, sondern fließt zugleich in Operationen der massenhaften statistischen Auswertung ein. Auch das Plattformsehen ist auf die Sichtbarkeit der Bilder angewiesen. Bilder werden von Menschen geteilt, um menschliche Reaktionen hervorzurufen, und diese Reaktionen wiederum, insofern sie von Maschinen datenförmig erhoben und algorithmisch ausgewertet werden können, sind der Motor der Bildzirkulation in den sozialen Medien. Sie bestimmen die Sichtbarkeit in den automatisiert kuratierten *Feeds* und *Flows* und stiften neue Relationen zwischen zuvor unverbundenen Bilderströmen.

Digitale Bildkulturen sind daher vor allem algorithmisch vernetzte Bildkulturen (→ Algorithmus; Netzwerk), und die zentrale Rolle, die digitale Bilder in sozialen Medien spielen, Effekt ihrer charakteristischen Doppelgestalt: nämlich für Menschenaugen als Bilder zu erscheinen, die all die affektiven, kommunikativen und ästhetischen Funktionen erfüllen, die sich an ihre Sichtbarkeit knüpfen, und zugleich als vielfach mit Metadaten angereicherte unsichtbare Datensätze massenhaft algorithmisch auswertbar zu sein. Bilder sind heute, anders gesagt, nicht zuletzt Interfaces zwischen menschlichen Sehakten und automatisierten Prozessen der Datenverarbeitung, und Repräsentation und Operativität erscheinen dabei als vielfach miteinander verwoben.

Was derzeit in Gestalt bildgenerativer KI Furore macht, lässt sich damit auch als Effekt algorithmisch vernetzter Bildkulturen begreifen. Indem sie aus den riesigen, von Milliarden weltweit verteilter und vernetzter User:innen produzierten, mit Metadaten angereicherten und von kommerziellen Plattformen aggregierten Bildensembles wiederkehrende visuelle Muster extrahieren und in vermeintlich immer neuen Varianten synthetisieren, erschließen KI-Tools wie *Midjourney*, *Dall-E* und *Stable Diffusion* das virtuelle Bildarchiv der Gegenwart als Ressource der automatisierten Bildproduktion. Bildgenerative KI ist dabei nicht zuletzt ein Verfahren der statistischen Prognose: Sie produziert Bilder, die unseren Erwartungen entsprechen sollen – und was wir von Bildern erwarten, darauf wurden sie mit all jenen Bildern trainiert, die wir bereits gemacht, geteilt, bewertet und annotiert haben. In dem Maße, in dem solche generativen Verfahren auch in Gestalt smarter Filter und automatisierter Bildoptimierung ein immer selbstverständlicher Teil unserer alltäglichen digitalen Bildpraxis werden, bestimmen nun die Bilder der Vergangenheit, kondensiert zu digitalen Datenmustern und statistisch erwartbaren Erwartungen, auch die Bilder, die wir uns von unserer Gegenwart machen. Und das gilt nicht allein für den Mond.

Zitierte Literatur

Farocki, Harun (2004). Phantom Image. Public 29, 12–24.
Gunthert, André (2019). Das geteilte Bild. Essays zur digitalen Fotografie. Konstanz, Konstanz University Press.
Hagen, Wolfgang (2002). Die Entropie der Fotografie. Skizzen zu einer Genealogie der digital-elektronischen Bildaufzeichnung. In: Wolf, Herta (Hg.). Paradigma Fotografie. Fotokritik am Ende des fotografischen Zeitalters. Frankfurt a.M., Suhrkamp, 195–235.
Kohout, Annekathrin/Ullrich, Wolfgang (2019ff.). Digitale Bildkulturen [Buchreihe]. Berlin, Wagenbach.
MacKenzie, Adrian/Munster, Anna (2019). Platform Seeing. Image Ensembles and Their Invisualities. Theory, Culture & Society 5, 3–22.
Mitchell, William J. (1992). The Reconfigured Eye. Visual Truth in the Post-Photographic Era. Cambridge Mass., MIT Press.
Paglen, Trevor (2016). Invisible Images (Your Pictures Are Looking at You). The New Inquiry, 08.12.2016, https://thenewinquiry.com/invisibleimages-your-pictures-are-looking-at-you/ (zuletzt geprüft 2024-03-30).
Parikka, Jussi (2023): Operational Images. From the Visual to the Invisual. Minneapolis/London, University of Minnesota Press.
Rothöhler, Simon (2018). Das verteilte Bild. Stream – Archiv – Ambiente. München, Fink.

Weiterführende Literatur

Dewdney, Andrew/Sluis, Katrina (2023) (Hgg.). The Networked Image in Post-Digital Culture. London, Routledge.

Gerling, Winfried/Holschbach, Susanne/Löffler, Petra (2018). Bilder verteilen. Fotografische Praktiken in der digitalen Kultur. Bielefeld, transcript.
Meyer, Roland (2023) (Hg.). Bilder unter Verdacht. Praktiken der Bildforensik. Berlin, De Gruyter.

Computerarchäologie

Stefan Höltgen

Der folgende Beitrag stellt die Theorie und Methoden der Computerarchäologie vor. Da Computerarchäologie eine Zuspitzung (in Hinblick auf spezifischen Gegenstand und Methodologien) der Medienarchäologie darstellt und diese wiederum die Diskursarchäologie ergänzt, ist es notwendig jene Aspekte von Diskurs- und Medienarchäologie vor(anzu)stellen, die als Grundlage dienen. Insbesondere das alternative Verständnis von »Archäologie« (im Kontrast zur Facharchäologie) kann hierfür ins Zentrum gestellt werden, zeigen sich doch an denjenigen Stellen, an denen Diskurs/Medien/Computerarchäologie von dem weithin bekannten Archäologiebegriff abweichen, aber auch dort, wo sich Schnittpunkte der Disziplinen ergeben, wesentliche Merkmale des Ansatzes. Dass für die beispielhafte Darstellung computerarchäologischer Forschung das Retrocomputing ausgewählt wurde, liegt in der Forschungshistorie des Autors begründet, der herausgearbeitet hat, dass Retrocomputing eine Form der Computerarchäologie darstellt, die immer schon im Computerzeitalter betrieben wird/wurde und damit quasi als ›gelebter Widerspruch‹ zu akademischen und historiografischen Darstellungen von Computergeschichte fungiert (→ Geschichte).

Von der Diskursarchäologie ...

Die Konstituente »Archäologie« leitet sich für die hier verhandelten Konzepte aus einem Verständnis des Begriffs ab, das Michel Foucault Ende der 1960er Jahre (Foucault 1968) zur Skizzierung einer eigenen Forschungsmethode entwickelte: Die »Lehre von den Altertümern« (*archaios* und *lógos*) bezog er weniger auf materielle Artefakte historischer Provenienz oder auf das, was man aus ihnen über vergangene Epochen erfahren kann, als vielmehr auf die Frage, *welche Kräfte und Mechanismen der Wissensentstehung und -verbreitung sich aus der*

Anordnung von Archivalien ablesen lassen. Sein Archiv-Begriff meint dabei jedoch die Totalität aller Aussagen und Zusammenhänge zu einem jeweiligen *Diskurs*. Foucault zieht diese Archive als eine Art von unbewusster Gedächtnisinstitution heran.

Diskurse sind nach Foucault »geregelte und diskrete Serien von Ereignissen« (Foucault 1991, 38). In ihnen spiegelt sich »das Auftreten und das Verschwinden von Aussagen« (Foucault 2001, 902) in einer Kultur und damit indirekt auch die Macht, mit der das Sagbare bewahrt und das Nichtsagbare eliminiert wird. Insofern unterscheidet sich auch Foucaults Diskursbegriff von denen in der Philosophie oder Linguistik verwendeten, wenn er vorschlägt, Diskurse »als Praktiken zu behandeln, die systematisch die Gegenstände bilden, von denen sie sprechen. Zwar bestehen diese Diskurse aus Zeichen; aber sie benutzen diese Zeichen für mehr als nur zur Bezeichnung der Sachen. Dieses Mehr macht sie irreduzibel auf das Sprechen und die Sprache. Dieses mehr muß man ans Licht bringen und beschreiben« (Foucault 1981, 74). Dieser *konstruktivistische* Begriff von Diskurs (der also dasjenige erst hervorbringt, von dem er handelt) und die *positivistische* Methode der Archäologie (die allein das vorhandene Wissen berücksichtigt) kulminieren bei Foucault methodisch in eine radikale Ablehnung von »Sinn« als Suchmuster: Diskursgegenstände werden erst nachträglich (eben durch machtvolle Praktiken) mit Sinn versehen; demgegenüber versucht die Diskursarchäologie, Funde und Befunde aus dem Archiv zu bergen, um durch ihre Anordnung die Brüche, Widersprüche, Diskontinuitäten und Anachronismen von »Geschichtserzählungen« offenzulegen.

Aus diesen Archivalien kondensiert Foucault eine »Geschichte der Gegenwart« (Foucault 1977, 43), die zeigt, welche Machtkonfigurationen in heutigen Gesellschaften das Rechtssystem und das »disziplinierte« Individuum bestimmen. Die Macht über solches Wissen liegt in den Archiven selbst. Was aber alles als Träger dieser Archivalien gefasst werden kann, bleibt bei Foucault erstaunlicherweise ebenso konventionell, wie die Gegenstände, die es daraus zu bergen gilt: vor allem *Texte*.

... über die Medienarchäologie ...

Eine strukturalistische Position, die den Blick von den (Zeichen-)Bedeutungen auch auf die (Zeichen-)Träger richtet, um danach zu fragen, ob eine und ggf. welche Beziehung zwischen beiden besteht, ist in Hinblick auf die *Schrift* und die *Sprache* schon recht früh entwickelt worden. In der Folge Ferdinand de Saussures (de Saussure 1967, 76-82) und seines *strukturalistischen* Programms haben die *Poststrukturalisten* ab den 1960er Jahren daran gearbeitet, die Beziehungen solcher Zeichensysteme als ein weitgehend durch Diskurse und Machtgefüge formiertes kulturelles Konstrukt offenzulegen.

Welchen Anteil aber *non-diskursive* (Macht-)Faktoren an diesen Prozessen haben, ist erst im Zuge der Erweiterung der Diskursarchäologie zu einer *Medienarchäologie* in den Blick geraten. Die Feststellung, dass der Zeichenträger eine Bedeutung für sich sein kann (worauf Marshall McLuhan mit »The medium is the message.« nachdrücklich hingewiesen hat; McLuhan 1964, 7), hat eine Auseinandersetzung mit den Technologien und Substraten der Informationsübertragung, -speicherung und -verarbeitung provoziert, die über Foucault hinausgeht. Friedrich Kittler, Wolfgang Ernst und Siegfried Zielinski waren die ersten, die auf diese Fehlstelle hinwiesen. Kittler schrieb 1986:

»Und Foucault, der letzte Historiker oder erste Archäologe, brauchte nur nachzuschlagen. [...] Auch Schrift, bevor sie in Bibliotheken fällt, ist ein Nachrichtenmedium, dessen Technologie der Archäologe nur vergaß. Weshalb seine historischen Analysen alle unmittelbar vor dem Zeitpunkt haltmachten, wo andere Medien und andere Posten das Büchermagazin durchlöcherten. Für Tonarchive oder Filmrollentürme wird Diskursanalyse unzuständig« (Kittler 1986, 13).

Derlei neue Archive zu analysieren bedarf allerdings auch anderer Methoden als denen des Lesens (mit menschlichen Augen) und des hermeneutischen Verstehens. Zwischen den lesenden Archiv(be)sucher und die Archivinhalte tritt nämlich ein *technisches Dispositiv*, das zunächst bloß als Medienkanal erscheint, der ein Zeichensystem von der für Menschen unlesbaren Quelle zu dessen Sinnen transportiert. Kittlers Hinweis auf die Schrift als »Nachrichtenmedium« deutet bereits an, dass die Verfahren zum Verständnis solcher Archive nicht bei den Inhalten einer Nachricht verweilen dürfen, sondern deren »technologische Apriorits« (Kittler 1986, 180) – also die technologischen Bedingungen der Möglichkeit einer solchen Nachricht – selbst zum Untersuchungsgegenstand machen müssen (→ Information).

Zur Verwirklichung dieses medienarchäologischen Programms formuliert Ernst eine konkrete Forschungsmethode. Anders als Kittler sieht er in der Auslassung Foucaults kein bloßes Defizit: »Medien *archäologisch zu wissen* bleibt sein Denkauftrag an uns. So meint Medienarchäologie die Beschreibung von

Diskursen auf dem Niveau ihrer apparativen oder logischen Existenz, insofern sie Funktionen medienarchivischer Elemente sind« (Ernst 2004, 240). *Medienarchäologie als Methode* muss das technologische Apriori des Wissens in den Medien mit geeigneten Mitteln suchen. Hierzu bedarf es medienspezifischer Kenntnisse, Praktiken und auch Werkzeuge (Schraubendreher, Lötkolben etc.). Daneben behält der Medienarchäologe auch das diskursiv verfasste (vor allem historische) Wissen über Medien und deren Gebrauchsformen im Blick, um die Diskurse, Quellen und Wirkungen ihrer Entstehung mit ihrem materiellen Status abzugleichen (vgl. Schröter 2022).

Dieses Abtauchen unter die Oberflächen ist eine konkrete, positivistische Arbeit am *Wissen von Medien* und zugleich darüber, *wie Medien Wissen »formatieren«* (→ Wissen). Denn stets verändern, ergänzen und/oder reduzieren Medien Inhalte auf Basis ihrer Technologien und sorgen damit dafür, dass wir die durch sie übertragenen, gespeicherten und verarbeiteten Informationen so wahrnehmen, wie es in ihren technischen Möglichkeiten und Grenzen liegt. Dies gilt für die Oberflächen wie auch die »Unterflächen« (Nake 2006, 47) der Medien: Die Inhalte einer Radioübertragung können wir ebenso wenig sehen, wie wir ein Fernsehbild hören können; die unsichtbare und lichtschnelle Signalverarbeitung in ihren technischen Tiefen bleibt für uns ohne technische Hilfsmittel unerfahrbar.

Medienarchäologie bedient sich zur Exploration dieser Unterflächen technischer Werkzeuge und *techno-mathematischer* Verfahren. Nur mit mathematischen, physikalischen, informatischen, elektrotechnischen usw. Methoden können die für die menschlichen Sinne zu schnellen, zu hoch- oder tieffrequenten, zu kleinen und anderweitig inkomprehensiblen Operationen von Medien erfahrbar gemacht werden). Messinstrumente können die latenten Signalprozesse technischer Medien für unsere Sinne aufbereiten: Mit Oszilloskopen können wir eine Radiofrequenz sichtbar und mit spezifischen Sensoren die elektromagnetischen Felder eines Fernsehapparates hörbar machen. Dies bedeutet implizit aber auch, dass Medienarchäologie vorrangig am *operativen Medium* interessiert sein muss – an Medien, die sich im Hier und Jetzt, also im *Medienzustand* befinden.

Nur in diesem Zustand können wir etwas über ihre Operationen und Funktionen erfahren – und erleben, dass aus den unsere Wahrnehmungsschwellen unterlaufenden Prozessen Medieninhalte emergieren, die unseren Sinnesanforderungen entsprechen. Medienarchäologie fordert daher eine technisch-sensible Form der *Zeitkritik* (→ Zukunft). Medienarchäologie ergänzt die anthropo-temporalen Medienzeiten der Oberflächen um die vielfältigen subliminalen Zeitprozesse auf ihren Unterflächen. Medienarchäologie leistet hierzu ihren Beitrag, indem sie ganz neue Zeitgefüge in diesen Diskurs bringt. Die Archive »wandern« damit in die Medientechnologien aus:

> »Die Zeit des Archivs verschiebt sich vom Signifikat der Geschichtszeit auf die Zugriffszeit, den Signifikanten. Wo die Energie textueller Kopplungen eher zwischen Schrift und Code (Programm) als zwischen Sprache und Schrift liegen [...] und Software selbst zum storyspace wird, ändert sich auch die Natur des Archivs vom residenten, zeitverzögernden Speicher hin zu dynamischen Prozessen beständiger Daten(re)aktivierung in Echtzeit« (Ernst 2007, 261).

Ernst zeigt hier bereits, dass mit dem *Digitalcomputer* und dessen fortschreitender *Medienkonvergenz*, bei der vormalige Einzelmedien als Softwareformate und Hardwareperipherien im Computer aufgehen, die Situation noch einmal eskaliert, worauf die Medienarchäologie reagieren *muss* (vgl. Schröter 2022, 3f.). Die von der so genannten »Berlin School of Media Studies« etablierte Medienarchäologie begann sich Anfang der 2010er zu reformieren und zu internationalisieren. Vor allem ein neuer diskursarchäologische und dokumentenorientierte (Patente, Oral Histories, …) Ansatz wurde hierbei zulasten einer techno-mathematischen Objektanalyse ins Zentrum gerückt. »Media Archaeology« (siehe Parikka 2012) stellte sich damit als eine Stimme innerhalb eines Cultural-Studies-Programms dar, das für diskursanalytische (etwa postkolonialistische oder gendertheoretische) Forschungen neue, medienwissenschaftliche Perspektiven bot.

Die Berliner Medienwissenschaft reagierte hierauf mit einer *Radikalisierung*:

> »Radical media archaeology is hereby proposed as a method of investigating media as technologies, with its epistemic focus on time-discrete, symbol-processing mechanisms. Its thematic thread is techno*lógos:* the hypothesis that there is a self-expressing quality of technical objects, beyond, below and across their simply functional assemblage. Going in medias res, the operative unfoldings of technical reason in matter, and as actual machine, are the core drama of technological culture. Radical media archaeology, with its ambition to derive epistemic insights from within technological devices, is its proper mode of analysis« (Ernst 2021, 1).

Die Umkehrung der Perspektive – *Prozesse* aus der »Sicht der Medien« zu analysieren (durchaus im Sinne einer »Alien Phenomenology«; Bogost 2012) – soll die Skepsis gegenüber diskursivierendem *Aufschreiben* als einer medienfremden Darstellung unterstreichen. Mit Experimenten, Re-enactments, medienkünstlerischen Installationen und Demonstrationen sollen Medienprozesse *in actu* zu Bewusstsein gebracht werden (→ Visualität).

... zur Computerarchäologie

Eine jüngere Ausrichtung, die sich dieser radikalen-medienarchäologischen Rückbesinnung verpflichtet sieht und ebenfalls die Computertechnologie(n) fokussiert, ist die von Stefan Höltgen ab 2013 entwickelte *Computerarchäologie*. In ihr wird die Methodologie medienarchäologischer Theorien exemplarisch an computerhistorischen Gegenständen (diskursiven und materiellen Objekten) vollzogen und dabei in eine archäologisch fundierte (Computer-)Geschichtskritik eingebettet. Dem Gegenstand Computer (in möglichst vielen seiner Ausformungen – digital, analog, unconventional, ...) angemessen, werden vor allem Methoden der Informatik und Elektrotechnik eingesetzt, um das Spezifikum von Computern und Computerprozessen hervorzukehren: eine zugleich symbolisch, diagrammatisch und physikalisch basierte Operativität, die sich ausschließlich am eingeschalteten Gerät manifestiert und erfahrbar wird.

Computerarchäologie stellt zunächst zur Erforschung »historischer« Computersysteme verschiedene Methoden vor, welche die paradoxen Zeitgefüge (Medienzeit vs. historische Zeit), die non-diskursive Verfassung (Signalebene) und die theoretischen Generalisierungsbemühungen medienwissenschaftlicher Forschung (kondensiert im Gebrauch des Kollektivsingulars »der Computer«) erkennbar werden lassen. So wird die Frage nach der Historizität eines Computers als dem Gegenstand unangemessen abgewiesen, weil ein Computer aus Wissensbeständen besteht, die von der Gegenwart der operativen Maschine bis in die griechische Antike zurückreichen und zudem aus Theorien zur Berechenbarkeit, Formalisierungen der Logik und physikalischen Komponenten, welche individuelle »historische« Objekte darstellen, bestehen.

Die non-humane Perspektive aus der Sicht von Computerprozessen liefert demgegenüber zwar objektivere Erkenntnisse, kann als solche jedoch kaum diskursiv fixiert werden, ohne zugleich wieder in einer »Erzählung«

zu münden. Daher schlägt Computerarchäologie den Selbstausdruck des Mediums in Form von *Demonstrationen* vor. Diese sind einerseits geeignet, um die spezifischen Zeitgefüge des Systems zu performieren (und messbar zu machen) und liefern andererseits ein stichhaltiges Argument für die totale Präsenz operativer Medien (und ihre Ahistorizität im eingeschalteten Zustand). Schließlich schlägt Computerarchäologie vor, Elemente der Computergeschichts*schreibung* durch *Re-enactments* zu supplementieren, um von den »oberflächlichen« Betrachtungen der Historiografie auf die Wissensbestände der Unterflächen wechseln zu können. Diese Vorgehensweise empfiehlt sich besonders auch dann, wenn vom Ausgangsobjekt lediglich noch Befunde vorliegen (etwa Schaltpläne und Entwürfe nie realisierter Maschinen, vgl. Swade 2000). Hierin zeigt Computerarchäologie eine gewisse Nähe zu Methoden der experimentellen Archäologie.

Computerarchäologie findet nicht nur in akademischen Kontexten statt, sondern vor allem im so genannten »Retrocomputing« (vgl. Höltgen 2021) von Hobbyisten, aber auch zunehmend von Computermuseums-Kuratoren: Alte Computer werden mit neuen Ersatzteilen repariert; an sie werden neue Peripherien (z. B. Massenspeicher, Flachbildschirme, Vernetzungsschnittstellen) adaptiert; neue Software wird in obsoleten Programmiersprachen für sie entwickelt oder alte Software gedebuggt (→ Hacken) und in ihren Codes nach Programmierwissen gesucht. Ein Beispiel hierfür liefert das Atari-VCS-Computerspiel *E. T. – The Extra-Terrestrial* (vgl. Höltgen 2022a, 82–84; → Computerspiele).

2012, zwei Jahre, bevor eine archäologische Grabung in der Wüste von Alamogordo stattfand, bei der Module des Spiels (sowie andere Objekte, die dort 1983 von der Firma Atari entsorgt wurden) geborgen wurden, hat sich eine Gruppe von Hobbyisten zur Aufgabe gesetzt, die Gründe für den Misserfolg des Spiels *in dessen Programmcode* zu suchen und zu beseitigen. Hierzu wurde das Programm disassembliert, kommentiert und sein logischer Aufbau dargestellt. Dann wurden die verschiedenen Kritikpunkte, die zurzeit seines Erscheinens in der Spielepresse genannt wurden, im Code identifiziert und Schritt für Schritt bearbeitet.

Die Webseite des Projektes (www.neocomputer.org/projects/et/) dokumentiert die Vorgehensweise sowie alle Änderungen, die am Spielcode vorgenommen wurden und liefert eine »gefixte«, lauffähige Version des Spiels. Bei ihrer Arbeit entdeckten die »Redakteure«, dass einige der damaligen Kritikpunkte am Spiel auf der für diese Zeit noch ungewöhnlichen Spielperspektive und dem elaborierten Level-Design basierten – also bloß unzeitgemäß (ihrer Zeit voraus) und nicht etwa fehlerhaft waren.

Bei genauerer Betrachtung zeigt sich, dass es gar nicht das historische Spiel (in seinem »gefrorenen« Zustand als ROM-Modul oder Archivalie) ist, dem dabei zu Leibe gerückt wurde, sondern dem *Diskurs um das Spiel*, der sich aus nicht-medientechnischem Wissen speist. Das eigentliche Ziel dieses »Fixing«-Prozesses war daher nicht ein »Debugging« des Spiels, sondern die »Freilegung« eines durch anekdotische Diskurse überlagerten Objektes. Diese Aspekte sind Elemente eines unterflächlichen symbolischen Wissens, das die oberflächliche Ausgestaltung des Spiels und damit den Diskurs, der sich um es entwickelt hat, deutlich mit-formatierte, dabei aber unsichtbar blieb.

Das Beispiel zeigt die Gegenstände, Methoden und Tools der Computerarchäologie und ihrer Erforschung. Der Computer als ›symbolisches Medium‹ wird von seiner Epistemologie und Wissensgeschichte über seine Hardware und die damit verbundene analoge und digitale Signaltechnik bis hin zu seiner Software, den Programmiersprachen, Programmen und Daten *konkretisiert*. Computer selbst werden dabei ihr eigenes Archiv; hier kulminieren die implementierten Wissensbestände und Strukturen in konkrete Medienoperationen. Dass Computerarchäologie eben nicht allein auf die Oberflächeneffekte konzentriert bleibt, sondern deren Aprioris als solche ins Auge fasst, führt dazu, dass eine »Theorie mittlerer Reichweite« entsteht, deren Beschreibungspotenzial auf präsente Objekte begrenzt bleiben muss. Auf diese Weise ergeben sich häufig Kontraste und Widersprüche zu einer generalisierenden »Geschichte des Computers« oder einer »Kultur der Digitalisierung« (vgl. Höltgen 2016, 66; 2022, 91).

Nicht zuletzt in einer Epoche, in der Computer als allgegenwärtige und alltägliche Objekte aus dem Blick zu verschwinden scheinen (etwa, »weil sich Einzelgeräte mittlerweile weitgehend in ›Dienste‹ aufgelöst haben« (Pias 2015, 33)) oder in der die statistische Verrechnung von Massendaten zu ›unerklärlichen‹ emergenten Effekten (»Künstliche Intelligenz«) führt, scheint eine intelligible Rückbesinnung auf materiale Computer und ihre konkreten Prozesse auch ein notwendiger Aspekt technischer Aufgeklärtheit. Die Komplexität der Apparate und ihrer Operationen basiert letztlich auf vergleichsweise einfachen Grundlagen und ihre Epistemologie ruft zahlreiche, allzu bekannte kultur- und philosophiehistorische Diskurse auf. Diese zu wissen und zu verstehen, wie sie in den Computern zu Technologie kondensiert sind, ist das Programm der Computerarchäologie.

Zitierte Literatur

Bogost, Ian (2013). Alien Phenomenology, or What It's Like to Be a Thing. Minneapolis, University of Minnesota Press.

de Saussure, Ferdinand (1967). Grundfragen der allgemeinen Sprachwissenschaft. Berlin, De Gruyter.

Ernst, Wolfgang (2004). Das Gesetz des Sagbaren. Foucault und die Medien. In: Gente, Peter (Hg.). Foucault und die Künste. Frankfurt a.M., Suhrkamp, 238–259.

Ernst, Wolfgang (2007). Das Gesetz des Gedächtnisses. Medien und Archive am Ende (des 20. Jahrhunderts). Berlin, Kadmos.

Ernst, Wolfgang (2021). Technológos in Being. Radical Media Archaeology and the Computational Machine. New York, Bloomsbury.

Foucault, Michel (1973). Archäologie des Wissens. Frankfurt a.M., Suhrkamp.

Foucault, Michel (1977). Überwachen und Strafen. Frankfurt a.M., Suhrkamp.

Foucault, Michel (1981). Archäologie des Wissens. Frankfurt a.M., Suhrkamp.

Foucault, Michel (1991). Die Ordnung des Diskurses. Frankfurt a.M., Suhrkamp.

Foucault, Michel (2001): Foucault antwortet Sartre (Gespräch mit J.-P. Elkabbach). In: Ders. Dits et Ectirs. Schriften Bd. 1: 1954–1969. Frankfurt a.M., Suhrkamp, 845–852.

Höltgen, Stefan (2016). Time Invaders. Zeit(ge)schichten in Computer(spiele)n. In: Ders./Van Treek, Jan C. (Hgg.). Time To Play. Zeit und Computerspiel. Glückstadt, vwh, 51–69.

Höltgen, Stefan (2021). RESUME. Hands-on Retrocomputing. Reihe: Computerarchäologie, Bd 1.2. Bochum, Projektverlag.

Höltgen, Stefan (2022a). >OPEN HISTORY_ Archäologie des Retrocomputings. Berlin, Kadmos.

Höltgen, Stefan (2022b). Game Science. Vorüberlegungen zu einer (Medien)wissenschaftlichen Computerspielarchäologie. In: Lukmann, Christopher (Hg.). Kontrollmaschinen. Zur Dispositivtheorie des Computerspiels. Münster, Lit, 85–107.

Kittler, Friedrich (1986). Grammophon – Film – Typewriter. Berlin, Brinkmann & Bose.

McLuhan, Marshall (1964). Understanding Media. The Extensions of Man. Milton Park, Routledge.

Nake, Frieder (2006). Das Doppelte Bild. In: Bredekamp, Horst et al. (Hgg.). Bildwelten des Wissens. Berlin, Akademie-Verlag, 40–50.

Parikka, Jussi (2012). What is Media Archaeology? Cambridge Mass., Polity.

Pias, Claus (2015). Friedrich Kittler und der »Mißbrauch von Heeresgerät«. Zur Situation eines Denkbildes 1964 – 1984 – 2014. Merkur 791, 31–44.

Schröter, Jens (2022). Medienarchäologie der digitalen Medien. In: Stollfuß, Sven/Niebling, Laura/Raczkowski, Felix (Hgg.). Handbuch Digitale Medien und Methoden. Wiesbaden, Springer. doi.org/10.1007/978-3-658-36629-2_21-1.

Swade, Doron (2000): Virtual Objects. Threat or Salvation? In: Lindqvist, Svante (Hg.). Museums of Modern Science. Nobel Symposium 112. Stockholm, Science History Publ. & The Nobel Foundation, 139–147.

Weiterführende Literatur

Höltgen, Stefan (2022a). >OPEN HISTORY_ Archäologie des Retrocomputings. Berlin, Kadmos.

Höltgen, Stefan (2017–2022) (Hg.). Medientechnisches Wissen, Bde. 1–4. Berlin, De Gruyter.

Montfort, Nick et al. (2013). 10 PRINT CHR$(205.5+RND(1)); : GOTO 10. Cambridge Mass., MIT Press.

Computerspiele

Daniel Martin Feige

Wenn Digitalisierung als ein gesamtgesellschaftlicher Strukturwandel verstanden wird (→ Kultur; Sozialität), dann verändert sich durch sie nicht allein der Sinn bestehender Medien, sondern sie bringt zugleich neue Medien hervor. Das vielleicht am markantesten mit der Digitalisierung verbundene Medium ist das Computerspiel, das mittlerweile das umsatzstärkste Unterhaltungsmedium einer digitalen Kulturindustrie geworden ist.

Im Folgenden soll philosophisch in eine Bestimmung des Mediums des Computerspiels im Rahmen von drei Schritten eingeführt werden, die jeweils eine naheliegende Alternative diskutieren. Die im ersten Schritt formulierte Alternative zwischen einer Bestimmung von Computerspielen als Spielen oder Erzählungen, anhand derer die frühe Computerspieleforschung (und sei es retrospektiv; vgl. dazu Aarseth 2014) charakterisiert worden ist, erlaubt die pointierte Frage danach, was ein Computerspiel zu einem Computerspiel macht. Sie fragt damit nach der Definition von Computerspielen. Die im zweiten Schritt formulierte Alternative einer autonomen und einer heteronomen Bestimmung des Computerspiels hingegen erlaubt es, zwei Weisen in den Blick zu nehmen, auf die Computerspiele wertvolle wie auch problematische Gegenstände sein können. Sie fragt damit nach der Kritik von Computerspielen. Die im dritten und letzten Schritt formulierte Alternative zwischen der Ästhetik des Computerspiels und der Kunst des Computerspiels erlaubt es, die Frage eines eigenständigen Gelingens von Computerspielen zu betrachten. Sie fragt damit nach den verschiedenen Formen, die das Gelingen von Computerspielen annehmen kann.

Definition: Spiel oder Erzählung?

Zwecks einer Bestimmung des Computerspiels (oder alternativer Begriffe wie ›Videospiel‹ oder ›digitalem Spiel‹) scheint es sich anzubieten, mit der semantischen Bemerkung zu beginnen, dass in diesem Begriff der Begriff ›Spiel‹ steckt. Was immer Computerspiele auch sind: Sie scheinen zunächst und vor allem Spiele zu sein. Im Zuge dieses Arguments würde es Sinn machen, sie in eine Tradition analoger Spiele zu stellen (von Schach bis *Magic: The Gathering*). Das wirft die Frage auf, was ein Spiel zu einem Spiel macht.

In der Computerspieleforschung herrscht erstaunliche Unklarheit über diese Frage (paradigmatisch Juul 2005). Der Begriff des Spiels lässt sich in einem ersten Schritt im Rahmen einer Unterscheidung zweier Arten von Regeln erläutern, nämlich konstitutiver und regulativer Regeln (vgl. dazu Searle 1971). Spiele zeichnen sich dadurch aus, dass sie in einem logischen Sinne bestimmt sind durch Regeln, so dass diejenigen, die sie nicht befolgen, schlichtweg nicht länger das in Frage stehende Spiel spielen. Wer beim Schach den Bauern wie einen Springer zieht, spielt nicht in anderer Weise Schach, sondern spielt gar kein Schach mehr. Spiele sind durch konstitutive Regeln bestimmt. Regulative Regeln sind zwar ebenfalls wichtig für Spiele (etwa: ›Besetze beim Schach möglichst das Zentrum mit Spielfiguren‹). Allerdings bestimmen sie allein, *wie* ich ein Spiel spiele, nicht aber, *was* für ein Spiel ich spiele.

Das Problem mit einem solchen Begriff der Regeln eines Spiels ist gleichwohl, dass er zu abstrakt ist. Er ist nicht spezifisch für Spiele gemacht, sondern gilt für jedwede Tätigkeiten, die durch Regeln definiert sind. Eine Konkretisierung eines spielspezifischen Regelbegriffs lässt sich unter Rückgriff auf Überlegungen von Bernard Suits gewinnen. Er definiert das Spielen eines Spiels wie folgt: »Playing a game is the voluntary attempt to overcome unnecessary obstacles« (Suits 1978, 41). Diese Definition baut auf den Begriffen »prelusory goals« (PG), »prelusory means« (PM) und »prelusory attitude« (PA) auf. Das PG ist das Ziel eines Spiels (das es begrifflich als ›Spiel‹ von der bloßen Tätigkeit des ›Spielens‹ unterscheidet). Die PM hingegen sind die vom Spiel ausgewiesenen legitimen Mittel zur Erreichung des Ziels und bilden die oben eingeführten konstitutiven Regeln eines Spiels. Das PA schließlich meint die Einstellung der Spielenden beim Spielen: Sie akzeptieren die von den PM angegebenen Einschränkungen zur Erreichung des PG. Im Rahmen dieser Unterscheidungen wird verständlich, dass die Regeln in einem Spiel nicht von den Zielen des Spiels zu trennen sind: Punkte beim Basketball zu erzielen heißt nicht, einen Ball durch einen 2,90 m hoch hängenden Korb zu werfen, denn dann könnte man sich auch einer Leiter bedienen; es heißt vielmehr, das im Rahmen bestimmter Regeln zu tun, die in diesem Sinne die nicht-notwendigen Hürden der Erreichung eines Ziels sind.

Suits Vorschlag hat sich in den letzten Jahren in der philosophischen Computerspieleforschung als maßgeblicher Vorschlag zur Definition des Spiels durchgesetzt (vgl. paradigmatisch Nguyen 2020, 5ff.). Was eine suitsianische Definition des Spiels als Grundlage eines Begriffs des Computerspiels allerdings tendenziell herunterspielt, ist das Problem, dass nicht mit Blick auf alle Computerspiele die Tatsache, dass sie in diesem Sinne Spiele sind, ihr zentrales Merkmal ist. Das lässt sich ausgehend von einem bekannten Argument Ludwig Wittgensteins ausweisen (der auch der zentrale Bezugspunkt von Suits Analyse ist). In seinen *Philosophischen Untersuchungen* hält Wittgenstein fest: »Betrachte z.B. einmal die Vorgänge, die wir ›Spiele‹ nennen. Ich meine Brettspiele, Kartenspiele, Ballspiele, Kampfspiele usw. Was ist allen diesen gemeinsam? – sag nicht: ›Es *muß* ihnen etwas gemeinsam sein, sonst hießen sie nicht ›Spiele‹ – sondern *schau*, ob ihnen allen etwas gemeinsam ist« (Wittgenstein 1980, 56f.). Wittgenstein fordert uns hier auf, auf unsere Verwendungsweisen des Begriffs ›Spiel‹ im Rahmen unserer Sprachpraxis zu schauen, und kommt zu dem Schluss, dass Spiele sich nicht anhand jeweils notwendiger und zusammen hinreichender Bedingungen definieren lassen, sondern dass sich hier vielmehr allein »ein kompliziertes Netz von Ähnlichkeiten, die einander übergreifen und kreuzen« (ebd., 57), ausfindig machen lässt.

Wittgensteins Überlegungen lassen sich auch derart verstehen, dass er auf den unterschiedlichen *Sinn* verschiedener Arten von Spielen hinweist. Das lässt sich mit Blick auf Computerspiele wie folgt konkretisieren (vgl. Feige 2015, Kapitel 1 und Rough 2018): Nicht allein sind viele Computerspiele in mehr oder weniger ausgearbeitete Narrationen eingebettet, sondern es gibt Computerspiele, die wir in ihren wesentlichen Eigenarten nicht primär oder vornehmlich mit Blick auf die Eigenschaften, die sie als Spiele auszeichnen, bestimmen würden. Darunter fallen nicht allein Interactive-Movie-Spiele wie *Dragon's Lair* oder die jüngeren Spiele der Firma Telltale wie *The Walking Dead*, sondern auch sogenannte Walking Simulators wie *Fire Watch*. Im ersten Spiel geht es um blitzschnelle Eingaben, damit der gezeigte Zeichentrickfilm weiterläuft, im zweiten Spiel um Entscheidungen in einer Narration und im letzten Spiel um das Erkunden einer virtuellen Umgebung. Bereits in klassischen Computerrollenspielen wie *Planescape Torment* kann man zwar gewinnen und hat Ziele, aber die Regelstruktur tritt hier hinter die spezifische Form des Erzählens zurück.

Aus diesen Überlegungen lässt sich folgender Schluss ziehen. Bei Computerspielen handelt es sich definitorisch um eine spezifische Art von Spielen. Ihre Spezifik besteht darin, dass sie in einer genauer zu qualifizierenden Weise auf digitalen Infrastrukturen supervenieren (vgl. Moser 2018). Dass Computerspiele ›Spiele‹ sind, definiert sie aber allein hinsichtlich ihrer Identitätsbedingungen, nicht hinsichtlich ihrer Individuationsbedingungen (vgl. Stöcker 1992, 1ff.). Ihre wesentlichen Eigenschaften sind je nach Art des Spiels unterschiedliche, so dass einige Spiele sinnvoll im Kontext von Brettspielen diskutiert werden können, andere hingegen in ihren Bezugnahmen auf filmische oder literarische Formen des Erzählens diskutiert werden können (vgl. Feige 2015, 116ff.). Damit gilt: Es gibt mehr als eine Art und Weise, auf die etwas ein Computerspiel ist.

Kritik: Autonomie oder Heteronomie?

Von der Frage der Definition des Begriffs des Computerspiels kann die Frage unterschieden werden, warum wir Computerspiele spielen. In der Tradition der philosophischen Ästhetik ist spätestens seit Friedrich Schiller (vgl. Schiller 2000) der Topos einschlägig, dass das Spielen eine selbstzweckhafte Tätigkeit ist, die als Bildungsprozess zu begreifen ist und sich paradigmatisch in der Kunst vollendet (→ Ästhetik). Flankiert werden solche Überlegungen in der Computerspieleforschung dabei nicht selten mit anthropologischen Überlegungen, denen zufolge das Spielen eine Grundbestimmung der menschlichen Existenz sei (vgl. Huizinga 1987). Einer solchen These nach handelt es sich bei einem spielerischen Weltverhältnis nicht (wie Schiller behauptet) um ein außergewöhnliches Aktivitätsmuster, das zugleich die höchste Bestimmung des Menschen meint, sondern der Mensch kann qua Mensch gar nicht anders, als sich auch spielerisch zu sich und der Welt zu verhalten. Das Spielen wäre damit die Grundlage unseres Erkennens und Handelns.

Gerade letztere Thesen eines anthropologisch gedeuteten Spielbegriffs sind nicht allein deshalb problematisch, weil sie stark entdifferenzierend sind; der Unterschied zwischen der Teilnahme am Abendmahl, dem philosophischen Gespräch und dem Hervorbringen von Kunstwerken ist nicht auf eine inhaltlich letzte Bestimmung des Menschen zurückzuführen (vgl. Feige 2022). Sie sind auch deshalb problematisch, weil sie drohen, ideologische

Dimensionen des Computerspiels zu übersehen. Wie von Horkheimer und Adorno (vgl. Horkheimer/Adorno 1969, 143ff.) gezeigt wurde, ist es nicht allein so, dass scheinbar selbstzweckhafte Tätigkeiten gesellschaftlich und historisch eine durchaus funktionale Grammatik haben. Vielmehr, so lässt sich ausgehend von ihren Thesen zur Kulturindustrie sagen, spielt die Struktur und Logik der Gesellschaft noch in solche Verhältnisse hinein, in denen sie die Subjekte scheinbar für sich sein lässt. Diese Struktur und Logik analysieren Adorno und Horkheimer im Sinne einer Verselbstständigung instrumenteller Vernunft in der Moderne: Was jemand zählt, macht sich nur noch daran fest, wieviel er als ›*human capital*‹ wert ist.

Entsprechende ideologische Grammatiken lassen sich nicht allein auf der Ebene der Inhalte vieler Spiele, bei denen narrative Dimensionen relevant sind, ausmachen. Intensiv diskutiert sind hier politische und etwa gendergrammatische Darstellungsformen. Allerdings ist die jüngst verstärkt zu beobachtende Diversifizierung in den Darstellungsformen aus einer Perspektive im Gefolge Adornos und Horkheimers keineswegs eine Heilung dieser ideologischen Dimensionen: Im Regelfall fungiert sie als zusätzliches Verkaufsargument und zur Erschließung neuer Käuferschichten. Eine Kritik des Computerspiels auf der Ebene seiner Darstellungsformen und Inhalte greift aber zu kurz – vielmehr verlängert sich die ökonomische Grammatik der Gesellschaft auch in die Form des Spielens selbst (vgl. Dippel 2018). Die Architekturen von Computerspielen sind deshalb stark standardisiert, weil sie als ›Wetten‹ auf funktionierende Formeln im Sinne des Versprechens eines ökonomischen Erfolgs funktionieren. Independent Spiele entkommen dieser Logik nur scheinbar; sie sind in Wahrheit der dialektische Gegenpart zu den AAA-Titeln und profilieren sich ihnen gegenüber als die ›authentischere‹ und ›subkulturellere‹ Form des Computerspiels.

Es ist kein Zufall, dass schon die frühen Spiele der Spielhallen auf ökonomische Grammatiken gepolt waren; mit dem Einwurf der Münze sollte man eben nicht beliebig lange spielen können und motiviert werden, Münzen nachzuwerfen (sei es, dass man nach dem Verlust aller Spielversuche in *Gradius* in einer späteren Spielstufe weiterspielen kann oder mehr ›Lebenspunkte‹ für eine Figur in *Gauntlet* kauft). In diesem Sinne sind die vor einiger Zeit in Computerspielen eingeführten und mit Blick auf *Star Wars: Battlefront 2* auch kritisch diskutierten ›Lootboxen‹ kein Unfall, der dem eigentlich selbstgenügsamen Spielgeschehen zustößt. Darüber hinaus verlängern sich Arbeitsformen in die Welt der Computerspiele; angesichts der monotonen Tätigkeiten, die bei *Far Cry 6* oder bereits *World of Warcraft* auszuführen sind, ist es nicht verwunderlich, dass Accounts von Spielen gekauft werden können, in denen diese Tätigkeit in Form virtueller Leiharbeit von anderen Spieler:innen übernommen worden sind; die konsequenteste Entwicklung dieser Tendenzen sind die sogenannten ›Idle Games‹, bei denen die virtuelle Arbeit vom Programm selbst erledigt wird und man selbst hin und wieder (wie bei einem *Tamagotchi* in den 1990ern) noch einmal klicken muss.

Zusammengefasst: Das Computerspiel dadurch zu ›adeln‹, dass es im Rahmen der Tradition normativen Spielbegriffs expliziert wird, erweist sich als wenig aussichtsreich, da dieses Vorgehen die ideologischen Dimensionen von Computerspielen übersieht. Diese sind nicht primär auf der Ebene der dargestellten Sujets von Computerspielen zu finden, sondern vielmehr in ihrer Spiegelung der gesellschaftlichen Arbeitsformen und in der kulturindustriell begründeten Funktion der Praxis des Spielens selbst.

Form: Ästhetik oder Kunst?

Dass Computerspiele und die sie ermöglichende Digitalisierung von entsprechenden Arbeitsformen und einer Verselbstständigung instrumenteller Rationalität gekennzeichnet sind (vgl. Feige i.V.), heißt gleichwohl nicht, dass sie nur eine Verlängerung dieser Verhältnisse sind. Das lässt sich abschließend ausweisen unter Rekurs auf die Frage, was es heißt, dass Computerspiele entweder als ästhetische Gegenstände oder als Kunstwerke behandelt werden können.

Alle Computerspiele sind ästhetische Gegenstände, einige sind Kandidaten dafür, im Kontext der Kunst diskutiert zu werden. Dass sie ästhetische Gegenstände sind, heißt zunächst, dass man sie spielen muss (oder anderen beim Spielen zuschauen muss und grundsätzlich weiß, was es heißt, das in Frage stehende Spiel zu spielen), um sie zu verstehen. Denn eine ästhetische Beurteilung beurteilt das in Frage stehende Computerspiel nicht als allgemeinen Gegenstand, als bloßen Fall eines Allgemeinen, sondern als besonderen Gegenstand (vgl. Kant 1974, 115ff.). Es ästhetisch zu betrachten, heißt nicht einfach festzustellen, dass es sich hier um einen First-Person-Shooter, ein Rollenspiel oder ein Shoot-em-up handelt, um dann aus den Eigenschaften, die die entsprechenden Genres zu einem bestimmten Zeitpunkt bestimmen, zu schlussfolgern, was es heißt, dass es gelingt. Vielmehr geht es darum, es in der besonderen Art und Weise, wie Computerspiele solchen Eigenarten, die genrekonstitutiv sind, eine spezifische Wendung geben, zu betrachten. Damit gehören zu den ästhetischen Eigenarten von Computerspielen nicht allein das spezifische Aussehen und der Stil eines Spiels, sondern auch, wie sein Sounddesign klingt, in welcher Weise es haptisch auf Eingaben reagiert und wie die Elemente des Gamedesigns zusammengreifen. Die Pointe einer ästhetischen Betrachtung besteht darin, dass es hier keine positive Regelpoetik zu formulieren gilt; das ästhetische Gelingen eines Computerspiels lässt sich nicht aus gegebenen Regeln ableiten, sondern es ist etwas, um das jedes Computerspiel aufs Neue ringt.

Eine ästhetische Betrachtung von Computerspielen ist deshalb nicht auf die ausgewiesene kulturindustrielle Grammatik zu reduzieren, weil sie der Form nach eine andere Bezugnahme als eine solche bezeichnet, in der die Teile und Dimensionen der betrachteten Gegenstände aus marktlogischer Perspektive universell austauschbar werden. Sie drückt weniger einen Fetisch des Besonderen aus, als sie vielmehr in der Betrachtung eine andere Rationalität aufscheinen lässt als die instrumentelle Rationalität. Aus dieser Perspektive sind alle Computerspiele ästhetische Gegenstände, die an ihrem Anspruch, solche zu sein, auch scheitern können; ihr Gameplay kann elegant, die Gestaltung zündend, das Sounddesign passend sein, wie sie umgekehrt formelhaft, auswendig, redundant usf. sein können.

Sind auch alle Computerspiele ästhetische Gegenstände, lassen sich nur einige sinnvoll im Kunstkontext diskutieren. Das ist dann der Fall, wenn es sich um Computerspiele handelt, die sich zu ihrem Sein als Spiele derart verhalten, dass sie uns in und durch das Spiele eine Aussicht auf uns selbst gewähren, die nicht anders zu haben ist. In diesem Sinne kann man sagen, dass Computerspiele als Kunstwerke eine spezifische Form eines Reflexionsgeschehens meinen; spezifisch deshalb, weil anders als im Fall der Philosophie die Reflexion nicht paraphrasierbar ist, sondern sie nichts anders ist als das, was sich im Spielen des Spiels selbst zeigt. Das heißt, dass ein Computerspiel eben nicht deshalb ein Kandidat ist, im Kunstkontext diskutiert zu werden, weil es irgendwelche tiefen Themen aufgreift oder uns vor besonders schwerwiegende moralische Dilemmata stellt.

Ein diskutables Beispiel ist in diesem Kontext das im Episodenformat zwischen 2013 und 2020 erschienene Spiel *Kentucky Route Zero*, das nur auf den ersten Blick wie ein klassisches Point-and-Click-Adventure anmutet. Nicht allein geht es hier nicht um Gewinnen oder Verlieren, es hat vielmehr auch keine ›Rätsel‹ im klassischen Sinne: Es geht eher darum, dass man die Bewegung des Spiels mitvollzieht, als Hindernisse zu überwinden (was noch einmal die markierten Grenzen von Suits Definition aufzeigt). Dabei ist auch die Fokalisierung ungewöhnlich: Ist zu Beginn Conway der Protagonist, der sich durch von der Industrialisierung und dem fortschreitenden Kapitalismus verwaiste Regionen des ländlichen Amerikas bewegt, so werden nicht nur die Settings und Wendungen im Verlauf der Geschichte immer phantastischer, sondern im Spielverlauf wird aus dem Protagonisten ein Kollektiv, so dass man am Ende gewissermaßen einen Chor aus Spielfiguren dirigiert, die in ihrer Vielstimmigkeit vor allem die jüngsten politischen Entwicklungen Amerikas in gebrochener Weise thematisieren. Anstatt den Spieler mit Rätseln zu konfrontieren, verlangt das Spiel Entscheidungen darüber, wer etwas Bestimmtes in einem spezifischen Moment sagen soll.

Zentral für ein Verständnis von *Kentucky Route Zero* ist allerdings nicht allein die durch die Form des Spiels selbst geleistete Thematisierung des Niedergangs der ländlichen Regionen wie einer sich verselbstständigenden Bürokratie. Zentral ist vielmehr, dass das Spiel sich zu den im zweiten Abschnitt diskutierten kulturindustriellen Logiken derart verhält, dass es sein eigenes Sein als Spiel nicht nur thematisiert, sondern auch überschreitet. Denn es ist nicht allein ein Spiel, sondern zu ihm gehörten auch eine temporäre Ausstellung in einem Off-Space in Berlin (die als virtuelle Ausstellung im Spiel als Zwischenakt begehbar ist), ein Musikvideo, ein käuflich erwerbbares Theaterskript (dessen virtueller Aufführung man wiederum in einem Zwischenakt beiwohnt) und eine zu einer bestimmten Zeit tatsächlich geschaltete Telefonleitung.

Als Zusammenfassung: Alle Computerspiele lassen sich als ästhetische Gegenstände würdigen, einige sind sinnvoll im Kunstkontext zu diskutieren. Sie als ästhetische Gegenstände zu betrachten, heißt sie an dem Anspruch zu messen, dass sie in ihren manifesten wie relationalen Eigenschaften etwas in jeweils besonderer Weise verwirklichen, anstatt bloß austauschbarer Fall eines Allgemeinen zu sein. Sie als Kandidaten für Kunstwerke zu betrachten, heißt hingegen, sie als Gegenstände zu sehen, die sich zu ihrem eigenen Sein als Spiele verhalten und die uns dadurch in ihrem Spielen eine Aussicht auf uns selbst gewähren. Beide Formen der Beurteilung meinen dabei unterschiedliche Weisen, auf die ein Computerspiel gelingen kann. *Super Mario Bros* und *Tetris* sind auch dann phantastische Spiele, wenn sie nicht sinnvoll im Kunstkontext zu diskutieren sind.

Zitierte Literatur

Aarseth, Espen J. (2014). Ludology. In: Perron, Bernard/Wolf, Mark J.P. (Hgg.). The Routledge Companion to Video Game Studies. New York, Routledge, 185–89.

Dippel, Anne (2018). Arbeit. In: Feige, Daniel M./Ostritsch, Sebastian/Rautzenberg, Markus (Hgg.). Philosophie des Computerspiels. Theorie – Praxis – Ästhetik. Stuttgart, Metzler, 123–48.

Feige, Daniel M. (2015). Computerspiele. Eine Ästhetik. Berlin, Suhrkamp.

Feige, Daniel M. (2022). Die Natur des Menschen. Eine dialektische Anthropologie. Berlin, Suhrkamp.

Feige, Daniel M. (i.V.). Kritik der Digitalisierung. Technik, Rationalität und Kunst.

Horkheimer, Max/Adorno, Theodor W. (1969). Dialektik der Aufklärung. Philosophische Fragmente. Frankfurt a.M., Fischer.

Huizinga, Johan (1987). Homo Ludens. Vom Ursprung der Kultur im Spiel. Reinbek bei Hamburg, Rowohlt.

Juul, Jesper (2005). Half-Real. Video Games between Real Rules and Fictional Worlds. Cambridge Mass., MIT Press.

Kant, Immanuel (1974). Kritik der Urteilskraft. Frankfurt a.M., Suhrkamp.

Moser, Shelby (2018). Videogames Ontology, Constitutive Rules and Algorithms. In: Robson, Jon/Tavinor, Grant (Hgg.). The Aesthetics of Videogames. New York, Routledge, 42–59.

Nguyen, C. Thi (2020). Games. Agency as Art. Oxford, OUP.

Rough, Brock (2018). Videogames as Neither Video nor Games. In: Robson, Jon/Tavinor, Grant (Hgg.). The Aesthetics of Videogames. New York, Routledge, 24–41.

Schiller, Friedrich (2000). Über die ästhetische Erziehung des Menschen. Stuttgart, Reclam.

Searle, John R. (1971). Sprechakte. Ein sprachphilosophischer Essay. Frankfurt a.M., Suhrkamp.

Stöcker, Ralf (1992). Was sind Ereignisse? Eine Studie zur analytischen Ontologie. Berlin, De Gruyter.

Suits, Bernard (1978). The Grasshopper. Games, Life and Utopia. Toronto, University of Toronto Press.

Wittgenstein, Ludwig (1980). Philosophische Untersuchungen. Frankfurt a.M., Suhrkamp.

Weiterführende Literatur

Feige, Daniel M. (2015). Computerspiele. Eine Ästhetik. Berlin, Suhrkamp.
Nguyen, C. Thi (2020). Games. Agency as Art. Oxford, OUP.
Tavinor, Grant (2009). The Art of Videogames. New York, Wiley.

Daten

Christian Schröter

›Daten‹ sind in der Gegenwart überall. Sie werden erhoben, gespeichert, abgerufen, verarbeitet, verbunden, geteilt, zu Geld gemacht, manchmal gestohlen und selten gelöscht oder ›vergessen‹. All dies geschieht zunehmend unsichtbar und mitunter konfliktbeladen (→ Hacken). Dennoch bleibt unklar, was »Daten« in der Gegenwart denn genau seien, auch im Glossar der Digital Humanities: »›Daten‹ werden heute überwiegend als eine Art Informationseinheit im Zusammenhang mit Digitaltechnologien verstanden« (Geiger 2023; → Digitale Geisteswissenschaften). »Daten« – typischerweise im Plural – gilt als ein Kunstwort des 20. Jahrhunderts, das aus dem Computereinsatz heraus entstanden sei, die Idee dahinter wäre jedoch viel älter (Rosenberg 2013, 15). Für *Meyers Großes Konversationslexikon* in seiner klassischen 6. Auflage 1905–1909 sind »Daten« in einem sehr knappen Artikel unter Bezug auf Euklids *Data* (Δεδομένα) noch Teil der Fachsprache der Mathematik und bezeichnen ganz im positivistischen Geist der Zeit »Tatsachen, Tatsächliches; bei Euklid und andern Geometern Sätze, die aussagen, daß, wenn gewisse Dinge gegeben, andre mitgegeben sind.« In der 15. Ausgabe des *Brockhaus* 1929 ist ein »Datum« noch »die kalendermäßige Bezeichnung eines bestimmten Tages«, ist von *lat.* ›gegeben‹ abgeleitet und stammt im Deutschen aus der mittelalterlichen (Rechts-)Urkundenpraxis. Wenn in den großen geistes- und kulturwissenschaftlichen Handbuchprojekten des 20. Jahrhunderts und auch noch der Jahrtausendwende von »Daten« geschrieben wird, geht es um »Sinnesdaten«.

Für die 19. vollkommen überarbeitete Auflage des *Brockhaus* 1988 werden daraus in allgemeinster Näherung »aus Statistiken, Messungen, Beobachtungen u.ä. gewonnene Angaben, Tatsachen, Informationen«, die dann in Informatik, Mathematik, Sprachwissenschaft und Volkswirtschaftslehre genutzt werden würden. Es folgen über 30 – oft binnendifferenzierte – Spezialeinträge aus dem Wortfeld, mit einem deutlichen Schwerpunkt auf Fragen der computergestützten Datenverarbeitung, aber auch des Datenschutzes.

So entsteht die Frage nach dem Verhältnis von »Daten« zu Information (→ Information). Für Luciano Floridi sind in seiner *Philosophy of Information* Daten ein Element einer *General Definition of Information*, in der sich »Daten« und »Bedeutung« zu »Information« aufsummieren, die in einer aufeinander aufbauenden Folge von Operationen erst das Übermitteln von Signalen, dann das Codieren von Symbolen möglich machen würden (Floridi 2011, 85f.). In Organisationsberatung und Informationswissenschaft gibt es verschiedene Versuche, ›Daten‹ in eine Hierarchie von Entitäten oder ein praxeologisches Operationsschema für geistige Arbeit einzugliedern, die auch mitunter diagrammatisch gefasst werden und als grafisch eingängig gestaltetes Schema in Zirkulation geraten (Vater 2024). »Informationen können aus strukturierten Daten, Wissen aus überprüften Informationen gewonnen werden«, so die operationale Wortbestimmung des *Rats für Informationsinfrastrukturen* (RfII 2016b, 4). ›Daten‹ sind aus dieser Sicht methodischer Ausgangspunkt des Forschungsprozesses und werden *funktional* bestimmt. Die Bedeutung von Daten hat sich – so ist offensichtlich – im vergangenen Jahrhundert drastisch gewandelt und ist vorherrschend *technisch* geworden (→ Technizität). Diesen Wandel kann man so nachvollziehen, dass er vom »Gegebenen« zum »Gemachten« verläuft, von »given« ›data‹ zu »captured« ›capta‹ (Drucker 2021, 25), und auch zunehmend die Unabhängigkeit einer eigenständigen ›Datenwelt‹ betont.

Wir wollen diesem Bedeutungswandel von »Sinnesdaten« über »technische Daten« und »maschinelle Datenverarbeitung« zu den »Big (Semantic) Data« der unmittelbaren Gegenwart folgen.

Sinnesdaten

In der Erkenntnistheorie schreiben wir von »Sinnesdaten«, um die kleinsten Elemente des auf die materielle Welt gerichteten Erkenntnisprozesses zu benennen oder um abhängig von eigenen Überzeugungen dessen Möglichkeiten und Grenzen zu diskutieren. In diesem Diskurs geht es auch um den privilegierten Ansatzpunkt zuverlässiger Welt- und Selbsterkenntnis, und für ›Empiristen‹ liegt dieser eben nicht in den ›idealistischen‹ Begriffen geistiger Erkenntnis – die wir vielleicht dennoch mit dem ›inneren Auge‹ wahrnehmen können – sondern in unserer immer schon durch die Sinne vermittelten Selbst- und Weltwahrnehmung. »*Sense data*« ist hier jedoch eine erst recht spät nachweisbare Benennung – Gara Hatfield hält in der Stanford *Encyclopedia of Philosophy* fest, dass wir noch im frühen 18. Jahrhundert im hier einschlägigen englischsprachigen Raum »*sensory ideas*« oder »*immediate objects of perception*« als »Sinnesdaten« lesen können und auch sollten (Hatfield 2021). Dies würde sich nachweisbar erst im 19. Jahrhundert ändern, so Martin Drechsler im *Historischen Wörterbuch der Philosophie*, und zwar in Kommentaren zu John Lockes *Essay Concerning Human Understanding*. Erst im frühen 20. Jahrhundert läge eine Theorie der Sinnesdaten vor, in der G. E. Moore und Bertrand Russell »die atomistischen Elemente (des Bewußtseins), aus denen die Gegenstände der Erfahrung zusammengesetzt sind«, beschreiben würden. Diese »gelten als die unreduzierbaren Materialien der Erkenntnis und als das dem Bewußtsein allein unmittelbar und unbezweifelbar Gegebene« (Drechsler 1995, 875). Diese ›Sinnesdaten‹ und ihre Verarbeitung sind nun ein Element im *workflow* der Erkenntnistheorie und haben ihren epistemologischen Platz im Modell menschlicher Kognition, vor allem im Streben nach Präzision in der Naturerkenntnis der Physik. Für Bertrand Russell sind Sinnesdaten in seinen *Problemen der Philosophie* eine von nur zwei Quellen wahrer Erkenntnis, und zwar dadurch, dass wir direkt mit ihnen »bekannt« gewesen seien (Russell 1912, 72ff.: »*knowledge by acquaintance*«).

Technische Daten

Doch neben diesen uns – unter Umständen – unmittelbar gegebenen »Sinnesdaten« gibt es eine zweite Wortverwendung, die hiermit schwer unter einen Begriff zu bringen ist. Wir können diese »technische Daten« nennen. Und diese technischen Daten finden wir nicht vor; sie sind, wie uns Gregory Bateson 1972 in seiner *Ökologie des Geistes* [deutsch 1981] zutreffend mitteilt, »nicht Ereignisse oder Objekte […], sondern stets Berichte, Beschreibungen oder Erinnerungen von Ereignissen oder Objekten«. Sie stehen als Ergebnis am Ende einer auch sozialen und sprachvermittelten Prozesskette aus Weltwahrnehmung und Nachrichtenübermittlung, so dass »immer eine Transformation oder Neucodierung des nackten Ereignisses« stattfindet, »die zwischen den Wissenschaftler und seinen Gegenstand tritt«. Neben die Limitierungen des menschlichen Wahrnehmungsapparats treten so eine Vorprägung der menschlichen Kommunikationsverfahren und Störungen der genutzten Kommunikationskanäle sowie eine technologische Bedingung, da »jeder Bericht […] irgendwie durch seine Abfassung und durch Transformation entweder durch einen Menschen oder ein Instrument verändert worden« ist (Bateson 1981, 18f.).

Für Bateson sind hierbei vor allem die Mittel der Wissenschaft einer Zeit ursächlich für die Auswahl derjenigen Phänomene der Welt, die gemessen, erfasst und dann quantitativ verarbeitet werden – wir würden heute von ›Datafizierung‹ schreiben. So sei von Newton bis zum Ende des 19. Jahrhunderts Physik und Chemie auf (wirkursächliche) Kausalketten ausgerichtet und die Mathematik für die Verarbeitung von Quantitäten eingerichtet gewesen, weshalb »mit erstaunlicher Genauigkeit Quantitäten der Entfernung, der Zeit, der Materie und der Energie« gemessen worden seien (Bateson 1981, 23). Denn Daten lägen schon immer an der Schnittstelle zwischen »heuristischer Empirie« und »Grundlagen«. Bateson illustriert diesen Sachverhalt mit zwei bestechenden Beispielgruppen aus der Wissenschafts- und Technikgeschichte, der Landvermessung und der Himmelskunde: »Wenn man ein Stück Land einteilt oder die Sterne beobachtet, hat man es mit zwei Wissensquellen zu tun, von denen keine außeracht gelassen werden darf: Einerseits die eigenen empirischen Messungen und andererseits die euklidische Geometrie.« Beide stünden nun in einer beständigen und komplexen Wechselwirkung, es bedürfe der Abstimmung durch gegenseitigen Bezug, um bedeutsame Ergebnisse zu erzeugen: »Wenn es nicht gelingt, die beiden aufeinander abzustimmen, dann sind entweder die Daten falsch, oder man hat falsch argumentiert, oder man hat eine große Entdeckung gemacht, die zur Revision der gesamten Geometrie führt« (Bateson 1981, 22).

›Daten‹ können aus dieser Sicht als Spur von Ereignissen in der Welt – ganz besonders auch menschlichen Verhaltens – gefasst werden, die wir mit Hilfe von sowohl normierten als auch normierenden Methoden und auch unter Verwendung von Messgerät erfassen und danach in eine Zahlenreihe überführen und so ›quantifiziert‹ mit Hilfe von Formeln und technischem Gerät verarbeiten. Diese Bedeutung führt uns zur Volkszählung und dem Einsatz von Lochkarten zur Datenverarbeitung.

Maschinelle Datenverarbeitung und Datenbanken

Die »Einführung der Lochkartentechnik, zunächst nur Vorstufe der Rechenautomaten, ist der bedeutendste Schritt der Entwicklung zur automatischen Datenverarbeitung. Sie ist zugleich der wichtigste Schritt in der Mechanisierung des Büros«, wie Rolf Oberliesen in *Information, Daten und Signale*, seiner *Geschichte technischer Informationsverarbeitung* für die Buchreihe des Deutschen Museums zur Kulturgeschichte der Naturwissenschaften und der Technik treffend zusammenfasst (Oberliesen 1982, 212). Aufbauend auf älteren Techniken zur Steuerung von Webstühlen (erfolgreich Joseph-Marie Jacquard in Lyon 1805) oder von Musikinstrumenten (Erich Weltes perforiertes Notenblatt 1883) meldete der US-Amerikaner Herman Hollerith 1889 seine »Art of Compiling Statistics« erfolgreich zum Patent an (Hollerith 1889, Patent US395782A), rechtzeitig vor der anstehenden 11. Volkszählung in den Vereinigten Staaten. In seinem Patent veröffentlicht Hollerith nicht nur Maschinenzeichnungen des von ihm entworfenen Artefakts, sondern beschreibt detailliert dessen Handhabung und den damit verbundenen Nutzen. Da seine Zählmaschine Lochkarten als Arbeitsspeicher nutzte, wurden die zu verarbeitenden Informationen – also die Daten der Volkszählung – hier als gelochtes oder eben nicht-gelochtes Kästchen einer schematisch genormten Tabelle abgebildet. Daten wurden somit – und das ist nicht selbstverständlich – binär. Die Speicherkapazität einer Lochkarte wäre somit aufgrund der technischen Beschränkungen für sicheres Speichern und Auslesen leicht zu berechnen: »With twenty-six holes, in this way, three hundred and twenty five combinations could be made, the number of combinations possible following the well known mathematical law of combinations« (Hollerith, 1889, 2).

Doch diese neuen datengestützten Erfassungsprozesse lieferten nicht nur die statistische Grundlage für volkswirtschaftliche Steuerung, sie ermöglichten auch eine »restlose Erfassung«, wie Götz Aly und Karl Heinz Roth 1984 die unbarmherzigen Praktiken »Volkszählen, Identifizieren, Aussondern im Nationalsozialismus« benennen (Aly/Roth 2000). Sie lassen den Präsidenten der *Deutschen Statistischen Gesellschaft* im Jahr 1941, Friedrich Zahn, direkt zu Wort kommen: Es gehe unter der Führung des Nationalsozialismus nicht um

> »den Menschen als freies Individuum, sondern den Menschen, wie er in der Gemeinschaft biologisch, sozial, wirtschaftlich, kulturell gebunden ist. Daher sind wichtige bevölkerungs- und medizinalstatistische Aufgaben auf dem Gebiet der Familie, der Sippe, Rasse, Vererbung (Erbbiologie, Genealogie), Heimatkunde, des Volkstums (und Volkszugehörigkeit, Mundart, Sprache, Familienname) alsbald in Angriff genommen […], die biologische Gestaltung der Einzelfamilie wird jetzt durch ein kombiniertes System von Bestands- und Bewegungsstatistik gut erfasst. […], sie bezwecken die Erhaltung der Leistungsfähigkeit des einzelnen bis ins hohe Alter sowie die Nutzbarmachung seiner Höchstleistung für die Volksgemeinschaft« (zitiert in Aly/Roth 2000, 19ff.).

Es wird hier »Übersicht mit Hollerith Lochkarten« geschaffen, wie ein Werbeplakat der Dehomag – der Deutschen Hollerith-Maschinen Gesellschaft mbH und Tochterfirma der IBM – 1934 finster verspricht.

Friedrich Kittler bietet uns – so aufmerksam wie düster – für die technischen Entwicklungen, die hier bereits begannen und die dann noch folgen sollten, »*Die Nacht der Substanz*« als Signum an: »Nur heißt das kontrollierende Subjekt nicht länger Mensch, sondern Computer oder näherhin Signalprozessor« (Kittler 1989, 6). Diese »europäische Nacht« sei mit der »Digitaltechnik, die nach Turings Beweis seit 1936 alle anderen Maschinen (oder Menschen) ersetzen kann, weil sie diskret und damit universal ist« in ihre vierte medientechnische Phase eingetreten. Dies habe Konsequenzen, und zwar für unsere ganze Kultur und unser Weltbild: »Erst seitdem wird es zugleich machbar, noch die Selbstoffenbarung von Göttern oder die Selbsterkenntnis von Philosophen, ohne ihre Rache heraufzubeschwören, als schiere Datenverarbeitung zu entziffern« (Kittler 1989, 10). Diese Deutungsmacht kann nun aber auch ganz weltlich bleiben: »Databases«, so David Sepkoski, »are not just collections of information, but, as tools for the accounting of ressources and people, they are sources of power« (Sepkoski 2021, 395; → Überwachung).

Die Geschichte der Datenverarbeitung jedenfalls wird sich nach dem Zweiten Weltkrieg immens beschleunigen bei gleichzeitiger Komplexitätssteigerung. Seit den 40er Jahren des vergangenen Jahrhunderts wird eine Gestaltung der Arbeits- und auch der Lebenswelt möglich, deren Medium elektrischer Strom und deren Informationsform digitale Daten sind (→ Geschichte; Algorithmus).

Big (Semantic) Data

›Daten‹ werden »nicht gefunden, sondern gemacht« (Krämer 2024, 28). Sie sind ein Kulturprodukt, und kein Naturfund. Gleichzeitig entstehen sie zunehmend im digitalen Raum – durch umfassende Synthesen großer Datenmengen oder gleich ›*born digital*‹ – und sind so nicht mehr an traditionelle Vorstellungen von Rezeption (Sinnesdaten) oder Messung (technische Daten) gebunden. Die Infrastruktur von ›Big Data‹ sind Serverfarmen, mobiles Internet – auch der Dinge – und hochvernetzte ›social media‹ Plattformen, die gleichzeitig der »Herstellung, Verarbeitung und Verwaltung von informatischem Wissen« für »Wissensproduktion« aber auch »soziale Kontrolle« dienen (Reichert 2014, 11).

Wir sind für sie vollumfänglich verantwortlich (→ Ethik). Dies gilt insbesondere in Zeiten, in denen ›Daten‹ als ›Rohstoff des neuen Jahrtausends‹ gelten, und sich die »Großen Vier« der US-Amerikanischen Datenindustrie – Meta, Alphabet, Amazon und Apple – vollständig auf die Gewinnung, Sammlung, Verarbeitung, Verknüpfung und Auswertung dieser Ressource in einem weltumspannenden Datennetz (→ Netzwerk) und mit zunehmend unsichtbarem Gerät – wie unseren Smartphones – spezialisiert haben. »America is on pace to be home to 3 Million lords and 350 Million serfs«, prognostiziert Scott Galloway (Galloway 2017, 254).

In guter Absicht und im wissenschaftlichen Umfeld wird dagegen zunehmend die Forderung laut, ›Datensilobildung‹ zu vermeiden und zumindest Forschungsdaten nach gemeinsam ausgehandelten Standards universell als *Open Data* zugänglich und so gesamtgesellschaftlich fruchtbar zu machen. Hierbei ist Qualitätssicherung ein Kernanliegen: »Der Wert von Daten hängt entscheidend von der überprüfbaren Datenqualität ab« (RfII 2016b, 4). Ein weiterer zentraler Punkt ist, digitale Daten, ganz im Sinne des *Semantic Web* Sir Tim Berners-Lees, nicht nur für Menschen, sondern auch für Maschinen lesbar und so automatisiert verarbeitbar zu machen (vgl. Berners-Lee et al. 2001). Ein wichtiges Mittel ist die Nutzung von Metadaten – also von Daten über Daten – mit denen Datensammlungen genauso gut wie Materialsammlungen digital verzettelt werden können, auch im Sinne des Bibliothekskatalogs oder des Findmittels des Archivars. Gestaltungsvorstellung ist hierbei die umfassende Vernetzung von Daten, auch mit dem Ziel, diese unter Klärung aller Rechte auch zu unerwarteten Zwecken nachnutzbar zu machen (→ Ontologie). Das Maximenbündel der FAIR-Kriterien – *Findable, Accessible, Interoperable, Reusable* – wird hierbei als technisches Leitbild zunehmend akzeptiert (Wilkinson et. al 2017), auch nach Anpassung des Katalogs der Förderkriterien der DFG (DFG-Vordruck 12.14 – 04/22, 7). Diese gründen maßgeblich auf den umfangreichen Vorschlägen des *Rats für Informationsinfrastrukturen* (z.B. RfII 2016a) im Auftrag der *Gemeinsamen Wissenschaftskonferenz* (GWK) von Bund und Ländern und richten sich nicht nur auf Forschungsdatenhaltung, sondern auch auf deren Infrastruktur und Organisation. Hierzu wurde seit 2020 entlang der Bedarfe der fachwissenschaftlichen Communities eine *Nationale Forschungsdateninfrastruktur* NFDI eingerichtet, die mit Projekten auf europäischer Ebene kooperiert, so mit der *Europäischen Open Science Cloud* (EOSC) oder *Gaia-X*. Das Arbeitsprogramm ist entsprechend ambitioniert: »Durch die Schaffung eines digitalen Wissensspeichers entsteht eine unverzichtbare Voraussetzung für neue Forschungsfragen, Erkenntnisse und Innovationen«

(Kraft et al. 2021, 2). Doch sei, so Petra Gehring, »innerhalb kürzester Zeit ein Strukturwandel eingeleitet« worden und dieser sei »in einer für das Wissenschaftssystem ungewöhnlichen, über das Gesamtsystem hinweg kooperativen Form gelungen« (zitiert nach RfII 2023, 13).

Gleichzeitig gibt es Herausforderungen durch absehbar zu moderierende Interessenskonflikte, nicht nur im Bereich des Urheberrechts: So fordern seit 2020 die CARE-Prinzipien – *Collective Benefit, Authority to Control, Responsibility, Ethics* – einen verantwortungsvollen Umgang mit Daten ein, ausgehend von der berechtigten Forderung nach digitaler Souveränität und gerechter Teilhabe durch indigene Menschen des ›globalen Südens‹ (Caroll et al. 2020). Dass es zu Interessenskonflikten kommen kann, wenn zum Beispiel »Interoperabilität« – die automatisierte Datenverarbeitung durch vernetzte und verkoppelte Maschinen – mit »Authority to Control« – also dem Recht einer Gruppe auf die Kontrolle ihrer eigenen Daten gemäß ihrer eigenen Vorstellungen – kollidiert, liegt auf der Hand und verpflichtet zur Öffnung partizipativer Aushandlungsräume und zu einem umsichtigen Erwartungsmanagement (→ Vertrauen; Recht).

Vielleicht bietet die *Hacker-Ethik* des *Chaos Computer Clubs* ein wenig Orientierung: »Mülle nicht in den Daten anderer Leute« und »Öffentliche Daten nützen, private Daten schützen« sind sicher keine schlechten Faustregeln.[1]

Zitierte Literatur

Aly, Götz/Roth, Karl H. (2000 [1984¹]). Die restlose Erfassung. Volkszählen, Identifizieren, Aussondern im Nationalsozialismus. Frankfurt a.M., Fischer.
Bateson, Gregory (1981 [1972]). Ökologie des Geistes. Frankfurt a.M., Suhrkamp.
Berners-Lee, Sir Tim/Hendler, James/Lassila, Ora (2001). The Semantic Web. Scientific American 284, 34–43.
Brockhaus. Der Große Brockhaus. Handbuch des Wissens in zwanzig Bänden. 15., völlig neubearbeitete Auflage. (1928–1935). Leipzig, F.A. Brockhaus.
Brockhaus Enzyklopädie. 19., vollständig überarbeitete Auflage (1986–1994). Mannheim, Bibliographisches Institut & F. A. Brockhaus AG.

---

[1] Herzlichen Dank für fruchtbare Anregungen an Petra Gehring, Jonathan Geiger und York Sure-Vetter.

Carroll, Stephanie R. et.al. (2020). The CARE Principles for Indigenous Data Governance. Data Science Journal 19, 1–12.

Chaos Computer Club (zeitlos). Die Hackerethik. https://www.ccc.de/de/hackerethik (zuletzt geprüft 2024-03-30).

DFG-Vordruck 12.14 – 04/22. Bonn, Deutsche Forschungsgemeinschaft.

Drechsler, Martin (1995). Sinnesdaten. In: Ritter, Joachim/Gründer, Karlfried (Hgg). Historisches Wörterbuch der Philosophie Bd. 9 (Se–Sp). Basel, Schwabe, 875–82.

Drucker, Johanna (2021). The Digital Humanities Coursebook. An Introduction to Digital Methods for Research and Scholarship. Abingdon, Routledge.

Floridi, Luciano (2011). The Philosophy of Information. Oxford, OUP.

Galloway, Scott (2017). The Four. The Hidden DNA of Amazon, Apple, Facebook, and Google. New York, Bantam.

Geiger, Jonathan D. (2023). Daten/Forschungsdaten. In: Begriffe der Digital Humanities. Ein diskursives Glossar. Zeitschrift für digitale Geisteswissenschaften Working Papers 2.

Hatfield, Gary (2021). Sense Data. In: Zalta, Edward N. (Hg.). The Stanford Encyclopedia of Philosophy (Fall 2021 Edition).

Hollerith, Hermann (1889). Art of Compiling Statistics. Patentschrift US395782A.

Kittler, Friedrich A. (1989). Die Nacht der Substanz. Bern, Benteli.

Kraft, Sophie et al. (2021). Aufbau und Ziele von Nationale Forschungsdateninfrastruktur (NFDI) e. V. Bausteine Forschungsdatenmanagement 2, 1–9.

Krämer, Sybille (2024). Medienphilosophie des Digitalen. Warum und wie die Philosophie über das Digitale reflektieren sollte, aber dies so wenig tut. In: Krämer, Sybille/Noller, Jörg (Hgg.). Was ist digitale Philosophie? Phänomene, Formen und Methoden. Paderborn, Brill|Mentis, 195–296.

Meyers Großes Konversations-Lexikon. Ein Nachschlagewerk des allgemeinen Wissens. 6. Auflage. (1902–1908). Leipzig, Bibliographisches Institut.

Oberliesen, Rolf (1982). Information, Daten und Signale. Geschichte technischer Informationsverarbeitung. Reinbeck bei Hamburg, Rowohlt.

Rat für Informationsinfrastrukturen RfII (2016a). Leistung aus Vielfalt. Empfehlungen zu Strukturen, Prozessen und Finanzierung des Forschungsdatenmanagements in Deutschland. Göttingen, RfII.

Rat für Informationsinfrastrukturen RfII (2016b). Begriffsklärungen. Bericht des Redaktionsausschusses Begriffe an den RfII. Göttingen, RfII.

Rat für Informationsinfrastrukturen RfII (2023). Datenräume in Deutschland und Europa gestalten – Impulse der Wissenschaft. Zusammenfassender Konferenzbericht. Göttingen, RfII.

Reichert, Ramón (2014). Big Data. Analysen zum digitalen Wandel von Wissen, Macht und Ökonomie. Bielefeld, transcript.

Rosenberg, Daniel (2013). Data before the Fact. In: Gitelman, Lisa (Hg.). »Raw data« is an Oxymoron. Cambridge Mass., MIT Press.

Russell, Bertrand (1912). The Problems of Philosophy. New York/London, Holt und Williams u. Norgate.

Sepkoski, Daniel (2021). Databases. In: Blair, Ann et al. (Hgg.). Information. A Historical Companion. Princeton/Oxford, Princeton University Press, 392–396.

Vater (nun Schröter), Christian (2024). Wissenspyramide und Datenkonstellationen. Von Daten zu Weisheit – mit einem datenethischen Ausblick. In: Krämer, Sybille/Noller, Jörg (Hgg.). Was ist digitale Philosophie? Phänomene, Formen und Methoden. Paderborn, Brill|Mentis, 195–296.

Wilkinson, Mark D. et al. (2016). The FAIR Guiding Principles for scientific data management and stewardship. In: Scientific Data 3 (1), Beitragsnummer 160018.

Weiterführende Literatur

Bateson, Gregory (1981 [1972]). Ökologie des Geistes. Frankfurt a.M., Suhrkamp.

Geiger, Jonathan D. (2024). Die Philosophie und ihre Daten. Forschungsdatenmanagement und Wissenschaftstheorie. In: Krämer, Sybille/Noller, Jörg (Hgg.). Was ist digitale Philosophie? Phänomene, Formen und Methoden. Paderborn, Brill|Mentis, 209–228.

Oberliesen, Rolf (1982). Information, Daten und Signale. Geschichte technischer Informationsverarbeitung. Reinbeck bei Hamburg, Rowohlt.

Digitale Geisteswissenschaften

Sybille Krämer

Die *Digital Humanities* (DH) werden oft als ein disruptiver Einbruch in das Feld klassischer hermeneutischer Interpretationskunst thematisiert; umgekehrt verdächtigen die Geisteswissenschaften ihren digital-informatischen Newcomer gerne der Kolonialisierung und Verdrängung ihrer Verstehensleistungen durch szientische Methoden von Empirie und quantifizierender Statistik (Gold/Klein 2023). Beide verkennen, wie sehr die Formen des Digitalen einerseits schon in den traditionellen Kulturtechniken der *alphanumerischen* Literalität vorgebildet sind und wie sehr andererseits die *digitale* Literalität neue Forschungshorizonte zu eröffnen vermag.

Es gilt also beides zu erfassen: die Neuartigkeit des methodischen Zugriffs der DH, beflügelt durch die Verbindung von Big Data mit höchster Computerrechenkraft; und es gilt zu erkennen, wie sehr in tradierten gelehrten Praktiken sich Frühformen interpretationsneutraler Wissensbearbeitung herausgebildet haben. Verkörpern die Flaggschiffe der akademischen Moderne – Enzyklopädien, Handbücher, Wörterbücher, Werkverzeichnisse, Literaturlisten – nicht bereits Datenbanken *avant la lettre*?

Die DH – und das ist hier die These – ersetzen nicht die tradierten Geisteswissenschaften, sondern erweitern deren Methodenrepertoire. Werden die DH als genuiner – mit informatischem Wissen durchsetzter – Teil der Geisteswissenschaften anerkannt, zeichnet sich eine Revision am geisteswissenschaftlichen Selbstbild ab, soweit dieses Interpretation und Hermeneutik zum Alleinstellungsmerkmal verabsolutiert. Denn ohne ein in der Materialität und Medialität der zu interpretierenden Forschungsgegenstände grundiertes ›Handwerk des Geistes‹ war geisteswissenschaftliche Arbeit noch nie zu haben. Die DH bilden *eine* Sparte geisteswissenschaftlicher Methoden unter den zeitgenössischen Bedingungen computergenerierter Datifizierung.

Kulturtechniken: alphanumerische und digitale Literalität

Die meisten Geisteswissenschaftler:innen sind ›analog unterwegs‹ – also keine ›digital humanists‹ – und setzen gleichwohl das Digitale als eine Kulturtechnik ein. ›Kulturtechniken‹ sind operative Verfahren im Umgang mit Dingen und Symbolen, die sich zu einem habitualisierten Können verdichten, welches in alltäglichen Praktiken wirksam und für deren Bewältigung auch unersetzlich ist (Krämer/Bredekamp 2003, 18). Lesen und Schreiben am Bildschirm, Kommunikation über Emails, Nutzung digitaler Wörterbücher und Editionen, Recherchen im Internet, Arbeit an gemeinsamen Dokumenten (Anträge!) etc. bilden den Alltag unserer aller Arbeit: Die für die Ära des Buchdrucks charakteristischen »scholarly primitives« (Unsworth 2000), habe sich nolens volens zu Kulturtechniken digitaler Literalität fortgebildet – wenn auch in disziplinär unterschiedlichem Maße.

Zwar begegnen im Realen stets Mischformen dessen, was sich begrifflich trennen lässt; gleichwohl ist hier der konzeptuelle Unterschied zwischen digitaler Literalität als Kulturtechnik und den DH als quantifizierend-datenintensiven methodischen Verfahren bedeutsam. Die ›Digital Humanities‹ sind weniger – wie oft behauptet – ein ›big tent‹ (Svensson 2012), sondern eine informatisch durchdrungene geisteswissenschaftliche Teildisziplin, mit allmählich erst sich herausbildendem Methodenarsenal.

In der kulturtechnischen Perspektive ist augenfällig, dass das Digitale vom Computergebrauch ablösbar ist. ›Digitalisieren‹ heißt ein Kontinuum so in Einzelelemente zu zerlegen, dass diese codierbar und – mehr oder weniger – arbiträr kombinierbar sind. Vor diesem Horizont tritt zutage, dass Alphabet und Dezimalzahlen Frühformen des Digitalen realisieren, auch wenn diese erst im sogenannten ›Binäralphabet‹, erfunden von Leibniz als Dualzahlenrechnung (Leibniz 1703, 1973), zusammenlaufen. Keimformen des Digitalen existieren schon innerhalb der alphanumerischen Literalität (Krämer 2022).

Die computerabhängige digitale Literalität ist somit nicht nur Umbruch, sondern kulturtechnisch angelegt. Disruption und Tradition vereinigen sich in ihr.

Zu dieser Tradition gehören eine Fülle akademischer Praktiken, die das Siegel eines interpretationsneutralen, sinn-fernen, auch zahlenbasierten Umgangs mit symbolischen Artefakten wie Texten, Bildern oder Musik tragen. Übrigens hat die Zahl immer schon ein Heimatrecht in den Geisteswissenschaften. Das gilt trivialer Weise für die Geschichtswissenschaft, doch Bücher sind ohne Seitenzahlen und bibliographisch exakte Angaben akademisch kaum nutzbar; Konkordanzen und Sachregister ermöglichen den nicht-narrativen Zugang zu Texten; Werkverzeichnisse chronologisieren Schaffensbiographien und die Zettelkästen privater Gelehrtenarbeit – umfänglich überliefert von Leibniz und Luhmann – sind legendär, weil sie ein inhaltsunabhängiges, zugleich variables Sortierungsprinzip einführen. Im Kern geht es um den operativen, nicht-narrativen Umgang mit Texten und Zeichensignaturen. Das Alphabet ist nicht nur Verschriftung des kontinuierlichen Lautstroms mündlicher Rede; vielmehr hat das alphabetische Sortierungsprinzip (Enzyklopädien, Stichwortregister...) zum Siegeszug eben dieses Schrifttyps beigetragen.

Kurzum: In der alphanumerischen Literalität nistet die Option, auf interpretationsneutrale Weise mit kulturellen Zeichenbeständen umzugehen. Doch die gegenwärtige Epochenschwelle allgegenwärtiger Metamorphose von Zeichen in Daten fügt all dem etwas Neues hinzu. Eben davon kündet das Vorhandensein der DH.

Was sind ›Digital Humanities‹?

Die Möglichkeit digitaler Geisteswissenschaften ergibt sich aus dem Zusammenwirken von mindestens vier Faktoren: (1) Der Übergang von klassischen zu prädiktiven, auf Statistik beruhenden Algorithmen (→ Algorithmus), die nicht Gewissheit produzieren, sondern die Vorhersage von Wahrscheinlichkeiten. (2) Die enorm gesteigerte Rechenkraft der Hardware inklusive deren Vernetzungsmöglichkeiten (→ Netzwerk). (3) Die ›Verdatung‹ der Forschungsgegenstände (Big Data) und der Einsatz von Forschungsverfahren, die sich auf ›Datenpopulationen‹ beziehen, welche von Menschenaugen nicht mehr überblickbar, geschweige denn rezipierbar sind (→ Daten). (4) Die Visualisierung der Analyseergebnisse in menschenrezipierbarer Form (→ Visualität).

In diesem Quartett spielt die Datifizierung eine zentrale, wenn nicht gar *die* fundamentale Rolle. Keineswegs also der Einsatz von Computern per se, sondern die stückweise Verwandlung der Welt in ein Datenuniversum bilden das Herz zeitgenössischer Digitalisierung.

Doch was sind ›Daten‹? Daten werden produziert, nicht vorgefunden. Die Bergwerksrhetorik des ›Mining‹ verführt zu falschen Assoziationen. Es sind langwierige Prozesse der Umwandlung menschenverständlicher Zeichenstrukturen in Konfigurationen ›bereinigter Daten‹ nötig, damit die Lesbarkeit der Welt (Blumenberg 1986) in eine Maschinenlesbarkeit und -operabilität von Daten überführbar ist.

Symbolische Artefakte – bei den *Large Language Models* des Deep Learning sogar ganze kulturelle Gedächtnisse – werden durch Datifizierung zu einem empirisch analysierbaren und berechenbaren Material; die Statistik avanciert zum mathematischen Schlüsselverfahren, weil Daten die Form von Datenpunkten annehmen, die in Koordinatensysteme vektoriell eingetragen und als Datenpopulationen probabilistisch analysiert werden können.

Explizit zu betonen ist die Empirizität datenintensiver Forschung, in deren Licht die historische Stellung der DH sich verdeutlicht. Denn die Auseinandersetzung zwischen den DH und den klassischen Geisteswissenschaften trägt (auch) Züge eines Methodenstreits zwischen qualitativer, sinnverstehender Forschung und quantitativen, korrelationsbezogenen Analysen. Eines Streits, welcher die Naturwissenschaften in der frühen Neuzeit, die Sozialwissenschaften und Ökonomie im 19. Jahrhundert erfasste und nun auch die Geisteswissenschaften erreicht hat.

Doch was ist mit einer Datifizierung von Zeichensignaturen geisteswissenschaftlich zu gewinnen?

Oberflächensignaturen

An dieser Stelle ist das Konzept einer *nicht* pejorativ verstandenen ›Kulturtechnik der Verflachung‹ einzuführen, die ein anthropotechnisches Potenzial verkörpert, an dem auch die DH partizipieren (Krämer 2021; 2023).

Wir sind unentrinnbar zeitlicher Veränderung unterworfene Wesen. Gleichwohl haben wir von allem Anfang an Techniken der Verräumlichung entwickelt, welche die Irreversibilität der Zeit zu bannen, stückweise auch umzukehren versuchen. Die Projektion in die Zweidimensionalität, der Einsatz von allem, was durch das Zusammenwirken von Punkt, Linie und Fläche generiert werden kann, ist dafür ein Mittel erster Wahl. Obwohl die Rhetorik des Tiefgangs nahezu übermächtig ist – intellektueller Tiefgang ist gut, auf die Oberfläche des Sichtbaren zentrierte Ansätze werden als oberflächlich desavouiert – zeigt sich einem unvoreingenommenen Blick ein anderes Bild: Von der Höhlenmalerei und Hauttätowierung, über die Erfindung von Bildern, Schriften, Diagrammen, Graphen und Karten bis zur Entwicklung von Bildschirmen aller Art und der ubiquitären Nutzung des Smartphones zieht sich das Band des Umgangs mit bebilderten und beschrifteten Flächen. Es ist ein Ariadnefaden graphischer Externalität, ohne den Wissenschaften, viele Künste, anspruchsvolle Technik und Architektur, komplexe Bürokratie und vieles im Alltagsverhalten undenkbar sind. Zweidimensionale Darstellungen stiften eine Werkstätte für Komputation, Kommunikation, Kognition und Komposition.

Die sublime Orientierungs- und Produktivkraft artifizieller Flächigkeit besteht darin, dass die Zweidimensionalität ein Medium bildet zwischen der Eindimensionalität der Zeit – wir können nicht zum selben Zeitpunkt an verschiedenen Orten *körperlich* anwesend sein – und der Dreidimensionalität des Lebensraumes. So wird es möglich, Zeitverläufe in Raumstrukturen und vice versa zu verwandeln. Das Sprechen sedimentiert sich zur Schrift, das Geschriebene temporalisiert sich im Lesen und Vortragen. Die strukturimmobile Karte weist den Weg, um in unbekanntem Terrain zielgerichtet mobil zu sein. Solche wechselseitigen Metamorphosen von Zeit- und Raumverhältnissen durchdringen nahezu alle Kulturen; für die Moderne sind sie fundamental (→Raum).

Zurück zur Datifizierung von Forschungsgegenständen. Riesige, von Menschen niemals erfassbare Datenkorpora, werden in den datengetriebenen Verfahren zeitgenössischer Digitalisierung wie auf einer Oberfläche ausgebreitet und nach Mustern durchsuchbar gemacht. Zwei Szenen dieser oberflächenmethodischen und -technologischen Bearbeitung mögen das beispielhaft verkörpern. Die Urszene stiftet die Erfindung des Koordinatensystems durch René Descartes (Descartes 1981). Das antike Schisma zwischen Geometrie und Arithmetik wird überwunden, indem die Papierseite durch Koordinatenachsen (bei Descartes noch nicht rechtwinklig) in Quadranten eingeteilt wird, bei denen jeder geometrische Punkt eine durch ein Zahlenpaar wohlbestimmte Position erhält, so dass Kurven in Gleichungen, Figuren in Formeln und *vice versa* zu verwandeln sind.

Eine zeitgenössisch charakteristische Szene bildet die Möglichkeit, mit den Methoden Künstlicher Intelligenz durch die Lava des Vesuvausbruchs vor ca. 2000 Jahren völlig verklumpte Papyrusrollen teilweise zu entziffern und zu lesen, indem Algorithmen trainiert werden, in der kompakten schwarzen Masse Spuren von Tinte zu identifizieren und darin Muster zu erkennen und als Textfragmente zu visualisieren (Ribi 2024).

Was tun Digital Humanities?

Worin besteht die mögliche Leistungskraft von DH? Zwei Sachverhalte seien dafür angeführt: die Operationalisierung von Bedeutung durch Verräumlichung und die ›Epistemologie der Latenz‹.

Nicht nur Wittgenstein hat Bedeutung an den *Gebrauch* von Zeichen gebunden. Auch die distributionelle Semantik der Linguistik rekonstruiert eine Ähnlichkeit in der Wort- oder Satzbedeutung, sofern diese in einander ähnlichen Sprachkontexten vorkommen (→Maschinelles Lernen). Zwei Konzepte von Bedeutung sollten allerdings unterschieden werden. ›*Intrinsische Bedeutung*‹ ist systemintern: So bedeutet ein Pluszeichen eine arithmetische Operation oder so sind rechte und linke Seite einer Gleichung bedeutungsgleich ›*salva veritate*‹. Die Digitalisierung intrinsischer Bedeutung von Textbestandteilen nun heißt, Bedeutungsrelationen auf Wortnachbarschaften zurückzuführen: je näher, umso ähnlicher und *vice versa*.

›Extrinsische Bedeutung‹ ist das, was als ›Sinnverstehen‹ bezeichnet wird. ›Sinnverstehen‹ heißt nicht Katzen- von Hundebildern unterscheiden zu können, sondern heißt zu wissen, dass Katzen nicht flach sind, dass eine Gleichung auf Zahlen referiert, heißt zu verstehen, dass ein Sachverhalt in verschiedenen Perspektiven auch neue Gestalt und neuen Gehalt gewinnt. Sinnverstehen impliziert, wahrnehmbare Muster auf etwas zu beziehen, das in der Form eines Musters gerade *nicht* zu haben ist, weil es Ambivalenzen, Graustufen, Paradoxien kennt. Diese Form von Sinn ist nur praxeologisch zu rekonstruieren, also gebunden an Attribute wie Körperlichkeit, situative Einbettung, emotionale Responsivität und empathische Resonanz. Die Zurückführung von Sinn, Semantik und extrinsischer Bedeutung auf intrinsische Bedeutung und deren Operationalisierung ist ein *Telos* Künstlicher Intelligenz und führt in ihrer zeitgenössischen Form zu überraschenden Erfolgen.

Damit kommen wir zur »Epistemologie der Latenz« (Kirschenbaum et al. 2010). Da Computer forensische Maschinen sind, die wie Mikroskope und Teleskope Muster im Datenuniversum aufspüren, welche menschlichen Blicken gewöhnlich verborgen bleiben, kann kulturell Unbewusstes zutage gefördert werden. Die Schattenseiten davon sind bekannt: Vorurteile und Diskriminierungen, welche in Datenform als Trainingsgrundlage von Lernalgorithmen dienen, sedimentieren sich in eben diesen Algorithmen. Doch – von der ›Sonnenseite‹ betrachtet – ergibt sich die Möglichkeit, neuartige Relationen in kulturellen Zusammenhängen aufzuspüren: Von den statistischen Analysen der Buchstabenhäufigkeiten und -relationen in Texten macht schon Alan Turing kryptologischen Gebrauch bei der Entzifferung deutscher Marinesprüche und trug so zum Sieg über Nazideutschland bei. Kommunizierende Menschen sind sich der mathematischen Mikrostruktur ihres Sprachgebrauches nicht bewusst. Die Arbeit der Chatbots, die sich nicht an einzelnen Buchstaben, sondern an Token orientieren, beruht auf genau dieser Art von Analysen und Synthesen.

In der Computerphilologie untersucht eine der erfolgreichsten Methoden der digitalen Stilometrie, die Delta-Messung Burrows (Burrows 2002), unabsichtlich vorhandene Textelemente, wie etwa die Funktionswörter, als die am häufigsten vorkommenden Wörter eines Textes. Allerdings nicht zu vergessen: Auch bei stilometrischen Zuschreibungen von Autorschaft geht es nicht um Gewissheiten, sondern um – bestenfalls sehr hohe – Wahrscheinlichkeiten.

Die teleskopischen und mikroskopischen Analysepotenziale der DH eröffnen eine überraschende Materialnähe (Rieger 2020): Mit einem Höchstmaß an Entkörperung ihrer virtualisierten Untersuchungsobjekte wird in nahezu gegensinniger Weise eine neuartige Möglichkeit zur Untersuchung der Körperlichkeit, Stofflichkeit und Materialität der Objekte eröffnet – eben weil an die maschinenanalysierbare Oberflächen geholt werden kann, was an den realen Texten, Bildern und Artefakten unter den Oberflächen verborgen liegt. Leonardo da Vincis digitalisierte Gemälde zeigen in dem Projekt *Universal Leonardo* eine Auflösung, die kein Museum bietet, so dass nun zu enthüllen ist, was bisher nur durch Röntgen- und Infrarotaufnahmen zu erschließen war.

Oder wenn gedruckte Texte in maschinenlesbare Datenkorpora codiert werden, hat sich das Kodierungsformat TEI durchgesetzt (Schöch 2016). Dabei werden implizite semantikrelevante Konventionen, die als schweigendes Wissen das Lesen strukturieren – wie die Unterscheidung von Überschrift und Fließtext, von Inhaltsverzeichnis und Inhalt – aber auch editorische und kommentierende Annotationen, mithin all das, was nicht nur den Text, sondern auch seinen Kontext betrifft, mittels des TEI-Formats auf die Oberfläche des für Menschen Sichtbaren und für Maschinen Lesbaren geholt. Die Metamorphose eines von Menschen lesbaren Textes in ein maschinenanalysierbares Datenwerk hat sich kraft einer ›Oberflächentechnologie‹ vollzogen, deren Kunstgriff auch darin besteht, Latentes manifest, Implizites explizit, Unsichtbares sichtbar zu machen. Die ›Epistemologie der Latenz‹ ist ein Operationsfeld der DH.

Neue Opazitäten

Potenziale wie Risiken eröffnend ist die Digitalisierung – wie jede Technik – ambivalent (→Risiko). Während die ›Kulturtechnik der Verflachung‹ mit dem Narrativ einer Transparenz verknüpft ist, entstehen immer auch gegenläufige Tendenzen, die unter Digitalisierungsbedingungen im Alltag in Gestalt von Fake News, gefälschten Bildern und Stimmen selbst zum Problem werden. Die Entstehung neuer Opazitäten ist nur eines dieser Probleme.

Mit dem Explizitmachen verborgener kultureller Muster durch lernende Algorithmen gehen neue verborgene, latente Strukturierungen einher. Das Blackboxing – von Latour so beschrieben, dass jede Technologie und Wissenschaft umso opaker werde, je erfolgreicher sie sei (Latour 2002, 373) – tritt nicht nur bei den *hidden layers* im Deep Learning unverhüllt zutage.

Für die DH gilt, dass ihren quantifizierenden Verfahren selbstverständlich Fehlermöglichkeiten inhärent sind. Schon bei der Übertragung von Texten in maschinenbearbeitbare Formate werden beispielsweise ›Stoppwörter‹ ausgeschlossen, die für den Inhalt eines Textes gewöhnlich unbedeutend sind (an, und, noch, in...). Doch genau dies gilt für geisteswissenschaftliche Texte oft keineswegs: Schon Roberto Busa hat seine Untersuchung von ›praesentia‹ bei Thomas von Aquin in Verbindung mit der Präposition ›in‹ angelegt. Welche Irrtümer für geisteswissenschaftliche Arbeit in der Anwendung von Methoden der DH entstehen können, hat Charlotte Schubert (2021) kenntnisreich belegt und daraus gefordert, dass die DH eine konstruktive Fehlerkultur zu entwickeln haben.

Doch selbst über eine Fehlerkultur ist hinauszugehen. Dass die DH zum Methodenrepertoire der Geisteswissenschaften gehören (sollten), heißt dann auch, das geisteswissenschaftliche Verständnis einer ›Reflexion als Kritik‹ auf sich selbst anzuwenden und die Bedingungen und Selektionen zu bedenken, die in die Konstruktion von Daten, Algorithmen und Tools aller Art eingehen. Und die forscherische Attraktivität, den beschränkten geisteswissenschaftlichen Kanon eines Faches zu überwinden, hat immer einherzugehen mit einem Bewusstsein dafür, dass neue Formen des Ausschlusses dabei entstehen: Was nicht digitalisiert ist, fällt aus dem Datenuniversum heraus.

Und wird der Suggestion eines neutralen Objektivismus auszählbarer Evidenzen genügend deutlich entgegengetreten? Weder Berechnungsergebnisse, noch Daten oder Diagramme erklären sich selbst. Unangefochtene Evidenz ist geisteswissenschaftlich von beschränktem Wert, denn Geisteswissenschaften identifizieren nicht primär Fakten, sondern eröffnen neue Sichtweisen auf

Kulturphänomene, machen Perspektivenwechsel plausibel, thematisieren Grauzonen, Unausdrückliches und Ambivalenzen. Genau dadurch tragen sie bei zum Verstehen von Geschichte und Kultur des menschlichen Lebens und arbeiten mit an dem Selbstportrait einer Gesellschaft.

Es gibt eine augenfällige Schere zwischen der überraschend umfangreichen finanziellen Förderung Digitaler Geisteswissenschaften und den finanziellen Restriktionen, mit denen traditionelle Geisteswissenschaften oft zu kämpfen haben. Distanzieren sich angesichts dieser Asymmetrie und ›Unwucht‹ die DH deutlich genug davon, zum wissenschaftspolitischen Instrument einer neoliberalen Vereinnahmung der Geisteswissenschaft durch ein positivistisches Wissenschaftsmodell zu werden?

Solche Fragen sind virulent: Denn nicht nur geht von den DH ein ›Stachel des Digitalen‹ aus, der ein Anlass werden kann, das Hermeneutik verabsolutierende Selbstbild der Geisteswissenschaften ein Stück weit zu revidieren. Vielmehr trifft auch das Umgekehrte zu: Die kritische Reflexion ihrer eigenen Arbeit kann das Potenzial der DH, sich als komplementärer und nicht kompetitiver Teilbereich der Geisteswissenschaften zu bewähren, bemerkenswert stärken und profilieren.

Zitierte Literatur

Blumenberg, Hans (1986). Die Lesbarkeit der Welt. Frankfurt a.M., Suhrkamp.
Burrows, John (2002). ›Delta‹. A Measure of Stylistic Difference and a Guide to Likely Authorship. Literary and Linguistic Computing 17, 267–287.
Descartes, René (1981). Geometrie. Darmstadt, WBG.
Gold, Matthew K./Klein, Lauren F. (2023) (Hgg.). Debates in the Digital Humanities 2023. Chicago, University of Minnesota Press.
Kirschenbaum, Matthew et al. (2010). Digital Forensics and Born-Digital Content in Cultural Heritage Collections. CLIR. https://www.clir.org/pubs/reports/pub149/ (zuletzt geprüft 2024-03-30).
Krämer, Sybille (2021). Reflections on ›Operative Iconicity‹ and ›Artificial Flatness‹. In: Wengrow, David (Hg.). Image, Thought, and the Making of Social Worlds. Heidelberg Propylaeum, 252–272.
Krämer, Sybille (2022). Kulturgeschichte des Digitalen. Über die embryonale Digitalität der Alphanumerik. APuZ 10/11, 10–17.

Krämer, Sybille (2023). Should We Really ›Hermeneutise‹ the Digital Humanities? A Plea for the Epistemic Productivity of a ›Cultural Technique of Flattening‹ in the Humanities. Journal Cultural Analytics 7.

Krämer, Sybille/Bredekamp, Horst (2003). Kultur, Technik, Kulturtechnik. Wider die Diskursivierung der Kultur. Zur Einleitung in diesen Band. In: Krämer, Sybille/Bredekamp, Horst (Hgg.). Bild, Schrift, Zahl. München, Fink, 11–22.

Latour, Bruno (2002). Die Hoffnung der Pandora. Untersuchungen zur Wirklichkeit der Wissenschaft. Frankfurt a.M., Suhrkamp.

Leibniz, Gottfried W. (1703). Explication de l'arithmétique binaire. https://hal.archivesouvertes.fr/ads-00104781/document (zuletzt geprüft 2024-03-30).

Leibniz, Gottfried W. (1973). Siemens Aktiengesellschaft (Hg.), Herrn von Leibniz' Rechnung mit Null und Eins. Berlin/München, Selbstverlag.

Ribi, Thomas (2024). Bücher aus dem heissen Schlamm. Vor zweitausend Jahren begrub der Ausbruch des Vesuvs eine ganze Bibliothek unter sich. Bald kann man sie wieder lesen. Neue Züricher Zeitung 22.02.2024.

Rieger, Stefan (2020). Virtual Humanities. In: Kasprowicz, Dawid/Rieger, Stefan (Hgg.). Handbuch Virtualität. Wiesbaden, Springer, 473–498.

Schöch, Christof (2016). Ein digitales Textformat für die Literaturwissenschaft. Romanische Studien 4, 325–364.

Schubert, Charlotte (2021). Digital Humanities auf dem Weg zu einer Wissenschaftsmethodik. Transparenz und Fehlerkultur. Digital Classics Online. doi.org/10.11588/dco.2021.7.82371.

Svensson, Patrik (2012). Beyond the Big Tent. In: Gold, Matthew K. (Hg.). Debates in the Digital Humanities. Minneapolis, University of Minneapolis Press.

Unsworth, John (2000). Scholarly Primitives. What Methods Do Humanities Researchers Have in Common, and How Might our Tools Reflect This? https://people.brandeis.edu/~unsworth/Kings.5-00/primitives.html (zuletzt geprüft 2024-03-30).

Weiterführende Literatur

Dobson, James E. (2019). Critical Digital Humanities. The Search for Methodology. Urbana, University of Illinois Press.

Krämer, Sybille (2024). Medienphilosophie des Digitalen – Warum die Philosophie über das Digitale reflektieren sollte, aber dies kaum tut. In: Krämer,

Sybille/Noller, Jörg (Hgg.). Was ist digitale Philosophie? Phänomene, Formen und Methoden. Paderborn, Brill|Mentis, 3–30.

Piper, Andrew (2018). Enumerations. Data and Literary Study. Chicago u.a., University of Chicago Press.

Emotion

Eva Weber-Guskar

Unsere zunehmend digital geprägte Lebenswelt hat sicher auch auf unsere Emotionen Einfluss. Besonders auffällig und häufig untersucht ist das im Bereich der Online-Kommunikation (→ Yolo). Neue Begriffe wie »Hassrede« wurden erfunden, um relevante Phänomene beschreiben zu können, wie den Umstand, dass es in den Sozialen Medien oder in online Zeitungskommentaren offenbar zu besonders vielen Beleidigungen, Verleumdungen, Drohungen und Ähnlichem kommt, die oftmals eng mit negativen Gefühlen verbunden sind. Theorien bieten Erklärungen dafür, warum das so sein könnte. Naheliegend ist zum Beispiel, dass insbesondere vier Eigenschaften digitaler Kommunikation online das Triggern bestimmter Gefühle und ein damit zusammenhängendes problematisches verbales Verhalten begünstigen: Geschwindigkeit, Reichweite bzw. Teilnehmendenzahl, geringer Aufwand der Teilnahme und Anonymität (Weber-Guskar 2019).

In diesem Beitrag liegt der Fokus jedoch nicht auf solchen kontingenten, unbeabsichtigten Auswirkungen von digitaler Infrastruktur auf unsere Emotionen. Vielmehr soll das Feld des *Affective Computing*, wie die Pionierin Rosalind Picard die von ihr in den 1990ern initiierte Forschungsrichtung nannte, vorgestellt und erörtert werden. Picard verstand unter dem Begriff sehr weit gefasst »computing that relates to, arises from, or deliberately influences emotions« (Picard 1997, 3). Heute wird darunter vor allem digitale Technologie zusammengefasst, deren Zweck darin besteht, Gefühle zu erfassen oder zu simulieren oder ausgehend von beiden auf Gefühle auch passend zu reagieren. Zur Grundidee des Affective Computing gehört auch, dass es sich um ein wichtiges Element jeder umfassend verstandenen Forschung zu künstlicher Intelligenz handelt (→ Künstliche Intelligenz). Wenn man unter künstlicher Intelligenz nämlich die Nachahmung komplexer geistiger Fähigkeiten versteht, und die Annahme einiger Wissenschaften teilt, dass bei der Ausübung dieser Fähigkeiten beim Menschen Gefühle oftmals eine Rolle spielen, so müssen die

Gefühle ebenfalls bei der Nachahmung dieser Fähigkeiten berücksichtigt werden (vgl. Picard 1997, 1). Das passt auch zu der in der Philosophie der Emotionen zunehmend vertretenen These, dass es keine klare Dichotomie zwischen Rationalität und Emotionalität gibt, sondern dass »rational« eine Kategorie ist, die auf Urteile, Entscheidungen, Handlungen und Emotionen angewandt werden kann. Zum einen können Emotionen bei Urteils- und Entscheidungsfindung sowie bei Handlungsbegründung eine berechtigte Rolle spielen: Eine Emotion kann helfen, sich ein (normatives) Urteil zu bilden und sie kann ein Grund sein, etwas zu tun. Zum anderen haben auch Emotionen selbst Gründe. Anhand derer kann man sie als angemessen oder unangemessen einstufen.

Gefühle, Emotionen, Affekte

Unter »Gefühlen« kann man alle Zustände und Prozesse von Subjekten verstehen, die eine phänomenal-hedonische Qualität haben, das heißt also, die sich auf bestimmte Weise anfühlen und die dabei zumindest als tendenziell angenehm oder unangenehm empfunden werden. Innerhalb dieser Klasse kann man mindestens drei Gruppen von Phänomenen unterscheiden: Körperempfindungen, Emotionen und Stimmungen. Während wir bei Körperempfindungen wie einem physischen Schmerz ganz auf den eigenen Körper bezogen bleiben, sind wir mit Emotionen auf etwas in der Welt gerichtet: Wir freuen uns auf einen Besuch oder ärgern uns über eine Beleidigung. Das nennt man in der Philosophie seit Franz Brentano ihre Intentionalität: Sie sind, wie es Merkmal geistiger Zustände ist, auf etwas gerichtet. Insofern haben Emotionen einen kognitiv-intentionalen Gehalt. Mit Stimmungen sind wir auch auf die Welt bezogen, aber nicht auf ein spezifisches Objekt, sondern die ganze Welt erscheint in einem bestimmten Licht: in der Melancholie als dunkel und schwer; in der Euphorie als hell und leicht. Um Emotionen vollständig zu beschreiben, sind über Phänomenalität und Intentionalität hinaus auch Handlungsmotivationen, Ausdrucksverhalten und physiologische Aspekte zu berücksichtigen. Darüber, welche Aspekte auf welche Weise notwendig sind, um eine Emotion zu identifizieren, gehen die philosophischen und psychologischen Theorien auseinander. Die Ansätze reichen von Empfindungstheorien, über Wahrnehmungs- und Urteilstheorien bis hin zu Motivationstheorien (siehe z.B. Brady 2019; Scarantino/de Sousa 2021 Summer Edition). Entsprechend hängt einiges davon ab, welche Theorie man beim Affective Computing als Ausgangspunkt wählt.

Affective Computing

Als theoretische Grundlage der Affective Computing Forschung dient meist die Basisemotionstheorie, die ursprünglich auf den Psychologen Paul Ekman und Kolleg:innen zurückgeht (Ekman/Friesen 1975), nunmehr aber auch von ihm selbst nur noch in abgeschwächter Form vertreten wird (Ekman 1999). Zu dieser Theorie gehören zwei zentrale Annahmen: Erstens existierten eindeutig bestimmte, angeborene Emotionstypen (auch als Emotionskategorien in der Psychologie bekannt), zu denen mindestens Trauer, Freude, Wut, Ekel, Furcht und Überraschung zählen; zweitens sei jedem dieser Emotionstypen ein spezifischer körperlicher Ausdruck zugeordnet, insbesondere eine bestimmte Mimik. Diese Mimik lasse sich als Kontraktion bestimmter Gesichtsmuskeln analysieren, wobei man von »action units« und dem »*Facial Action Coding System*« spricht: Je eine gewisse Kombination von Kontraktionen mache einen Emotionsausdruck im Gesicht aus. Affective Computing hat sich diese Theorie zu Nutze gemacht, um Systeme zu entwickeln, die Emotionen beim Menschen *erfassen* können sollen. Dafür werden neuronale Netze darauf trainiert, die Muster von Muskelkontraktionen in Gesichtern festzustellen, denen je ein Emotionstyp zuzuordnen sei (z.B. McDuff/Kaliouby 2017). Ein anderes Verfahren geht von physiologischen Mustern in der Herzfrequenz, Hautleitfähigkeit und anderen Parametern aus. Es hat sich aber noch kein System gefunden, das physiologische Muster eindeutig und überindividuell Emotionstypen zuordnen könnte. Erfolgreich ist die physiologische Messung allein bei verwandten Phänomenen, die dem medizinischen Bereich zuzuordnen sind: etwa Stress oder der Zustand kurz vor dem nächsten epileptischen Anfall (z.B. Regalia et al. 2019).

Um Emotionen zu *simulieren* (→ Simulation), wird einerseits auch auf diese Theorie zurückgegriffen, wenn man die Gesichter von Robotern, Avataren oder animierten Figuren im Film Emotionen ausdrücken lassen will. Andererseits bedarf es einer anderen Theorie, die klärt, was die Bedingungen dafür sind, dass es zu einer Emotion kommt. Nur so können spontane emotionale Reaktionen in künstlichen Akteuren modelliert werden. Dafür zieht man in der Regel eine zweite Art von Emotionstheorie heran, die sogenannte ›Bewertungstheorie‹ (*appraisal theory*), die eine Matrix dafür angibt, welche Art von Bewertung einer Situation zu welcher Emotion führt (z.B. Scherer 2010). Dabei sind insbesondere die Kriterien Neuheit, Valenz und Bewältigungsmöglichkeit einer Situation relevant.

Schließlich ist ein dritter Ansatz zu erwähnen. Dieser sieht von einer fixen Bestimmung definierter Emotionstypen ab, weil man davon ausgeht, dass Emotionen fluide Prozesse sind, die sich in der Interaktion von Subjekten bilden und stetig verändern. Entsprechend zielt man bei der Nutzung einer darauf basierenden Technologie nicht darauf ab, Systeme zum Erfassen oder Simulieren von Emotionen zu entwickeln, sondern Systeme, die Personen beim Entdecken, Verstehen und Gestalten der eigenen Emotionen helfen. Hier spricht man von einem interaktiven anstatt einem informativen Ansatz (Boehner et al. 2007).

Begrenztheit der Systeme

In einer großen Übersichtsstudie haben Feldman Barrett und Kolleg:innen die Ergebnisse von neuen und die Überprüfung von alten Studien zusammengetragen, die alle für eine grundlegende Kritik an der Basisemotionstheorie sprechen. Danach gibt es keine ausreichenden empirischen Belege dafür, dass einem Gesichtsausdruck, der sich als bestimmtes Muster von Gesichtsmuskelkontraktionen feststellen lässt, verlässlich und spezifisch ein Emotionstyp entspricht (Barrett et al. 2019). Wir lächeln nicht nur, wenn wir uns freuen, sondern auch zum Beispiel, wenn uns etwas peinlich ist. Nach allem, was man bisher zeigen konnte, basiert Lächeln oft, aber bei weitem nicht immer, auf Freude und umgekehrt zeigt sich Freude nicht nur und nicht unbedingt in einem Lächeln. Zwischen verschiedenen Kulturen ist der Unterschied noch größer als innerhalb von einer. Dazu kommt, dass Menschen jenseits des Labors Emotionen vorsätzlich verbergen oder vorspielen. Das heißt, selbst wenn die Systeme immer besser darin werden, bestimmte Muster zu erkennen, spricht vieles dafür, dass ihre Ergebnisse letztlich wenig verlässlich sind und sein werden (→ Vertrauen).

Diese Art von präzise begründeter Kritik ist klar zu unterscheiden von einer oft anzutreffenden Generalkritik, nach der digitale Technologie mit ihrer binären 0-1-Basis grundsätzlich alles vereinfachen würde und deshalb nie leisten könne, was sie verspreche (z.B. Crawford 2021). Diese Kritik übersieht, dass es nie um die komplette Nachbildung des Menschlichen geht, sondern um die Nachahmung bestimmter Fähigkeiten, die dann funktional zu bestimmten Zwecken eingesetzt werden sollen.

Allerdings muss man sich freilich bei jeder dieser Fähigkeiten Details ansehen. Dann fällt unter anderem auf: Unsere Gesichter sind nur ein Element des komplexen Prozesses, in dem wir aneinander Emotionen erkennen, nicht alleiniger Bezugspunkt. Wenn wir uns nicht mit Worten austauschen können, betrachten wir die Situation, in der sich jemand befindet und beziehen Annahmen über Werte und Überzeugungen der Person mit ein (→ Sozialität). Diese These wird durch jede Emotionstheorie unterstützt, die die Intentionalität, also den Weltbezug von Emotionen betont und analysiert (z. B. Helm 2011). Das sogenannte ›formale Objekt‹ von Furcht ist Gefahr, von Trauer Verlust, von Hoffnung ein fraglicher guter Ausgang einer schwierigen Situation usw. Das gehört zum begrifflichen Verständnis und sollte, bei richtiger Übersetzung, zumindest für ein paar Emotionstypen auch interkulturell geteilt werden. Welche Situation für gefährlich oder welches Ereignis für einen Verlust gehalten wird etc., das variiert freilich nicht nur von Kultur zu Kultur, sondern auch zwischen Individuen. Dafür sind die Werte einer Kultur wie die darüber hinaus auch individuell unterschiedlichen Werte und prägenden Erfahrungen von Personen entscheidend. Diese finden sich im sogenannten Hintergrundobjekt einer Emotion. Und nur im Lichte des jeweiligen Hintergrundobjekts, oder eben eines relevanten Werts (wie körperliche Integrität) wird ein konkretes Objekt (wie ein wildes Tier im Anmarsch) Träger des formalen Objektes (Gefahr) und alles zusammen ergibt das Objekt einer manifesten Furcht.

Diese Art von philosophischer Emotionstheorie macht klar, dass es auf jeden Fall multimodale Ansätze braucht, um verlässlicher und spezifischer Emotionen erfassen zu können. Das wurde auch schon in der Praxis des Affective Computing erkannt (André 2014). Allerdings wird ebenso deutlich, dass den digitalen Systemen dafür enorm viel an Informationen einprogrammiert werden müsste, die wiederum mit einer ausdifferenzierten Sensorik zur Situationserfassung spontan zusammenspielen können müssten. Schließlich steht es grundsätzlich außerhalb der Reichweite der Technologie, die leibliche Betroffenheit (→ Leben), die Menschen fühlend in einer Situation teilen und über die sie auch kommunizieren, nachzuahmen.

Ethik des Affective Computing

Aus normativ moralischer und ethischer Sicht sind beim Einsatz von Affective Computing zunächst die Themen zu beachten (→ Ethik), die bei digitaler Technik mit großen Datenmengen sowie insbesondere bei Künstlicher Intelligenz schon standardmäßig genannt werden: Datenschutz und Privatheit, Vermeidung von Bias und folgender Diskriminierung sowie Respekt vor menschlicher

Autonomie (z.B. Gordon/Nyholm 2021). Das erste Thema ist dabei besonders wichtig; zum einen, weil die Gefühlserfassung der Bereich des Affective Computing ist, der bisher schon am weitesten fortgeschritten ist und zum anderen, weil der Schutz von Daten über Emotionen besonders dringend wirkt – weshalb dieses Thema hier auch im Fokus steht.

Dabei sollte die zweite eben genannte Annahme nicht unhinterfragt stehen bleiben, sondern analysiert werden, um entsprechend gut begründen zu können, warum Daten über Emotionen mehr als bisher auch in rechtlichen Regulierungen berücksichtigt werden sollten, wie etwa in der europäischen Datenschutzgrundverordnung (→ Recht). Warum möchten viele, zumindest in einer spontanen Antwort auf eine entsprechende Frage, ihre Emotionen noch mehr als Handlungen oder Äußerungen privat halten? Zunächst könnte man denken, das läge daran, dass Emotionen grundsätzlich »persönlich« in dem Sinn sind, dass Informationen über sie zu dem Bereich gehören, den wir als »privat« verstehen und als privat halten wollen (Häuselmann 2021): also als einen Bereich, der nicht einfach öffentlich zugänglich ist, sondern bei dem wir je selbst kontrollieren, wer Zugang dazu erhält. Doch das gilt keineswegs für alle Emotionen. Es gibt bei Emotionen genauso wie bei Überzeugungen und bei Handlungen welche, von denen wir andere wissen lassen wollen, und solche, von denen wir das nicht wollen. Doch es besteht auch ein wichtiger Unterschied: Emotionen können wir grundsätzlich weniger gut kontrollieren als Äußerungen und Handlungen. Zum einen entscheiden wir uns nicht dafür, eine Emotion zu haben. Zum anderen liegt es auch keineswegs immer in unserer Hand, ob man uns eine Emotion ansehen kann oder nicht. Emotionen sind an sich immer auch körperliche Phänomene und unser Körper ist auf viele Weise sichtbar (→ Visualität). Ein wichtiger Grund dafür, Techniken der digitalen Gefühlserfassung gegenüber noch zurückhaltender zu sein als gegenüber denen, die unsere Äußerungen und Handlungen im Netz und auf der Straße erfassen können, liegt also in der Art der Genese und grundsätzlichen Sichtbarkeit von Emotionen. Auch wenn es keinen Grund gibt, alle privat zu halten, gibt es einen Grund, die »äußeren Bedingungen«, dass sie privat bleiben können, besonders zu schützen, da schon die »inneren Bedingungen« nur eingeschränkt vorhanden sind.

Ein Einwand gegen eine Sonderbehandlung von Daten über Emotionen lautet, dass die meisten gängigen Anwendungen keineswegs persönlichen Liebesgeheimnissen auf die Spur kommen, sondern nur herausfinden sollen, wem ein Unternehmen am besten welches Produkt verkaufen kann. Doch das ist optimistisch kurz gedacht. Nicht nur, dass die Technik schon jetzt von einem autokratisch geführten Staat wie China zu seinen Zwecken, die kaum mehr ein Recht auf Privatheit gewähren, genutzt wird, insbesondere im Bereich der öffentlichen Sicherheit (Article 19, 2021). Ein dystopisches Ziel in solchem Kontext wäre zum Beispiel, vom Gesicht, nach Ethnie und Wut bzw. Aggressivität gescannt, auf unliebsame Gesinnungen schließen zu können. Auch jenseits von solchen Fällen ist festzuhalten, dass Informationen über Gefühlszustände anderer eine gewisse Macht zur Manipulation verleihen, weil man »im Griff« einer Emotion nicht selten anders handelt, als man es mit kühlem Kopf oder im Sinn der eigenen eigentlichen Interessen tun würde. Daten über Emotionen in falschen Händen machen auch besonders erpressbar, weil mit solchem Wissen Personen an empfindlichsten Stellen getroffen werden können (→ Überwachung).

Über all diese Gefahrenabwehr sollten freilich willkommene Anwendungen von Affective Computing nicht übersehen werden. Unproblematischer sind von vornherein solche, für deren Nutzung sich Personen wissentlich und willentlich selbst entscheiden – mit eigenen Zielen. Das ist im medizinischen Bereich für Diagnose und teilweise Therapie möglich, aber auch für gesunde Menschen eine Option, wenn man sich etwa einen Chatbot wie Replika für zusätzliche Gespräche ins Leben holt oder sich mithilfe einer App wie *Upmood* mit den eigenen Emotionen auseinandersetzt. Wichtig ist, dass die Nutzung immer soweit aufgeklärt ist, dass zumindest ein Grundwissen darüber vorhanden ist (→ Wissen), wie die Technologie bzw. die konkrete Anwendung funktioniert, so dass man keine falschen Erwartungen hat, sich in keinen Illusionen verliert und einsieht, dass es nie um die Ersetzung von bisherigen Weisen der Selbsterkenntnis oder der affektiven Beziehungen gehen kann, sondern nur um deren Ergänzung.

Zitierte Literatur

André, Elisabeth (2014). Lässt sich Empathie simulieren? Ansätze zur Erkennung und Generierung empathischer Reaktionen anhand von Computermodellen. In: Güntürkin, Onur/Hacker, Jörg (Hgg.). Nova Acta Leopoldina NF 120, 81–105.

Article 19 (2021). Emotional Entanglement. China's Emotion Recognition Market and its Implications for Human Rights. A19/DIG/2021/001.

Barrett, Lisa F. et al. (2019). Emotional Expressions Reconsidered. Challenges to Inferring Emotion From Human Facial Movements. Psychological Science in the Public Interest 1, 1–68.

Boehner, Kirsten/DePaula, Rogerio/Dourish, Paul/Sengers, Phoebe (2007). How Emotion is Made and Measured. International Journal of Human-Computer Studies 65, 275–291.

Brady, Michael S. (2019). Emotion. The Basics. London u.a., Routledge.

Crawford, Kate (2021). Atlas of AI. Power, Politics, and the Planetary Costs of Artificial Intelligence. New Haven u.a., Yale University Press.

Ekman, Paul (1999). Basic Emotions. In: Dalgleish, Tim/Power, Mick J. (Hg.). Handbook of Cognition and Emotion. Chichester, Wiley, 45–60.

Ekman, Paul/Friesen, Walle V. (1975). Unmasking the Face. A Guide to Emotions from Facial Cues. Englewood Cliffs, Prentice-Hall.

Gordon, John-Stewart/Nyholm, Sven (2021). Ethics of Artificial Intelligence. Internet Encyclopedia of Philosophy. https://iep.utm.edu/ethics-of-artificial-intelligence/ (zuletzt geprüft 2024-03-30).

Häuselmann, Andreas (2021). Fit for Purpose? Affective Computing Meets EU Data Protection Law. International Data Privacy Law 3, 245–256.

Helm, Bennett W. (2011). Affektive Intentionalität. Holistisch und vielschichtig. In: Slaby, Jan et al. (Hgg.). Affektive Intentionalität. Beiträge zur welterschließenden Funktion menschlicher Gefühle. Münster, Mentis, 72–99.

McDuff, Daniel J./el Kaliouby, Rana (2017). Applications of Automated Facial Coding in Media Measurement. IEEE Transactions on Affective Computing 2, 148–160.

Picard, Rosalind (1997). Affective Computing. Cambridge Mass., MIT Press.

Regalia, Guila et al. (2019). Multimodal Wrist-Worn Devices for Seizure Detection and Advancing Research. Focus on the Empatica Wristbands. Epilepsy Research 153, 79–82.

Scarantino, Andrea/De Sousa, Roald (2021). Emotion. In: The Stanford Encyclopedia of Philosophy. https://plato.stanford.edu/entries/emotion/ (zuletzt geprüft 2024-03-30).

Scherer, Klaus R. (2010). Blueprint for Affective Computing. A Sourcebook and Manual. Oxford, OUP.

Weber-Guskar, Eva (2019). Ambivalente Anonymität. Demokratische Debatten im Online-Kommentar? In: Behrendt, Hauke et al. (Hg.). Privatsphäre 4.0. Eine Neuverortung des Privaten im Zeitalter der Digitalisierung. Stuttgart, Metzler, 199–212.

Weiterführende Literatur

Loh, Janina/Loh, Wulf (2022). Social Robotics and the Good Life. The Normative Side of Forming Emotional Bonds With Robots. Bielefeld, transcript.
Misselhorn, Catrin (2021). Künstliche Intelligenz und Empathie. Vom Leben mit Emotionserkennung, Sexrobotern und Co. Stuttgart, Reclam.
Weber-Guskar, Eva (2023). Berechenbare Gefühle? Grundlegendes zu einer Ethik der digitalen Emotionserfassung. In: Schweiger, Gottfried/Zichy, Michael (Hgg.). Zwischenmenschliche Beziehungen im Zeitalter des Digitalen. Ethische und interdisziplinäre Perspektiven. Berlin u.a., Springer, 95–113.

Ethik

Catrin Misselhorn

Der Begriff *Ethik* hat seine sprachliche Wurzel im griechischen Wort »*ethos*«, das für Sitte, Gebrauch oder Charakter steht. Dieses Begriffsverständnis ist jedoch weiter als die heutzutage üblichen philosophischen Verwendungsweisen, die sich in zwei Stränge unterteilen lassen: Die eine betrachtet Ethik als diejenige philosophische Disziplin, die sich mit der Moral beschäftigt. Moral bezieht sich in diesem Zusammenhang auf die Gesamtheit der moralischen Normen, Gefühle, Einstellungen oder Handlungen. Ethik ist in diesem Verständnis, das bereits auf Aristoteles zurückgeht, eine Theorie, die die Moral zum Gegenstand hat. Für die andere Sichtweise ist Ethik die Theorie des guten Lebens im Gegensatz zur Moralphilosophie, die sich damit befasst, was wir moralisch zu tun oder zu lassen haben. Die Ethik in diesem Sinn ist vor allem auf die individuelle Lebensführung bezogen, während es in der Moralphilosophie um unsere Pflichten gegenüber anderen Personen geht.

Ethik als Theorie der Moral

In diesem Artikel wird es vorrangig um Ethik als Moralphilosophie und nicht um die Theorie des guten Lebens gehen. Ethik als Theorie der Moral lässt sich weiter unterteilen in *deskriptive* und *normative Ethik*. Die deskriptive Ethik ist keine Theorie, die selbst Vorschriften macht. Sie beschreibt moralische Phänomene lediglich und untersucht ihre theoretischen Voraussetzungen. Auch die deskriptive Ethik zerfällt wiederum in zwei Bereiche: die *empirische Ethik* und die *Metaethik*.

Die empirische Ethik erforscht diejenigen moralischen Normen, Tugenden, Handlungen und Gefühle, die in einer bestimmten Epoche oder Kultur de facto akzeptiert werden. Diese lassen sich etwa aus dem Blickwinkel der Geschichte oder Soziologie betrachten. Die beschriebenen moralischen Phänomene werden dabei nicht auf ihre Richtigkeit, Begründung oder Gültigkeit befragt.

Gegenstand der Metaethik sind hingegen die sprachphilosophischen, erkenntnistheoretischen und ontologischen Grundlagen der Moral. Die Metaethik beantwortet Fragen wie: Können moralische Urteile wahr oder falsch sein? Wie lassen sich moralische Normen begründen? Oder: Gibt es subjektunabhängige moralische Werte in der Welt? Die Antworten auf diese Fragen sind ebenfalls deskriptiver Natur, auch wenn sie Auswirkungen darauf haben können, wie wir uns aus moralischer Sicht verhalten sollen.

Das leitet über zum zweiten großen Teilbereich der Ethik, der normativen Ethik. Diese ethische Disziplin beschäftigt sich damit, was der Sache nach moralisch richtig oder falsch ist, wozu wir gegenüber anderen verpflichtet sind oder wie etwa Gerechtigkeit inhaltlich zu bestimmen ist. Die normative Ethik umfasst erneut zwei große Bereiche, die *allgemeine* und die *angewandte* Ethik. Die allgemeine Ethik untersucht auf einer abstrakten Ebene, welche moralischen Normen Geltung haben, welche Handlungen richtig oder falsch sind, welche Charakterzüge als Tugenden gelten können oder welche Gefühle moralisch angemessen sind.

Die angewandte Ethik umfasst demgegenüber eine Reihe von Bereichsethiken, die sich mit ethischen Fragen in bestimmten gesellschaftlichen Kontexten beschäftigen, beispielsweise die Medizinethik, die Wirtschaftsethik oder die Technikethik.

Was ist Moral?

Insofern die Ethik wesentlich mit Hilfe ihres Gegenstandsbereichs als eine Theorie der Moral definiert wurde, setzt diese Definition ein Verständnis des Moralischen voraus. Häufig wird Moral als ein Verhaltenskodex oder eine Menge gesellschaftlich verbindlicher Verhaltensregeln definiert. Doch damit ist der Begriff des Moralischen nur unzureichend erfasst. Im landläufigen Sinn gehören nämlich auch das Essen mit Messer und Gabel oder der Linksbzw. Rechtsverkehr zu den gesellschaftlich verbindlichen Verhaltensregeln, ohne deshalb schon als moralisch zu gelten. Es handelt sich vielmehr um bloße Konventionen. Doch was zeichnet das Gebiet des Moralischen aus?

Zunächst einmal ist festzuhalten, dass Moral es nicht mit Tatsachenaussagen zu tun hat, sondern mit Normen oder Bewertungen. Diese Normen oder Werte zeichnen sich durch allgemeine Verbindlichkeit aus: Sie beanspruchen nicht nur für ein Individuum oder eine bestimmte Gesellschaft gültig zu sein, sondern für jeden zu jeder Zeit. Darüber hinaus sind moralische Urteile typischerweise unparteilich. Sie sollten ohne Ansehung der Person vorgenommen werden, insbesondere dürfen sie nicht auf Voreingenommenheit oder Vorurteilen beruhen. Sofern etwas für eine Person moralisch richtig ist, gilt das auch für jede andere relevant ähnliche Person in relevant ähnlichen Umständen.

Moralische Erwägungen gelten unabhängig von anderen Bedingungen oder Voraussetzungen und haben Vorrang vor anderen Gesichtspunkten. Kommt es beispielsweise zu einem Konflikt zwischen einer konventionellen Norm und einer moralischen Norm, ist die moralische Norm ausschlaggebend. Besonders für den Common Sense ist die Moral darüber hinaus eng mit Altruismus im Sinn von Uneigennützigkeit und Selbstlosigkeit verbunden. Schließlich hat Moral auch eine soziale Funktion, insofern sie dazu dient, das Zusammenleben von Menschen gedeihlich zu gestalten, Schaden abzuwenden und menschliche Defizite auszugleichen.

Diese Charakterisierung soll ein erstes Vorverständnis des Moralischen bieten, mit dessen Hilfe sich moralische Urteile, Einstellungen, Emotionen oder Handlungen erkennen lassen. Allerdings messen nicht alle Ethiken jedem Kriterium denselben Stellenwert bei und sie interpretieren sie auch teilweise unterschiedlich.

Drei Hauptströmungen ethischer Theorien

Im Feld der normativen Ethik lassen sich drei wichtige Theorieströmungen unterscheiden: Der Utilitarismus, die kantische Ethik sowie die Tugendethik. Es gibt noch weitere ethische Ansätze, aber diese drei Theorien sind gut geeignet, um einen Überblick über die Grundtypen ethischer Theoriebildung zu erhalten. Ausgehend vom Vergleich der drei Grundtypen anhand der aufgestellten Moralkriterien fällt es leichter, auch andere Positionen theoretisch einzuordnen.

Der Utilitarismus

Der Utilitarismus geht auf die britischen Philosophen und Ökonomen Jeremy Bentham (1748–1832) sowie John Stuart Mill (1806–1873) zurück (vgl. Bentham 1789/1970; Mill 1863/1998). Die Grundidee des Utilitarismus wurde von Bentham in der Formel: »Das größte Glück der größten Zahl ist der Maßstab für richtig und falsch« wirkungsmächtig zusammengefasst. Die normative Grundlage des Utilitarismus stellt eine *Werttheorie* dar. Der grundlegende Wert, von dem der klassische Utilitarismus ausgeht, ist Lust bzw. Leid. Dieser quantitativen Sichtweise, die nicht nach den Quellen und Formen der Lust oder des Leids fragt, setzt Mill ein qualitatives Wertverständnis entgegen, das zwischen höheren kognitiven Formen der Lust und niedrigeren rein sinnlichen Begierden differenziert. In der gegenwärtigen Ethik wird in erster Linie der Präferenzutilitarismus vertreten, der die Interessen von Menschen und Tieren als maßgeblichen Wert betrachtet (Singer 1979).

Für den Utilitarismus ist der allgemeingültige moralische Maßstab das Nutzenprinzip. In seiner klassischen Formulierung lautet es: Eine Handlung ist genau dann moralisch richtig, wenn sie die Summe des Wohlergehens aller Betroffenen maximiert. Der Präferenzutilitarismus formuliert es etwas anders: Je besser die Präferenzen aller Betroffenen durch eine Handlung erfüllt werden, desto besser ist sie vom moralischen Standpunkt aus gesehen. Bei der Abwägung von Schmerz und Lust bzw. Präferenzen ist ein unparteilicher Standpunkt einzunehmen, um sicherzustellen, dass die Empfindungen oder Interessen aller von einer Handlung Betroffenen gleichermaßen berücksichtigt werden.

Der Utilitarismus betrachtet somit eine Handlung nicht als an sich moralisch gut oder schlecht, sondern nur im Hinblick auf ihre Folgen. Es handelt sich deshalb um eine Form des *Konsequentialismus*. Der Utilitarismus hat eine recht starke altruistische Komponente, insofern die eigenen Lust- und Schmerzzustände zwar in die moralische Bewertung einer Situation einfließen, im Ergebnis jedoch unter Umständen vollkommen übergangen werden können, wenn der Gesamtnutzen dadurch maximiert wird.

Ein viel diskutierter Vorwurf gegen den Utilitarismus lautet deshalb, dass er die Grenzen zwischen Personen nicht angemessen berücksichtigt, indem er Interessen oder Lust- und Schmerzzustände über verschiedene Personen hinweg miteinander verrechnet (Rawls 1971). Die soziale Funktion der Moral besteht für den Utilitarismus vor allem darin, die Lebensqualität zu verbessern und das Glück zu vermehren.

Die kantische Ethik

Die zweite große Theoriegruppe der normativen Ethik orientiert sich an Immanuel Kants (1724–1804) Moralphilosophie, die in vielen Punkten als Gegenspieler des Utilitarismus gilt. Die kantische Ethik ist das paradigmatische Beispiel für eine *deontologische Ethik* oder Pflichtenethik, die den moralischen Wert einer Handlung unabhängig von ihren Konsequenzen betrachtet. Entscheidend ist, ob sie einer moralischen Norm entspricht und aufgrund dieser ausgeführt wurde.

Der kategorische Imperativ ist das oberste Moralprinzip der kantischen Ethik, dessen wohl bekannteste Formulierung lautet: »Handle nur nach derjenigen Maxime, durch die du zugleich wollen kannst, dass sie ein allgemeines Gesetz werde« (Kant 1785/2015, 421). Die Verallgemeinerbarkeit ist in dieser Formulierung das wesentliche Kriterium moralischer Normen. Der kategorische Imperativ gilt unbedingt, also unabhängig von weiteren Bedingungen. Er hat die Form: »Du musst x tun!« – ohne Wenn und Aber. Hypothetische Imperative geben hingegen nur vor, wie zu handeln ist, wenn man einen bestimmten Zweck erreichen möchte, beispielsweise »Wenn Du die Prüfung bestehen willst, musst Du viel lernen!«

Dieser Unbedingtheitsanspruch unterscheidet Kant von den konsequentialistischen Ethiken wie dem Utilitarismus, der von einer Werttheorie ausgeht, die festlegt, was gut ist und das Richtige dann als eine Maximierung des Guten bestimmt. Kantische Ethiken zeichnen sich demgegenüber durch den Vorrang des Rechten vor dem Guten aus (diese einflussreiche Formulierung geht zurück auf Rawls 1980). Das moralisch Richtige schränkt ein, was als gut gelten kann. Deshalb sind für Kant weder Lust noch Präferenzerfüllung per se gut, sondern sie sind es nur dann, wenn sie im Einklang mit dem moralischen Gesetz stehen. So sind die Lust- oder Präferenzerfüllung eines Tyrannen für Kant nicht als gut anzusehen und sollten dementsprechend keine Berücksichtigung finden.

Altruistisch ist Kants Ethik, insofern sie dem Egoismus entgegensteht. Sie erlaubt jedoch eine vernünftige, vom moralischen Gesetz gebändigte Selbstliebe. Darüber hinaus ist Kants Ethik nicht nur auf andere bezogen, sondern es bestehen auch moralische Pflichten gegenüber sich selbst, so darf man sich ebenso wenig töten wie andere. Der Grund hierfür erschließt sich, wenn man eine andere einflussreiche Fassung des kategorischen Imperativs betrachtet, die als Selbstzweckformel bekannt ist: »Handle so, daß du die Menschheit sowohl in deiner Person, als in der Person eines jeden andern jederzeit zugleich als Zweck, niemals bloß als Mittel brauchest« (Kant 2015, 429; Kant geht davon aus, dass die verschiedenen Formulierungen des kategorischen Imperativs letztlich äquivalent sind. Dies ist in der Forschung jedoch umstritten).

In dieser Selbstzweckhaftigkeit besteht für Kant die Würde des Menschen. Sie gründet in der menschlichen Vernunftnatur und der daraus resultierenden

Fähigkeit, moralisch zu handeln. Der kantische Altruismus schließt jedoch nur vernunftbegabte Wesen ein; Tiere finden nur mittelbar Berücksichtigung, insofern ihre Misshandlung der Moral »dienliche Anlagen« des Menschen beschädigt (zu der Frage, inwieweit sich ein solches Argument auf Roboter übertragen lässt, vgl. Misselhorn 2023a). Der Utilitarismus hingegen spricht auch empfindungsfähigen Wesen einen moralischen Status zu, die nicht in dem Sinn vernünftig sind, dass sie moralisch handeln können.

Die soziale Funktion der Moral besteht für Kant nicht vorrangig in einer materiellen Verbesserung, sondern in einer Idealvorstellung des moralischen Zusammenlebens. Dieses Ideal führt er unter dem Begriff eines *Reichs der Zwecke* aus. Es handelt sich um eine aus vernünftigen Wesen bestehende Gesellschaft, deren Zusammenwirken der kategorische Imperativ strukturiert. Der kategorische Imperativ wird dadurch von einer Vorschrift für das individuelle Handeln zu einem sozialen Prinzip, das das institutionelle Zusammenleben bestimmt.

Diese Vorstellung schlägt sich in einer weiteren Formulierung des kategorischen Imperativs nieder, die vorschreibt, sich so zu verhalten, als wäre man Mitglied einer solchen Gesellschaft: »Handle nach Maximen eines allgemein gesetzgebenden Gliedes zu einem bloß möglichen Reich der Zwecke« (Kant 1785/2015, 439). Das Ideal eines Reichs der Zwecke ist jedoch nicht bloß als eine Wunschvorstellung zu verstehen, sondern soll Orientierung für unser Handeln in realen gesellschaftlichen Zusammenhängen geben.

Die Tugendethik

Neben dem Utilitarismus und der kantischen Ethik bildet die Tugendethik einen dritten Hauptstrang der normativen Ethik. Während der Utilitarismus die Handlungsfolgen betrachtet und die kantische Ethik moralische Pflichten ins Zentrum ihrer Überlegungen rückt, nimmt die Tugendethik den Begriff des moralischen Charakters zum Ausgangspunkt. Stärker als die beiden anderen paradigmatischen Theorietypen bildet die Tugendethik ein sehr heterogenes Feld, in dem die Ansätze ein weniger einheitliches theoretisches Bild ergeben.

Viele tugendethische Ansätze wurden inspiriert durch die antike Philosophie, vor allem durch Aristoteles. Aristoteles beschreibt Tugend als eine Form charakterlicher Exzellenz. Insofern es der Tugendethik um eine Vervollkommnung der eigenen Natur bzw. Charakterbildung geht, spricht man in diesem Zusammenhang auch von *Perfektionismus*.

Tugend ist für Aristoteles eine Haltung (*hexis*), die tief verankert ist und bestimmt, wie eine Person die Welt wahrnimmt, welche Erwartungen sie hegt, was sie wertschätzt, fühlt, wünscht und wie sie handelt (Aristoteles 2001, 1103a). So verhält sich eine ehrliche Person nicht nur aus strategischen Gründen ehrlich, sondern schätzt Ehrlichkeit um ihrer selbst willen, verabscheut Unehrlichkeit, erzieht die eigenen Kinder zur Ehrlichkeit und umgibt sich mit ehrlichen Menschen.

Die Entwicklung von Tugenden ist folglich nicht nur eine Sache der rationalen Reflexion, sondern erfordert praktische Klugheit (*phronesis*). Diese wird für Aristoteles wesentlich durch Sozialisation und Lebenserfahrung gewonnen. Sie besteht in der Fähigkeit, die relevanten moralischen Aspekte einer Situation zu erkennen, sie gegeneinander abzuwägen und entsprechend zu handeln. Zwar sind Tugenden dort, wo sie anzutreffen sind, allgemein schätzenswert und jeder sollte und kann im Prinzip tugendhaft sein. Zumindest bestimmte Formen der Tugendethik bezweifeln im Unterschied zum Utilitarismus und der kantischen Ethik jedoch, dass Tugenden in die Form allgemeingültiger Normen oder Regeln gebracht werden können (vgl. McDowell 1979).

Das liegt auch daran, dass sie an gewisse Rollen gebunden sind, für die Soldatin gelten beispielsweise andere Tugenden als für den Staatsmann. Tugenden sind deshalb auch nicht unparteiisch, so werden eine Soldatin oder ein Staatsmann zuvorderst für ihr eigenes Land eintreten. Kritiker sehen in dieser Kontextabhängigkeit von Tugenden eine Schwäche, weil die Tugendethik keine allgemeine und verbindliche Handlungsanleitung geben könne und wesentlichen Charakteristika des Moralischen damit nicht entspricht. Die Vertreter der Tugend-ethik betrachten es hingegen als einen Vorteil gegenüber den anderen beiden Ansätzen, die ihrer Ansicht nach den besonderen Beziehungen zwischen Personen, wie beispielsweise Freundschaft oder Familienbanden, nicht gerecht werden.

Viele Tugenden besitzen eine altruistische Komponente, weil sie sich durch ein Hintanstellen der eigenen Person auszeichnen; teilweise gilt auch Altruismus selbst als eine Tugend. Für die Tugendethik stehen die Anforderungen der Moral gleichwohl nicht im Konflikt mit dem Selbstinteresse. Tugendhaftes Handeln gilt seit der Antike als ein Handeln in Übereinstimmung mit der menschlichen Natur, das wesentlich zu einem glücklichen Leben gehört. Das Glück ist jedoch nicht als solches der Zweck des Handelns, sondern es stellt sich beiläufig im Zuge eines tugendhaften Lebens ein. Insofern viele Tugenden dem guten Zusammenleben zuträglich sind, kommt ihnen auch eine soziale Funktion zu.

Nachdem ein allgemeines Verständnis der Ethik und der Moral als Gegenstand der Ethik erarbeitet wurde, erfolgte ein Vergleich dreier Hauptströmungen der Ethik: des Utilitarismus, der kantischen Ethik und der Tugendethik. Doch es ist unbefriedigend, diese drei Ansätze einfach so nebeneinander stehen zu lassen. Welcher von ihnen ist sachlich zu bevorzugen? Aus meiner Sicht gilt es, das Beste aller drei Theorien zu vereinen.

Die kantische Ethik dominiert dieses friedliche Bild allerdings. Ihre Stärke ist, dass sie Unbedingtheit und Allgemeinverbindlichkeit moralischer Forderungen überzeugend begründet. Kants Einsicht, dass Menschen Selbstzwecke sind, die nicht nur als ein Mittel gebraucht werden dürfen, stellt einen Punkt dar, hinter den keine moralische Position zurückfallen kann.

Dennoch bringen sowohl der Utilitarismus als auch die Tugendethik Gesichtspunkte ein, die in der kantischen Ethik zu kurz kommen. So lenkt der Utilitarismus den Blick auf die moralische Bedeutung der Empfindungsfähigkeit. Er kann deshalb besser den moralischen Ansprüchen von Tieren gerecht werden als Kant (zum Versuch der Integration der Tierethik in eine kantische Ethik vgl. jedoch Korsgaard 2018). Die Tugendethik weist schließlich darauf hin, dass Moral nicht nur eine Sache der Normbefolgung ist und dass Moral und gutes Leben keinen Gegensatz bilden müssen.

Digitale Ethik

Die digitale Ethik hat ihre Wurzeln in den angewandten Disziplinen der Informations- und Computerethik, die sich mit denjenigen moralischen Fragen beschäftigt, die aus dem Umgang mit Informations- und Kommunikationstechnologien hervorgehen, insbesondere dem Digitalcomputer. Dazu gehören Themen wie Informationsfreiheit, Privatsphäre und informationelle Selbstbestimmung sowie intellektuelles Eigentum, die durch die Entwicklung künstlicher Intelligenz nochmals an Brisanz gewonnen haben. Im Zentrum dieser angewandten Ethiken stehen moralische Fragen, die sich aus dem Umgang und der Nutzung von Informationstechnologien und Computern ergeben. Sie folgen grundsätzlich dem Paradigma der traditionellen Technikethik, der es um die ethische Bewertung der Auswirkungen von Technologien geht.

Im Unterschied dazu bringt die Maschinenethik eine qualitativ neue Perspektive ins Spiel. Denn sie befasst sich nicht nur mit Technikfolgenabschätzung, sondern fragt sich, inwiefern künstliche Systeme selbst moralische Akteure sein können (Misselhorn 2018). Man spricht in diesem Zusammenhang analog zu Künstlicher Intelligenz (*Artificial Intelligence*) auch von Künstlicher Moral (*Artificial Morality*). Während die Künstliche Intelligenz zum Ziel hat, bestimmte kognitive Fähigkeiten zu modellieren oder zu simulieren, geht es der Künstlichen Moral darum, Maschinen mit der Fähigkeit zum moralischen Entscheiden und Handeln auszustatten, also die menschliche Moralfähigkeit zu modellieren oder zu simulieren. Diese Frage gibt der Technikethik eine ganz neue Wendung, die technische Artefakte bislang nicht als eigenständige Akteure aufgefasst hatte.

Diese Wendung erscheint insbesondere angesichts der rasanten Entwicklung der Künstlichen Intelligenz dringend geboten, da künstliche Systeme mit zunehmender Autonomie und Intelligenz mehr und mehr in Situationen geraten, die moralische Entscheidungen erfordern (Misselhorn 2023b). Je komplexer die Anwendungsbereiche autonomer Systeme sind, desto anspruchsvoller werden die moralischen Entscheidungen, die sie treffen müssen, etwa im Kontext der Pflege (Misselhorn 2020a).

Genau wie die Ethik eine Theorie der menschlichen Moral ist, stellt die Maschinenethik eine Theorie der Künstlichen Moral dar. Sie erschöpft sich nicht in einer Bereichsethik, sondern reicht auch in die Metaethik und normative Ethik hinein. So umfasst die Maschinenethik die metaethischen Fragen nach den begrifflichen, ontologischen und erkenntnistheoretischen Aspekten Künstlicher Moral, also beispielsweise, worin moralische Handlungsfähigkeit besteht, ob künstliche Systeme überhaupt moralische Akteure sein können und welcher ontologische und moralische Status künstlichen moralischen Akteuren zukommt. Insofern auch die Verkörperung eines künstlichen Systems von Bedeutung ist, schließt die Maschinenethik an die Roboterethik an. Das gilt etwa bezogen auf die Frage, wie die empathischen Reaktionen aus moralischer Sicht zu bewerten sind, die Menschen gegenüber Robotern an den Tag legen, die menschen- oder tierähnlich gestaltet sind (Misselhorn 2023a).

In die normative Ethik führt die Maschinenethik, wenn es darum geht, welche Moral einem künstlichen moralischen Akteur implementiert werden soll. Zunächst denkt man in diesem Zusammenhang natürlich an die drei klassischen Ethiken, den Utilitarismus, die kantische Ethik und die Tugendethik. Es ist jedoch fraglich, ob es tatsächlich angemessen ist, künstlichen Systemen eine Moral zu implementieren, die für das Zusammenleben von Menschen formuliert wurde, oder ob für Maschinen nicht eine gänzlich andere Form der Moral zu entwickeln wäre.

Dieser Gedanke steht etwa hinter den Asimovschen Gesetzen, die von dem russisch-amerikanischen Wissenschaftler und Science-Fiction-Autor Isaac Asimov (1920–1992) formuliert wurden, der ein Pionier der Maschinenethik ist. Sie lauten in ihrer ursprünglichen Fassung (Asimov 2011, 229):

(1) Ein Roboter darf keinen Menschen verletzen oder durch Untätigkeit zu Schaden kommen lassen.
(2) Ein Roboter muss den Befehlen eines Menschen gehorchen, es sei denn, solche Befehle stehen im Widerspruch zum Ersten Gesetz.
(3) Ein Roboter muss seine eigene Existenz schützen, solange dieser Schutz nicht dem Ersten oder Zweiten Gesetz widerspricht.

Allerdings wies Asimov in seinen fiktionalen Texten bereits früh auf die Schwierigkeiten und Paradoxien hin, die bei der Implementation dieser Gesetze auftreten können. Noch grundlegendere Zweifel betreffen die Frage, ob Maschinen überhaupt moralische Entscheidungen treffen sollten. Umstritten ist dies insbesondere für Entscheidungen über Leben und Tod von Menschen, wie sie etwa autonome Waffensysteme, aber unter Umständen auch autonome Fahrzeuge treffen müssten (Misselhorn 2020b). Bei Entscheidungen, in denen es nicht um Leben und Tod geht, sondern um die Verteilung von Gütern und Chancen, stellt sich die Frage, wie Fairness sowie Transparenz gewährleistet und der Diskriminierung durch künstliche Systeme entgegengewirkt werden kann. Sichergestellt sollte auch sein, wer die Verantwortung für deren Entscheidungen übernimmt (Misselhorn 2021).

Zitierte Literatur

Aristoteles (2001). Die Nikomachische Ethik. Düsseldorf, Artemis & Winkler.
Asimov, Isaac (2011). Alle Robotergeschichten. Köln, Lübbe.
Bentham, Jeremy (1789/1970. Introduction to the Principles of Morals and Legislation. In: Burns, James H./Hart, Herbert L.A. (Hgg.). The Collected Works of Jeremy Bentham. Oxford, OUP.
Kant, Immanuel (1785/2015). Grundlegung zur Metaphysik der Sitten. Mit einem Kommentar von Christoph Horn, Corinna Mieth und Nico Scarano. Frankfurt a.M., Suhrkamp.
Korsgaard, Christine M. (2018). Fellow Creatures. Our Obligations to Other Animals. Oxford, OUP.

McDowell, John (1979). Virtue and Reason. The Monist 62, 331–50.
Mill, John S. (1863/1998). Utilitarism. Oxford, OUP.
Misselhorn, Catrin (2018). Maschinenethik und Philosophie. In: Bendel, Oliver (Hg.). Handbuch Maschinenethik. Wiesbaden, Springer, 33–55.
Misselhorn, Catrin (2020a). Artificial Systems with Moral Capacities? A Research Design and its Implementation in a Geriatric Care System. Artificial Intelligence 278, 103179.
Misselhorn, Catrin (2020b). Lizenz zum Töten für Roboter? »Terror« und das autonome Fahren. In: Schmidt, Bernd (Hg.). Terror. Das Recht braucht eine Bühne. Essays, Hintergründe, Analysen. München, btb, 149–164.
Misselhorn, Catrin (2021). Grundsätze der Maschinenethik. In: Strasser, Anna et al. (Hgg.). Künstliche Intelligenz – Die große Verheißung. Berlin, Xenomoi, 489–502.
Misselhorn, Catrin (2023a). Is Empathy with Robots Morally Relevant? In: Misselhorn, Catrin/Poljansek, Tom/Störzinger, Tobias (Hgg.). Emotional Machines – New Perspectives on Affective Computing and Emotional Human-Machine Interaction. Wiesbaden, Springer, 159–181.
Misselhorn, Catrin (2023b). Ethics by Chat? Die großen Sprachmodelle im Kontext der Maschinenethik. Https://www.praefaktisch.de/post-faktisch/ethics-by-chat-die-grossen-sprachmodelle-im-kontext-der-maschinenethik/ (zuletzt geprüft 2024-03-30).
Rawls, John (1971). A Theory of Justice. Cambridge, Harvard University Press.
Rawls, John (1980). Kantian Constructivism in Moral Theory. Journal of Philosophy 77, 515–572.
Singer, Peter (1979). Practical Ethics. Cambridge, CUP.

Weiterführende Literatur

Henning, Tim (2019). Allgemeine Ethik. Paderborn, Utb.
Misselhorn, Catrin (2018). Grundfragen der Maschinenethik. Stuttgart, Reclam.
Misselhorn, Catrin (2021). Künstliche Intelligenz und Empathie. Vom Leben mit Emotionserkennung, Sexrobotern & Co. Stuttgart, Reclam.

Fiktion

Lisa Åkervall

Digitale Fiktionen entfalten sich in Netzwerken. Bewegte Bilder sind durch ihre Zirkulation als *Remixe* auf Plattformen wie YouTube und Vimeo sowie unzähligen Torrent-Sites und Instagram bestimmt. Plattformen wie Amazon sind nicht nur mit digitalen Filmen und Büchern überfüllt, sondern zunehmend auch mit Romanen, die von KI-Algorithmen unter fiktiven Pseudonymen geschrieben wurden. Längst werden Milliarden von Streaming-Filmen, Songs und Webseiten von Bots konsumiert, die menschliches Verhalten imitieren, um Werbeeinnahmen zu steigern. Würde man all diese Aktivitäten als Teil digitaler Fiktion bezeichnen, müssten auch fiktive Zuschauer:innen und fiktive Autor:innen in die Welt der digitalen Fiktionen einbezogen werden. Und dies schließt noch nicht einmal die Welt des Reality-TV ein, in der die beschleunigte digitale Verbreitung die Nachfrage nach Inhalten antreibt, die Produzent:innen, Redakteur:innen und Stars dazu zwingt, immer mehr Geschichten, Paparazzi-Aufnahmen und fiktive Realitäten zu produzieren (→ Netzwerk).

Diese Veränderungen in Rezeption und Zirkulation haben Effekte auf die Fiktionen audiovisueller Bilder. In der Film- und Medienwissenschaft wurden digitale Fiktionen unter verschiedenen Begriffen diskutiert: Oft ist die Rede von Netzwerk-Ästhetiken (Jagoda 2016), Netzwerk-Filmen (Poulaki 2014), Mind-Game-Filmen (Elsaesser 2021), Puzzle-Filmen (Buckland 2009) oder komplexen Narrativen (Simons 2008), häufig wird vom Postkinematographischen (Shaviro 2010, Denson/Leyda 2016) oder vom vernetzten Selbst gesprochen (Åkervall 2016); andere Termini sind der des transmedialen Erzählens (Jenkins 2006) und der Datenbank-Logik (Manovich 1999). All diese Begriffe fangen Aspekte der Veränderungen im Bereich der Fiktion ein, die sich in digitalen Medienkulturen beobachten lassen. Im Folgenden diskutieren wir den Begriff der Fiktion am Beispiel von digitalen audiovisuellen

Medien und unter Rückgriff auf die aufgeführten Schlüsselbegriffe der Film- und Medienwissenschaft (→ Ästhetik; Medialität; Visualität; Kultur).

Das Postkinematographische und transmediales Erzählen

Was der Medienwissenschaftler Henry Jenkins vor etwa zwei Jahrzehnten über die Bedeutung von YouTube als Ort der Fankultur und des *Remixens* für Blockbuster wie *Star Wars* schrieb (Jenkins 2006), gilt heute gleichermaßen für Cineasten, da YouTube und Vimeo sowie unzählige Torrent-Sites zu Plattformen für Speicherung, Remix und Verbreitung bewegter Bilder geworden sind: Digitale Fiktion, das bedeutet nicht nur andere Formen des Erzählens, sondern bezieht sich auch auf andere Orte, Plattformen, Medien und Formate der Fiktion (Casetti 2012). Der Begriff des *Postkinematographischen* ist hilfreich, um mit dem Digitalen einhergehende Veränderungen besser situieren und nuancierter betrachten zu können. Die Rede vom Postkinematographischen bezieht sich auf Film, Fernsehen und *streaming*-Medien, wie sie in vernetzten Medienkulturen entstanden sind, die ihrerseits an globale und von neoliberalen Imperativen getriebene Wirtschaftsmärkte gebunden sind. Digitale Medien sind wichtig für das Postkinematographische, bestimmen es aber nicht. Das Digitale funktioniert eher wie ein Verstärker oder Katalysator: Es stößt Veränderungen an, doch diese sind auch an andere Faktoren gebunden. So lässt sich das Postkinematographische nicht auf ein Format, ein Medium oder eine Technologie beschränken, sondern zieht auch das Verhältnis zu seiner sozialen Einbettung, seinen Konfigurationen und kulturellen Praktiken in Betracht und betont sowohl Differenzen als auch Kontinuitäten zu bisherigen Modi der Fiktion. Bei postkinematographischen Fiktionen können wir an ganz unterschiedliche Beispiele wie Filme, Fernsehserien, Musikvideos oder Computerspiele denken (→ Computerspiele).

Ein Beispiel des Postkinematographischen ist das *reaction video*, das die barbadische Pop-Sängerin Rihanna am 20. März 2017 auf Instagram streamte. In diesem Video filmte sich Rihanna dabei, wie sie eine komplette Folge der Fernsehserie *Bates Motel* ansah, ein *remake* von Alfred Hitchcocks berühmtem Thriller *Psycho* (1960), in dem sie selbst Marion Crane spielt, die in *Psycho* von Janet Leigh verkörpert wurde. Das seit circa 2006 etablierte audiovisuelle Format des *reaction video* integriert den Akt der Rezeption in seine Protokolle. Es handelt sich um ein in der Regel kurzes Video, in dem die affektiven Reaktionen von Zuschauer:innen auf Filme, Fernsehserien oder andere audiovisuelle

Formate aufgenommen und auf Video-Streaming-Plattformen wie YouTube oder in sozialen Medien mit Foto- oder Videosharing-Schwerpunkt wie Instagram oder TikTok gepostet werden. Die Reaktionen sind dabei alles andere als beliebig, sondern Teil der strukturierten Protokolle sozialer Medien. Kommentare und Direktnachrichten, *likes*, *loves* und andere standardisierte ästhetische Urteile werden uns in der Form von Emoticons nahegelegt. Rihannas *reaction video* handelt von sich verändernden Rezeptionsräumen, -medien, -formaten und -fiktionen bewegter Bilder im 21. Jahrhundert: Rihanna filmt sich im Schuss-Gegenschuss-Verfahren in ihrem eigenen Wohnzimmer, wie sie sich auf ihrem Fernseher *Bates Motel* gemeinsam mit Freunden ansieht. Darüber hinaus gibt Rihanna ihrem *reaction video* einen zusätzlichen *twist*. Da sie ihr 45-minütiges Video *live* auf Instagram streamte, konnten Rihannas *follower* ihr nicht nur dabei zusehen, wie sie sich selbst zuschaute. Zeitgleich mit Rihannas Reaktionen konnten sie die Reaktionen aller *follower* in Form von *likes*, *smilies* und anderen Emoticons auf die Reaktionen der Sängerin sowie deren Reaktionen auf die Reaktionen ihrer *follower* beobachten. Dies macht Rihannas *reaction video* zu einer Art *reaction video*-en-abyme, in dem die Reaktionen auf das *reaction video* selbst Teil des *reaction videos* sind.

Ein weiterer Modus digitaler Fiktion ist der des transmedialen Erzählens. Als transmedial bezeichnen wir eine Erzählung, die sich über verschiedene Plattformen erstreckt, verschiedene Medien und Formate miteinbezieht und bisweilen auch die Autorenschaft des Gezeigten in Frage stellt. Hannah McPhersons Horrorthriller *Sickhouse* ist eine transmediale Erzählung, die die Grenzen zwischen Fakt und Fiktion austestet. *Sickhouse* wurde von *Indigenous Media* produziert und 2016 auf der *social media-*, Video- und Foto-Sharing-App Snapchat veröffentlicht. *Sickhouse* aktualisiert die Techniken des *found-footage*-Horrorfilms *The Blair Witch Project* (1999) für die medialen Bedingungen sozialer Medien. *Sickhouse* wurde mit iPhones gedreht und zielt explizit auf die Rezeption auf Smartphones und über *social media*-Apps ab. Der Film folgt Andrea Russett, die ihre Cousine Taylor vom Flughafen LAX abholt und ihr ihren Snapchat-Account überlässt, während sie mit Freunden ein Camping-Wochenende in den Wäldern von Südkalifornien planen. Alle Clips richten sich direkt an das Publikum und werden *live* auf Russett's Snapchat-Account gepostet. Wie sein Vorläufer, dessen Prämissen er detailgenau adaptiert, folgt *Sickhouse* einer Gruppe von Teenagern, die sich auf die Suche nach einer heimgesuchten Hütte im Wald machen.

In *Sickhouse* weicht die Absorption von Teenagern, die einen Low-Budget-Film der 1990er Jahre drehen, der allgegenwärtigen Hyperabsorption von Reality-TV und App-basierten algorithmischen Filtern, die zeitgenössische Medienkultur im Zeitalter von Selfies, Snapchat und TikTok mit eben dieser Ästhetik des Low-Budget-Horrors sättigen. In seiner ersten Version wurde *Sickhouse* zwischen dem 29. April und dem 3. Mai 2016 als eine Reihe von 10 Sekunden langen *snaps* auf dem Snapchat-Account von Andrea Russett hochgeladen. Da Snapchat üblicherweise dazu verwendet wird, Fotos und Videos aus dem täglichen Leben mit Freunden zu teilen, dauerte es eine Weile, bis die *follower* merkten, dass sie keinem Echtzeit-Ereignis beigewohnt, sondern einen Film gesehen hatten. Während Russetts mehr als 500.000 *follower* jedes Mal, wenn ein *snap* hochgeladen wurde, Updates erhielten, waren sie nicht ausdrücklich darüber informiert, dass es sich bei den erhaltenen Clips um Ausschnitte eines Films handelte. Sie sahen einen 10-Sekunden-Schnipsel des Films nach dem anderen und waren im Unklaren über Faktizität beziehungsweise Fiktionalität der Bilder. Das Material war 24 Stunden lang live und verschwand dann. Die Posts von Russett wurden in den ersten fünf Tagen über 100 Millionen Mal auf Snapchat angesehen. Das 10-Sekunden-Format führte Pausen und Schnitte ein, baute Spannung auf, berücksichtigte die kürzeren Aufmerksamkeitsspannen, die mit mobilen Medienplattformen verbunden sind, und erforschte diese als Möglichkeiten für die Entfaltung einer Erzählung. Russetts *follower* wussten nicht, dass sie als Schauspielerin in einem Film mitspielte, und hielten die Clips für die Realität, anstatt sie als transmediales ästhetisches Experiment zu erkennen. Einige *follower* begannen, Russett über ihre Twitter- und Instagram-Accounts zu kontaktieren, um herauszufinden, ob die auf Snapchat gezeigten Ereignisse tatsächlich stattfanden und ob Russett und ihre Freunde zu Schaden gekommen waren oder nicht.

Digitale Bilder und Mind-Game Filme

Diese Ambiguität führt direkt zur Frage nach dem Realitätswert des digitalen Bildes (→ Bilder). Seit ihrer Verbreitung in den 1990er Jahren wurde die Faktizität und die Beweiskraft digitaler Bilder in Frage gestellt. Vorfälle wie die Polizeigewalt gegen Rodney King in Los Angeles und die Ausstrahlung der Videoaufnahmen des Vorfalls im nationalen Fernsehen lösten Debatten aus, welche Beweiskraft Amateurvideos zuzuschreiben ist und wie Faktoren wie Rasse und Klasse die Interpretation nicht offiziell produzierter Bilder beeinflussen. Die Debatten über die Faktizität des Videos verstrickten sich umgehend mit allgemeineren Debatten über die Faktizität digitaler Bilder. *The Blair Witch Pro-*

ject trug zu diesen Debatten bei, indem es Amateur-Videomaterial adaptierte, um eine neue Art von Horrorgeschichte zu erzählen, bei der die Spannung aus der Ungewissheit des Materials und seiner transmedialen Produktion resultierte. Die Technik des Films war zu seiner Zeit ungewöhnlich und spielte mit dem unklaren Realitätsstatus des gezeigten Materials: War es ein Dokumentarfilm? Oder eine gefälschte Dokumentation? Während bereits *The Blair Witch Project* als transmediales Projekt angelegt war, hob *Sickhouse* die transmediale Fiktion auf die nächste Stufe, indem es von Snapchat über Instagram bis Twitter zirkulierte. Der Film wählte explizit virale Medien als Ausgangspunkt für die Verbreitung (über Russetts Snapchat-Account), hatte aber keine Kontrolle über das weitere *liken* und teilen, das anschließend über verschiedene Twitter- und Instagram-Accounts stattfand. *Sickhouse* ist somit nicht nur eine transmediale Fiktion, sondern auch eine Art Trans-Autoren-Fiktion, da sich mit der Verbreitung nicht nur die Inhalte, sondern auch die Autorenschaft verändert.

Mind-Game-Filme sind ein besonderer Fall digitaler Fiktion. Der Filmwissenschaftler Thomas Elsaesser beschreibt Mind-Game-Filme als Filme, die Spiele mit ihren Zuschauer:innen spielen, indem sie sich einer Logik des unzuverlässigen Erzählens verschreiben (Elsaesser 2009). An anderer Stelle werden sie auch als Puzzle-Filme (Buckland 2009) und komplexe Narrative (Simons 2008; Mittell 2015) bezeichnet. Diese Filme, die vermehrt seit den späten 1990er Jahren anzutreffen sind und die seit Mitte der 2000er Jahre in den filmischen Mainstream Eingang gefunden haben, brechen den Vertrag zwischen Zuschauer:innen und Film: dass der Film seine Zuschauer:innen nicht anlügt. Anders als im klassischen Hollywood-Kino sind die Zuschauer:innen im Mind-Game-Film nicht über alle Aspekte des Narrativs informiert. Sie sind mit unzuverlässigen Erzählungen, zerbrochenen Chronologien, unvorhersehbaren Wendungen und pathologischen Protagonist:innen konfrontiert – sei es im Bereich der Schizophrenie (*A Beautiful Mind* 2001; *Donnie Darko* 2001), der Paranoia oder der Amnesie (*Memento* 2000; *Mulholland Drive* 2001); die Zuschauer:innen erfahren davon oft erst am Ende des Films.

Ein typisches Beispiel des Mind-Game-Films ist *Memento* von Christopher Nolan. Der Film erzählt die Geschichte von Leonard Shelby, der am Verlust seines Kurzzeitgedächtnisses leidet und den Mörder seiner Frau sucht. *Memento* spielt mit Fragen der Zeitorganisation: Der Film hat einen Handlungsstrang in Schwarzweiß, der vorwärts, und einen Teil in Farbe, der rückwärts abläuft. So ähnelt er seine narrative Logik dem pathologischen Erinnerungsverlust seines Protagonisten an. Dieser wiederum versucht seinem Erinnerungsverlust mit Tattoos und Polaroidfotos, auf denen wichtige Ereignisse und Informationen festgehalten werden, entgegenzuwirken. *Memento* folgt einer Datenbank-Logik (Manovich 1999), in der diese Erinnerungsstücke so angeordnet sind, als wären sie Teil einer Sammlung. Die Zuschauer:innen müssen die Handlungsstränge verbinden und die Anordnung (Casetti 2015) von Tattoos und Fotos richtig zusammensetzen, um das Narrativ des Films zu verstehen – dies geschieht jedoch erst gegen Ende des Films. So wird der Film zu einem Spiel mit seinen Zuschauer:innen – einem »Mind-Game«.

Netzwerk-Ästhetiken und *franchise*

Netzwerk-Ästhetiken sind nicht essentiell an das Digitale gebunden, werden durch soziale und *streaming*-Medien aber begünstigt. Netzwerk-Ästhetiken sind von einem Zuwachs an Komplexität sowie einer Multiplikation von Charakteren und Erzählsträngen gekennzeichnet. Die Komplexitätssteigerung digitaler Fiktionen wurde insbesondere in Bezug auf das US-amerikanische Fernsehen ausführlich diskutiert (Simons 2008; Mittell 2015). Man denke etwa an Fernsehserien wie *The Wire* (2002–2008) oder *Breaking Bad* (2008–2013) und seine Spin-offs *Better Call Saul* (2015–2022) und *El Camino: A Breaking Bad Movie* (2019), sowie die immer weiter ausufernden Spin-offs von *Star Wars* wie *The Mandalorian* (2019–) oder *The Clone Wars* (2008–2020). Diese Filme und Serien sind durch vernetzte Narrative strukturiert, wodurch sie Folge für Folge, Spin-off für Spin-off an Komplexität gewinnen. Filmisch vernetzte Ästhetiken werden als Netzwerk-Filme diskutiert (Poulaki 2014). Netzwerk-Filme zeichnen sich durch scheinbar kontingente und chaotische Narrative aus, welche die Logik von Ursache-Wirkung hinter sich lassen. Anstelle eines zielorientierten Narrativs strukturieren zunehmend Zufalls-Ereignisse die Handlung.

Ein typischer Netzwerk-Film ist die Science-Fiction Komödie *Everything Everywhere All at Once* (2022). Im Zentrum steht eine besondere Multiplikation der Charaktere, die alle in mehreren Versionen ihrer Selbst existieren. Während eines Besuchs bei der Steuerbehörde kommt es zu einem interdimensionalen Bruch, der die Originalversion von Evelyn Wang, einer überforderten Besitzerin eines Waschsalons, zur Heldin eines vernetzten Abenteuers macht, bei dem sie ihre Superkräfte aktivieren muss, um ihre Familie, sich selbst und letztlich die ganze Welt zu retten. In den Worten der Angestellten der Steuerbehörde »*Now, YOU may only see a pile of receipts, but I see a story*« entfaltet sich die unwahrscheinliche Vernetzung der Ereignisse in der Steuerbehörde mit denen einer Reihe anderer möglicher Welten, anderer Versionen von Evelyn und damit anderer möglicher Leben. Das Setup des Films ist typisch für das Genre des Netzwerk-Films. Das Multiversum und die verschiedenen Zeitstränge, durch die sich Evelyn kämpfen muss, intensivieren jedoch diese Vernetzung, und die visuellen *special effects* treiben die Netzwerk-Ästhetik auf die Spitze und machen Everything Everywhere All at Once zu einem Meta-Netzwerk-Film.

Digitale Fiktionen hängen eng mit einer Form der Subjektivität zusammen, die wir als *vernetztes Selbst – networked self* bezeichnen können (Åkervall 2016). Das vernetzte Selbst ist in ein Netzwerk mehrerer Versionen des Selbst zersplittert und zwischen verschiedenen Bildschirmen und mobilen Geräten, privaten und beruflichen Rollen gefangen. Das vernetzte Selbst steht derjenigen Form der Subjektivität gegenüber, welche die Literaturwissenschaftlerin Catherine Gallagher in ihrer einflussreichen Analyse mit dem Begriff der Fiktion des Romans in Verbindung setzt: moderner Subjektivität, der Innerlichkeit, der Identität, des zentrierten Selbst (Gallagher 2006). Das vernetzte Selbst untergräbt und verflüssigt die Grenzen des zentrierten Selbst, während es gleichzeitig die Darstellung eines intensivierten, extravaganten und narzisstischen Selbst kultiviert. Formate wie das *Reality-TV* fördern die Artikulation dieses vernetzten und plattformübergreifenden Selbst, aber wir können es auch in *social media*-Kanälen beobachten, in denen das Selbst, je nach Kontext und Plattform verschiedene Versionen annimmt. Das Video *Center Jenny* (2013), das Teil der Videoinstallation *Priority Innfield* (2014) von Ryan Trecartin und Lizzy Fitch ist, ist eine Parade des vernetzten Selbst. Das Video hat keinen eindeutigen Handlungsstrang; im Mittelpunkt steht vielmehr eine Reihe von Charakteren, die alle Jenny heißen und sich nur geringfügig voneinander unterscheiden, jede mit ihrem eigenen medienreflexiven Einschlag, als wäre eine neue Version des Selbst in die Produktion von einer Iteration zur nächsten eingeschrieben: *Basic Jenny, Stunt Stylist Jenny, Audition Jenny*, die *Riot Girls Jennies, Stunt Stage Jenny*, die *Sorority Jennies* und die *Blair Witch Bullshit Jennies*. Ihre Gesten und Affekte sind klischeehaft; sie wirken wie eine Verschmelzung der übertriebenen Stile der Selbstdarstellung und der vorgetäuschten Skandale von Reality TV-Shows wie *Keeping up with the Kardashians* (2007–2021), *Big Brother* (2000–) oder *RuPaul's Drag Race* (2009–).

Auch dem *franchise* kommt in digitalen Fiktionen eine zentrale Rolle zu. *Franchise* sind transmediale Konstellationen, denen eine fiktionale Welt gemeinsam ist. Man denke etwa an das *Star Wars franchise*, welches in Form von Filmen, Büchern, Comics, Fernsehserien, Spielfiguren und Videospielen sowie unzähligen Fan-Adaptionen existiert (Jenkins 2006). Auch Marvel-

und DC-Comicbücher und sogar Kinderspielzeug wie Lego erschaffen heute multimediale *franchise*, über die sie Hollywood mit anderen Plattformen verbinden. Das *franchise* hat in digitalen Fiktionen aus zwei Gründen eine zentrale Stellung, die beide mit der Schwierigkeit zusammenhängen, globale multimediale Märkte digitaler Kommunikation zu navigieren. Zum einen wird die Logik des *franchise* von der Priorität intellektuellen Eigentums angekurbelt, zum anderen vom Versuch, wiedererkennbare Produkte für einen überfüllten globalen Markt zu entwerfen, der Film, Fernsehen, Computerspiele und Spin-off-Produkte wie Frühstückscerealien und Themenparks umfasst (→ Kapitalismus).

Das *franchise* beruht auf einem kanonischen Ensemble von Regeln und erlaubt Studios, Kontrolle über verstreute Produkte auszuüben und zugleich an einem generativen Set von Regeln festzuhalten, um eine endlose Reihe neuer Produkte zu erzeugen. Rihannas bereits diskutiertes *reaction video* zu *Bates Motel* ist in dieser Hinsicht exemplarisch: *Die Serie* ist ein televisuelles *remake* von Hitchcocks *Psycho* (1960), zehrt vom Nachleben des filmischen Klassikers und gliedert sich perfekt in das *Psycho-franchise*-Universum ein. Das Medien-*franchise* von *Psycho* umfasst die *remakes* beziehungsweise Fortsetzungen *Psycho II* (1983), *Psycho III* (1986), *Psycho IV – The Beginning* (1990), Gus Van Sants einstellungsgenaues Remake *Psycho* (1998) und sogar das Set von Hitchcocks *Psycho* im Themenpark der *Universal Studios Florida*. Rihannas Live-Instagram-Version von *Bates Motel* als *reaction video* gliedert sich in diese Logik des *franchise* ein, indem es sich als Teil davon behauptet, quasi als *Psycho-* Wiederbelebung für Streaming-Fernsehen und soziale Medien. Wir sind hier mit so vielen Fiktionen konfrontiert, dass die »Fiktion« im klassischen Sinne von ihren digitalen Kopien verschluckt zu werden droht.

Zitierte Literatur

Åkervall, Lisa (2016). Networked Selves. Ryan Trecartin and Lizzie Fitch's Postcinematic Aesthetics. Screen 57, 35–51.
Buckland, Warren (2009). Puzzle Films. Complex Storytelling in Contemporary Cinema. Malden Mass., Wiley.
Casetti, Francesco (2012). The Relocation of Cinema. NECSUS 1, 5–34.
Casetti, Francesco (2015). The Lumière Galaxy. Seven Keywords for the Cinema to Come. New York, Columbia University Press, 67–98.

Denson, Shane/Leyda, Julia (2016) (Hgg.). Post-Cinema. Theorizing 21-Century Film. Falmer, Reframe Books.

Elsaesser, Thomas (2009). The Mind-Game Film. In: Buckland, Warren (Hg.). Puzzle Films. Complex Storytelling in Contemporary Cinema. Malden Mass., Wiley, 13–41.

Elsaesser, Thomas (2021). The Mind-Game Film. London, Routledge.

Gallagher, Catherine (2006). The Rise of Fictionality. In: Moretti, Franco (Hg.). The Novel. History, Geography and Culture 1. Princeton/Oxford, Princeton University Press, 336–363.

Jagoda, Patrick (2016). Network Aesthetics. Chicago/London, University of Chicago Press.

Jenkins, Henry (2006). Convergence Culture. New York, New York University Press.

Manovich, Lev (1999). Database as Symbolic Form. Convergence 5, 80–99.

Mittell, Jason (2015). Complex TV. The Poetics of Contemporary TV Storytelling. New York, New York University Press.

Poulaki, Maria (2014). Network Film and Complex Causality. Screen 55, 379–395.

Shaviro, Steven (2010). Post-Cinematic Affect. Winchester, Zero Books.

Simons, Jan (2008). Complex Narratives. New Review of Film and Television Studies 6, 111–126.

Weiterführende Literatur

Denson, Shane (2020). Discorrelated Images. Durham/London, Duke University Press.

Gabriel, Markus (2020). Fiktionen. Berlin, Suhrkamp.

Thon, Jan-Noël (2016). Transmedial Narratology and Contemporary Media Cultures. Lincoln/London, University of Nebraska Press.

Geist

Jörg Volbers

Ein wesentliches Kennzeichen der Digitalität ist die fortgeschrittene Automatisierung geistiger Prozesse. Hinter der Digitalität als Merkmal einer Kultur, einer Gesellschaft, ja vielleicht sogar einer Epoche steht die historische Entdeckung, dass kognitive Prozesse in Teilen durchaus von Maschinen erledigt werden können. Inzwischen übernehmen Algorithmen Aufgaben, die vor gar nicht langer Zeit exklusiv dem Menschen vorbehalten zu sein schienen, wie das automatisierte Sortieren umfangreicher Daten nach logischen oder semantischen Kriterien. Die spezifische kognitive Dimension dieser Automatisierung verleiht den Algorithmen eine solche Macht, dass sie als eine tragende Säule der »Kultur der Digitalität« gelten (Stalder 2019, 202–203; → Kultur).

Historisch lassen sich zwei Stufen der Automatisierung des Geistes unterscheiden. Zum einen ist die Fähigkeit fundamental, allgemeine Schlussformen des Denkens technisch zu realisieren. Logische Operatoren, von deren Automatisierung Leibniz noch träumte (vgl. Davis 2000, 3–20), lassen sich heute in fast beliebig komplexer Form verschalten und programmieren. Mit dem maschinellen Lernen löst sich diese Technologie aus dem starren Korsett rein formaler Verknüpfungen; Maschinen können nun auch induktive Schlüsse ziehen und statistische Muster erkennen. Sie zeigen Ansätze eines ›ästhetischen‹ Urteilens, das sich an exemplarischen Daten orientiert und nicht mehr streng deduktiv-nomologisch verfährt (Schubbach 2021; Schmidt 2022; → Ästhetik; Maschinelles Lernen).

Zum anderen werden unter den Bedingungen der Digitalität neben den Operatoren des Geistes auch seine Inhalte zunehmend automatisiert verarbeitet. An diesem Punkt geht Digitalität deutlich über das technische Niveau der klassischen Moderne hinaus, die auch schon die Massenverarbeitung von Büchern, Drucken und anderen Medien kannte (Benjamin 1963). Damals waren noch Menschen erforderlich, um diese Medien zu erstellen oder zu beurteilen. Doch sobald geistige Werke in digitaler Form vorliegen, können sie auch *als*

Inhalte, also unter expliziter Berücksichtigung ihrer Sinndimension, vollautomatisiert verarbeitet werden. Sie lassen sich kontrollieren, erfassen, verändern oder mit anderen Inhalten und Daten verknüpfen. Daher werden Kommunikationsnetze heute inhaltlich überwacht, während die Zensoren schlafen (→ Überwachung). Der derzeitige Höhepunkt dieser Automatisierung von Inhalten ist die generative Künstliche Intelligenz, bekannt etwa durch ChatGPT oder Midjourney. Sie erschließt in ihrer Lernphase Sinnzusammenhänge und übergreifende Muster von Bildern, Musik, Videos oder Texten, um dann auf dieser Grundlage eigene Inhalte zu erstellen (→ Künstliche Intelligenz).

Die philosophische Frage ist freilich, wie es überhaupt möglich ist, dass Maschinen geistige Leistungen übernehmen. Im Folgenden möchte ich dafür plädieren, dieses Phänomen praxistheoretisch zu betrachten. Der Geist ist potenziell berechenbar, weil sich Sinn und Bedeutung in praktischen »Sprachspielen« etablieren, die immer auch eingebettet sind in übergreifende Lebensformen (Wittgenstein 1971, §23). Diese Annahme öffnet den Blick dafür, dass die Automatisierbarkeit des Geistes keine rein technische Entdeckung ist. Nicht nur neue Geräte oder mathematische Innovationen führten in die Digitalität, sondern auch die soziale Normierung von Bedeutungen und Handlungsweisen (Daston 2022). Hinter der scheinbar mühelosen geistigen Arbeit der Automaten steht die konkrete, umfassende und vor allem unverzichtbare praktische Arbeit der Menschen. Sie bringt die Automatisierung überhaupt erst in Gang und hält sie am Laufen.

Der technomorphe Geist

Eine Gegenposition zur hier vertretenen These begreift den kognitiven Geist als ein Werkzeug zur Problemlösung, das von Praxis und Geschichte prinzipiell unabhängig ist. Als Leitbegriff dient ihr die *Intelligenz*, verstanden als objektives Maß der Fähigkeit, Probleme effektiv und selbständig zu lösen (Mainzer 2019, 19). Nicht zuletzt durch die geschickte Vermarktung digitaler Technologien als »Künstliche« Intelligenz« (KI) gilt die Automatisierung kognitiver Lösungsverfahren hier als ein Indiz dafür, dass anscheinend die *menschliche* Intelligenz nachgeahmt oder gar simuliert werde. Trotz der Tatsache, dass z.B. auch Tiere Intelligenz aufweisen (Tomasello/Herrmann 2010), wird auf diese Weise ein äußerst anspruchsvoller Begriff dieser Intelligenz angesetzt. Historisch stellt sich diese Debatte in Kontinuität (und in Konkurrenz) zu klassischen Positionen, die am Menschen primär die Vernunft hervorheben (*nous, intellectus*, Verstand).

In dieser Perspektive zwingt das Faktum der Automatisierung des Geistes zu einer anthropologischen Neubesinnung. Das kann schon dazu führen, Digitalität als eine »Kränkung« zu empfinden, die den Menschen intellektuell entthront und an seine ethisch-existenziellen Wurzeln zurückführt (Zissler 2020). Oder es wird prognostiziert, dass Menschen sich bald der sterblichen körperlichen Hülle entledigen, weil dann auch *ihr* Geist automatisiert in digitalen Netzwerken zirkuliert (Kurzweil 2006). Viel Aufmerksamkeit erhält schließlich die Warnung vor einer angeblich kommenden Unterwerfung des Menschen durch die geistigen Maschinen, die ihm als »Superintelligenz« zwangsläufig überlegen seien (Bostrom 2014). All diese Überlegungen folgen etablierten Narrativen, die schon lange vor der Realität des Digitalen das Nachdenken über das Verhältnis von Mensch und Maschinen strukturieren (Kang 2011; Cave/Dihal 2019).

Als Reflexion über die Fortschritte der Technik nimmt dieser anthropologische Ansatz eine »technomorphe« (Hubig 2006, 78) Sicht auf das Phänomen an. Das Leben wird als eine »technische Herausforderung« (Hubig 2007, 30) verstanden, als eine Reihung von Problemen, deren Bewältigung den Einsatz der richtigen Mittel erfordert. Der kognitive Geist (*mind*) ist in dieser technikförmigen Sicht daher die Instanz, die mit ihrer spezifischen Wahl der Mittel maßgeblich zum Erfolg oder Misserfolg des Lebens beiträgt. Selbst die Kritik der technischen Intelligenz in Form einer anthropologischen Rückbesinnung auf »den« Menschen teilt noch diese Sicht: Sie fordert dazu auf, die technische Option nicht wahrzunehmen und sich vielmehr auf das zu besinnen, was scheinbar unmittelbar gegeben ist – zum Beispiel auf menschliche Werte oder natürliche Fähigkeiten (vgl. kritisch dazu Hubig 2015).

Ob die Technik nun begrüßt oder abgelehnt wird, in beiden Fällen steht das planende Subjekt im Zentrum aller Aktivitäten. Das ist der Kern der technomorphen Sicht: Mittel und Werkzeuge erscheinen nur als Instrumente dieses planenden Geistes und somit als grundsätzlich unselbständig. Selbst die Sorge vor einem Verlust der Souveränität geht noch davon aus, dass die KI als »Superintelligenz« die Zwecke nur in ihrem Sinne neu bestimmt. Ob menschlich oder nicht, Einigkeit besteht darin, dass allein die Intelligenz souverän die Zwecke und Ziele setzt, nach denen zu handeln ist. Hinter der technomorphen Auffassung des Geistes steht somit das klassisch moderne Bild der Vernunft als einem autonomen Prinzip (Volbers 2018, 17–55; → Technizität).

Diese unterstellte Souveränität steht zur Automatisierung jedoch im Widerspruch. Automatisierung geistiger Prozesse bedeutet ja gerade, dem technischen Prozess eine *Selbständigkeit* einzuräumen, die das Denken überraschen kann. So kann eine schriftlich durchgeführte Division zeigen, dass das zuvor im Kopf berechnete Ergebnis nicht stimmte – wir wurden von einem »Automaten« belehrt. Vielleicht ist der mit dieser Selbständigkeit drohende Kontrollverlust ein Grund dafür, dass die Automatisierung des Geistes oft zugespitzt als Gefahr oder als Verheißung wahrgenommen wird – je nachdem, ob daran geglaubt wird, dass letztlich noch »der Mensch« die Kontrolle bewahrt.

Ein Beispiel für die technomorphe Verteidigung der planenden Souveränität ist die von Thomas Fuchs treffend betitelte »Verteidigung des Menschen« (Fuchs 2020). Fuchs erklärt die technischen Leistungen des Computers zu einer bloßen Ausweitung »unserer Fähigkeit [...] mit den Fingern abzuzählen« (Fuchs 2020, 61). Technik wird hier in Reinform als ein bloßes Mittel gefasst: Sie steht im Dienste einer menschlichen Fähigkeit, die prinzipiell auch ohne künstliche Hilfe ausgeübt werden kann. Weiter heißt es, die Rechenfähigkeit werde durch Abstraktion und Formalisierung auf technische Geräte übertragen – mithin also durch Verfahren, die den Inhalt unberührt lassen und ihn nur anders zugänglich machen. Der Geist bewahrt also in jedem Fall seine Souveränität und *verleiht* sie nur der Technik. Die Automatisierung des Geistes ist in diesem Paradigma kein Phänomen eigener Art.

Turings Maschine ist eine Praxis

Eine realistische Sicht auf die Technik, und damit auch auf die Automatisierung des Geistes, muss anerkennen, dass Technik mehr ist als ein bloßes Mittel. Christoph Hubig spricht von der Technik als »Medium« und »System der Möglichkeiten« (Hubig 2006, 143–191), Ernst Cassirer bezeichnet sie als »formbildende Kraft« (Cassirer 1985, 90), und Hans Joas spricht im Anschluss an Dewey von der »Reziprozität von Zielen und Mitteln« (Joas 1992, 227). All diese Formulierungen drücken aus, dass technische Mittel keine passiven Werkzeuge sind, sondern den Geist auch formen, der sie gebraucht (→ Anthropologie). In dieser Sicht ist die Automatisierung des Geistes überhaupt nur möglich, weil der Geist immer schon angewiesen ist auf externe Werkzeuge, auf Notationssysteme, Routinen und Konventionen (Krämer 2022; vgl. auch Gallagher 2023). Die technomorphe Sicht wird umgekehrt: Der Geist gewinnt gerade dadurch an Form und Bestimmtheit, dass er auf die unterstellte Souveränität *verzichtet* und sich der Situation und den technischen Mitteln partiell überlässt, anstatt sie fortwährend unter seiner Kontrolle zu halten.

Diese Umkehr wird deutlich, wenn wir uns das Funktionsprinzip der Turingmaschine anschauen, der formalen Blaupause für die heutigen digitalen Technologien. Entworfen wird sie in einem Aufsatz (Turing 2004, 58–91), der die Frage klären will, was es eigentlich heißt, eine bestimmte Funktion als »berechenbar« zu qualifizieren. Turings Leistung besteht unter anderem darin, diesen vagen Begriff mathematisch zu präzisieren (Schulz 2022, 164–172). Er erklärt Berechenbarkeit mit Hilfe des Modells einer Maschine, die über einen unbegrenzten Speicher (ein Papierstreifen) und einen endlichen Satz an Instruktionen verfügt. Mit jedem weiteren Schritt in der Berechnung wird der Papierstreifen bewegt oder um neue Einträge ergänzt. Die Instruktionen geben an, was dann jeweils in Abhängigkeit vom aktuellen Zustand des Streifens zu tun ist (für eine gute Einführung vgl. Davis 2000, 146–167). Eine Funktion ist demnach genau dann berechenbar, wenn dieses Verfahren zu einem definierten Ende kommt.

Die Pointe dieser Konstruktion ist, dass der je nächste Schritt im Rechenverfahren allein durch den aktuellen Papierstreifen und die Instruktionen vollständig determiniert ist (Turing 2004, 79). Daher ist es für den Betreiber einer solchen Maschine, so Turing, »always possible [...] to break off from his work, to go away and forget all about it, and later to come back and go on with it« (Turing 2004, 79). Turing zeichnet hier nicht das Ideal des souveränen Menschen, der seine Welt verstehend durchdringt und nach selbst gesetzten Zwecken handelt. Vielmehr zeichnet es die von ihm entworfene Maschine aus, dass ihr Betreiber keine anspruchsvollen mentalen Fähigkeiten mehr investieren muss. Er *überlässt* sich der Maschine und ihren Instruktionen.

Wie also muss der Geist beschaffen sein, damit er automatisierbar ist? Er muss bereit sein, sich der umfassenderen Praxis zu überlassen. In ihr allein greifen die einzelnen Handlungen ineinander und werden verständlich *als* dieser oder jener Schritt. Nicht ein innerer Akt des Meinens legt fest, was die jeweilige Instruktion bedeutet, sondern das Programm, das diese Abläufe miteinander koordiniert. Turings Maschine ist somit eine Variante des semantischen Holismus, wonach die Bedeutung der Teile bestimmt wird durch das Ganze (Bertram et al. 2008). Doch dieses Ganze lässt sich trotz der formalen Darstellung bei Turing nicht von der Praxis ablösen, in der es durchgeführt wird. Turing selbst argumentiert, dass kein formales Verfahren entscheiden kann, ob ein gegebener Algorithmus wirklich ein Ergebnis liefert oder sich bei der Berechnung in einer Endlosschleife verfängt (das sog. »Halteproblem«; vgl. Davis 2000, 159–163; → Algorithmus). Um das in Erfahrung zu bringen, müssen wir das Programm immer noch konkret ausführen – wir müssen also etwas *tun*.

Geist und Lebensform

Mit Ludwig Wittgenstein lässt sich dieser Zusammenhang weiter fassen. In einer Passage, die stark an Turings Modell erinnert, hebt Wittgenstein hervor, dass jede abstrakte Beschreibung der »Bewegungsmöglichkeiten« einer Maschine (etwa auf einer Skizze) übersieht, dass die skizzierten Bewegungen in der Praxis immer wieder misslingen (Wittgenstein 1971, §§193–195). Das lenkt den Blick auf die Fragilität und Fehleranfälligkeit der konkreten Vollzüge: Wir sagen das eine und meinen das andere; wir missverstehen eine Regel oder verfangen uns in Widersprüchen; und auch Maschinenteile können »sich biegen, abbrechen, schmelzen etc.« (Wittgenstein 1971, §193). Daher kann eine solche Maschine, wie auch eine einzelne Praktik, nicht in Isolation betrachtet werden – und das gerade dann nicht, wenn sie stark reglementiert wird und es wichtig ist, streng nach einer Regel zu handeln. Erst die übergreifende Lebensform stellt den Rahmen zur Verfügung, der diese Regeln stabilisiert und dafür sorgt, dass wir Fehler erkennen und korrigieren können.

Die Automatisierung des Geistes hat daher eine soziale Dimension: Formale Regeln und andere, wie Lorraine Daston es nennt, ›dünne‹ Regeln mit hohem Abstraktionsgrad erfordern ein entsprechend hohes Maß an Standardisierung und Vereinheitlichung (Daston 2022, 117–121). Entgegen dem Anschein sind dünne Regeln nicht unabhängig vom Kontext. Vielmehr wird mit viel Aufwand ein Kontext hergestellt, in dem sie greifen können. Die Historikerin Daston zeigt das u.a. am Beispiel der Mathematik. Der wachsende Bedarf an Berechnungen im 18. und 19. Jahrhundert in Europa führte, so Daston, zu einem »*mathematical taylorism*« (Daston 2022, 105). Große Rechnungen wurden aufgespalten in kleine, selbständig und unabhängig voneinander lösbare Teilschritte, die sich auf vergleichsweise anspruchslose Weise bearbeiten ließen. Die ›Geistlosigkeit‹ dieser Rechnungen ist also die Folge einer aufwändigen sozialen Arbeitsteilung, die einzelne Schritte standardisiert, um sie auf viele Schultern zu verteilen. Die Automatisierung des Geistes ist somit schon in der kapitalistischen Arbeitsteilung vorgeformt: »It was the division of labor,

not the machines, that made the algorithms mechanical« (Daston 2022, 121; →
Kapitalismus; Sozialität).

Turings Maschine funktioniert, weil es *Menschen* sind, die in dem Modell die Instruktionen ausführen. Die Regelförmigkeit und Verlässlichkeit des menschlichen Handelns – der menschlichen Lebensform – wird dabei vorausgesetzt (Floyd 2018, 81–82). Das heißt nicht, dass Menschen selbst wie Automaten handeln. Die menschliche Praxis ist offen; wir können für jeden Zug in einem Sprachspiel neue Anschlüsse finden und dadurch das Spiel verändern, ja ganz neue Spiele ansetzen (Volbers 2019). Doch diese neuen Züge müssen Teil einer gemeinsam geteilten Praxis werden, um sich als feste Bedeutungen zu etablieren. Es muss möglich werden, sie zu lernen und zu lehren, sie zu notieren und zu reflektieren. Erst diese fortlaufende *Arbeit* an den eigenen Vollzügen stabilisiert die einzelnen Handlungen in unserer Lebensform.

Im Zeichen der Digitalität nimmt diese praktische Arbeit eine ganz besondere Intensität an. Hinter der formalen Reinheit digitaler Prozesse steht eine umfangreiche technische Praxis der Normierung, Standardisierung und Modularisierung (vgl. Busch 2011). Zu dieser unverzichtbaren Arbeit gehört auch der Umgang mit Fehlern der digitalen Technologien. Turing hat gezeigt, dass es keine formale Methode gibt, um die völlige Fehlerfreiheit von Algorithmen festzustellen. Entsprechend ist ein zentraler Bestandteil des *software engineering* die Entwicklung von Prinzipien und Werkzeugen, die Fehler verhindern oder ihren Einfluss mindern sollen (auch eines von Turings Programmen hatte einen Fehler, vgl. Davies 2004). Im Konkreten ist die Automatisierung des Geistes voller Tücken der Details.

Diese Arbeit hinter den Regeln setzt sich fort bei den automatisierten Inhalten. Hinter den Algorithmen der sozialen Netzwerke stehen menschliche *content moderators*, die Fehlentscheidungen der Algorithmen bereinigen (Gillespie 2018). Um die KI mit Daten zu versorgen, müssen diese von Menschen hergestellt, gesammelt, ausgewählt und etikettiert werden; und schließlich braucht es Interaktionen mit Menschen, um die Ausgaben generativer KI zu prüfen und zu korrigieren. So wird die Automatisierung des Geistes getragen durch eine ganze Industrie, die den formalen Prozessen erst ihre Stabilität und Fluidität verleiht (Dzieza 2023). Ohne diese unaufhörliche und für die Nutzer:innen der digitalen Kultur oft unsichtbare Arbeit wäre Digitalität, und damit auch die Automatisierung des Geistes in ihrer avanciertesten Form, nicht möglich.

Zitierte Literatur

Benjamin, Walter (1963). Das Kunstwerk im Zeitalter seiner technischen Reproduzierbarkeit. Frankfurt a.M., Suhrkamp.

Bertram, Georg W. et al. (2008). In der Welt der Sprache. Konsequenzen des semantischen Holismus. Frankfurt a.M., Suhrkamp.

Bostrom, Nick (2014). Superintelligence. Paths, Dangers, Strategies. Oxford, OUP.

Busch, Lawrence (2011). Standards. Recipes for Reality. Cambridge Mass., MIT Press.

Cassirer, Ernst (1985). Form und Technik. In: Ders. Symbol, Technik, Sprache. Aufsätze aus den Jahren 1927–1933. Hamburg, Meiner, 39–91.

Cave, Stephen/Dihal, Kanta (2019). Hopes and Fears for Intelligent Machines in Fiction and Reality. Nature Machine Intelligence 1, 74–78.

Daston, Lorraine (2022). Rules. A Short History of What We Live by. Princeton, Princeton University Press.

Davies, Donald (2004). Corrections to Turing's Universal Computing Machine. In: Copeland, Jack (Hg.). The Essential Turing. Oxford, Clarendon, 104–124.

Davis, Martin (2000). The Universal Computer. The Road from Leibniz to Turing. New York, Norton.

Dzieza, Josh (2023). Inside the AI Factory. The Humans that Make Tech Seem Human. The Verge, June 20. https://www.theverge.com/features/23764584/ai-artificial-intelligence-data-notation-labor-scale-surge-remotasks-openai-chatbots (zuletzt geprüft 2024-03-30).

Floyd, Juliet (2018). Lebensformen. Living Logic. In: Martin, Christian (Hg.). Language, Form(s) of Life, and Logic. Berlin/New York, De Gruyter, 59–92.

Fuchs, Thomas (2020). Verteidigung des Menschen. Grundfragen einer verkörperten Anthropologie. Berlin, Suhrkamp.

Gallagher, Shaun (2023). Embodied and Enactive Approaches to Cognition. Cambridge, CUP.

Gillespie, Tarleton (2018). Custodians of the Internet. Platforms, Content Moderation, and the Hidden Decisions that Shape Social Media. New Haven, Yale University Press.

Hauck-Thum, Uta/Noller, Jörg (2021) (Hgg.). Was ist Digitalität? Philosophische und pädagogische Perspektiven. Berlin u.a., Springer.

Hubig, Christoph (2006). Die Kunst des Möglichen 1. Grundlinien einer dialektischen Philosophie der Technik Bd. 1: Technikphilosophie als Reflexion der Medialität. Bielefeld, transcript.

Hubig, Christoph (2007). Die Kunst des Möglichen 2. Grundlinien einer dialektischen Philosophie der Technik Bd. 2: Ethik der Technik als provisorische Moral. Bielefeld, transcript.

Hubig, Christoph (2015). Mittel. Bielefeld, transcript.

Joas, Hans (1992). Die Kreativität des Handelns. Frankfurt a.M., Suhrkamp.

Kang, Minsoo (2011). Sublime Dreams of Living Machines. Cambridge Mass., Harvard University Press.

Krämer, Sybille (2022). The Artificiality of the Human Mind. A Reflection on Natural and Artificial Intelligence. In: Nagl-Docekal, Herta/Zacharasiewicz, Waldemar (Hgg.). Artificial Intelligence and Human Enhancement. Berlin, De Gruyter, 17–32.

Kurzweil, Ray (2006). The Singularity is Near. When Humans Transcend Biology. New York, Penguin Books.

Mainzer, Klaus (2019). Künstliche Intelligenz – Wann übernehmen die Maschinen? Berlin/Heidelberg, Springer.

Schmidt, Jan C. (2022). Wandel und Kontinuität von Wissenschaft durch KI. Zur aktuellen Veränderung des Wissenschafts- und Technikverständnisses. In: Gethmann, Carl F. (Hg.). Künstliche Intelligenz in der Forschung. Berlin/Heidelberg, Springer, 79–125.

Schubbach, Arno (2021). Judging Machines. Philosophical Aspects of Deep Learning. Synthese 198, 1807–1827.

Schulz, André (2022). Grundlagen der Theoretischen Informatik. Berlin u.a., Springer.

Stalder, Friedrich (2019). Kultur der Digitalität. Berlin, Suhrkamp.

Tomasello, Michael/Herrmann, Esther (2010). Ape and Human Cognition. What's the Difference? Current Directions in Psychological Science 19, 3–8.

Turing, Alan (2004). The Essential Turing. Ed. Jack Copeland. Oxford, Clarendon.

Volbers, Jörg (2018). Die Vernunft der Erfahrung. Eine pragmatistische Kritik der Rationalität. Hamburg, Meiner.

Volbers, Jörg (2019). Die offene Praxis der Sprache. Wittgenstein und Austin. In: Bedorf, Thomas/Gerlek, Selin (Hgg.). Philosophie der Praxis. Tübingen, Mohr Siebeck, 141–179.

Wittgenstein, Ludwig (1971). Philosophische Untersuchungen. Frankfurt a.M., Suhrkamp.

Zissler, Elisabeth (2020). Digitale Kränkung? Künstliche Intelligenz und BlessU-2 als Herausforderung für die conditio humana. Limina 2, 172–191.

Weiterführende Literatur

Daston, Lorraine (2022). Rules. A Short History of What We Live by. Princeton, Princeton University Press.

Davis, Martin (2000). The Universal Computer. The Road from Leibniz to Turing. New York, Norton.

Volbers, Jörg (2021). Der Eigensinn der Mittel. Doing Interpretation mit dem Pragmatismus. In: Mauz, Andreas/Tietz, Christiane/Katzenstein, Johannes C. (Hgg.). Doing Interpretation. Perspektiven praxeologischer Hermeneutik. Paderborn, Schöningh, 173–194.

Geschichte

Rebekka Roschy

Unter Digitalität wird jene (soziale) Struktur verstanden, die im Zuge des Digitalisierungsprozesses entstanden ist und maßgeblich durch digitale Medien und den damit einhergehenden digitalen Möglichkeitsraum geprägt ist (Stalder 2021, 4). Digitalität beschreibt also Interaktionen und Handlungsweisen zwischen gesellschaftlichen Akteuren unter den Bedingungen einer breit etablierten Nutzung digitaler Technologien. Ab welchem Zeitpunkt dieser Zustand erreicht war oder ist, bleibt umstritten. Häufig wird die Jahrtausendwende bzw. die Etablierung des Internets als entscheidende Wegmarke diskutiert. Aus einer historischen Perspektive handelt es sich auf jeden Fall um ein junges Phänomen, das sich innerhalb der gegenwartsnahen Zeitgeschichte verorten lässt (Metzler 2014, 241). Für historische Zugänge zur Digitalität (Schmitt et al. 2016, 36) bieten sich Konzepte der Digitalgeschichte, der Geschichte der Informationsgesellschaft (Danyel/Schuhmann 2015), der Computergeschichte (Gugerli 2018) sowie der Technik- und Wissenschaftsgeschichte an.

Digitalität ist jedoch nicht nur Gegenstand historischer Betrachtung, sondern ebenso Element sich wandelnder geschichtswissenschaftlicher Praxis. Dabei stellt sich einerseits die Frage nach dem Umgang mit digitalen Quellen und Medien, andererseits die der Nutzung digitaler Techniken für neue Zugriffe auf historische Gegenstände, wie sie etwa im Kontext der *Digital History* verhandelt werden (Haber 2011; Döring et al. 2022).

Sozialwissenschaftliche Gegenwartsdiagnosen verweisen häufig auf den revolutionären Wandel, der mit Digitalisierung einhergeht, sowie auf das disruptive Potential, das von digitalen Technologien ausgeht (→ Zukunft). Damit stellt sich die Frage, ob eine gegenwartsnahe Zeitgeschichte in der Lage ist, aus der historisch kurzen Distanz das aktuelle Phänomen der Digitalität und gegenwärtige Problemlagen ausreichend fassen zu können. Eine historische Bestandsaufnahme von Zeiterscheinungen kann dazu beitragen, die »Gewordenheit heutiger [technischer] Kultur« (Heßler 2012, 10) zu erklären und deren Wandel zu analysieren und zu beschreiben. Eine historische Perspektive erweitert und verortet die aktuelle Debatte um Digitalität, indem sie Aspekte wie Entwicklungstendenzen, Brüche und Kontinuitäten ergänzt.

Im Folgenden steht die ideengeschichtliche Entstehung des digitalen Paradigmas im Zentrum, die sinnvoll an den Herleitungen des Begriffs »digital« ansetzen kann.

Automatisierung des Rechnens

Das Adjektiv »digital« leitet sich zunächst vom Lateinischen »digitus« ab, was »Finger« oder »Zeh« bedeutet. Mit dieser Wortherkunft verband sich die Vorstellung, Hilfsmittel zur Unterstützung bei Rechenoperationen einzusetzen. Bei den Fingern handelt es sich gewissermaßen um eine natürliche Rechenhilfe. In verschiedenen Kulturkreisen kamen neben den Händen Geräte wie Abakusse und Rechenbretter als Rechenhilfsmittel zum Einsatz. Im 17. Jahrhundert wurden erste mechanische Rechenmaschinen gebaut, welche – je nach Ausführung – eine oder mehrere der vier Grundrechenarten ausführen konnten. Mechanische Rechenmaschinen sollten den Rechenvorgang beschleunigen und genaue Ergebnisse liefern. Der Astronom und Mathematiker Wilhelm Schickard erwähnte eine von ihm gebaute Rechenmaschine und deren Funktionsweise 1623 in einem Brief an Johannes Kepler. Blaise Pascal arbeitete seit 1642 an einer mechanischen Rechenmaschine, der *Pascaline*, von der er in den nächsten Jahren mehrere Exemplare fertigte und an europäische Fürstenhäuser lieferte. Als Sohn eines Steuerkommissars war sein Anreiz für die Entwicklung der *Pascaline*, Berechnungen mithilfe der Maschine auszuführen und damit von der ermüdenden Arbeit des Rechnens zu entlasten (Igarashi et al. 2014, 87). Auch Leibniz sah es als »unwürdig« an, »Zeit von hervorragenden Leuten mit knechtischen Rechenarbeiten zu verschwenden«, wohingegen beim »Einsatz einer Maschine auch der Einfältigste die Ergebnisse sicher hinschreiben kann« (Stein 2015, 39). Die von ihm konstruierte und 1673 vor der *Royal Society* in London vorgestellten Staffelwalzen-Maschine konnte mit bis zu 16-stelligen Zahlen operieren.

Mit der Zeit erweiterte sich das Aufgaben- und Anwendungsspektrum, das mit Rechenmaschinen abgedeckt wurde. Allerdings waren die Rechenmaschinen aufgrund ihrer Feinmechanik sehr empfindlich und erforderten weiterhin einen intensiven menschlichen Einsatz, insbesondere wenn mehrere Rechenoperationen nacheinander ausgeführt werden sollten.

Als im Zuge der Französischen Revolution ein metrisches Einheitssystem eingeführt wurde, machte dies die Erstellung von trigonometrischen Tabellen und Logarithmen-Tafeln erforderlich. Der französische Mathematiker und Ingenieur Baron Gespard de Prony hatte – in Anlehnung an Adam Smiths Vorstellung einer arbeitsteiligen Produktionsweise – ein Verfahren entwickelt, mit dem sich logarithmische Tabellen und trigonometrische Funktionen in arbeitsteiliger Weise erstellen und in viele leicht zu bearbeitende Rechenschritte aufteilen ließen. Charles Babbage, ein englischer Mathematiker, Philosoph und begabter Mechaniker, hatte de Pronys Methode zur Berechnung von Tabellen bei einem Besuch 1819 in Paris kennengelernt. Dabei hatte er auch die Anfälligkeit der Methode beobachtet, nämlich dass, sobald ein Fehler in einer der Teilaufgaben auftrat, das ganze Ergebnis verfälscht wurde (Igarashi et al. 2014, 91). Für Babbage war das Anlass, über den Entwurf einer Maschine nachzudenken, die er 1822 als *Difference Engine* vorstellte. Sie sollte in der Lage sein, Zwischenwerte zu speichern und mit diesen weiterzurechnen, so dass der Mensch als Fehlerquelle innerhalb des Berechnungsvorgangs möglichst vermieden werden konnte. Finanziell unterstützt durch den britischen Staat wandte sich Babbage in den 1830er Jahren der Konstruktion einer *Analytical Engine* zu. Die *Analytical Engine* war so konzipiert, dass sie fast jeden Wert einer algebraischen Funktion lösen konnte, was sie allgemein einsetzbar machte. Die Maschine sollte mithilfe einer Lochkarte gesteuert werden; damit handelte es sich bei der *Analytical Engine* um eine frühe programmgesteuerte Rechenmaschine (Boden 2008, 143).

In den 1930er Jahren des 20. Jahrhunderts entwickelten sich die Konzepte von Rechenmaschinen rasant weiter. Eine entscheidende Innovation im Rechenmaschinenbau war die Umstellung von rein mechanischen auf elektronische bzw. teilelektronische Bauteile. »Erfinder in verschiedenen Staaten arbeiteten unabhängig voneinander an Rechenmaschinen, die die Spannungszustände elektrischen Stroms zur Darstellung von Zahlen nutzten« (Herrmann 2012, 213). Dabei wurden elektrischer Strom und elektrische Impulse zur Übermittlung von Signalen innerhalb der Maschine genutzt. Davon unabhängig konnten die zu berechnenden Zahlen entweder in einem dezimalen oder binären System dargestellt werden (Ulmann 2010).

Anlass für die Entwicklung leistungsstarker Rechenmaschinen waren gestiegene Anforderungen an komplizierte und zeitaufwendige Rechenoperationen. Diese wurden etwa in Bereichen des Flugzeugbaus, ballistischer Berechnungen sowie der Kryptographie erforderlich. In diesen Gebieten herrschte, insbesondere während des 2. Weltkriegs, großes militärisches Interesse. Vor allem in den USA und Großbritannien wurde die Entwicklung leistungsstarker elektronischer Rechenmaschinen durch das Militär gefördert, häufig in enger Zusammenarbeit mit universitären Einrichtungen. Der Einsatz der Rechenmaschinen erhöhte die Geschwindigkeit und Genauigkeit von Berechnungen enorm, was sich etwa beim Entziffern verschlüsselter Nachrichten und beim Errechnen der Flugbahn von Artilleriegeschossen als vorteilhaft erwies. Allerdings mussten die Maschinen, um die gewünschten Ergebnisse zu liefern, aufwendig bedient werden. Diese Aufgabe übernahmen häufig Frauen, meist diplomierte Mathematikerinnen, die als »Computers« bezeichnet wurden (Light 1999, 465). Der Name »Computer«, der ursprünglich für eine menschliche Arbeitsleistung stand (dem Ausführen von Berechnungen), wurde schließlich für die elektronischen Rechenmaschinen gebräuchlich.

»In Ziffern erfolgend«

Ein zweiter ideengeschichtlicher Ansatz von Digitalität lässt sich aus dem englischen »digital« herleiten, einer Ableitung des Substantivs »digit« in seiner Bedeutung »Ziffer«. Verwendung fand er zunächst im Bereich der Signalverarbeitung und meinte dort so viel wie »in Stufen« oder »in Ziffern erfolgend«. Schließlich etablierte sich »digital« vor allem als Bezeichnung für die Verwendung von Ziffern zur Darstellung von Zahlen, während eine Darstellung durch physikalische Größen als »analog« bezeichnet wurde.

Die Vorstellung, dass sämtliche Vorgänge auf operationalisierbaren und formalisierbaren Prinzipien beruhen, die sich durch Zahlen repräsentieren ließen, erwies sich als anschlussfähig an rationale Welt- und Menschenbilder des Humanismus (Krämer 1988, 90). René Decartes stufte nicht nur das menschliche Denken als rational erklärbar ein, sondern verstand auch den Körper als eine Art Maschine, die nach physikalischen Gesetzen funktionierte (den Geist nahm er davon explizit aus; Boden 2008; → Geist). Bei Kant findet sich die Idee, dass der Mensch seine Umwelt durch den Modus der Repräsentation erfasst. Beide Ideen, die Annahme einer strukturellen Analogie zwischen Mensch und Maschine sowie die kantische Auffassung einer repräsentationsbasierten Verarbeitung, bildeten eine Grundlage für die Entwicklungen der Kognitions- und Informationswissenschaften der 1940er Jahre.

Ein weiterer Ausgangspunkt waren Entwicklungen im Bereich der Mathematik und Logik. Als wegweisend hatte sich George Booles Verständnis der Logik als mathematisches Kalkül erwiesen. Boole beschränkte sich für sein algebraisches System auf die Werte »1« und »0« und schloss damit an die Aussagenlogik an, wonach eine Aussage entweder »wahr« oder »falsch« sein konnte. Die Beschränkung auf nur zwei Symbole erwies sich als folgenreich für die Verbindung zwischen binärer Logik und elektrischer Funktionsweise. Vor diesem Hintergrund fanden in den 1940er Jahren wichtige Entwicklungen statt, die bedeutenden Einfluss auf die Herausbildung des digitalen Paradigmas hatten. Um die Frage nach Logik und Berechenbarkeit des Denkens sowie eine Ausweitung der Mensch-Maschine-Analogie auf das menschliche Gehirn entfachten sich vielfältige Debatten.

1943 veröffentlichten der Neurophysiologe Warren McCulloch und der Logiker Walter Pitts einen einflussreichen Artikel, worin sie ein Modell für die Funktionsweise des menschlichen Gehirns (Nervensystems) auf Basis neuronaler Aktivitäten beschrieben (McCulloch/Pitts 1943). Die einzelnen Neuronen des Netzes, so die Theorie, übermittelten Informationen und konnten dabei zwei Werte annehmen (»all-or-none«), funktionierten also gewissermaßen binär und wiesen damit eine strukturelle Analogie zu elektrischen Schaltkreisen auf. Die Vorstellung einer zweiwertigen Logik spielte auch in der 1948 von Claude Shannon und Walter Weaver veröffentlichten Informationstheorie (Shannon 1948) sowie den von Norbert Wiener formulierten kybernetischen Vorstellungen eine entscheidende Rolle (Wiener 1969). In beiden Theorien ist Information die zentrale Größe (→ Information). Wiener definierte Information als »Entscheidung zwischen zwei gleich-wahrscheinlichen Alternativen« (Wiener 1963, 104). Shannon führte zum Messen von Information die quantitative Einheit »bit« ein, eine Wortneuschöpfung aus »binary« und »digit«, die zuvor der Statistiker John W. Tukey geprägt hatte (Dyson 2016, 13). Das digitale Prinzip, wonach jede Quantität durch eine Reihe von Ziffern repräsentiert werden konnte, erschien besonders geeignet zur Verarbeitung von Informationen und ließ sich durch Verwendung elektrischer Schaltkreise in Maschinen realisieren.

Obwohl in der Nachkriegszeit sowohl analoge als auch digitale Computer weiterentwickelt wurden, gewann das digitale Paradigma die Oberhand. Das bedeutete, dass die interne Repräsentation (von Zahlen) mittels diskreter Signale erfolgte. Alan Turing hatte bereits 1950 Computer als »discrete state machines« (Turing 1950) beschrieben. Um Computer als universale Maschinen für die Bearbeitung von Symbolen einsetzen zu können, schien die Verwendung diskreter Werte in Form der Ziffern »1« und »0« als zweckdienlich. Für Turing war die digitale Funktionsweise eines Computers »von größerer Bedeutung, als dass es elektronisch passierte« (Dyson 2016, 16). Turing sah zwei bedeutende Vorteile bei Verwendung des digitalen Prinzips: Zum einen ließ sich durch die Repräsentation von Zahlen durch beliebig lange Sequenzen von Ziffern die Genauigkeit erhöhen, ohne dass dabei der Aufbau der Maschine verändert werden musste, zum anderen waren digitale Rechenmaschinen weniger auf spezielle Probleme fixiert, sondern konnten universeller eingesetzt werden (Turing 1950, 441).

Digitalisierung im kulturgeschichtlichen Kontext

Obwohl »Keimform[en] des Digitalen« (Krämer 2022) weit vor der Computerentwicklung existierten, kam es zu einer engen Verbindung zwischen digitaler Repräsentation und Computern, die dazu führte, dass die Begriffe »digital« und »Computer« häufig synonym Verwendung fanden. Das Wort »digital« erfuhr dabei eine normative Aufladung weit über die eigentliche Wortherkunft hinaus. »Digital« wurde gleichbedeutend für die Nutzung neuer Technologien, wohingegen ältere Technologien pauschal als »analog« eingestuft wurden; »digital« galt als »neu«, »performant« und »fehlerlos« (Schmitt 2021, 23; → Computerarchäologie).

Als Folge der Amalgamierung von Computer und »digital« entspann sich die Debatte um die Digitalisierung der Gesellschaft auch in dem Maß, in dem Computer und andere digitale Geräte im Alltag erfahrbar wurden. Dem fortschritts- und planungsoptimistischen Zeitgeist der 1950er/60er Jahre folgend, war »das Versprechen, dass ›digital computer techniques‹ alle umfangreichen Aufgaben der Informationsverarbeitung vereinfachen, beschleunigen und verbilligen könnten, [...] von vielen mit großem Enthusiasmus aufgenommen worden« (Gugerli 2018, 49). Digitale Erfahrungen entstanden zunächst vor allem im Bereich der Arbeit. Verwaltung, Wissenschaft, Militär und Wirtschaft setzten Computer für Aufgaben der Datenverarbeitung ein. Dadurch sollte, anschließend an die Tradition der gerätetechnischen Rechenhilfsmittel, eintönige und zeitaufwendige Aufgaben an eine Maschine delegiert werden. Der eigentliche Vorgang der Digitalisierung, der darin bestand, analoge Werte in digitale zu überführen, um sie überhaupt durch Computer berechenbar zu machen, musste dabei weiterhin durch menschliche Arbeitskraft erbracht werden und erwies sich häufig als »Flaschenhals« im Prozess digitaler Datenverarbeitung. Unter dem Schlagwort Automatisierung entfaltete sich eine breite Debatte um den Einsatz »digitaler« Maschinen, hauptsächlich in Form digitaler Computer. Die Debatte erstreckte sich zwischen den gegensätzlichen Positionen, die von einer »Humanisierung der Arbeit« ausgingen und der Befürchtung von Massenarbeitslosigkeit durch Substitution den Menschen im Arbeitsprozess. Sich hier zeigende Muster im Diskurs um den Einsatz digitaler Praktiken erwiesen sich als überaus persistent und prägend bis in die Gegenwart. Gerade in der Diskussion um Design und Einsatz von Systemen »Künstlicher Intelligenz« (KI) erweisen sie sich als anschlussfähig: etwa bei der Frage, welche bisher spezifisch menschlichen Aufgaben an solche Systeme delegiert werden dürfen, oder nach der ethischen Vertretbarkeit, wenn beispielsweise Arbeiten wie »Data Labeling« unter zweifelhaften Bedingungen in den sogenannten globalen Süden ausgelagert werden.

Seit den 1970/80er Jahren diffundierten Computer als technologische Hauptvertreter des Digitalen zunehmend in private Bereiche. Dazu hatte insbesondere vor allem die Entwicklung von Mikrochips beigetragen, welche nicht nur eine Verkleinerung bewirkten, sondern auch neue »Dimensionen und Geschwindigkeiten der Datenverarbeitung möglich machten« (Rödder 2023, 24). Mit Verbreitung des Personal Computers (PC) entstanden kulturelle Milieus, die sich im Umgang mit digitalen Medien neue Räume erschlossen, in denen eine spezifische Aneignung digitaler Technologien stattfand (→ Hacken).

Die Phase zunehmender Digitalisierung in den 1970er Jahren ging einher mit allgemeinen Krisen- und Wandlungserscheinungen, die so weitreichend waren, dass sie aus zeithistorischer Perspektive die Merkmale eines Strukturbruchs trugen (Doering-Manteuffel et al. 2016). Ein wesentliches Charakteristikum der Hochmoderne (ca. 1880–1970) war ein technisch-szientistischer Fortschrittsglaube, welcher nun einer ambivalenten Haltung gegenüber technischen Entwicklungen wich. Gleichzeitig verbanden sich mit digitalen Techniken und den mit ihnen assoziierten gesellschaftlichen Wirkungen neue Hoffnungen und Fortschrittsnarrative, welche »die These von einem Ende der Moderne und der mit ihr verbundenen Fortschrittserwartung« (Danyel/Schuhmann 2015, 287) möglicherweise relativieren.

Zum Entstehen und zur Verlagerung von Kommunikationsstrukturen in digitale Räume trug die Etablierung des World Wide Web in den 1990er Jahren entscheidend bei. Die mit dem Internet verbundene Idee der Konnektivität fachte den »Mythos des Digitalen« (Fickers 2022, 49) weiter an. Die sich im letzten Drittel des 20. Jahrhunderts durchsetzende Nutzung digitaler Medien und die Verdichtung digitaler Strukturen erforderten neue sozial- und geisteswissenschaftliche Zugriffe und Periodisierungsangebote. Neben der populären Bezeichnung der »digitalen Revolution« (Ensmenger 2012), konstatierten Medien- und Kommunikationswissenschaften hier den Beginn der »Informationsgesellschaft«, die Soziologie den der »digitalen Gesellschaft«. In der historischen Forschung entstanden Konzepte wie das der »digitalen Moderne« (Danyel/Schuhmann 2015) oder des »digitalen Zeitalters« (Schmitt 2021).

Digitalisierung und die mit ihr entstehende Digitalität ist als ein zur Gegenwart hin offener Prozess zu verstehen, weswegen sich abschließende Bewertungen verbieten. Ein historischer Zugang kann jedoch aufzeigen, auf welchem Weg das digitale Paradigma seine aktuelle Wirkmächtigkeit entfalten konnte (→ Digitale Geisteswissenschaften). Dabei wird sichtbar, dass es sich bei der Durchsetzung digitaler Technologien und Medien um keinen zwangsläufigen Prozess handelte, allerdings um einen, der sich als äußerst anschlussfähig an existierende Ideen erwies.

Zitierte Literatur

Boden, Margaret A. (2008). Mind as Machine. A History of Cognitive Science. Oxford, Clarendon.

Danyel, Jürgen/Schuhmann, Annette (2015). Wege in die digitale Moderne. Computerisierung als gesellschaftlicher Wandel. In: Bösch, Frank (Hg.). Geteilte Geschichte. Ost- und Westdeutschland 1970–2000. Göttingen, Vandenhoeck & Ruprecht, 283–319.

Doering-Manteuffel, Anselm/Raphael, Lutz/Schlemmer, Thomas (2016) (Hgg.). Vorgeschichte der Gegenwart. Dimensionen des Strukturbruchs nach dem Boom. Göttingen, Vandenhoeck & Ruprecht.

Döring, Karoline Dominika/Haas, Stefan/König, Mareike et al. (2022) (Hgg.). Digital History. Konzepte, Methoden und Kritiken Digitaler Geschichtswissenschaft. Berlin/Boston, De Gruyter.

Dyson, George (2016). Turings Kathedrale. Die Ursprünge des digitalen Zeitalters. Berlin, Ullstein.

Ensmenger, Nathan (2012). The Digital Construction of Technology. Rethinking the History of Computers in Society. Technology and Culture 53, 753–776.

Fickers, Andreas (2022). What the D Does to History. Das digitale Zeitalter als neues historisches Zeitregime? In: Döring, Karoline Dominika et al.

(Hgg.). Digital History. Konzepte, Methoden und Kritiken Digitaler Geschichtswissenschaft. Berlin/Boston, De Gruyter, 45–63.

Gugerli, David (2018). Wie die Welt in den Computer kam. Zur Entstehung digitaler Wirklichkeit. Frankfurt a.M., Fischer.

Haber, Peter (2011). Digital Past. Geschichtswissenschaft im digitalen Zeitalter. München, Oldenbourg.

Herrmann, Felix (2012). Zwischen Planwirtschaft und IBM. Die sowjetische Computerindustrie im Kalten Krieg. Zeithistorische Forschungen 9, 212–230.

Heßler, Martina (2012). Kulturgeschichte der Technik. Frankfurt a.M., Campus.

Igarashi, Yoshihide/Altman, Tom/Funada, Mariko et al. (2014). Computing. A Historical and Technical Perspective. Boca Raton, CRC Press.

Krämer, Sybille (1988). Symbolische Maschinen. Die Idee der Formalisierung in geschichtlichem Abriss. Darmstadt, WBG.

Krämer, Sybille (2022). Kulturgeschichte der Digitalisierung. Über die embryonale Digitalität der Alphanumerik. Aus Politik und Zeitgeschichte 72, 10–17.

Light, Jennifer S. (1999). When Computers Were Women. Technology and Culture 40, 455–483.

McCulloch, Warren S./Pitts, Walter (1943). A Logical Calculus of the Ideas Immanent in Nervous Activity. The Bulletin of Mathematical Biophysics 5, 115–133.

Metzler, Gabriele (2014). Probleme politischen Handelns im Übergang zur Zweiten Moderne. Krisendiskurse und Neuausrichtung der Institutionen in den 1970er Jahren. In: Beck, Ulrich/Mulsow, Martin (Hgg.). Vergangenheit und Zukunft der Moderne. Berlin, Suhrkamp, 232–272.

Rödder, Andreas (2023). 21.1. Eine kurze Geschichte der Gegenwart. München, C.H. Beck.

Schmitt, Martin (2021). Die Digitalisierung der Kreditwirtschaft. Computereinsatz in den Sparkassen der Bundesrepublik und der DDR 1957–1991. Göttingen, Wallstein.

Schmitt, Martin/Erdogan, Julia/Kasper, Thomas et al. (2016). Digitalgeschichte Deutschlands. Ein Forschungsbericht. Technikgeschichte 83, 33–70.

Shannon, C. E. (1948). A Mathematical Theory of Communication. Bell System Technical Journal 27, 379–423.

Stalder, Felix (2021). Was ist Digitalität? In: Hauck-Thum, Uta/Noller, Jörg (Hgg.). Was ist Digitalität? Philosophische und pädagogische Perspektiven. Berlin u.a., Metzler, 3–7.

Stein, Erwin (2015). Die Leibniz-Dauerausstellung der Gottfried Wilhelm Leibniz Universität. Museumsführer.

Turing, Alan (1950). Computing Machinery and Intelligence. Mind 236, 433–460.

Ulmann, Bernd (2010). Analogrechner. Wunderwerke der Technik – Grundlagen, Geschichte und Anwendung. München, Oldenbourg.

Wiener, Norbert (1963). Kybernetik. Regelung und Nachrichtenübertragung im Lebewesen und in der Maschine. Düsseldorf u.a„ Econ.

Wiener, Norbert (1969). Cybernetics. Or Control and Communication in the Animal and the Machine. Cambridge Mass., MIT Press.

Weiterführende Literatur

Galloway, Alexander R. (2021). Uncomputable: Play and Politics in the Long Digital Age. London, Verso.

Krämer, Sybille (1988). Symbolische Maschinen. Die Idee der Formalisierung in geschichtlichem Abriss. Darmstadt, WBG.

Nassehi, Armin (2019). Muster. Theorie der digitalen Gesellschaft. München, C.H. Beck.

Hacken

Julia Gül Erdogan

Bereits in den 1950er Jahren, nur ein Jahrzehnt nach der Nutzung erster Digitalrechner, gab es die ersten Hacker. Keine Computersubkultur – in Teilen sogar Gegenkultur – ist so eng und so lange mit der Digitalisierung verbunden wie diese Technikenthusiasten. Ursprünglich aus dem Modeleisenbahnclub *Tech Model Railroad Club* (TMRC) des *Massachusetts Institute of Technology* (MIT) stammend, durchlief die Bezeichnung »Hacken« bis heute Entwicklungen und Änderungen, die sowohl von den technischen Möglichkeiten, politischen und journalistischen Bewertungen als auch von den Hacker:innen selbst angestoßen wurden. Etymologisch bedeutet der englische Begriff »(to) hack« eigentlich »zerhacken« oder »(to) hack at« »auf etwas einhauen«. Einerseits bezeichnete ein »hack« am MIT Streiche der Student:innen, andererseits wurde damit im TMRC eine kreative, eigenständige Lösung für technische Probleme bezeichnet (Levy 2010).

Hacken als Kultur

Als die ersten Großrechner in die Universitäten einzogen, waren es wiederum begeisterte Bastler und Techniker (zu dieser Zeit handelte es sich ausschließlich um männliche Akteure), die die Grenzen und Möglichkeiten der Computertechnologie zu erfahren und zu erweitern versuchten (→ Computerarchäologie). Da die Computer während des Tages meist von Student:innen für Studienaufgaben genutzt wurden, die Rechner aber wegen des langen Hochfahrprozesses in der Nacht eingeschaltet blieben, nutzten die ersten Hacker oft die Nachtstunden. Teilweise verschafften sie sich illegalen Zugang zu den Geräten selbst, die zu dieser Zeit ausschließlich von geschultem Personal bedient werden durften. Hier zeichnete sich neben dem technischen Spezialwissen der Computerenthusiasten bereits eine andere Ebene des Hackens ab, nämlich nicht nur die Überschreitung angenommener technischer Grenzen, sondern auch die Überwindung von Zugangsbeschränkungen.

In dem seit 1975 bestehenden Hacker-Kompendium *jargon-file* werden Hacker, also die Personen, die clevere Lösungen für technische Probleme finden oder besondere Soft- und Hardware entwickeln, folgendermaßen beschrieben (Raymond 2003):

(1) A person who enjoys exploring the details of programming systems and how to stretch their capabilities, as opposed to most users who prefer to learn only the minimum necessary [...].
(2) One who programs enthusiastically (even obsessively) or who enjoys programming rather than just theorizing about programming [...].

Entsprechend wurde das Hacken zunächst nicht als illegale Praxis oder speziell im Bereich der Computersicherheit wahrgenommen. So kann ein Hack schlichtweg etwas sein, was eine ungeahnte Anwendung der Computer demonstriert. So etwa der Hack von Peter Samson, der den ersten Transistorencomputer TX-0 dazu brachte, eine Symphonie von Johann Sebastian Bach zu spielen. Dieser Rechner gab Töne wieder, wenn das 14. Bit des 18-Bit Prozessors eine 0 oder eine 1 war. Samson schrieb ein Programm, das nicht zur Berechnung einer Aufgabe diente, sondern so ablief, dass die Symphonie gespielt wurde. Er ließ den Computer also etwas ausführen, wofür er nicht entwickelt worden war, denn das Piepsen des Rechners diente der Nachvollziehbarkeit der Rechenprozesse, nicht der Wiedergabe von Musik. Mit Datenschutz oder kriminellen Aktivitäten hatte diese Spielerei nichts zu tun. Hacker waren ursprünglich und sind bis heute oftmals einfach Bastler, die Spaß am Spiel mit Technik haben. Hacken lässt sich folglich als spielerisch-explorativer Umgang mit Technik auffassen.

Wie sich noch teilweise bis in die 1980er Jahre nachvollziehen lässt, wurden Hacker außerdem primär als obsessive Programmierer wahrgenommen (auch hier in der Wahrnehmung als ausschließlich männliche Personen, wenngleich die 1970er Jahre schon Hackerinnen hervorbrachten). Erst im Laufe der 1980er Jahre, als Computernetzwerke unter Privatpersonen zunehmend Verbreitung fanden, wandelte sich das Bild dessen, was als Hacken in der Öffentlichkeit wahrgenommen wurde. Wiederum vom Spieltrieb und der Neugier getrieben, drangen Hacker:innen in fremde Server und Accounts ein. In dieser Zeit entstand die sogenannte Hacker-Ethik, die von dem Journalisten Steven Levy in Zusammenarbeit mit dem Hacker Richard Stallmann aufgestellt und durch die

Publikation von Levys Buch *Hackers. Heroes of the Computer Revolution* im Jahr 1984 Verbreitung fand (→ Ethik). Sie diente unter anderem einer Abgrenzung zu anderen Computersubkulturen, die sich in den 1980er Jahren, dem Zeitalter der Heimcomputer, herausbildeten. Dabei ging es ebenfalls darum, Hacken von dem negativen Image unautorisierter Eindringlinge zu befreien und die gesellschaftliche und kulturelle Rolle des Hackens zu betonen. Zu guter Letzt diente die Fixierung einer Ethik dazu, die Hacker selbst an Werte zu erinnern, die im Zuge von erfolgreicher Kommerzialisierung der Computertechnik und den scheinbar endlosen Möglichkeiten der Computernetzwerke in Vergessenheit zu geraten schienen. Diese Ethik umfasst in der ursprünglichen Version sechs Punkte (Levy 2010, 27–38):

(1) Access to computers – and anything that might teach you something about the way the world works – should be unlimited and total. Always yield to the Hands-On Imperative!
(2) All information should be free.
(3) Mistrust Authority – Promote Decentralization.
(4) Hackers should be judged by their hacking, not bogus criteria such as degrees, age, race, or position.
(5) You can create art and beauty on a computer.
(6) Computers can change your life for the better.

Hier versuchten die Hacker außerdem für die Computertechnologie zu werben, die im Privaten bisher von wenigen Technikenthusiasten genutzt wurde und gerade bei der politischen Linken eher als zu bekämpfendes Macht- und Kontrollinstrument angesehen wurde (Erdogan 2021, 289f.; Levy 2010, 126f.). Andererseits vollzog die Hacker-Ethik eine Abgrenzung gegen die sogenannten Crasher, also diejenigen, die in Computersysteme eindrangen und sie zerstörten. Darum grenzen sich Hacker:innen seit den 2000er Jahren oftmals vom Hacktivismus à la Anonymous ab, der zumeist darauf abzielt, durch DDOS-Angriffe (*Distributed Denial of Service*) Internetseiten durch übermäßiges Aufrufen zum Ausfall zu bringen. Ziel dieser Aktionen ist die Störung des Informationsflusses, was den Hackerwerten entgegengesetzt ist. Außerdem erfordern diese Angriffe zumeist kein besonderes Wissen über die Computersysteme, da die Werkzeuge für das Lahmlegen einer Homepage fertig zur Verfügung stehen und so auch von den, von Hackern abfällig so bezeichneten, Scriptkiddies genutzt werden können.

Darüber hinaus grenzten Hacker sich von den Crackern ab, die im europäischen Raum seit den 1980er Jahren eine einflussreiche und teilweise stark sanktionierte Subkultur bilden. Das »Knacken« von Software diente vor allem der Überwindung des Kopierschutzes, den Spiele- und Softwarehersteller aufgrund der zunehmenden Bedeutung und der Entwicklungskosten von Programmcodes gegen das Kopieren und die Distribution dieses immateriellen Guts entwickelten. Cracker können dabei als Teil der Hackerkultur aufgefasst werden, da sie zumindest auf der technischen Ebene ähnliche Praktiken verfolgen. Mit ihrem Spezialwissen können sie Programmcodes so manipulieren oder ausschalten, dass es möglich ist, die Spiele wieder zu kopieren. Zugleich schufen sie in kleinen Speicherbereichen sogenannte Cracktros, mit denen sie in den geknackten Programmen ihre Visitenkarte hinterließen und sich hierdurch mit anderen Crackergruppen messen oder Grüße versenden konnten. Obwohl sie mit ihren Praktiken Eigentumsrechte untergraben, geben sich die Cracker aber als genuin unpolitisch (Albert 2018, 274). Anders als bei den Hacker:innen verfolgen Cracker nicht das Ziel, Informationen frei zugänglich zu machen, sondern den Wettbewerb mit anderen Gruppen und den professionellen Programmierer:innen. Als ebenfalls unpolitische Untergruppe der Cracker bildete sich die Demoszene heraus, denen es nicht mehr um die Distribution von Software ging, sondern einzig um die Herausforderung, in den kleinen Speicherbereichen besonders außergewöhnliche Cracktros, die hier zu Demos wurden, zu programmieren.

Hacker:innen schreiben sich hingegen oftmals eine gesellschaftliche und politische Rolle auf die Fahnen und treten auch aktivistisch auf. Wie Claus Pias festhält, beinhaltete diese Art des Hackens »einen sozialutopischen Impetus und eine politisch-pädagogische Mission« (Pias 2002, 262). Aufgrund ihrer kritischen Auseinandersetzung mit Technik decken sie aber nicht nur missbräuchliche und unsichere digitale Angebote auf. Hacken dient ebenfalls dazu zu fragen, ob es nicht Bereiche gibt, die nicht digitalisiert werden sollten, weil Systeme nie ganz sicher sein können und damit die Gefahren größer sein können als die Chancen der Digitalisierung, wie etwa bei Wahlcomputern. Und »[w]enn wir die zwei klassischen Fragen der Technikphilosophie stellen – erstens: Haben wir die Technik, die wir brauchen? Und zweitens: Brauchen wird die Technik, die wir haben? – dann trägt der gute Hacker zur Aufklärung dieser Fragen bei«, wie Klaus Kornwachs hervorhob (Schmitt 2011).

Die Grenzen zwischen Legalität und Legitimität des Hackens sind dabei stets unscharf und Verhandlungen unterworfen, was sich beispielsweise an dem Hacker Julian Assange und Wikileaks deutlich zeigt; das Transparenzideal kann ohne die Berücksichtigung anderer Faktoren im schlimmsten Fall Menschenleben gefährden (→ Recht). Dabei zeigt sich noch eine andere Doppeldeutigkeit des radikalen Informationsanspruchs: Obwohl Hacker gegen Geheimhaltung sind, ist das Geheime und Anonyme der digitalvernetzten Welt ihr Schutzschild und sie können – müssen oftmals – die Heimlichkeit als »modus operandi« nutzen (Thomas 2002, xxi). Ferner zeigen die Aktivitäten der Hacker, selbst wenn sie hehre Absichten verfolgen, immer wieder die Verletzlichkeit technisierter und in besonderem Maße computerisierter Gesellschaften auf und wirken so in doppelter Weise auf Datenschutz und -sicherheit ein. Denn ein Hack kann technische Standards und Anforderungen an Hard- und Software verändern, aber auch das rechtliche Vorgehen gegen Hacker selbst beeinflussen. Das Hacken bleibt also etwas Ambivalentes, was zwischen Legalität, Illegalität, Legitimität, radikalem Informationsanspruch sowie Öffentlichkeit und Geheimnissen oszilliert, was durch die Digitalität insbesondere ermöglicht wird. Und aufgrund der Vielschichtigkeit bleibt es schwierig, genau zu definieren, was Hacken und wer Hacker:in ist.

Hacken als Aktivismus

Schon in der Frühphase der Hackergeschichte verband sich gesellschaftlicher und politischer Aktivismus mit dem Hacken. Besonders in den 1970er Jahren war die Hackerkultur in den USA eng verwoben mit der Gegenkultur der Hippies sowie der Bürgerrechts- und Anti-Kriegsbewegung (Turner 2008). Unter anderem entstanden in der Bay Area verschiedene Projekte, die durch Computer die Vernetzungsmöglichkeiten verschiedener Aktivist:innengruppen zu unterstützen suchten. Eines dieser Projekte war *Community Memory*. Hierbei handelte es sich um eines der ersten Mailboxsysteme (*Bulletin Board System*), mit denen Nachrichten ausgetauscht sowie Informationen zu Veranstaltungen, Aktionen oder ähnlichem abgerufen werden konnten. Wie der englische Name andeutet, handelte es sich hierbei um elektronische Schwarze Bretter (→ Netzwerk). Der Aktivismus der Hacker:innen erschöpfte sich aber nicht in der Bereitstellung von Hard- und Software für solche Kommunikationsdienste, sondern darüber hinaus im Werben für eine kritische Nutzung der Computertechnologie auf der einen Seite. Und auf der anderen Seite und damit verbunden engagierten sich Hacker:innen in der Verbreitung und Verbesserung der Anwendungsfreundlichkeit von Computertechnologie. So entstand im Rahmen des *Homebrew Computer Clubs* (HCC) etwa der erste Apple-Computer, der für nur $ 666,66 zu erwerben war. Der Mitbegründer von Apple, Steve Wozniak, beschrieb der Hacker-Ethik entsprechend die Motivation zur Entwicklung von Mikrocomputern als Gegenmaßnahme zu großen Unternehmen und der Staatsmacht, die mit den Großrechenanlagen fernab der Öffentlichkeit operierten: »Don't trust a computer that you can't throw out of a window« (Purdy 2009).

Wie sich bereits an der Hacker-Ethik ablesen lässt, traten Hacker:innen für einen freien Zugang zu Informationen ein. Aus diesem Anspruch heraus entstand eine sehr erfolgreiche Unternehmung, nämlich die Free- und Open-Source-Software-Bewegung (F/OSS). Anstoß nahm diese Gegenbewegung an der Kommerzialisierung von Software Mitte der 1980er Jahre. Proprietäre Software verhindert aus Sicht der Hacker Kontrolle, Lerneffekte und Verbesserungen, weil der Sourcecode nicht einsehbar oder veränderbar ist. Obwohl hier eine technische Ebene eine gewichtige Rolle spielt, ist F/OSS ein weiteres Beispiel dafür, dass es beim Hacken ebenfalls um das Hacken gesellschaftlicher und wirtschaftlicher Normen geht, wie Douglas Thomas herausstellt:

> »Hacking is not, and has never been, about machines, tools, programs, or computers, although all of those things may appear as tools of the trade. [...T]he target of hackers' activity is not machines, people, or resources but the relationship among those things. In short, hacking culture is, literally, about *hacking* culture« (Thomas 2002, 37f.).

Natürlich blieb die Hackerbewegung nicht auf die USA beschränkt, jedoch begann ihre Geschichte in anderen Ländern der Welt später. In den 1980er Jahren verband sich in den Niederlanden das Hacken beispielsweise mit alternativen Bewegungen wie der Hausbesetzerszene (Nevejan/Badenoch 2016). In der Bundesrepublik bildete sich seit den 1980er Jahren eine der größten Hackervereinigungen weltweit heraus: der *Chaos Computer Club* (CCC). Seine Geschichte beginnt 1981 im Kontext des TUWAT-Kongresses am Tisch der Kommune I im taz-Gebäude. Damit ist die Geschichte dieses Hackerclubs seit Beginn eng verbunden mit dem alternativen Milieu, das sich im Zuge dieses Kongresses zu vernetzen beabsichtigte. Nur drei Jahre später wurde aus einem losen Netzwerk ein Protagonist und eine zentrale Watchgroup im Prozess der Computerisierung und der digitalen Gesellschaft (→ Politik).

Zwar war es von Anfang an die Absicht dieser Hacker, sich in gesellschaftliche Prozesse einzubringen, doch erst der *Btx-Hack* der Hamburger Sparkasse im Jahr 1984 sorgte für eine breitere öffentliche Wahrnehmung des Hackens als

Form des Protests und des gesellschaftlichen Engagements. Bei diesem Hack hatten zwei Hacker des CCC Zugang zum Account der Hamburger Sparkasse im Bildschirmtextsystem (Btx) erlangt. Bei Btx handelte es sich um einen Onlinedienst der Deutschen Bundespost, bei dem ähnlich zum Videotext Informationen abgerufen werden konnten (Röhr/Schönrich 2022). Dieser Dienst war interaktiv, wodurch Bestellungen und Banküberweisungen getätigt werden sowie Nachrichten verschickt werden konnten. Anbieter konnten eine Gebühr für das Aufrufen ihrer Btx-Seite verlangen, um damit unter anderem die Kosten für die Bereitstellung des Dienstes auszugleichen. Die Hamburger Hacker Steffen Wernéry und Wau Holland nutzten diese Gegebenheit aus und schrieben ein Programm, durch das sie über den Zugang der Hamburger Sparkasse eine Nacht lang automatisiert die Seite des CCC aufrufen ließen. Am nächsten Morgen war hierdurch eine Last von circa 135.000 DM auf der Rechnungsseite der Sparkasse entstanden. Da es den Hackern nicht um die eigene Bereicherung ging, sondern um die Demonstration der Anfälligkeit von digitalen Netzwerken, informierten sie die Presse und landeten so einen initialzündenden Coup. Wau Holland und Steffen Wernéry legten damit einen Grundstein für das Verhalten der »guten« Hacker:innen und für die Ausrichtung des CCC, der 1986 ein gemeinnütziger Verein wurde.

Die Vereinsgründung war wiederum eine deutsche Besonderheit und sicherte die Hacker einerseits gegen Schadensfälle von Einzelpersonen ab. Andererseits erleichterte der Verein die Möglichkeit, Bildungsarbeit im Bereich der Computertechnik zu leisten. Bereits 1984 hatte der CCC angefangen, seinen eigenen Newsletter mit den Namen *Die Datenschleuder. Das Wissenschaftliche Fachblatt für Datenreisende* zu produzieren. Dieser war trotz des Titels zunächst nur in Print zu erwerben. Mit der Zeit verbanden sich aber gedruckte Erzeugnisse mit den Onlineangeboten, die im Zuge der 1980er Jahre weitere Verbreitung fanden. Dies galt auch für andere Hackerzeitschriften wie *Die Bayrische Hackerpost. Das Informationsblatt für den lebensbejahenden DFÜ-Benutzer* (Datenfernübertragung). In diesen Hacker-Newslettern wurden sowohl technische Themen verhandelt, Baupläne und Programmcodes geteilt, als auch politische, gesellschaftliche und rechtliche Angelegenheiten thematisiert. Aus der alternativen Untergrundpresse stammend, dienten die Informationsblätter ferner der Vernetzung der Gemeinschaft (Schwanhäußer 2010), die zu Zeiten hoher Telefongebühren von dem Offlineangebot profitierte. Daneben waren Hacker besonders im Aufbau von Mailboxsystemen engagiert, welche ebenfalls zur Vernetzung, zur Verbreitung (alternativer) Informationen und Nachrichten, zum Austausch über Foren und persönliche Mails genutzt wurden.

Hacken und Gender

Trotz des gesellschaftlichen und alternativen Anspruchs blieben Frauen und nicht binärgelesene Personen lange Zeit Ausnahmeerscheinungen in den Hackerkulturen (→ Xeno). Darüber hinaus wurden die zahlenmäßig weniger vertretenen Frauen aus der Geschichte der Hackerkultur weitgehend ausgelassen oder ihnen wurde ein geringer Status in den Meisternarrativen der genialen, männlichen Hacker zugeschrieben (Erdogan 2020). Dies traf etwa auf Jude Milhon zu, die auch St. Jude genannt wurde, welche in der Bay Area ebenfalls am *Community Memory* Project beteiligt und Mitglied des HCC war. In der Bundesrepublik machte bereits Ende der 1980er Jahre die in der Hackerbewegung entstandene Gruppe der »Haecksen« auf die Unterrepräsentation von Frauen und Mädchen aufmerksam. Die Idee entstand unter anderem im Bielefelder *Verein zur Förderung des öffentlichen bewegten und unbewegten Datenverkehrs* (FoeBuD e.V.), der durch die Künstlerin Rena Tangens mitbegründet wurde. Der Verein besteht seit 1987 und heißt seit 2012 *Digitalcourage*. Bekannt ist er unter anderem, weil er jährlich die *Big Brother Awards* vergibt, einen Schmähpreis für Hersteller und Unternehmen, die die informationelle Selbstbestimmung gefährden.

Selbst dem CCC gelang eine Integration von Frauen in den 1980er und 1990er Jahren kaum, obwohl hier einige Versuche unternommen wurden. Der Club übersetzte die Hacker-Ethik nicht einfach nur, sondern erweiterte sie in der zweiten Hälfte der 1980er Jahre bereits um den Punkt »Geschlecht« bezüglich der Kriterien, nach denen Hacker:innen nicht beurteilt werden sollten. Außerdem mussten Mädchen anfangs einen geringeren Eintrittspreis für den *Chaos Communication Congress* zahlen, welcher seit 1984 jährlich nach den Weihnachtsfeiertagen ausgerichtet wird. Von anfänglich 200–500 Teilnehmer:innen an zwei Tagen ist der *Congress* seit 2005 auf vier Tage erweitert worden und die Teilnehmer:innenzahl ist seit Mitte der 2010er Jahre auf über 15.000 gestiegen. Dabei auch die Anzahl von FLINTA*. Das Wachstum der Congresse verweist nicht nur auf einen Erfolg des (aktivistischen) Hackens und die Rolle des CCC als Watchgroup der digitalen Gesellschaft. Es verdeutlicht außerdem die gestiegene Bedeutung der Computertechnologie und die

Durchdringung digitaler Technik im Alltag, mit denen das Hacken genuin verbunden ist.

Zitierte Literatur

Albert, Gleb J. (2018). Subkultur, Piraterie und neue Märkte. Die transnationale Zirkulation von Heimcomputersoftware, 1986–1995. In: Bösch, Frank (Hg.). Wege in die Digitale Gesellschaft. Computernutzung in der Bundesrepublik 1955–1990. Göttingen, Wallstein, 274–299.

Erdogan, Julia G. (2020). »Computer Wizards« und Haecksen. Geschlechtsspezifische Rollenzuschreibungen in der privaten und subkulturellen Computernutzung in den USA und der Bundesrepublik. Technikgeschichte 87, 101–32.

Erdogan, Julia G. (2021). Avantgarde der Computernutzung: Hackerkulturen der Bundesrepublik und der DDR. Göttingen, Wallstein.

Levy, Steven (2010). Hackers: Heroes of the Computer Revolution. Sebastopol, O'Reilly.

Nevejan, Caroline/Badenoch, Alexander (2016). How Amsterdam Invented the Internet: European Networks of Significance, 1980–1995. In: Alberts, Gerard/Oldenziel, Ruth (Hgg.). Hacking Europe. From Computer Culture to Demoscene. New York, Springer, 189–217.

Pias, Claus (2002). Der Hacker. In: Horn, Eva/Kaufmann, Stefan/Bröckling, Ulrich (Hgg.). Grenzverletzer. Von Schmugglern, Spionen und Anderen Subversiven Gestalten. Berlin, Kadmos, 248–70.

Purdy, Kevin (2009). How Apple Co-Founder Steve Wozniak Gets Things Done. LifeHacker 22.04.2009.

Raymond, Eric (2003). The Jargon File. http://catb.org/jargon/html/ (zuletzt geprüft 2024-03-30).

Röhr, Matthias/Schönrich, Hagen (2022). Weder Rundfunk noch Presse. Die Einführung des Bildschirmtextes im Kontext der medienpolitischen Debatten der 1970er und 1980er Jahren. Technikgeschichte 89, 123–48.

Schmitt, Stefan (2011). »Die Trüffelschweine der IT-Sicherheit«. Interview mit dem Technikphilosophen Klaus Kornwachs. Die Zeit Online 13.09.2011. https://www.zeit.de/digital/internet/2011-09/interview-kornwachs-hacker (zuletzt geprüft 2024-03-30).

Schwanhäusser, Anja (2010). U-Zeitungen. In: Reichardt, Sven/Siegfried, Detlef (Hgg.). Das Alternative Milieu. Antibürgerlicher Lebensstil und linke

Politik in der Bundesrepublik Deutschland und Europa 1968–1983. Göttingen, Wallstein, 206–21.

Thomas, Douglas (2002). Hacker Culture. Minneapolis, University of Minnesota Press.

Turner, Fred (2008). From Counterculture to Cyberculture. Chicago, University of Chicago Press.

Weiterführende Literatur

Albert, Gleb J./Erdogan, Julia G. (2022). Zwischen Staat und Markt. Deutschland Archiv 17.03.2022. https://www.bpb.de/506278 (zuletzt geprüft 2024-03-30).

Coleman, E. Gabriella (2013). Coding Freedom. The Ethics and Aesthetics of Hacking. Princeton, Princeton University Press.

Himanen, Pekka (2001). The Hacker Ethics and the Spirit of the Information Age. New York, Random House.

Hypertext

Christian Wachter

Im Jahr 1945 äußerte sich der Ingenieur und Forschungsmanager Vannevar Bush in einem berühmt gewordenen Essay zu einem Problem, das uns auch im digitalen Zeitalter noch häufig begegnet: »The summation of human experience is being expanded at a prodigious rate, and the means we use for threading through the consequent maze to the momentarily important item is the same as was used in the days of square-rigged ships« (Bush 1945, 102). Bush beklagt, dass massenhaft publiziertes Wissen in Büchern, Zeitschriften und anderen Textformaten selbst bei individuellen Themen häufig kaum zu erschließen sei. Dies liege neben der schieren Menge vor allem daran, dass einzelne darin enthaltene Daten und Informationen alphabetisch oder nach einer anderen starren Systematik indiziert würden (wenn überhaupt). Man denke etwa an Orts- oder Namensregister (→ Information). Problematisch daran ist nach Bush vor allem für die Wissenschaften, dass es sich hierbei um fixierte Hierarchien handele, zum Beispiel einer alphabetischen Hierarchie. Es seien aber ganz verschiedene inhaltliche Zusammenhänge zwischen Informationen denkbar und in der Regel zielten Menschen genau auf solche spezifischen Verknüpfungen ab, wenn sie nach Informationen suchen. Leitendes Prinzip sei dabei, assoziativ von Information zu Information zu springen, je nach zugrunde liegendem Rechercheinteresse. Um dies angesichts der Masse an existierenden Texten einzulösen, müssten unterschiedliche Suchstrategien nacheinander angewendet werden, was umständlich sei.

Zur frühen Konzeptgeschichte von Hypertext

Hierin zeigt sich Bushs große Unzufriedenheit mit gedruckten Texten für das, was wir heute *information retrieval* nennen. Deutlich tritt dies in seinen Ausführungen zu einer nie gebauten Maschine namens »*Memex*« hervor: Im besagten

Essay skizziert Bush einen Schreibtisch mit Bildschirmen, auf denen einzelne Informationseinheiten von Mikrofilmarchiven aufgerufen werden können. Doch nicht nur aufgerufen, denn ein:e Nutzer:in soll beim Erschließen der Mikrofilme die eigene Navigationshistorie mithilfe einer Kamera speichern und an andere Personen weitergeben können. Konzeptgeschichtlich knüpft dieses Verständnis modularisierter und vielfältig verknüpfbarer Informationen an die bereits älteren Zettelkästen an (Eibl 2004, 37–44).[1] Im digitalen Zeitalter globaler Echtzeitkommunikation, vielfältiger Online-Informationsquellen und der Verarbeitung von Big Data muten Bushs Gedanken zu flexibleren Ordnungsschemata als visionärer Fingerzeig auf digitale Archive oder Bibliotheken an. Ihnen liegen schließlich Daten- beziehungsweise Wissensbanken zugrunde.

Bushs Ideen haben Generationen nachfolgender Forscher:innen dazu inspiriert, sich auch für andere Kontexte mit Limitierungen klassischer Textformate zu befassen. So hat Douglas C. Engelbart seit Anfang der 1960er Jahre an einer Software gearbeitet, mit der Textbausteine an Bildschirmen erstellt, bearbeitet sowie miteinander verlinkt werden konnten. Im Rahmen seines *Augment*-Projekts ging es darum, komplexe intellektuelle Probleme auf ihre Grundeinheiten analytisch herunterzubrechen, abzubilden und sodann interaktiv zu bearbeiten (Engelbart 1962). Während Bush auf Erweiterung menschlicher Gedächtnisleistung abzielte (*Memex* steht für »Memory extender«), hatte Engelbart ein Hilfsmittel zur Erweiterung (»augmentation«) des Intellekts im Sinn.

Den größten theoretischen Schub für die Entwicklung von Alternativen zu traditionellen Textformaten hat allerdings Theodor Holm Nelson entfaltet. Ebenfalls seit Anfang der 1960er Jahre monierte er, beim Schreiben würden Informationen zu sehr eingegrenzt und abgeschnitten werden, da viele weitere Verbindungen zwischen ihnen denkbar seien: »The cutting of connections is the loss of information« (Nelson 2002, 24). Diese Beschneidung liege an der linear angelegten Struktur traditioneller Texte, die Nelson nicht als stringent und kommunikativ nützlich, sondern als restriktiv erachtet. Auch wenn Register, Fußnoten und andere Formate die lineare Textstruktur schon immer aufgebrochen haben (ganz zu schweigen vom Leseverhalten, wenn es auf springende oder selektive Lektüre abhebt) – für Nelson ändert dies nichts an

---

1   Auch weitere historische Vorläufer wie der Talmud oder die King-James-Bibel geben das Prinzip zu erkennen, Einzelinformationen vielseitig zu verbinden. Einen Überblick liefert neben dem bereits zitierten Thomas Eibl auch Stefan Iske (Iske 2002, 55–59).

den Beschränkungen des Textmediums selbst, also seiner Medialität. Ähnlich wie Bush und Engelbart hatte auch er ein Verständnis von Erweiterung im Sinn, was ihn 1965 zu seiner Wortschöpfung »Hypertext« führte, wobei das Präfix »hyper-« mit »extended and generalized« zu übersetzen ist. Nelson hält fest: »Thus hyper*text* would clearly be the extended, generalized form of writing« (Fraase 1989, 31; Hervorhebung im Original). Und weiter: »Well, by ›hypertext‹ I mean *non-sequential writing* – text that branches and allows choices to the reader, best read at an interactive display« (Nelson 1993, 0/2; Hervorhebung im Original).

Die digitale Erweiterung des Textes

Die Pioniere Bush, Engelbart und Nelson haben damit eine Minimaldefinition für den Hypertext vorgegeben, die auch heute noch gültig ist: Informationen liegen in modularen Einheiten (Knoten/*nodes*) vor und werden durch Hyperlinks (Kanten/*edges*) in alle möglichen Richtungen miteinander verknüpft.[2] Es entsteht eine Netzwerk- oder zumindest stark verzweigte Struktur, die potenziell beliebig wächst. Auch die einzelnen Knoten können in neuen Versionen immer wieder überarbeitet werden, was der Idee eines fertigen Produkts entgegensteht und stattdessen oft als »rhizomatisch« bezeichnet wird. Der Daten-/Wissensbankcharakter, der schon bei Bush durchscheint, wird später von Rainer Kuhlen auf den Punkt gebracht, wenn er Hypertext als »ein nicht-lineares Medium zwischen Buch und Wissensbank« bezeichnet (Kuhlen 1991).

Beobachten können wir dies heute beispielsweise bei der Wikipedia, deren Artikel und Medienelemente vielfältig miteinander verlinkt sind und verschiedene Lesepfade zulassen (Vater 2019). Dabei wird ein Hypertext zumeist metaphorisch als »Raum« verstanden (→ Raum): Leser:innen navigieren entlang der Knoten und Kanten in alle möglichen Richtungen. Im konkreten Ablauf ist zwar auch dies ein linearer Prozess, doch der Möglichkeitsraum kontingenter Leserichtungen wird, anders als etwa bei traditionellen Büchern, von der Netzwerkstruktur selbst suggeriert. Hyperlinks »verlangen« also stets nach Navigationsentscheidungen, die interaktiv einzulösen sind, und binden Leser:innen dadurch verstärkt in die Herstellung von Kohärenz ein (Storrer 1999). Angesichts der non-linearen Struktur ist aber auch die Erzeugung von Hypertexten

---

2   Die Bezeichnungen »nodes« und »edges« gehen auf Engelbart zurück.

eine »räumliche« Angelegenheit, weswegen Jay D. Bolter von einem »topographic writing space« schreibt (Bolter 2001, 36).

In der Gesamtschau wird erkennbar, dass die digitale *Erweiterung* des Textes als eine Seite der Medaille zu denken ist. Die gleichzeitig scharfe *Abgrenzung* zur Informationsarchitektur traditioneller Texte ist die andere Seite. Nelson fasst dies etwas lakonisch: »The best current definition of hypertext, over quite a broad range of types, is ›text structure that cannot be conveniently printed.‹ This is not very specific or profound, but it fits best« (Nelson 1991, 253). Die angesprochenen »types« verweisen darauf, dass ein Hypertext *in concreto* sehr unterschiedlich aussehen, strukturiert und technisch umgesetzt werden kann. Dies hängt häufig von individuellen Designentscheidungen ab. Beispielsweise weicht die Wikipedia mit ihren Textlinks und ihrer schlichten Ästhetik von solchen Websites ab, die vorwiegend über Buttons Verlinkungen herstellen, per *layer* Inhalte einblenden oder externe Inhalte einbetten, anstatt sie zu verlinken. In unterschiedlichem Umfang können auch multimediale Inhalte (Bilder, Videos, Audio-, 3D-Elemente etc.) vorliegen, weswegen manchmal, aber sehr uneinheitlich, von »Hypermedia« die Rede ist.

Zugleich sind Netzwerklogik und Räumlichkeit des Hypertexts auf verschiedene Bereiche von Gesellschaft, Kultur und Technologie übertragen worden: Netzwerkartig sind beispielsweise die Verweise und Referenzen zwischen verschiedenen Literaturtiteln (Intertextualität). Netzwerkartig funktioniert die Kommunikation per Social Media. Und sind moderne Gesellschaften in ihrer Sozialstruktur nicht auch vielseitig verknüpft?

Von der Literatur über gesellschaftliche Selbstbeschreibungen bis zum WWW

In diesem Zusammenhang wird Hypertext nicht allein als Medium, sondern als theoretisches Konzept interpretiert, was an dieser Stelle nur ausschnittsweise wiedergegeben werden kann. Dennoch illustrieren nachfolgende Beispiele bereits die Vielfalt an Perspektiven, Anwendungsfeldern und beteiligten Disziplinen.

Der Historiker und Medientheoretiker Jakob Krameritsch betont etwa, postmoderne Gesellschaften hätten sich von festen Identitäten von Individuen und Gruppen verabschiedet, weswegen Erzählungen darüber nicht im Modus von Meisternarrativen erfolgen dürften, sondern situativen Charakter hätten. Dies würde eine Perspektivenvielfalt widerspiegeln, die der Netzwerklogik gehorche. Hypertext dränge sich als kollaboratives Arbeits- und Ausdrucksmedium hierfür geradezu auf, was dazu passe, dass kollaborative Wissensproduktion in der Postmoderne selbst durch flexibel zusammengestellte Teams vernetzt zustande komme (Krameritsch 2009).

Noch in der Boomzeit der Hypertextforschung, zwischen den 1980er und den frühen 2000er Jahren, erblühte eine poststrukturalistische Strömung, deren Kernbotschaft mit Norbert Bolz auf die Formel gebracht werden kann: »So löst sich die Frage ›Was ist ein Autor‹ im *Docuverse* auf. Wo alles Geschriebene in Datenbanken aufgeht und dort von anderen Schreibern wiedergebraucht werden kann, entstehen unautorisierte, nämlich autorenlose Texte, die sich gleichsam im Lesen schreiben« (Bolz 1995, 223). In der Literaturwissenschaft und im Literaturbetrieb wurde die als verschwommen wahrgenommene Grenze zwischen Autor:in und Leser:in zum Anlass genommen, neue Formen fiktionaler Entscheidungsliteratur zu erkunden; als *Hyperfiction* gelten interaktive Formate, bei denen Leser:innen an vielen Stellen »abzweigen« und dadurch Einfluss auf den Plot oder gar die Story nehmen können.[3] Die Freiheiten dazu können eingeschränkt und durch Algorithmen unter Bedingungen gestellt werden (Bernstein 2015; → Algorithmus). Außerdem mögen die Inhalte auch darüber hinaus je nach Navigationsverhalten der Leser:innen modifiziert werden, was unter dem Schlagwort *adaptive hypermedia* firmiert. Die gleiche Mechanik kommt im Übrigen bei vielen Computer- und Videospielen zum Einsatz, in denen Entscheidungsbäume den Spielverlauf strukturieren. Die Grenzen zwischen Hyperfiction, Game Books und Videospielen sind hier fließend (→ Fiktion; Computerspiele).

Auch Museumsausstellungen, Angebote des E-Learning, Bedienungsanleitungen oder Software für persönliche Notizen warten mit hypertextuell-interaktiven Eigenschaften auf.

Am durchschlagendsten hat sich Hypertext aber in der Informatik und vor allem für das *World Wide Web* erwiesen: Während Nelson als originärer Visionär global vernetzter Inhalte gelten kann – er träumte von einer Verknüpfung jeglicher Literatur, was er als »docuverse« bezeichnete (Nelson 1993, 2/53) –, kommen Tim Berners-Lee und seinem Team am *CERN* das Verdienst zu, diese Grundidee in die Wirklichkeit umgesetzt zu haben. Das von ihnen seit 1989 geschaffene World Wide Web basiert auf der *Hypertext Markup Language* (HTML) und

---

3   Eine Übersicht zu früher Hypertextliteratur bieten Stuart Moulthrop und Dene Grigar (Moulthrop und Grigar 2015).

dem *Hypertext Transfer Protocol* (HTTP). Entscheidend ist dabei, wie Informationen auf einzelnen Seiten repräsentiert werden und die Seiten(-bestandteile) untereinander verlinkt sind. Bei Websites werden Inhalte nämlich im Normalfall auf jeweils eigenen Servern gespeichert, und zwar unabhängig davon, ob die gleichen Inhalte (zum Beispiel ein bestimmtes Zitat) auf anderen Websites ebenfalls zu finden sind. Gleiche Informationen »liegen« hier also an unterschiedlichen Orten, was Nutzer:innen nicht notwendigerweise nachvollziehen können. Nelson befürwortete hingegen, eine Information nur einmal an einem Ort zu speichern. Sie sollte dann als Baustein in jegliche »Dokumente« (Nelsons Äquivalent zu Websites) eingebunden werden, wodurch nachprüfbar bleibe, welche Informationen in welchen Dokumenten vorkommen und inwiefern dadurch inhaltliche Bezüge bestehen. Hier sind keine Verlinkungen, sondern *Transklusionen* am Werk. Nelson sieht darin eine strukturiertere Informationsarchitektur als das WWW, der er sein nie vollendetes Projekt *XANADU*[4] gewidmet hat. Der ganze Vergleich zeigt, dass Hypertext auch in Bezug auf Informationsinfrastrukturen sehr unterschiedlich gedacht und technisch begründet werden kann.

Wie erwähnt sind all die hier grob skizzierten Ansätze und Anwendungsfelder nur als Auswahl zu verstehen. Mehr ließe sich etwa zu hypertextuellem Web- und UX-Design, digitalen Lexika und Grammatiken, Social Media, Data Journalism, maschinellem Lernen und dessen strukturiertem Verknüpfen von Daten (etwa für KI-Sprachmodelle) oder non-linearen wissenschaftlichen Publikationsformaten sagen. Letztere beiden Punkte spielen für die Digital Humanities eine wichtige Rolle (→ Digitale Geisteswissenschaften). In solchen und vielen weiteren Feldern ist Hypertext als Konzept und Informationsarchitektur involviert; man darf sogar behaupten, dass Hypertext in Digitalgesellschaften omnipräsent ist. Das spricht einerseits für den großen Erfolg, den er bis heute zu verzeichnen hat. Dennoch wird der Begriff seit den 2000er Jahren deutlich weniger verwendet, auch wenn er in spezifischen Forschungsgebieten und -veranstaltungen weiterlebt. Es dominieren inzwischen Alternativen den Sprachgebrauch: digitale Literatur, interaktive Narrative, Netzwerkmedien oder etwa das Web in verschiedenen Varianten (z.B. Semantic Web).

---

4   Für Nelsons Konzept transkludierter Informationen sind besonders sein Aufsatz *A File Structure for The Complex, The Changing and the Indeterminate* (Nelson 1965) und seine Monografie *Computer Lib/Dream Machines* (Nelson 1974) aufschlussreich.

Abnehmendes Interesse trotz anhaltenden Erfolgs?

Ein wesentlicher Faktor für die absteigende Begriffskonjunktur dürften nicht eingelöste Versprechen und überambitionierte Hoffnungen sein, die den Hypertextdiskurs früh begleitet haben. Bush etwa proklamierte, *Memex* würde durch das assoziative Springen von einer Information zur nächsten menschlichen Kognitionsweisen entsprechen. Benutzer:innen würden sich daher auf »natürlichere« Weise Informationen aneignen als durch das Lesen klassischer Texte. Diese anthropologische Behauptung hat sich im Hypertextdiskurs als erstaunlich langlebig erwiesen (→ Anthropologie), obwohl sie nie hinreichend belegt werden konnte und schließlich in vehemente Kritik geriet (Zumbach/Rapp 2001, 29–31; Krameritsch 2007, 193–198). Unaufgelöst blieb ebenso die poststrukturalistische Lesart, wonach die Rollen von Autor:innen und den aktiven Leser:innen weitestgehend verschwömmen (insbesondere nach Landow 2006). Teilweise wurde sogar der von Roland Barthes beschworene »Tod des Autors« (Barthes 2000) diagnostiziert. Solche Thesen konnten sich nicht durchsetzen, blieben im Diskurs aber stark am Hypertext haften. Dies hat in den 2000er Jahren einen Abgesang auf den Hypertext ausgelöst, auch wenn dieser als verfrüht gelten kann, wie etwa Jakob Krameritsch betont (2007, 21–22).

Schließlich machen ausgebliebene Versprechungen die faktische Erfolgsgeschichte von Hypertext als Medium und Konzept nicht wett. Stattdessen können wir heute fragen, ob das Innovationspotenzial nicht noch weiter auszuschöpfen ist, indem man den Hypertextdiskurs kritisch weiterdenkt. Für die Informatik und das Webdesign sind Dateiformat-, Verlinkungs- und Transklusionskonzepte nach wie vor informativ. Auch für neue Entwicklungen im digitalen Literaturbetrieb dient sich ein Weiterdenken bisheriger Hypertextkonzepte an. So hat Nelsons Traum vom »*docuverse*« so manche:n in vergangenen Jahrzehnten vom Ende des Buchzeitalters, der »Gutenberggalaxie«, träumen lassen (Wetzel 1991). Bis dato nehmen Bücher (gedruckt wie digital) jedoch weiterhin eine starke Stellung in digitalen Gesellschaften ein. Ein Grund dafür ist sicher, dass klassische Textformate den konsekutiven Aufbau von Argumentationen und Narrativen besonders gut wiedergeben; in vielen Fällen sollen Leser:innen gar keine erschöpfende Fülle an Querbezügen und gleichberechtigte Alternativerzählungen an die Hand bekommen, sondern einen »Roten Faden« erkennen. Es erscheint zielführender, Nelsons Rede von der »*extended, generalized form of writing*« im wörtlichen Sinn als Kontinuum zu verstehen: Hypertext kann dank seiner Flexibilität viele Strukturen annehmen – von einer wenig verzweigten Form bis hin zum endlos erweiterbaren engmaschigen Netzwerk. Beim Herstellen von Hypertexten muss der Anspruch dann darin bestehen, medienkompetent aus diesem Möglichkeitsraum eine Form zu wählen, die am besten zum Kommunikationsvorhaben passt. Möchte man Gleichzeitigkeit, verflochtene historische Entwicklungen und andere komplexe Zusammenhänge vermitteln, hat eine Auswahl vordefinierter Erzählstränge (multi-lineare Struktur) gegenüber dem Netzwerk einen entscheidenden Vorteil: Sie geben besonders klar Argumentationen und Erzählungen wieder, *so wie sie der/die Wissenschaftler:in im Sinn hat*. Sie sind gleichzeitig allerdings pluralistisch und verzweigt. Leser:innen wird nicht die *totale* Kontrolle beim Navigieren gegeben, wodurch ein Mindestmaß an vermittelter Kohärenz gewahrt bleibt (Wachter 2021, 214–232).

Es lohnt sich also ein instrumentelles Verständnis von Hypertext, wonach aus dem gesamten Gestaltungsraum reflektiert und medienkompetent zu schöpfen ist. Die konzeptionellen Überlegungen des Hypertextdiskurses bieten dafür nach wie vor wertvolle Anknüpfungspunkte.

Zitierte Literatur

Barthes, Roland (2000). Der Tod des Autors. In: Jannidis, Fotis et al. (Hgg.). Texte zur Theorie der Autorschaft. Stuttgart, Reclam, 185–193.

Bernstein, Mark (2015). Getting Started with Hypertext Narrative. Friday Night Edition. Watertown (MA), Eastgate Systems.

Bolter, Jay D. (2001). Writing Space. Computers, Hypertext, and the Remediation of Print. Mahwah (NJ), Routledge.

Bolz, Norbert (1995). Am Ende der Gutenberg-Galaxis. Die neuen Kommunikationsverhältnisse. München, Fink.

Bush, Vannevar (1945). As We May Think. Atlantic Monthly 89, 101–108.

Eibl, Thomas (2004). Hypertext. Geschichte und Formen sowie Einsatz als Lern- und Lehrmedium. Darstellung und Diskussion aus medienpädagogischer Sicht. München, kopaed.

Engelbart, Douglas C. (1962). Augmenting Human Intellect. A Conceptual Framework. Menlo Park, Stanford Research Institute.

Fraase, Michael (1989). Macintosh Hypermedia. Volume 1. Reference Guide. Glenview, Scott, Foresman.

Iske, Stefan (2002). Vernetztes Wissen. Hypertextstrategien im Internet. Bielefeld, Bertelsmann.

Krameritsch, Jakob (2007). Geschichte(n) im Netzwerk. Hypertext und dessen Potenziale für die Produktion, Repräsentation und Rezeption der historischen Erzählung. Münster, Waxmann.

Krameritsch, Jakob (2009). Die fünf Typen des historischen Erzählens – im Zeitalter digitaler Medien. Zeithistorische Forschungen/Studies in Contemporary History 6, 413–432. doi.org/10.14765/zzf.dok-1807.

Kuhlen, Rainer (1991). Hypertext. Ein nicht-lineares Medium zwischen Buch und Wissensbank. Berlin/Heidelberg, Springer.

Landow, George P. (2006). Hypertext 3.0. Critical Theory and New Media in an Era of Globalization. Baltimore, Johns Hopkins University Press.

Moulthrop, Stuart/Grigar, Dene (2015). Pathfinders. Documenting the Experience of Early Digital Literature. https://scalar.usc.edu/works/pathfinders/index (zuletzt geprüft 2024-03-30).

Nelson, Theodor H. (1965). A File Structure for the Complex, the Changing, and the Indeterminate. In: Winner, Lewis (Hg.). ACM ›65: Proceedings of the 1965 20th National Conference. New York, Association for Computing Machinery, 84–100. doi.org/10.1145/800197.806036.

Nelson, Theodor H. (1974). Computer Lib/Dream Machines. Chicago, Eigenverlag.

Nelson, Theodor H. (1991). As We Will Think. In: Nyce, James N./Kahn, Paul (Hgg.). From Memex to Hypertext. Vannevar Bush and the Mind's Machine. Boston, Academic Press, 245–260.

Nelson, Theodor H. (1993). Literary Machines. The Report on, and of, Project Xanadu Concerning Word Processing, Electronic Publishing, Hypertext, Thinkertoys, Tomorrow's Intellectual Revolution, and Certain Other Topics Including Knowledge, Education and Freedom. Vers. 93.1. Sausalito, Mindful Press.

Nelson, Theodor H. (2002). Philosophy of Hypertext. PhD Dissertation. Tokyo, Keio University.

Storrer, Angelika (1999). Kohärenz in Text und Hypertext. In: Lobin, Henning (Hg.). Text im digitalen Medium. Linguistische Aspekte von Textdesign, Texttechnologie und Hypertext-Engineering. Opladen, Westdeutscher Verlag, 33–65.

Vater, Christian (2019). Die Wikipedia und das Software-Dispositiv. Eine digitale kollaborative Online-Enzyklopädie für die Turing-Galaxis – und die Geschichte des Hypertextes. Diskurse – digital. Sonderheft: Linguistische Wikipedistik 1, 1–25. doi.org/10.25521/DISKURSE-DIGITAL.2019.56.

Wachter, Christian (2021). Geschichte digital schreiben. Hypertext als non-lineare Wissensrepräsentation in der Digital History. Bielefeld, transcript. doi.org/10.14361/9783839458013.

Wetzel, Michael (1991). Die Enden des Buches oder die Wiederkehr der Schrift. Von den literarischen zu den technischen Medien. Weinheim, VCH, Acta Humaniora.

Zumbach, Jörg/Rapp, Andreas (2001). Wissenserwerb mit Hypermedien. Eine kognitionswissenschaftliche Betrachtung. In: Cölfen, Hermann/Liebert, Wolf-Andreas/Storrer, Angelika (Hgg.). Hypermedien und Wissenskonstruktion. Duisburg, Universität-Gesamthochschule Essen, 27–43.

Weiterführende Literatur

Barnet, Belinda (2013). Memory Machines. The Evolution of Hypertext. London, Anthem Press.

Wachter, Christian (2022). Knowledge Design trifft Mediendesign. Wissensstrukturen multimodal vermitteln. Geschichtstheorie am Werk. gtw.hypotheses.org/3343 (zuletzt geprüft 2024-03-30).

Wachter, Christian/Vater, Christian (2023). Hypertext. In: AG Digital Humanities Theorie des Verbandes Digital Humanities im deutschsprachigen Raum e. V. (Hg.). Begriffe der Digital Humanities. Ein diskursives Glossar. Wolfenbüttel, ZfdG. doi.org/10.17175/wp_2023_005.

Information

Rafael Capurro

Der Physiker und Philosoph Carl Friedrich von Weizsäcker hielt 1959 eine Konferenz unter dem Titel »Sprache als Information« in der Bayerischen Akademie der Schönen Künste ab. Weizsäcker schreibt:

> »Man beginnt sich daher heute daran zu gewöhnen, dass Information als eine dritte, von Materie und Bewusstsein verschiedene Sache aufgefasst werden muss. Was man aber damit entdeckt hat, ist an neuem Ort eine alte Wahrheit. Es ist das platonische Eidos, die aristotelische Form, so eingekleidet, dass auch ein Mensch des 20. Jahrhunderts etwas von ihnen ahnen lernt« (Weizsäcker 1974, 51).

Der von Weizsäcker angedeutete genealogische Weg bedeutet eine Entscheidung zu treffen, die alltägliche Bedeutung von Information im Sinne von »jemand etwas mitzuteilen« 2500 Jahre zurückzuverfolgen und sich zu fragen, welche Termini der gegenwärtigen Bedeutung entsprechen. Dabei kann es aber nicht nur darum gehen, Identitäten und Differenzen von Bedeutungen eines Ausdrucks, seiner Nutzung und Beziehungen zu analysieren, sondern auch Anknüpfungspunkte aus der Perspektive der Gegenwart herauszuarbeiten.

Geschichte des Informationsbegriffs

Der lateinische Ausdruck *informatio* hat zwei grundlegende Bedeutungen: Materie eine Form geben und Wissen mitteilen. Diese ontologischen und epistemologischen Bedeutungen sind eng miteinander verknüpft. Mit dem Präfix *in* wird eine Verstärkung der Handlung des Gestaltens ausgedrückt, wobei es auch im Sinne von Negation, wie etwa bei *informis* (ohne Form), gebraucht wird. Der Ausdruck kommt im klassischen Latein bei Vergil vor, wenn in der

Aeneis von Vulkan und den Zyklopen die Rede ist, die mit ihren Händen einen Blitz für Zeus gestalten (Aen. 6.424). Tertullian nennt Moses in einem pädagogischen Sinne »Gestalter des Volkes« (adv. Marc. 22.3: *populi informator*) – eine Bedeutung, die sich in einigen westlichen Sprachen viele Jahrhunderte durchhält (→ Ontologie).

Wenn wir dem von Weizsäcker angedeuteten Weg folgen, stellt sich die Frage, ob und in welchen Texten der klassischen und mittelalterlichen Tradition der Ausdruck *informatio* eine ontologische und epistemologische Bedeutung hat, die explizit eine Beziehung zu den griechischen Termini *idea/eidos* und *morphé* haben, wobei auch verwandte Termini wie *typos* (Prägung) oder *prólepsis* (Vorstellung) in Frage kommen. Die Antwort auf diese Frage fällt bei klassischen Autoren wie Cicero, Augustinus und Thomas von Aquin positiv aus. Cicero übersetzt in *De natura deorum* den epikuräischen Begriff *prólepsis* im Sinne von Vorstellung einer Sache, die in der Seele vor jedem Denken und jeder Untersuchung vorliegt (1.43). In *De oratore* erörtert er das Ideal der Beredsamkeit, indem der ideale Redner veranschaulicht wird (2.7: *informabo*); eine vornehmliche Fähigkeit besteht darin, die Formen anschauen zu können, »die Platon idéas nennt« (3.10). In der Rede *Pro Archia* schildert Cicero die Erziehung des Dichters Archias, der die Künste gelernt haben soll, womit die Jugend zum Menschen ausgebildet wird (3.4: *ad humanitatem informari solet*; vgl. Capurro 1978, 81–93).

Bei Augustinus wie auch bei Thomas von Aquin spielen die griechische Ontologie und Epistemologie in Verbindung mit dem Ausdruck *informatio* eine zentrale Rolle. In *De trinitate* nennt Augustinus den Wahrnehmungsprozess *informatio sensus* und verweist auf die platonische und aristotelische Metapher von der Einprägung (*imprimitur*) eines Ringes (griechisch *daktylos*, lateinisch *digitus*) im Wachs, womit das Eindringen, der Empfang und der Erhalt der Vorstellungen oder Formen der Gegenstände gemeint ist (11.2.3). Im Zusammenhang mit dem Begriff der Botschaft, könnte man diesen Prozess auch im Sinne von Kommunikation und Empfang einer als Botschaft verstandenen Form verstehen (Capurro 1978, 93–105).

Thomas von Aquin übersetzt den aristotelischen *Hylemorphismus*, also die Verbindung von Materie (*hyle*) und Form (*morphé*), mit *informatio materiae* und bettet sie in die christliche Schöpfungsmetaphysik ein. Thomas unterscheidet zwischen dem physischen und biologischen Formungsprozess (*per modum informationis*) und der göttlichen Handlung (*per modum creationis*). *Informatio* und *creatio* drücken eine grundlegende Differenz aus, die dem griechischen Denken fremd war. Der platonische Demiurg ist ein Töpfergott, der aus Sicht des

Thomas nur *per informationem* handelt, während der christliche Gott eine transzendente Ursache ist, die *ex nihilo* schöpft. Aus heutiger Sicht wird dadurch sowohl ein Unterschied als auch eine Kompatibilität zwischen Kreationismus und Evolutionismus hergestellt. Thomas unterscheidet aus epistemologischer Sicht zwischen *informatio sensus*, dem Wahrnehmungsprozess, und *informatio intellectus*, dem Erkenntnisprozess. Schließlich gebraucht er *informatio* im pädagogischen und ethischen Sinne von »Formung der Tugenden« (*informatio virtutum*) sowie der Sitten insgesamt (*informatio morum*; vgl. zum Ganzen Capurro 1978, 122–137).

Diese breite Anwendung des Ausdrucks *informatio* ist vielen mittelalterlichen Autoren gemein. Seit dem 18. Jahrhundert wird sie in Enzyklopädien und philosophischen Wörterbüchern festgehalten, manchmal mit dem Hinweis, dass die ontologische Bedeutung in der Alltagssprache nicht mehr gebraucht wird (Capurro 1978, 155–162). Dieser scheinbar neutrale und knappe Hinweis drückt in Wahrheit nicht weniger als einen paradigmatischen Wandel von der mittelalterlichen Weltauffassung zur Moderne aus. Die moderne subjektbezogene Auffassung von Information kommt sowohl in wissenschaftlichen Theorien als auch in alltäglichen Anwendungen vor. Der Übergang von Information von einem objektiven zu einem subjektiven Prozess gilt für vom Latein abgeleitete Sprachen wie das Spanische, Französische oder Italienische sowie vom Latein beeinflusste wie das Englische seit dem vierzehnten Jahrhundert (Capurro 1978, 140–145).

Tatsächlich handelt es sich bei diesem Wandel um nichts weniger als die stetige Transformation des mittelalterlich substanziellen in ein modern kommunikatives Subjekt, die durch den langsamen Verfall der scholastischen Philosophie verstärkt wird. Dieser Verfall hat seine Ursache im Aufkommen der modernen empirischen Wissenschaft seit dem 17. Jahrhundert (Peters 1988, 12). Der Übergang vom Mittelalter zur Neuzeit ist durch den Verlust der Bedeutung »etwas eine Form geben« und den Erhalt der Bedeutung »jemandem etwas mitteilen« gekennzeichnet. Markant lässt sich dies im Denken René Descartes' nachvollziehen. Die Gegenstände der Außenwelt hinterließen ihre Eindrücke im Gehirn, aber die dabei entstandenen Abbildungen seien keine »Ideen«, also keine wahren und sicheren Erkenntnisse. Ideen (*ideae*) seien die Formen unserer Gedanken, nicht insofern diese materiell im Gehirn eingeprägt seien, sondern sofern sie unseren Geist (*mens*, *esprit*) informierten (*informant* – Descartes 1996, 160–161; vgl. Lalande 1991, I, 514; → Geist).

Descartes Ideenlehre war wesentlich für Philosophen des modernen Empirismus und Rationalismus wie Francis Bacon, John Locke, George Berkeley,

David Hume oder Thomas Reid, die den Hylemorphismus sowie die scholastische Abstraktionstheorie verwarfen, obwohl diese Kritik in vielen Fällen ambivalent ist, etwa wenn sie Ausdrücke wie *information(s)* oder *impressions* verwenden (Capurro 1978, 162–169). Der Bruch zwischen Scholastik und Moderne findet weniger mit Bezug auf den Informationsbegriff selbst statt, als bezogen auf den Anwendungsbereich, der für die Moderne die Erkenntnis ist und nicht etwa natürliche oder kosmische Prozesse. Der moderne Informationsbegriff schließt metaphysische und theologische sowie teilweise auch pädagogische Implikationen im Sinne einer moralischen Besserung aus.

Das Informationszeitalter

Für das Informationszeitalter spielt der Informationsbegriff eine herausragende Rolle. Die Verbindung von Fachgebieten wie Bibliothekswissenschaft, Informatik und Ingenieurwesen etablierte sich im angelsächsischen Raum als *Library and Information Science*, im deutschsprachigen Raum wurde der Ausdruck Informationswissenschaft(en) verwendet (Capurro 1978, 230–239). Der Informationsbegriff wurde bereits seit Ende des 19. und zu Beginn des 20. Jahrhunderts durch Physiker und Ingenieure wie Ludwig Boltzmann, John von Neumann, Leo Szilard und Harry Nyquist gebraucht. Im Ingenieurwesen befasste sich vor allem Ralph V.L. Hartley mit Information im Kontext von elektrischen Übertragungssystemen (Hartley 1928). Dieser Ansatz wurde durch den bahnbrechenden Beitrag von Claude E. Shannon *The Mathematical Theory of Communication* weitergeführt (Shannon 1948; Shannon/Weaver 1949/1972).

Warren Weaver unterscheidet vor diesem Hintergrund drei Ebenen von Kommunikationsproblemen, die den syntaktischen, semantischen und pragmatischen Dimensionen von Sprache entsprechen (Shannon/Weaver 1949, 4): Ebene A – Wie genau können Zeichen bzw. Symbole übertragen werden? (das technische Problem); Ebene B – Wie präzise können Symbole die gewünschte Bedeutung übertragen? (das semantische Problem); Ebene C – Wie effektiv wirkt die empfangene Bedeutung in der gewünschten Weise? (Effektivitätsproblem).

Der semantische Aspekt des alltagssprachlichen Informationsbegriffs im Sinne von Bedeutung (*meaning*) wird von der nachrichtentechnischen Kommunikationstheorie nicht berücksichtigt. Weaver schreibt: »In particular, information must not be confused with meaning. In fact, two messages, one of which is heavily loaded with meaning and other which is pure nonsense, can be exactly equivalent, from the present viewpoint, as regards information.« Aber, so Weaver, »[t]his does not mean that the engineering aspects are necessarily irrelevant to the semantic aspects«. Daraus folgt: »[I]nformation is a measure of one's freedom of choice when one selects a message« (Shannon/Weaver 1949, 8–9). Letztere Aussage nimmt Abstand von Hartley, bei dem das Zeichenrepertoire zur Formung von *messages* feststeht. Wenn das nicht der Fall ist, spielt die Wahrscheinlichkeit eine große Rolle in Bezug auf die Frage, wie das Informationsmaß bestimmt werden soll. Shannons Antwort lautet: Information bedeutet das Maß für die Unwahrscheinlichkeit des Eintretens eines zufälligen Ereignisses. Ein notwendiges Ereignis oder eine bekannte Nachricht besitzen keine Neuheit, das heißt keine Information: »The greater this freedom of choice, and hence the greater the information, the greater is the uncertainty that the message actually selected is some particular one« (Shannon/Weaver 1949, 9). Auffallend ist hier der Gebrauch des Ausdrucks *message*. Es geht um die Vermittlung von Botschaften, deren Kodierung, Dekodierung und Übertragung mittels eines technischen Boten. Diese Kommunikationstheorie ist eine angeletische Theorie (von griechisch *angelos/angelia* für Bote/Botschaft; Capurro/Holgate 2011).

Indem Shannon die Begriffe Information und Botschaft aus den auf den Menschen bezogenen antiken und modernen epistemologischen Kontexten löst, eröffnet er neue Perspektiven für eine formale und technische Bestimmung. Zugleich bleiben aber die semantischen und pragmatischen Aspekte im Hinblick auf psychische und soziale Systeme relevant, in die technische Übertragungssysteme eingebettet sind. Zeitlich fallen diese Entwicklungen zusammen mit dem Beginn der Kybernetik von Norbert Wiener (Wiener 1948) und deren Auswirkungen auf eine interdisziplinäre Debatte, die von Fritz Machlup und Una Mansfield in *The Study of Information. Interdisciplinary Messages* erörtert wurde. Machlup ist dabei bemüht, die Shannonsche Theorie im Kontext menschlicher Kommunikation kritisch zu analysieren (Machlup/Mansfield 1983). Diese Debatte spiegelt die komplexe Geschichte des Informationsbegriffs wider, einschließlich der Worte und Zeichen, die ihr zugrunde liegen sowie ihres Bezugs zum Boten-/Botschaftsbegriff (Capurro/Holgate 2011). Es ist psychologisch fast unmöglich, schreibt Yehoshua Bar-Hillel, die Bedeutungsverschiebung von Information im Sinne von Zeichenfolge zu Information im Sinne der Bedeutung von Zeichen zu vermeiden (Bar-Hillel 1973, 284). Semantische und pragmatische Deutungen des Informationsbegriffs fanden seit den 1960er Jahren eine breite Anwendung in den sozialwissenschaftlichen Disziplinen (Capurro 1978, 223–230).

Bei der Verobjektivierung des Informationsbegriffs lassen sich bei oberflächlicher Betrachtung grundlegende Unterschiede zur griechisch-lateinischen Tradition feststellen: 1) Der platonische metaphysische Ort der Ideen wird nun durch die Natur und deren Evolution eingenommen; 2) an die Stelle der platonischen Auffassung von metaphysischer Teilnahme (*methexis*) tritt jetzt die (technische) Kommunikation; 3) die artifiziellen Informationsprozesse (*poiesis*) finden auf der Grundlage digitaler Technologie statt. Zugleich ist aber das moderne Subjekt nicht verschwunden. Für Carl Friedrich von Weizsäcker etwa ist Information erstens »nur, was verstanden wird« und zweitens »nur, was Information erzeugt« (Weizsäcker 1974, 351–352). Indem er sich auf die griechischen Begriffe *eidos/idea* und *morphe* bezieht, schlägt Weizsäcker eine Brücke zwischen der griechisch-lateinischen und der modernen Tradition, die auch die moderne cartesische Subjekt-Objekt-Dichotomie überwindet und menschliche und nicht-menschliche Informationsprozesse verbindet, ohne dabei die Unterschiede zu verwischen. Für Weizsäcker besteht ein produktiver oder hermeneutischer Zirkel zwischen Sprache und Information. Die zirkelhafte Bewegung ist für Weizsäcker Bedingung wissenschaftlichen Denkens. Zwischen der Mehrdeutigkeit der natürlichen Sprache und der Eindeutigkeit wissenschaftlicher Termini gibt es eine Rekursivität. Menschliche Beobachter sind endlich, das heißt, sie agieren im Rahmen von Sprache und natürlicher Evolution (Weizsäcker 1992).

Perspektiven

Auf der Basis eines dualen Informationsbegriffs entwickelte Holger Lyre eine Quantentheorie der Information, die den Inhalt von Information als eine ja/nein Entscheidung im Sinne eines quanten-theoretischen *qubit* potentieller Information fasst (Lyre 1998). In eine ähnliche Richtung geht die Theorie von Tom Stonier, für den sogenannte *infons* unabhängig vom menschlichen Denken als intrinsische Teile der Evolution existieren (Stonier 1997). In der Wissenschaft begann die Suche nach einer einheitlichen Informationstheorie, welche die subjektiven und objektiven Aspekte verbindet (Völz 1982–1983; Marijuan 1996; Capurro et al. 1999; Fleissner/Hofkirchner 1995). Wenn man Information mit Gregory Bateson als »a difference which makes a difference« fasst, stellt sich die Frage, welche Differenz der menschliche Beobachter macht (Bateson 1972, 453).

In der Tradition der Systemtheorie bemerkt Erhard Oeser, dass die Objektivität wissenschaftlicher Erkenntnis nicht die Eliminierung des kognitiven Subjektes bedeutet, sondern immer innerhalb eines intersubjektiven informationellen Prozesses stattfindet (Oeser 1976). Information hat immer ein System als Referenzrahmen, worauf auch die Kybernetik zweiter Ordnung von Humberto Maturana und Francisco Varela hingewiesen hat (Maturana/Varela 1980). Für Heinz von Foerster ist Information eine mentale Differenz im Beobachter, der eine Differenz in der Außenwelt konstruiert oder entdeckt (Foerster 1984). Der Soziologe Niklas Luhmann hat eine Theorie psychischer und sozialer Systeme entwickelt, nach der Kommunikationsprozesse aus drei Elementen bestehen: Sinnangebot (»Mitteilung«), Auswahlprozess (»Information«) und Einbettung im System (»Verstehen«). Er schreibt:

»Man sagt, die Kommunikation übertrage Nachrichten oder Informationen vom Absender auf den Empfänger. [...] Die Übertragungsmetapher legt das Wesentliche der Kommunikation in dem Akt der Übertragung, in die Mitteilung. [...] Die Mitteilung ist aber nichts weiter als ein Selektionsvorschlag, eine Anregung. Erst dadurch, dass diese Anregung aufgegriffen, dass die Erregung prozessiert wird, kommt Kommunikation zustande« (Luhmann 1987, 193f.).

Die philosophische Erörterung des Informationsbegriffs im 20. Jahrhundert hat einen reichen Ertrag erbracht (Capurro 1978, 240–276). Luciano Floridi hat eine Theorie der »semantischen Information« (*semantic information*) entwickelt (Floridi 2011). Wolfgang Hofkirchner hat unter dem Titel »Emergent Information« eine interdisziplinäre ganzheitliche Informationstheorie vorgelegt (Hofkirchner 2013). *The International Society for the Study of Information* organisiert seit 2015 alle zwei Jahre Konferenzen (IS4SI). Diese Konferenzen sind zugleich interdisziplinär und interkulturell. Wie komplex die interkulturellen Fragen sind, zeigte sich etwa bei der Konferenz 2015 mit Bezug auf die chinesische Tradition (Capurro 2016). Weitere Untersuchungen geben Hinweise auf arabische, persische und hebräische Wurzeln (Capurro 2014).

Im Mittelpunkt der gegenwärtigen Debatte stehen ethische und rechtliche Aspekte des Informationszeitalters (Kelly/Bielby 2016; Capurro 2017; 2022; → Daten; Ethik; Recht). Dabei stellt sich immer dringender die Frage, inwiefern angesichts von Desinformation und der gezielten Verbreitung von falschen Informationen (Froehlich 2017; 2021) nicht vom Zeitalter der Desinformation die Rede sein sollte (Schneider 2022). Diese Fragen schließen eine Kritik des digitalen Kapitalismus (Fuchs 2021) und des Überwachungskapitalismus (Zuboff 2018) sowie eine kritische Reflexion über den neuen Strukturwandel der Öffentlichkeit ein (Habermas 2022; → Kapitalismus; Überwachung).

Zitierte Literatur

Bar-Hillel, Yehoshua (1973). Language and Information. London, Addison-Wesley.
Bateson, Gregory (1972). Steps to an Ecology of Mind. Toronto, Chandler.
Capurro, Rafael (1978). Information. Ein Beitrag zur etymologischen und ideengeschichtlichen Begründung des Informationsbegriffs. München, Saur. https://www.capurro.de/info.html (zuletzt geprüft 2024-06-02).
Capurro, Rafael (2014). Apud arabes. Notes on Greek, Latin, Arabic, Persian, and Hebrew Roots of the Concept of Information. https://www.capurro.de/iran.html (zuletzt geprüft 2024-06-02).
Capurro, Rafael (2016). In Search of Ariadne's Thread in Digital Labyrinths. https://www.capurro.de/icil2016.pdf (zuletzt geprüft 2024-06-02).
Capurro, Rafael (2017). Homo digitalis. Beiträge zur Ontologie, Anthropologie und Ethik der digitalen Technik. Heidelberg, Springer.
Capurro, Rafael (2022). English Translation of the Preface to the Spanish Translation of Capurro 1978. https://capurro.de/information_preface2022.html (zuletzt geprüft 2024-03-30).
Capurro, Rafael/Holgate, John (2011) (Hgg.). Messages and Messengers. Angeletics as an Approach to the Phenomenology of Communication. München, Fink.
Capurro, Rafael/Fleissner, Peter/Hofkirchner, Wolfgang (1999). Is a Unified Theory of Information Feasible? A Trialogue. In: Hofkirchner, Wolfgang (Hg.). The Quest for a Unified Theory of Information. Amsterdam, Gordon and Breach, 9–30. https://www.capurro.de/trialog.htm (zuletzt geprüft 2024-03-30).
Descartes, René (1996). Œuvres Bd. 7. Hgg. Adam, Charles/Tannery, Paul. Paris, Vrin.
Fleissner, Peter/Hofkirchner, Wolfgang (1995). Informatio revisited. Wider den dinglichen Informationsbegriff. Informatik-Forum 9, 126–131.
Floridi, Luciano (2011). The Philosophy of Information. Oxford, OUP.

Foerster, Heinz von (1984). Observing Systems. Seaside, Intersystems.
Froehlich, Thomas (2017). A Not-So-Brief Account of Current Information Ethics. BiD 39.
Froehlich, Thomas (2021). Philosophical Musings on the Underbelly of Information Age. Informatio 26, 132–177.
Fuchs, Christian (2021). Das digitale Kapital. Zur Kritik der politischen Ökonomie des 21. Jahrhunderts. Wien, Mandelbaum.
Habermas, Jürgen (2022). Ein neuer Strukturwandel der Öffentlichkeit und die deliberative Politik. Berlin, Suhrkamp.
Hartley, Ralph V.L. (1928). Transmission of Information. Bell System Technical Journal 7, 535–563.
Hofkirchner, Wolfgang (2013) (Hg.). Emergent Information. A Unified Theory of Information Framework. Singapore, World Scientific Publishing.
Kelly, Matthew/Bielby, Jared (2016) (Hgg.). Information Cultures in the Digital Age. A Festschrift in Honor of Rafael Capurro. Wiesbaden, Springer.
Lalande, André (1991). Vocabulaire technique et critique de la philosophie. Paris, Presses Universitaires de France.
Luhmann, Niklas (1987). Soziale Systeme. Frankfurt a.M., Suhrkamp.
Lyre, Holger (1998). Quantentheorie der Information. Wien, Springer.
Machlup, Fritz/Mansfield, Una (1983) (Hgg.). The Study of Information. Interdisciplinary Messages. New York, Wiley.
Marijuán, Pedro (1996) (Hg.). First Conference on Foundations of Information Science. From Computers and Quantum Physics to Cells, Nervous Systems, and Societies. Bio Systems 38, 87–96.
Maturana, Humberto R./Varela, Francisco J. (1980). Autopoiesis and Cognition. Dordrecht, Reidel.
Oeser, Erhard (1976). Wissenschaft als Information. Wien, Oldenbourg.
Peters, John D. (1988). Information. Notes Toward a Critical History. Journal of Communication Inquiry 12, 10–24.
Schneider, Marco (2022). An era da desinformação. Rio de Janeiro, Garamond.
Shannon, Claude E. (1948). The Mathematical Theory of Communication. Bell System Technical Journal 27, 379–423; 623–656.
Shannon, Claude E./Weaver, Warren (1949). The Mathematical Theory of Communication. Urbana, University of Illinois Press [1972].
Stonier, Tom (1997). Information and Meaning. An Evolutionary Perspective. London, Springer.
Völz, Horst (1982/1983). Information I–II. Studie zur Vielfalt und Einheit der Information. Berlin, Akademie-Verlag.

Weizsäcker, Carl Friedrich von (1974). Die Einheit der Natur. München, dtv.
Weizsäcker, Carl Friedrich von (1992). Zeit und Wissen. München, Hanser.
Wiener, Norbert (1948). Cybernetics or Control and Communication in the Animal and the Machine. New York, MIT Press [1961].
Zuboff, Shoshana (2018). Das Zeitalter des Überwachungskapitalismus. Frankfurt a.M. u.a., Campus.

Weiterführende Literatur

Blair, Ann et al. (2021) (Hgg.). Information. A Historical Companion. Princeton/Oxford, Princeton University Press.
Burgin, Mark/Cárdenas-García, Jaime F. (2020). A Dialogue Concerning the Essence and Role of Information in the World System. Information 11. https://www.mdpi.com/2078-2489/11/9/406/htm. (zuletzt geprüft 2024-03-30).
Ott, Sascha (2004). Information. Zur Genese und Anwendung eines Begriffs. Konstanz, Uvk.

Kapitalismus

Philipp Staab

Unter dem Dachbegriff des digitalen Kapitalismus wird seit einigen Jahren eine immer größer werdende Zahl von Phänomenen thematisiert. Datenkraken wie Google sollen ebenso dazugehören wie selbstfahrende Autos, Ecommerce-Plattformen, Mobilfunknetze, Waschmaschinen mit Internetanschluss und vernetzte Produktionsanlagen. Was diese Phänomene genau miteinander zu tun haben, ist dabei nicht mehr so leicht auszumachen. Die naheliegende Antwort lautet: Sie basieren allesamt, zumindest teilweise, auf digitalen Basistechnologien und es handelt sich um Dinge, die in kapitalistische Verwertungsprozesse integriert sind. »Digital« plus »Kapitalismus« ergibt »Digitaler Kapitalismus«.

Diese Logik lässt sich noch weiterspinnen: Der Kapitalismus ist bekanntlich expansiv. Er versucht sich immer neue Bereiche der Gesellschaft, ja sogar individueller Subjektivität einzuverleiben. Dies tut er neuerdings verstärkt unter Zuhilfenahme digitaler Technologien. So kommt man recht schnell vom digitalen Kapitalismus der Ecommerce-Plattformen, Haushaltsrobotern und vernetzten Produktionsmaschinen zu jenem der Smart Cities, der Social-Media-Sucht, der Inszenierung des Selbst (Selfies!) und der manipulativen Wahlwerbung. Der Begriff entgrenzt sich hin zu einer Metapher, die im Grunde nur noch dazu dient, einen Zusammenhang zu suggerieren, den man empirisch nicht so recht ausweisen kann.

So gefasst dient der Begriff vor allem einer politischen Debatte, die er durch den zunächst nur behaupteten Zusammenhang ermöglicht. Das ist gar nicht wenig und auch nicht sinnlos, in einer analytischen Perspektive ist es aber unbefriedigend. Offen bleibt die Frage, worin sich das Ganze von bekannten Formen des Kapitalismus unterscheidet und ob man es tatsächlich mit einer neuen Stufe kapitalistischer Entwicklung zu tun hat. Im Folgenden möchte ich zwei Positionen skizzieren, die unterschiedliche Thesen über den analytischen Kern des digitalen Kapitalismus formulieren. Beide Positionen halten die Entwicklung des kommerziellen Internets für basal, in dem sich in den letzten 20 Jahren ein spezifischer Wirtschaftsraum entwickelt hat, der zum einen eigenen Regeln folgt und zum anderen im Begriff ist, sich immer neue Bereiche der Ökonomie zu unterwerfen.

Ökonomie der Daten – Imperativ der Überwachung

Eine gängige Position formuliert Shoshana Zuboff in ihrem Werk *Das Zeitalter des Überwachungskapitalismus* (2019). Sie lautet: Es geht um die Daten! Daten sind zunächst einmal das Nebenprodukt digitaler Kommunikation. Wann immer wir uns austauschen, hinterlassen wir Spuren, die einigen Unternehmen als eigene Profitquelle dienen. Die Leitfirmen dieser Entwicklung sind die Giganten der Online-Werbung, Google und Meta. Das gesamte kommerzielle Internet lässt sich Zuboff zufolge als gewaltiger Überwachungsapparat verstehen (→ Überwachung, Daten).

Auch viele andere Autor:innen argumentieren auf Basis dieser Prämisse, die im Grunde die Selbstbeschreibung von Firmen wie Google oder Facebook erst übernimmt und dann kritisiert. Zuboff hat sie freilich zu einer besonders umfassenden These über die Veränderung des Kapitalismus erweitert. Ihrer Darstellung nach wurde das Ausschussprodukt Daten im Laufe der Nullerjahre – zunächst von Google und (seinerzeit) Facebook – als der eigentlich profitable Rohstoff des kommerziellen Internets entdeckt. Statt das eigene Produkt wie ein solches zu behandeln und es beispielsweise in Portionen oder über Nutzerlizenzen zu verkaufen, habe man den Sekundärwert personenbezogener Daten erkannt. Auf ihrer Basis lassen sich detaillierte Profile einzelner Personen erstellen und über den Umweg der Werbung zu Geld machen. Die Extraktion des Rohstoffs Daten erfolgt durch eine umfassende Praxis der Überwachung. Da Kapitalimperative wirken, muss diese Extraktionsmaschinerie zudem stetig expandieren.

Zuboff zufolge haben in den letzten Jahren immer mehr Unternehmen begonnen, ihre Wertschöpfung auf Überwachungsprofite auszurichten, weshalb sie von einem schnellen Vormarsch des Überwachungskapitalismus ausgeht. Smarte Waschmaschinen, Ecommerce-Plattformen oder Haushaltsroboter sind in diesem Bild Teil des digitalen Kapitalismus, weil sie die Aneignung von Daten durch überwachungskapitalistische Konzerne ermöglichen. Das Neue am digitalen Kapitalismus ist der Aufstieg einer wirtschaftlichen Logik, die nicht auf das ressourceneffiziente Herstellen von Dingen gerichtet ist, sondern auf die Vermessung, Beeinflussung und letztlich Steuerung unseres Verhaltens.

Proprietäre Märkte als Strategie und Praxis

Meine Position lautet hingegen, dass es sich beim digitalen Kapitalismus um ein Projekt zum Aufbau proprietärer Märkte handelt (Staab 2019). Die Vorstufe solcher Märkte in Privatbesitz sind die Plattformunternehmen des kommerziellen Internets, die sich vielerorts als Handelsmonopole für bestimmte Dienstleistungen etabliert haben, etwa bei Taxifahrten, Musik- und Videostreaming oder Essenslieferungen. Diese Privatmärkte sind eingelassen in die sozio-technischen Ökosysteme einer kleinen Zahl von Leitunternehmen, insbesondere Alphabet, Amazon, Meta und Apple (Dolata 2015). Über die Bindung unserer Aufmerksamkeit kontrollieren diese Konzerne zunehmend, was wir überhaupt wahrnehmen. Diese Machtposition gleicht einer Goldgrube, weil auf immer kompetitiveren Verbrauchermärkten nur diejenigen etwas verkaufen können, die Wahrnehmung für ihre Produkte erzeugen können. Die überwachungskapitalistische Werbung ist nur ein Mittel zur Kontrolle dieser Wahrnehmung. In dieser Lesart speisen sich die Profite der marktgleichen Leitunternehmen aus unterschiedlichen Gebühren, die sie (auch in der Form von Werbeeinnahmen) für ihre Vermittler- oder besser gesagt Marktfunktion erheben.

Die Leitunternehmen des kommerziellen Internets agieren also nicht wirklich auf Märkten, deren Preisbildungsmechanismen sie beispielsweise verzerren könnten. Sie sind diese Märkte. Durch die stetige Expansion des eigenen Produkt- und Dienstleistungsportfolios und die Kontrolle der Distributionskanäle für die Produkte einer stetig steigenden Zahl externer Anbieter erweitern diese Privatmärkte permanent ihr Angebot. Auf der Nachfrageseite des Marktes, also bei den Konsument:innen, setzen sie dagegen auf unterschiedliche Lock-in Strategien: Zum einen werden die eigenen Systeme fortlaufend auf maximalen Komfort hin optimiert, um das Bedürfnis, in ein anderes System zu wechseln, zu reduzieren. Zum anderen macht man es den User:innen so schwer wie möglich, bestimmte Dienste außerhalb des eigenen Ökosystems zu nutzen.

Nehmen wir Zuboffs zentrales Beispiel Alphabet/Google: An der Unternehmensgeschichte kann man ablesen, dass das Unternehmen auf eine immer größere Varianz innerhalb seines Angebots gesetzt hat, um User:innen in das eigene Netzwerk zu integrieren: Zur Suchmaschine kamen der Kartendienst (*Maps*), das Gratis-Emailkonto (*Gmail*), das soziale Netzwerk (*Google+*; mittlerweile eingestellt), der Cloud-Speicher (*Drive*) und zahlreiche weitere Anwendungen hinzu. Der entscheidende Meilenstein war aber der Kauf von Android Inc. (2005) und die Präsentation des ersten Android-Betriebssystems für Mobilgeräte (2008) sowie des zugehörigen App-Stores. Betriebssystem und App-Store dienen als Basis diverser hauseigener Dienstleistungen, aber auch als Ort, an dem eine ständig wachsende Zahl von Drittanbietern eigene Produkte einstellt. Hier kommen Produzent:innen und Konsument:innen zusammen. Es handelt sich um einen Markt mit stetig und systematisch wachsendem Angebot.

Im Vergleich zu klassischen Produzentenmonopolen, denen man in der Wirtschaftstheorie vor allem eine verbraucherschädliche Preiskontrolle unterstellt, materialisiert sich die Macht des Marktbesitzes in vier unterscheidbaren Formen der Kontrolle: Informationskontrolle durch Überwachung ist dabei nur der erste Schritt, der im Übrigen nicht nur auf Konsument:innen, sondern auch auf die Produzent:innen zielt. Sie ermöglicht drei weitere Formen der Kontrolle: von Zugängen, von Preisen und von Leistungen. Auf Seite der Produzent:innen können sich Plattformunternehmen entscheiden, welcher Konkurrenz sie die Tür öffnen bzw. verschließen wollen – auf der Seite der Konsument:innen können sie kontrollieren, wer welche Angebote zu welchen Preisen zu sehen bekommt (Zugangskontrolle). Dies eröffnet nicht nur ein eigenes Geschäftsfeld, die algorithmische Preissetzung, sondern es ermöglicht den Plattformen auch eine lukrative Strategie der Preiskontrolle, die – anders als in der Monopoltheorie zu erwarten wäre – bisher vornehmlich zu Gunsten, nicht zu Lasten der Konsument:innen eingesetzt wird: Durch ihre Macht über die Angebotsseite wird es den Marktbesitzer:innen nämlich möglich, die Konkurrenz zwischen den Marktteilnehmer:innen im Dienste der eigenen Profite zu optimieren. So haben die Plattformbetreiber:innen beispielsweise die Möglichkeit, das Angebot strategisch zu erweitern, um die Preise für Konsument:innen zu senken (und damit die Umsätze zu steigern).

Das Profitmodell proprietärer Märkte ist die Besteuerung des Handels. Daher ist die Quantität des Warenumschlags wichtiger als die Höhe der jeweiligen Handelspreise. Die Plattformbetreiber:innen können außerdem – und sie tun dies tatsächlich – die von ihnen kontrollierten Marktinformationen und Zugänge nutzen, um eigene Angebote zu lancieren und zu bevorzugen. Schließlich macht die Bündelung von Kontrollmacht eine vierte Strategie möglich: Leistungskontrolle, also die Fähigkeit der Marktbesitzer:innen, den

Produzent:innen die Bedingungen der Leistungserbringung bis ins Detail zu diktieren. Ein besonders sichtbares Werkzeug sind dabei die auf Plattformen systematisch eingesetzten Kaufbewertungen, die von den Betreiber:innen nach eigenen Kriterien gestaltet werden können, um die Qualität einer Dienstleistung zu messen und die Disziplin auf Seiten der Produzent:innen zu erzwingen.

Infrastrukturoffensiven

Auf die eine oder andere Weise trifft die Logik proprietärer Märkte auf alle genannten Leitkonzerne zu, ohne dass einer von ihnen gänzlich auf dieses Modell reduziert werden könnte. Meta ist zuvorderst ein Anbieter sozialer Medien – aber es ist eben auch zu einer Art Markt für Informationen geworden, über den die Mehrheit der Menschen Nachrichten bezieht (Shearer/Gottfried 2017). Texte werden heute nach den durch Meta definierten Standards produziert, weil für Medienproduzenten die dort gebündelte Aufmerksamkeit unerlässlich ist. Amazon verdient zwar auch exorbitante Summen mit seiner Cloud-Sparte *Amazon Web Services*, stellt aber zugleich dasjenige Leitunternehmen dar, in dem über die eigene Handelsplattform die Logik der Kapitalisierung durch Marktbesitz am stärksten durchgesetzt ist und am nachdrücklichsten verfolgt wird. Die Firma steht dabei für den Versuch, das Modell proprietärer Märkte aus dem enger gefassten Bereich des kommerziellen Internets in die Welt der materiellen Dinge zu übersetzen. Apple weist auf den ersten Blick noch am ehesten Ähnlichkeiten mit herkömmlichen Produzent:innen auf, da es den überwiegenden Teil seiner Gewinne mit dem Verkauf von Endgeräten erwirtschaftet. Allerdings war Apple mit dem iPod und dem angebundenen iTunes-Store auch der Pionier des beschriebenen Profitmodells, und der App-Store ist nicht nur der Inbegriff eines umfassenden proprietären Markts, sondern auch eine schnell wachsende und immer wichtiger werdende Profitquelle.

Auch an der Investitions- und Akquisitionspolitik der Leitunternehmen lässt sich die Zielorientierung der Marktgleichheit ablesen. Die Konzerne haben vor allem in Finanztechnologie, Cloud und Künstliche Intelligenz investiert – allesamt Infrastrukturelemente proprietärer Märkte. Fintech-Anwendungen, insbesondere proprietäre Bezahlsysteme, runden das Profil der einzelnen Märkte an der Schnittstelle zu den Konsument:innen ab. Sie ermöglichen einerseits die Kontrolle der Zahlungsflüsse, andererseits die

Entwicklung neuer Sekundärprodukte mithilfe der auflaufenden Daten, etwa Bonitätsratings oder Konsumkredite. Die Kontrolle der Zahlungsflüsse durch proprietäre Systeme bietet den Plattformen zwei entscheidende Vorteile: Erstens erheben sie Transaktionsgebühren, was die Profite steigert. Zweitens werden Konsument:innen, vor allem aber Händler:innen und Produzent:innen über die Bezahlsysteme unmittelbar in die proprietären Märkte integriert.

Cloud-Anwendungen sind ein weiteres zentrales Infrastrukturelement. Sie ermöglichen die fortschreitende Integration des jeweiligen Produkt- und Dienstleistungsportfolios durch die Sicherung und Expansion von Informationskontrolle. In den Rechenzentren der Leitunternehmen werden sämtliche marktrelevante Daten der Nutzer:innen gespeichert und verwertet. Kein digitales Ökosystem funktioniert heute ohne diese im Hintergrund laufende Infrastruktur. Dass immer mehr Unternehmen, aber auch staatliche und andere Institutionen auf sie angewiesen sind, zeigt sich etwa am Bedeutungszuwachs des führenden Cloud-Anbieters *Amazon Web Services* (AWS).

Auch das Zauberwort *Künstliche Intelligenz* (KI) wird ein Stück greifbarer, wenn man sich seine Verwendung durch die Leitunternehmen des digitalen Kapitalismus ansieht (→ Künstliche Intelligenz). Der Begriff KI ist heute im öffentlichen Diskurs mit zwei unterschiedlich umfassenden Bedeutungen anzutreffen: erstens als Metapher für die fortschreitende Vernetzung von Dingen und Prozessen durch Algorithmen, wodurch beinahe jede Programmiertätigkeit irgendwie zu diesem Komplex gehört; zweitens spricht man in einem engeren Sinne von KI, wo es um Prozesse des maschinellen Lernens geht. Mit maschinellem Lernen ist gemeint, dass Algorithmen relativ selbstständig große Datensätze (Big Data) nach Mustern (Korrelationen) durchsuchen und aus den Ergebnissen Handlungsimplikationen ableiten (→ Algorithmus; Maschinelles Lernen). Big Data bildet die notwendige Basis dieser Technologie, und die Herrscher über die großen Datensätze sind ihre Leitunternehmen. Entsprechend hat die öffentliche Beunruhigung über KI viel mit dem Szenario zu tun, dass die Konzerne diese neue *general purpose technology* unter ihre exklusive Kontrolle bringen könnten. Den Leitunternehmen selbst geht es letztlich um die sukzessive Schließung der proprietären Märkte, indem eine weitere Schnittstelle zu den Konsument:innen besetzt wird.

Auf Seite der Konsument:innen zeigt sich diese Entwicklung vor allem mit Blick auf die konkreten Verwendungsweisen von KI. So kommen bislang vor allem Sprach- und Interaktionsassistenzprogramme zum Einsatz, die das Marktprofil der Leitunternehmen abrunden und erweitern. Diese Kontaktvereinfacher sollen es Konsument:innen noch leichter machen, auf den proprietären Märkten zu agieren. Man arbeitet an der Beseitigung eines der letzten Vorteile des stationären Handels: der sprachlich vermittelten Interaktion. In Form smarter Mikrofone wie der Echo-Linie von Amazon, des Apple-Homepod oder der Google-Home-Geräte rücken die Leitunternehmen noch näher an die Kundschaft heran.

Privatisierter Merkantilismus

Fragt man nach der analytischen Bedeutung der Formierung proprietärer Märkte, ist man weniger auf etwas vollkommen »Vorbildloses« (Zuboff 2019) als vielmehr auf etwas für die kapitalistische Ökonomie recht Ursprüngliches verwiesen. Mit den proprietären Märkten kehrt eine Idee zurück, die die frühkapitalistische, vorliberale Epoche in Europa prägte. Basis des Merkantilismus jener Zeit war ein Verständnis des Welthandels als Nullsummenspiel. Dies zeigte sich insbesondere an der Bedeutung einer aktiven Handelsbilanz, die das zentrale Ziel des merkantilistischen Staates darstellte. Wohlstand war aus dieser Perspektive nur durch die Übervorteilung anderer Parteien zu erreichen. Positive Handelsbilanzen wurden den »gegnerischen Parteien« gerade im Rahmen des Imperialismus regelmäßig durch Gewalt abgepresst, etwa mithilfe staatlich garantierter und geschützter Handelsmonopole wie der Britischen Ostindien-Kompanie, die von der englischen Krone unter anderem mit dem Recht ausgestattet worden war, eigene Truppen auszuheben (vgl. Wallerstein 1980).

Der große Unterschied zwischen dem im Entstehen begriffenen System proprietärer Märkte und dem klassischen Merkantilismus besteht in der jeweiligen Rolle des Staates. Es war der Staat, der die Handelsmonopole förderte, weil er von deren Gewinnen profitierte. Die Trading Companies waren in dieser Hinsicht Monopole von Gnaden des absolutistischen Staates. Die proprietären Märkte des kommerziellen Internets hingegen sind privatwirtschaftliche Unternehmen, die in jüngerer Vergangenheit gerade für diverse demokratieschädigende Praktiken in die Kritik geraten sind: Steuervermeidung etwa oder die Beförderung einer Fragmentierung der politischen Öffentlichkeit. Der Staat ist der große Verlierer dieser Entwicklung.

Wie der klassische Merkantilismus, der auf Handelsgewinne zielte, weil Produktivitätsgewinne kaum existierten, ist auch sein digitaler Wiedergänger ein Projekt für eine Welt ohne Wachstum. Im Zeichen der säkularen Stagnation (Summers 2013) des Gegenwartskapitalismus werden Geschäftsmodelle attraktiv, die auf das Abschöpfen von Renten durch Marktbesitz ausgerichtet sind. Der digitale Kapitalismus bricht in diesem Sinne mit jeder liberalen Spielart des Kapitalismus. Denn mit der Kontrolle des Marktes wird dieser als neutrale Instanz des Tausches praktisch abgeschafft. Im Kern des digitalen Kapitalismus verbirgt sich eine frühkapitalistische Praxis, die tatsächlich nicht auf das ressourceneffiziente Herstellen von Dingen gerichtet ist. Die Vermessung, Beeinflussung und Steuerung unseres Verhaltens mit neusten technischen Mitteln dient vielmehr der Extraktion einer neuen Form von Informationsrenten.

Eine frühere Version des Artikels erschien in der Zeitschrift für Sozialistische Politik und Wirtschaft 233.

Zitierte Literatur

Dolata, Ulrich (2015). Volatile Monopole. Konzentration, Konkurrenz und Innovationsstrategien der Internetkonzerne. Berliner Journal für Soziologie 24, 505–529.

Shearer, Elisa/Gottfried, Jeffrey (2017). News Use Across Social Media Platforms 2017. https://www.journalism.org/2017/09/07/news-use-across-social-media-platforms-2017 (zuletzt geprüft 2024-03-30).

Staab, Philipp (2019). Digitaler Kapitalismus. Markt und Herrschaft in der Ökonomie der Unknappheit. Berlin, Suhrkamp.

Summers, Lawrence H. (2013). IMF Fourteenth Annual Research Conference in Honor of Stanley Fischer. http://larrysummers.com/imf-fourteenth-annual-research-conference-in-honor-of-stanley-fischer (zuletzt geprüft 2024-03-30).

Wallerstein, Immanuel (1980). Modern World System II. Mercantilism and the Consolidation of the European World Economy. 1600–1750. New York, Academic Press.

Zuboff, Shoshana (2019). The Age of Surveillance Capitalism. The Fight for a Human Future at the New Frontier of Power. New York, PublicAffairs.

Weiterführende Literatur

Carstensen, Tanja/Schaupp, Simon/Sevignani, Sebastian (2023) (Hgg.). Theorien des digitalen Kapitalismus. Berlin, Suhrkamp.
Schaupp, Simon (2021). Technopolitik von unten. Berlin, Matthes & Seitz.
Seemann, Michael (2021). Die Macht der Plattformen. Politik in Zeiten der Internetgiganten. Berlin, Ch. Links Verlag.

Künstliche Intelligenz

Sebastian Rosengrün

Künstliche Intelligenz (KI) ist ein Schlag- und Modewort und genau als solches 1955 von John McCarthy in seinem berühmten Forschungsantrag für den Dartmouth Workshop geprägt worden. Er wollte im Sommer 1956 ein Seminar durchführen, basierend auf der Annahme, »dass grundsätzlich alle Aspekte des Lernens und anderer Merkmale der Intelligenz so genau beschrieben werden können, dass eine Maschine zur Simulation dieser Vorgänge gebaut werden kann« (McCarthy et al. 2006, 12; Übersetzung Wikipedia). Ebenjene Annahme bezeichnete McCarthy gegenüber der Rockefeller Foundation als »Künstliche Intelligenz«. Knapp 70 Jahre später ist KI ein etabliertes Teilgebiet der Informatik, Katalysator der Digitalisierungsdebatte und als solcher verbunden mit Erwartungen, Hoffnungen und Ängsten, die das gesamte Spektrum des politischen, gesellschaftlichen und wissenschaftlichen Diskurses umfassen. Nicht zuletzt deshalb ist KI ein wichtiges Thema der philosophischen Reflexion.

Dabei stellt sich zunächst die Frage, was KI überhaupt ist. Tatsächlich lässt sich der Begriff nur schwer aus seinem inflationären und vielfältigen Gebrauch heraus bestimmen. Auch eine Zerlegung in die Begriffsteile »künstlich« und »Intelligenz« wirft zahlreiche Schwierigkeiten auf, etwa, was genau »künstlich« (im Gegensatz zu »natürlich«?) bedeutet und was »Intelligenz« ist (vgl. Voigt/Rathmann 2021). Gleichzeitig besteht die Gefahr, einen gezielt als Schlagwort in einem Drittmittelantrag ausgewählten technischen Fachbegriff hinsichtlich seines Gehalts überzuinterpretieren. Daher ist es ratsam, zunächst einen wissenschaftlichen Begriff der KI zu skizzieren, um anschließend die philosophischen und gesellschaftlichen Implikationen eines solchen Begriffs aufzuzeigen. Grundsätzlich lassen sich in der wissenschaftlichen KI-Debatte zwei Begriffsverständnisse unterscheiden: Eines ist pragmatisch-technisch, das andere spekulativ-erforschend.

Begriffsverständnisse

Pragmatisch-technisch betrachtet ist KI ein Teilgebiet der Informatik, das sich mit der Frage beschäftigt, wie Probleme, für deren Lösung typischerweise menschliche Intelligenz erforderlich ist, mit Hilfe von Computern gelöst werden können. Gängige technische Definitionen beschreiben KI – ganz im Sinne des Dartmouth-Antrags – als eine Simulation rationalen Denkens bzw. bestimmter Teilaspekte menschlicher Intelligenz mit Hilfe von Maschinen (vgl. Russell/Norvig 2022). Um dies zu erreichen, kommen verschiedene Techniken der Softwareentwicklung zum Einsatz: (1) das maschinelle Lernen, (2) das maschinelle Sehen, (3) die Verarbeitung natürlicher Sprache, (4) das automatische Schlussfolgern und (5) die Planung und Optimierung (vgl. Rosengrün 2021a). Zumeist wird der KI-Begriff gar synonym zur Technik des Maschinellen Lernens verwendet, welche eingesetzt wird, um auf der Grundlage von artifiziellen neuronalen Netzen vorhandene Datensätze zu analysieren, Muster zu erkennen und diese zu Prognosezwecken auf unbekannte Daten anzuwenden (zur Funktionsweise Rosengrün 2021b, Kap. 1; → Maschinelles Lernen; Daten). Unklar ist, inwieweit man auch regelbasiertes Programmieren (d.h. Computerprogramme, die auf von menschlichen Entwicklern ausformulierten Regeln basieren) zur KI zählen sollte (→ Algorithmus). Das würde zwar der gängigen Marketingpraxis entsprechen, allerlei Softwareprodukte mit dem Label »Künstliche Intelligenz« zu bewerben, ohne dass dort die genannten KI-Techniken im engeren Sinne angewandt werden. Allerdings würde der KI-Begriff dadurch so weit gefasst, dass jedes Computerprogramm als künstlich intelligent klassifiziert werden müsste und man somit auf den KI-Begriff gänzlich verzichten könnte. Wenngleich dies folgerichtig wäre (Rosengrün 2021a), wäre es doch zu einfach, die Debatte über ein so wirkmächtiges Modewort damit einfach abzuschließen. Daher spreche ich im Folgenden von KI im pragmatisch-technischen Verständnis als Sammelbegriff für die oben genannten Techniken. Hierunter fällt auch das Gebiet der »Generative AI« (»generativen KI«), das seit der Veröffentlichung von ChatGPT durch das Unternehmen OpenAI im Herbst 2022 große mediale Aufmerksamkeit erfährt. Im Kern geht es darum, Texte (wahlweise auch Bilder und Töne) basierend auf mit Hilfe von Maschinellem Lernen erstellten Modellen (im Falle von Texten sogenannte »Large Language Models«) zu erzeugen, die zumindest den Anschein haben, originär beziehungsweise ›kreativ‹ zu sein und die gegenwärtig eine Fülle von Anwendungen in Wissenschaft, Wirtschaft, Kunst und Journalismus finden.

Neben diesem pragmatisch-technischen Verständnis kann man KI auch spekulativ-erforschend als interdisziplinäres Forschungsgebiet verstehen. Vorrangiges Ziel in dieser Richtung ist, menschliche Intelligenz und menschliches Bewusstsein mit Hilfe von Computern besser zu verstehen. Wenngleich die oben genannten Techniken der Softwareentwicklung auch hierbei zum Einsatz kommen können, ist KI in diesem Verständnis viel weiter gefasst und reicht neben der Informatik etwa in die Kognitionswissenschaften, Biologie, Chemie und Medizin, aber auch in die Philosophie des Geistes hinein. Das von der Europäischen Kommission im Jahr 2013 initiierte »Human Brain Projekt« etwa möchte – ausgestattet mit einem Budget von über einer Milliarde Euro – eine vollständige Computersimulation des menschlichen Gehirns schaffen, um daraus sowohl medizinische als auch kognitionswissenschaftliche Erkenntnisse zu ziehen und neue industrielle Anwendungen von KI-Technik zu ermöglichen (im pragmatisch-technischen Sinn). In einem weiteren Sinne zählen zu einem spekulativ-erforschenden KI-Verständnis auch biochemische Verfahren der »wet AI«, um Intelligenz »künstlich« zu schaffen (bzw. zu erforschen). Daraus ergeben sich jedoch teils andere Fragen als durch rein computerbasierte Ansätze, wenngleich künstliche neuronale Netze auch in der Modellierung von »wet AI« häufig eine tragende Rolle spielen.

Schließlich sind neben diesen wissenschaftlichen Verständnisweisen populistisch-sensationell geprägte (Miss-)Verständnisse von KI anzuführen, die eher im Grenzbereich von Science Fiction und Wissenschaft anzusiedeln sind, im populären und medialen KI-Diskurs aber einige Wirkmacht entfalten: Darunter fällt insbesondere der sog. Trans- und Posthumanismus und die von dieser Denkschule geprägte Debatte um eine sogenannte Super- oder Ultraintelligenz, die wahlweise die Menschheit versklaven, vor dem Untergang retten oder gar ganz ersetzen könnte (Loh 2018; Rosengrün 2021b, 65–81; → Transhumanismus). Die breite Faszination für solche Verständnisse und ihre mediale Verstärkung verdienen es als gesellschaftliches Phänomen durchaus, kulturgeschichtlich, sozialwissenschaftlich oder medienpsychologisch untersucht zu werden; darüber hinaus haben solch populistisch-sensationelle Verständnisse allerdings nur sehr wenig mit dem gegenwärtigen und absehbaren Stand der Technik zu tun (→ Geschichte; Medialität; Sozialität).

Bewusstsein

Insbesondere aus einem spekulativ-erforschenden Verständnis von KI heraus hat sich bereits in den 1950er Jahren eine vielfältige Debatte entwickelt, ob Computer/Maschinen wirklich intelligent sein, denken oder Bewusstsein haben können. Berühmt ist ein Beitrag des Computerpioniers Alan Turing von 1950, der die Frage, ob Computer denken können, jedoch »für zu belanglos« (Turing 1994, 52) hält und sie stattdessen ersetzen will durch die Frage, ob Computer ein von ihm vorgeschlagenes Imitationsspiel erfolgreich bestehen können (später als »Turing-Test« bezeichnet). Paradoxerweise gilt gerade der Turing-Test (und zahlreiche Erweiterungen/Variationen hiervon) heute weithin als Test für die laut seinem Erfinder belanglose Frage nach der Denkfähigkeit bzw. Intelligenz von Maschinen. Wegweisend für die philosophische Debatte ist bis heute die von John Searle vorgeschlagene Unterscheidung zwischen »schwacher« und »starker« KI: Schwach ist eine KI genau dann, wenn sie menschliches Denken (oder Teile davon) simuliert. Stark ist eine KI hingegen, wenn man ihr »buchstäblich *Verstehen* und andere kognitive Zustände zusprechen kann« (Searle 1994, 232).

Häufig ist auch in wissenschaftlichen Veröffentlichungen das Missverständnis anzutreffen, starke KI mit der »Artificial General Intelligence« (AGI) gleichzusetzen: AGI bezeichnet eine KI, die alle (oder zumindest viele) Aufgaben erledigen kann, die bisher nur mit Hilfe von menschlicher Intelligenz erledigt werden – und ist zu unterscheiden von spezifischer KI (auch »narrow AI«), die nur für einen bestimmten Aufgabentyp (Klassifikation von Bildern, Chatbots, Schachprogramme etc.) konzipiert wird (Rosengrün 2021b, 19–21). Ob eine AGI technisch möglich ist (und ob etwa die jüngsten Entwicklungen im Bereich der generativen KI bereits als erster Schritt zur AGI gesehen werden müssen), ist umstritten, hat aber nur bedingt mit der Bewusstseinsfrage im Sinne der Philosophie des Geistes zu tun: Genau wie eine schwache (hier und im Folgenden jeweils im Sinne von Searles Unterscheidung) AGI denkbar ist, wäre es zumindest kein begrifflicher Widerspruch, auch spezifische KI als stark zu bezeichnen.

Die Frage nach starker KI wird in allerlei Dimensionen diskutiert, beispielsweise, ob man einem Computer beziehungsweise einer Maschine Bewusstsein, Kognition, Denken, Emotionen, Sprachverstehen oder Kreativität zusprechen will. Einerseits bleibt dabei häufig unklar, wer oder was diejenigen Individuen sind, denen solche Eigenschaften (hier vereinfacht als »mentale Zustände« bezeichnet) zugesprochen werden: Software, Hardware oder gar nur möglichst androiden (d.h. »menschenartigen«) Robotern? (vgl. Rosengrün 2021a). Andererseits ist die Frage nach starker KI insofern unbefriedigend, als sie das grundsätzlichere Problem aufwirft, was genau unter mentalen Zuständen zu verstehen ist. In anderen Worten: Ob man starke KI für möglich hält, ergibt sich unmittelbar daraus, wie man das Leib-Seele-Problem beantwortet. Damit ist die seit jeher in der Philosophiegeschichte umstrittene Frage nach dem Verhältnis zwischen physikalischen und psychischen Zuständen bzw. Seinsweisen gemeint, deren Diskussion den Rahmen dieses Beitrags allerdings übersteigen würde (→ Geist).

Es ist jedoch wenig überraschend, dass starke KI zumeist im Zusammenhang mit Spielarten des sogenannten Funktionalismus vertreten wird, d.h. der These, dass sich mentale Zustände nicht durch ihre innere Verfasstheit definieren, sondern durch die Funktion, die sie innerhalb eines Systems einnehmen (wobei das System in der Regel analog zum Computer durch Input/Output modelliert wird). Diese Positionen zum Leib-Seele-Problem vertreten jedoch tendenziell einen ›schwachen‹ Begriff von mentalen Zuständen: Geist, Bewusstsein, Seele und ähnliche Größen werden auch beim Menschen nur als nützliche Fiktion oder Simulation verstanden, auf Input-Output-Funktionen reduziert oder das menschliche Gehirn wird gar mit einem Computer gleichgesetzt. Für Vertreter solcher Positionen liegt die Behauptung nahe, dass auch Computer (zumindest potenziell) mentale Zustände besitzen können.

Dabei handelt es sich jedoch erstens um einen Zirkelschluss und zweitens vertreten derartige Positionen streng genommen gar keine These der starken KI, sondern gehen stattdessen lediglich davon aus, dass menschliches Bewusstsein (mehr oder minder) der Funktionsweise eines Computers entspricht und damit vollständig erklärbar sei. Im Sinne der von Searle vorgeschlagenen Terminologie wird hier vielmehr die These vertreten, dass menschliche Intelligenz schwach sei. Überspitzt gesagt wird behauptet, dass der Mensch im Grunde genommen nichts anderes sei (bzw. nicht anders funktioniere) als eine auf elektronischen Schaltungen basierende Maschine. Dadurch besäße eine Maschine jedoch auch keine mentalen Zustände in einem philosophisch interessanten Sinn.

Aus all dem lässt sich die wesentliche Einsicht zur Diskussion um starke und schwache KI ableiten, dass jedes Nachdenken über KI unmittelbar ein Nachdenken über den Menschen bedingt. In anderen Worten: Wie wir Computer (aber auch Technik allgemein, vgl. etwa Heichele 2020) verstehen wollen, sagt viel mehr darüber aus, wie wir uns als Menschen verstehen wollen, denn darüber, welche Möglichkeiten und Grenzen KI hinsichtlich der Bewusstseinsfrage mit sich bringt. Diese grundlegende Einsicht und ihre Implikationen für Gesellschaft und Menschenbild hat der Computerpionier Joseph Weizenbaum in seinem weitsichtigen Buch *Die Macht der Computer und die Ohnmacht der Vernunft* bereits 1978 herausgearbeitet.

Implikationen

Es liegt nahe, KI als Technik mit vielen Chancen, aber auch Herausforderungen und Gefahren zu betrachten: KI (im pragmatisch-technischen Verständnis) zum Einsatz etwa beim autonomen Fahren, in autonomen Waffensystemen, bei der Entwicklung von Altenpflege wie auch militärischen Tötungsrobotern, in der biometrischen Videoüberwachung, in der zielgerichteten Werbung, in Entscheidungen über menschliche Schicksale (Bontitätsscores, Sozialprognosen, Bewerbungsverfahren etc.), bei der Erstellung von journalistischen und (künftig) auch wissenschaftlichen Texten, in der medizinischen Diagnostik, bei der Optimierung von Produktions- und Logistikprozessen, in Unwetterwarnsystemen, in der Kunst, in Computerspielen und in Telefonhotlines. Die Technik ist allgegenwärtig und es ist kaum möglich, die gesellschaftlichen Auswirkungen all dieser Anwendungen im Einzelnen aufzuzeigen. Vielmehr würde man es sich zu einfach machen, wenn man KI lediglich als ein Werkzeug verstünde, das man nur richtig einsetzen müsse, um seine Chancen zu nutzen und die Gefahren zu minimieren: »Technology is neither good nor bad; nor is it neutral« (Kranzberg 1986, 545; ferner Rosengrün 2021b, 114–120). Daher ist es auch nicht die vorrangige Aufgabe einer Ethik der KI, eine (sowieso unmögliche) Chancen-Gefahren-Bilanz dieser Technik zu ziehen. Vielmehr gilt es, aus Perspektive der philosophischen Ethik deutlich zu machen, dass KI inzwischen zu einem Paradigma der Digitalisierung geworden ist und als solches sich unmittelbar auf das gesellschaftliche Zusammenleben und das menschliche Selbstverständnis auswirkt (→ Ethik; Risiko).

Digitalisierung bedeutet nicht nur im Wortsinn (von engl. *digit*, die ›Ziffer‹) *Verzifferung*. Eine stufenlose, unscharfe, in unterschiedlichen Qualitäten daherkommende, sprich: analoge, Welt wird vermessen. Treffend und mit subtiler Ambiguität bezeichnet etwa Daniel Kehlmann die im 19. Jahrhundert einsetzende Aufbruchstimmung unter den »exakten« Einzelwissenschaften in seinem berühmten Romantitel als »Vermessung der Welt« (Kehlmann 2005). Die Digitalisierung knüpft an diese Aufbruchstimmung an, geht jedoch noch einen Schritt darüber hinaus: »Die Digitalisierung zerlegt die Welt in kleinste, homogene, aber als solche sinnlose Einheiten – mit der impliziten Annahme, Sinn und Bedeutsamkeit lassen sich aus Bits zusammensetzen« (Fuchs 2020, 28; zur Ideengeschichte der Digitalisierung Nassehi 2020; Gramelsberger 2023). Die Welt soll also nicht nur vermessen werden, sondern sie wird zunehmend mit dem Resultat dieser Vermessung gleichgesetzt. Durch die Reduktion der Welt (beziehungsweise einer steigenden Anzahl von einzelnen Phänomenen innerhalb der Welt) auf Ziffern werden diese (vermeintlich) berechenbar. Dabei jedoch bleiben all jene Teile der Welt außen vor, die sich nicht berechnen lassen, wie etwa Weizenbaum anhand seines Arguments vom Computer als »Instrument zur Zerstörung von Geschichte« ausführt: »[W]enn eine Gesellschaft nur jene ›Daten‹ als legitim anerkennt, die in ›standardisierter Form‹ vorliegen, so daß sie ›einem Computer leicht eingegeben werden können‹, dann ist Geschichte, dann ist Erinnerung überhaupt ausgelöscht« (Weizenbaum 1978, 313).

Die Verzifferung der Welt ist einerseits die technische Grundlage für jegliche Anwendung von KI: Phänomene wie das Wetter werden auf messbare Daten reduziert und damit künstliche neuronale Netze zur Vorhersage von Unwettern trainiert. Ebenso wird das Dasein von Menschen mitsamt ihren Erfahrungen verziffert, um künstliche neuronale Netze zu trainieren, die etwa als Grundlage für die Kreditwürdigkeit oder Sozialprognose einer Person dienen sollen. Bilder von malignen Melanomen werden auf ihre Pixel (die letztlich ebenfalls je eine Ziffer repräsentieren) reduziert, genau wie Bilder von menschlichen Körpern, um KI-basiertes Hautkrebs-Screening oder die biometrische Videoüberwachung zu ermöglichen. Andererseits ist die um sich greifende Verzifferung des gesellschaftlichen Alltags (oder gar der wahrnehmbaren Welt) ohne KI als Technik weder möglich noch überhaupt denkbar: Genau wie vor der Erfindung des Flugzeugs kaum ein Mensch das Ziel verfolgte, über den Atlantik zu fliegen (vgl. Gabriel 2020, 166–169), würde heute kaum eine Person das Ziel verfolgen, sich von einem Schachcomputer besiegen zu lassen oder eine wissenschaftliche Arbeit von einem Textgenerator verfassen zu lassen, wenn es nicht die Technik der KI gäbe.

Selbstverständlich ist eine stufenlose, unscharfe, in unterschiedlichen Qualitäten daherkommende Welt häufig unpraktisch. Daher muss es Aufgabe und Ziel sowohl von Wissenschaft als auch Technik sein, die Welt zu messen und zu berechnen, wo immer es möglich und sinnvoll ist. Im Hinblick auf KI gehören dazu unbestreitbar die vielfältigen und wichtigen Anwendungen der Medizin, aber auch zur Analyse und Auswertung von Daten in fast allen Naturwissenschaften. Die Optimierung von Produktions- und Logikprozessen durch KI oder KI-gestützte Innovationen wie das autonome Fahren bringen unstreitig wirtschaftliche Vorteile, deren gesellschaftliche Auswirkungen stets im Kontext des vorherrschenden Wirtschaftssystems bewertet werden müssen (→ Kapitalismus). Wie im vorigen Abschnitt aber schon deutlich geworden ist, geht jegliches Verständnis von KI stets mit einem bestimmten Menschenbild einher. Insbesondere dann, wenn Aspekte der menschlichen Gesellschaft, menschlicher Kultur oder der menschlichen Existenz mit Hilfe von KI ausgewertet oder berechnet werden sollen, muss man sich darüber im Klaren sein, dass dies nur möglich ist, wenn diese Aspekte als verzifferbar angesehen werden – und dass dadurch alles Stufenlose, Unscharfe und in unterschiedlichen Qualitäten Daherkommende, also all das, was Gesellschaft, Kultur und die menschliche Existenz überhaupt interessant macht, ausgelöscht wird (→ Anthropologie; Kultur).

Zitierte Literatur

Fuchs, Thomas (2020). Verteidigung des Menschen. Grundfragen einer verkörperten Anthropologie. Berlin, Suhrkamp.
Gabriel, Markus (2020). Der Sinn des Denkens. Berlin, Ullstein.
Gramelsberger, Gabriele (2023). Philosophie des Digitalen zur Einführung. Hamburg, Junius.
Heichele, Thomas (2020) (Hg.). Mensch – Natur – Technik. Philosophie für das Anthropozän. Münster, Aschendorff.
Kehlmann, Daniel (2005). Die Vermessung der Welt. Reinbek bei Hamburg, Rowohlt.
Kranzberg, Melvin (1986). Technology and History. »Kranzberg's Laws«. Technology and Culture 27, 544–560.
Loh, Janina (2018). Trans- und Posthumanismus zur Einführung. Hamburg, Junius.
McCarthy, John et al. (2006). A Proposal for the Dartmouth Summer Research Project on Artificial Intelligence, August 31, 1955. AI Magazine 27, 12–14.
Nassehi, Armin (2020). Muster. Theorie der digitalen Gesellschaft. Bonn, Bundeszentrale für Politische Bildung.
Rosengrün, Sebastian (2021a). Was ist KI und wenn ja, wie viele? In: Voigt, Uwe/Rathmann, Joachim (Hgg). Natürliche und Künstliche Intelligenz im Anthropozän. Darmstadt, WBG, 33–52.

Rosengrün, Sebastian (2021b). Künstliche Intelligenz zur Einführung. Hamburg, Junius.
Russell, Stuart J./Norvig, Peter (2022). Artificial Intelligence. A Modern Approach. Harlow, Pearson.
Searle, John (1994). Geist, Gehirn, Programm. In: Zimmerli, Walter Ch./Wolf, Stefan (Hgg.). Künstliche Intelligenz. Philosophische Probleme. Stuttgart, Reclam, 232–265.
Turing, Alan (1994). Kann eine Maschine denken? In: Zimmerli, Walter Ch./Wolf, Stefan (Hgg.). Künstliche Intelligenz. Philosophische Probleme. Stuttgart, Reclam, 39–78.
Voigt, Uwe/Rathmann, Joachim (2021) (Hgg.). Natürliche und künstliche Intelligenz im Anthropozän. Darmstadt, WBG.
Weizenbaum, Joseph (1978). Die Macht der Computer und die Ohnmacht der Vernunft. Frankfurt a.M., Suhrkamp.

Weiterführende Literatur

Geier, Fabian/Rosengrün, Sebastian (2023). Digitalisierung. Die 101 wichtigsten Fragen. München, C.H. Beck.
Rosengrün, Sebastian (2021). Künstliche Intelligenz zur Einführung. Hamburg, Junius.
Weizenbaum, Joseph (1978). Die Macht der Computer und die Ohnmacht der Vernunft. Frankfurt a.M., Suhrkamp.

Kultur

Johannes C. Bernhardt

Digitalität ist ein kulturelles Phänomen. Sie bezeichnet nicht nur die technischen Prozesse der Digitalisierung von Gegenständen, Arbeitsabläufen und Kommunikation, sondern auch die damit einhergehenden kulturellen Veränderungen. Doch so simpel diese Aussage auch klingen mag, sie wirft einen ganzen Komplex miteinander verschränkter Probleme auf. Seit den 1980er Jahren hat sich Kultur zu einem, wenn nicht *dem* zentralen Begriff wissenschaftlicher Debatten entwickelt: Viele Geistes- und Sozialwissenschaften haben sich als Kulturwissenschaften neu positioniert, angesichts der Vielzahl an Kulturbegriffen und *cultural turns* stellt sich aber die Frage, was Kultur überhaupt ist. Zudem finden sich im öffentlichen Diskurs nach wie vor Unterscheidungen zwischen Hoch- und Populärkultur, oft wird Kultur auch als gesellschaftlicher Sektor gefasst und allenthalben ist von Lern-, Unternehmens- und nun auch digitalen Kulturen die Rede. Schließlich ist die digitale Transformation ein zentrales Schlagwort der Gegenwart, die nicht weniger als einen übergreifenden Kulturwandel meint. Angesichts dieser komplexen Ausgangslage kann das Folgende nur ein Versuch sein, Breschen durch das Dickicht zu schlagen: Zunächst soll durch eine begriffliche Herleitung zumindest holzschnittartig umrissen werden, was unter Kultur zu verstehen ist; weitergehend werden dann Modelle vorgestellt, die Kultur und Digitalität ins Verhältnis setzen; auf diesen Grundlagen wird schließlich der Versuch unternommen, den digitalen Wandel selbst genauer zu umreißen.

Begriff und Konzept

Der Begriff der Kultur leitet sich vom lateinischen Verb *colere* ab, das man als pflegen, anbauen oder verehren übersetzen kann. Er gehört somit primär in den Kontext des Landbaus und meint die Gestaltung von Natur, etwa im Sinne des heutigen Ausdrucks der Kultivierung von Böden; bei Cicero findet sich die Übertragung des Substantivs *cultura* auf die Pflege der Seele, konstitutiv bleibt für den weiteren Diskurs aber der Gegensatz zur Natur. Natürlich kann man eine Geschichte kulturwissenschaftlichen Denkens von der Antike bis zu neuzeitlichen Denkern wie Montaigne, Vico und Pufendorf schreiben (Katschnig 2023). Der Dreh- und Angelpunkt für den Kulturbegriff war aber die Sattelzeit um 1800, in der sich auch Begriffe wie Gesellschaft, Geschichte und Kunst im Singular formierten. Einsetzen kann man mit Kant: Zum einen hat er den Kulturbegriff aus seiner Verbindung mit dem Begriff der Zivilisation gelöst und gegen die aristokratische Zivilisiertheit in Stellung gebracht; zum anderen war sein gesamtes philosophisches Programm auf eine Anthropologie angelegt, die seither als Zwillingsdisziplin der Kulturwissenschaften zu gelten hat; in seinen kritischen Schriften hat er schließlich das zentrale Problem herausgearbeitet, dass die Möglichkeiten der Vernunft die Erkenntnis der »Dinge an sich« nicht zulassen – und dies gilt natürlich erst Recht für die Kultur, die er konsequent als normatives Entwicklungsziel des moralischen Menschen bestimmte (vgl. Elias 1976).

Die bei Kant greifbare Konstellation von Begriff, Erkenntnis und Norm ist für die Formationsphase der Geisteswissenschaften durchaus typisch. Zum einen hat Herder einen alternativen Begriff von Kultur entworfen, der die gesamte Lebensweise historischer Kulturen meint, diese aber als geschlossene und homogene Einheiten begreift; ebenso charakteristisch entwickeln sich differenzierende Begriffe, die Kultur antithetisch zu Gesellschaft, Staat oder Religion konzipieren (vgl. Reckwitz 2012). Zum anderen hat Hegel darauf insistiert, dass sich über die Dinge an sich durchaus etwas wissen lässt: Da Erkenntnis von der Wirklichkeit ausgehen muss, hat sie auch in der Negation an dieser teil, im dialektischen Prozess gelangt der Geist zum absoluten Wissen; in seiner Geschichtsphilosophie erklimmt der Geist dann im dialektischen Fortschritt Stufe um Stufe und gelangt schließlich zur Freiheit. Die Debatte des 19. Jahrhunderts über Kultur ist natürlich vielfältig, Hegels Geist wird zum Stichwortgeber für das geisteswissenschaftliche Projekt eines umfassenden Verstehens der Wirklichkeit. Die normativen Hypotheken sind aber unverkennbar und geben vor allem Einblick in den Weltinnenraum bürgerlicher Identität: Moralität und Bildung, historische Gewordenheit, Homogenität von Kulturen, Fortschrittsglaube und Stufenmodelle werden Teil des Selbstverständnisses und wesentliche Begründungen für die Überlegenheit europäischer Hochkultur (vgl. Fisch 1992).

Maßgeblich für den Kulturbegriff wurden neue Antworten auf Kants Erkenntnisproblem und die Fokussierung auf Sinn, Bedeutung und Verstehen. Zunächst war die zweite Hälfte des 19. Jahrhunderts von fundamentalen Erschütterungen der bürgerlichen Kultur bestimmt: Marx' Wendung hegelianischen Denkens gegen die bourgeoise Klasse, Darwins evolutionstheoretische Entzauberung des Menschen und Freuds psychoanalytische Infragestellung der Vernunft. Angesichts dieser Infragestellungen und der Erfolge der empirischen Naturwissenschaften formierten sich zu Beginn des 20. Jahrhunderts die Sozialwissenschaften, wofür exemplarisch Max Weber stehen kann: Ins Zentrum seiner verstehenden Soziologie stellte er die Sinnbedürftigkeit des Menschen und entwickelte mit seinen Idealtypen ein Verfahren, das Begriffe und Typologien nicht abstrakt, sondern aus der empirischen Untersuchung soziokultureller Phänomene ableitet (Weber 1922). Zudem entwarf Ernst Cassirer (1923–29) ein kulturwissenschaftliches Programm, nach dem sich der Mensch die sinnlich erfahrbare Welt durch die symbolische Zuschreibung von Sinn erschließt. Schließlich entwickelte Edmund Husserl (1936) die Philosophie zur Phänomenologie weiter, die sich den Dingen nicht an sich, sondern der intentional bestimmten Wahrnehmung ihrer Erscheinungen und ihrer Bedeutung für menschliche Lebenswelten zuwendet; damit gab er sowohl für Heideggers Daseinsphilosophie als auch Gadamers Hermeneutik entscheidende Anstöße, die den Akt des Verstehens selbst in konkrete und immer kulturell vorgeprägte Situationen stellt (Gadamer 1960).

Parallel vollzog sich der *linguistic turn*, der die sprachliche Bedingtheit von Erkenntnis und die Bedeutung von Regeln, Praktiken und Strukturen ins Zentrum stellte. Zum einen versuchte sich Ludwig Wittgenstein während des ersten Weltkriegs an einer formal-logischen Begründung wahrer Aussagen über die Wirklichkeit, um diese in den 1940er Jahren zu verwerfen, auf die ambivalente Bedeutung von Aussagen zu fokussieren und die Regelbildung menschlicher Lebensformen herauszuarbeiten; im Kontext des englischsprachigen Pragmatismus wurde er damit zum Stichwortgeber für Theorien, die Kultur als Grundlage und Ausdruck menschlicher Praktiken konzeptionalisieren (vgl. Schatzki 1996). Zum anderen hat Ferdinand de Saussure die linguistische Unterscheidung zwischen Zeichen und Bedeutung eingeführt und Sprache als Zeichensystem gefasst. Der Strukturalismus der Nachkriegszeit hat die Vorstellung, dass sich Bedeutung und Sinn in Zeichensystemen entfalten, dann auf andere Felder übertragen, prominent etwa Claude Lévi-Strauss auf die ethnologische Untersuchung von Verwandtschaftsstrukturen. Durchaus ähnlich zur Wende im Oeuvre Wittgensteins legte der Poststrukturalismus dann wiederum den Schwerpunkt auf das Problematische und Ambivalente in kulturellen Strukturen, sei es Michel Foucault in seiner Analyse von Diskursen und der daraus resultierenden Machtkritik, Gilles Deleuze in der Konzeption des Rhizoms als herrschaftsfreier Wissensordnung oder Jacques Derrida mit seiner Methode der Dekonstruktion vermeintlicher Eindeutigkeiten; mit Pierre Bourdieus Habituskonzept kam es schließlich auch in dieser Linie zu einer Besinnung auf kulturelle Praktiken (vgl. Bourdieu 1993; zum Ganzen Reckwitz 2012).

Auch technologische Entwicklungen wirkten sich auf den Kulturbegriff aus. Durch die formale Logik und die Linguistik ergaben sich Schnittstellen zur mathematischen und maschinellen Umsetzung geistiger Prozesse. Alan Turing (1950) etwa setzte sich intensiv mit Wittgenstein auseinander und lieferte mit seiner Turing-Maschine und dem Turing-Test entscheidende Impulse für die Entwicklung künstlicher Intelligenz (→ Algorithmus); ebenso einflussreich war die Kybernetik Nobert Wieners (1952), die Analogien zwischen menschlichem Gehirn und maschineller Steuerungstechnik herausstellte und auf die Analyse von Gesellschaften übertrug. Diese Impulse wurden in den Sozialwissenschaften unter funktionalistischen und konstruktivistischen Vorzeichen aufgenommen, eine wirkmächtige Synthese stellt die Systemtheorie von Niklas Luhmann dar: Konsequent stellte er maschinelle, organische, soziale und psychische Systeme nebeneinander und entwarf anhand der Unterscheidung von System und Umwelt ein Modell zur Beschreibung der funktional ausdifferenzierten Gesellschaft (Luhmann 1984; → Sozialität). Hatte die ältere Systemtheorie Kultur noch als gesellschaftliches Teilsystem der latenten Wertorientierung gefasst, stand Luhmanns Systembegriff in deutlicher Spannung zum Kulturbegriff, was seinen Teil zu den Auseinandersetzungen über die kulturwissenschaftliche Neuausrichtung ab den 1980er Jahren beitrug. Einen radikalen Gegenpol bildet Friedrich Kittler (1985; 2000), der die technologischen Entwicklungen unter poststrukturalistischen Vorzeichen aufgriff und für eine Neuorientierung auf die mediale Bedingtheit sowohl von Kultur als auch Erkenntnis plädierte (→ Technizität).

Als Disziplin etablierte sich die Kulturwissenschaft seit den 1960er Jahren. Im englischsprachigen Raum wandten sich die *Cultural Studies* von Gegenständen der Hochkultur ab und stellten populäre, Alltags- und Arbeiterkulturen ins Zentrum; in Frankreich lag in Fächern wie der Geschichtswissenschaft unter dem Schlagwort der *Mentalité* ohnehin schon lange ein Fokus auf kulturellen Zusammenhängen; in Deutschland verloren sozialwissenschaftliche Ansätze in den 1980er Jahren an Boden, die Wende 1989 katalysierte dies weiter. Entscheidende Impulse lieferten die methodisch neu aufgestellte *Cultural Anthropology* und die besonders komplexe Auseinandersetzung mit dem Fremden. In dieser Richtung legte Clifford Geertz seine berühmte Definition von Kultur vor: »Ich meine mit Max Weber, dass der Mensch ein Wesen ist, das in selbst gesponnene Bedeutungsgewebe verstrickt ist, wobei ich Kultur als dieses Gewebe ansehe« (Geertz 1983, 9). Die Kulturwissenschaften sind durch Interdisziplinarität und eine Vielzahl an Begriffen bestimmt, die Konzeption von Kultur als relationaler Ordnung von Sinn und Bedeutung hat sich aber weitgehend durchgesetzt; im Gegensatz zu früheren Anläufen setzt die Untersuchung solcher Ordnungen nun aber an den Wahrnehmungen, Erfahrungen und Praktiken der jeweils untersuchten Menschen selbst an. Hatte die Debatte damit alle Vorstellungen der Sattelzeit hinter sich gelassen, hat Philippe Descola (2011; 2023) in seinen anthropologisch-vergleichenden Studien gezeigt, dass auch die grundlegende Unterscheidung zwischen Natur und Kultur eine europäische Besonderheit ist und dass die in der Neuzeit einsetzende rationalistisch-erkenntnisorientierte Tradition nur eine von vier kulturellen Figurationen darstellt.

Kultur und Digitalität

Die Geschichte der westlichen Moderne ist auch eine Geschichte der Problematisierung von Kultur. Einerseits kann man die Entwicklung des Kulturbegriffs als große Bewegung sehen, mit Kants Erkenntnisproblem fertig zu werden und aus essenzialisierenden Begriffen auszubrechen. Nach Webers empirisch gewonnenen Idealtypen setzt Geertz in der Untersuchung seiner Gegenstände auf *dichte Beschreibung*. Andererseits bleibt aber auch relationales Verstehen auf verbindliche Begriffe angewiesen. Mieke Bal (2002) etwa setzt in ihrer Methodik der Kulturanalyse auf zwischen den Disziplinen *wandernde Begriffe*, während sich in der Philosophie gegen Kant und relativistische Tendenzen der Kulturwissenschaften Positionen wie der *Neue Realismus* oder an Hegels Dialektik ansetzende Anthropologien formieren (Gabriel 2016; Feige 2022). Schließlich kreisen auch alle *cultural turns* um Begriffe und erweitern damit laufend das Forschungsfeld: Seien es Dimensionen menschlicher Existenz wie Raum, Zeit und Materie, Themen wie Emotion, Text- und Bildlichkeit oder Phänomene wie Performativität, Postkolonialität und Translationalität (vgl. Bachmann-Medick 2018; → Raum; Emotion; Bilder). Die Spannung von Erkenntnismöglichkeit und Begriffsbedingtheit hat eine unübersichtliche

Pluralisierung der Ansätze zur Folge, wirklich auflösen lässt sie sich aber nicht und sollte vor allem als reflexives Programm gesehen werden: Menschen und ihre Kulturen immer wieder neu und komplementär zu durchdenken und danach zu fragen, was sich als konstant und als variabel erkennen lässt.

Die begriffliche Bestimmung von Digitalität ist momentan in vollem Gange. Aus soziologischer Perspektive hat Armin Nassehi die Frage gestellt, warum Digitalisierung eigentlich so erfolgreich ist. Seine Antwort: Seit sich in der Sattelzeit der Begriff der Gesellschaft formierte, geht es um die Suche nach tieferliegenden Mustern, die durch die Verfügbarkeit digitaler Daten auf eine ganz neue Grundlage gestellt wird (Nassehi 2019; → Daten). Erweist sich Digitalität in dieser Lesart als integraler Bestandteil der Kultur der Moderne, hat der Kulturwissenschaftler Felix Stalder ab den 2000er Jahren die Entstehung der *Kultur der Digitalität* angesetzt und anhand der Begriffe Referentialität, Gemeinschaftlichkeit und Algorithmizität charakterisiert: Nutzer:innen digitaler Medien wählen auf Plattformen für sie Relevantes aus und bilden neue Referenzzusammenhänge; Bedeutung entfalten diese im größeren Rahmen von Vergemeinschaftungen, die zum Teil nur noch im Digitalen existieren; schließlich stehen sowohl Individuen als auch Gemeinschaften für diese Praktiken algorithmische Suchmaschinen oder KI-Assistenten zur Verfügung (Stalder 2016). In der Philosophie steht momentan der Begriff der Virtualität hoch im Kurs, um das Digitale nicht nur als Simulation oder Gegenüber, sondern als Bestandteil und Erweiterung der Realität zu fassen; David Chalmers maßgebliches Buch trägt durchaus programmatisch den Titel *Realität+* (Chalmers 2023; → Simulation; Virtualität). Jörg Noller hat Stalders *Kultur der Digitalität* schließlich aufgegriffen und für die Vermessung der digitalen Lebenswelt ontologisch refundiert – in dieser Lesart stellt sich Virtualisierung als kulturelle Praxis dar, die der Erschließung von Räumen der Freiheit dient und zur Lebensform des Menschen schlicht dazugehört (Noller 2022).

Die Implikationen der Digitalisierung werden häufig auch selbst als *digital turn* bezeichnet. Meist werden darunter eher allgemein die Veränderungen von Forschungspraktiken und die Integration digitaler Methoden in die Geistes-, Sozial- und Kulturwissenschaften verstanden (→ Digitale Geisteswissenschaften). Man kann aber auch tiefer ansetzen: So wie der *linguistic turn* als Megaturn charakterisiert worden ist, der Impulse für alle *cultural turns* gegeben hat, kann man auch Digitalität als Megaturn fassen, der sich nun auf alle *cultural turns* auswirkt. Denkt man etwa an die Entwicklungen um Künstliche Intelligenz, Sprachmodelle und ChatGPT, dann erscheint Sprache nicht mehr nur als performatives Instrument etwa in Sprechakten; vielmehr wird sie nun selbst performant und tritt in neue Beziehungen zum Menschen (→ Künstliche Intelligenz; Maschinelles Lernen). Jenseits von Debatten über Intelligenz, Kreativität oder Vernunft wirft dies vor allem die Frage auf, wer nun eigentlich wie kulturelle Bedeutung generiert. Um diesen Fragen empirisch nachzugehen, bieten sich praxeologische Ansätze und Modelle der *Science Studies* besonders an: Bruno Latours Akteur-Netzwerk-Theorie etwa eignet sich für die Beschreibung komplexer Konstellationen von Menschen und Maschinen, erlaubt die Zuschreibung von je eigener Handlungsmacht und ist offen für eine Vielzahl menschlicher Existenzweisen (Latour 2014; → Anthropologie).

Digitalität der Kultur

Die Tiefe des digitalen Wandels ist schwierig zu bestimmen. Besonders markant hat Luciano Floridi den Durchbruch der Informations- und Kommunikationstechnologien auf den Begriff der 4. Revolution gebracht: Nach den drei Infragestellungen neuzeitlicher Weltbilder durch Kopernikus, Darwin und Freud hat sich der Computer von der Turing-Maschine zu einem universal einsetzbaren und hyperkonnektiven Instrument entwickelt, das durch die Prozessierung des Denkens zur vierten Infragestellung wird; Leben in der Infosphäre charakterisiert er durch die neuartige Identität des *onlife* und bestimmt den Menschen im Spannungsfeld von Information und Organismus als *inforg* (Floridi 2015; → Geist; Information). Floridis Überlegungen sind nach wie vor grundlegend, aber inmitten der digitalen Transformation scheint mir ein Urteil verfrüht, ob es sich nun um eine revolutionäre Disruption oder evolutionäre Intensivierung der Moderne handelt.

Weniger weitreichend möchte ich zur Charakterisierung der gegenwärtigen Situation den Begriff der *Gleichzeit* vorschlagen. Als Gegenpol zur Sattelzeit scheint er mir geeignet, zentrale Konvergenzen von Kultur und Digitalität zu beschreiben: Zum einen hat der *spatial turn* den Raum als kulturell flexibles Konstrukt erwiesen, was mit Erfahrungen der Globalisierung und fluiden geopolitischen Ordnungen korrespondiert. Die nachhaltigste Dimension der Globalisierung ist aber zweifellos die Digitalisierung: Datenströme durchdringen die Welt, reorganisieren sie als Netzwerk und spannen im Internet einen virtuellen Raum auf, der sich zwar laufend verändert, aber zu jedem Zeitpunkt und von jedem Ort aus gleichräumig betreten werden kann (vgl. Castells 2017; → Netzwerk). Zum anderen hat sich aus kulturwissenschaftlicher Perspektive auch die Zeit als flexible Größe erwiesen, ein totaler Präsentismus und die Beschleunigung von Zeiterfahrungen sind wiederkehrende Diagnosen der Gegenwart. Im Internet verbreiten sich Nachrichten in Echtzeit, historische Tiefe verlagert sich in die Informationsnetzwerke der Hypertexte, Gleichzeitigkeit wird zum bestimmenden Prinzip (vgl. Noller 2022; → Hypertext); zugleich hat die allgegenwärtige Rede von digitaler Transformation und Zukunftsfähigkeit den eigenwilligen Effekt, dass die Gegenwart selbst wie eine abgeschlossene Vergangenheit erscheint (→ Zukunft). Schließlich hat der *material turn* den nichtsprachlichen Eigensinn der materiellen Umwelt zur Geltung gebracht, Materie ist nicht mehr passive Verfügungsmasse, sondern selbst Akteurin menschlicher Lebenswelten. Im *Internet of Things* wird dies ganz konkret erfahrbar, Dinge fällen algorithmische Entscheidungen, handeln danach und treten dem Menschen gleichmächtig gegenüber (→ Materie). Fasst man die *Gleichzeit* als transformative Phase, scheinen mir Gleichräumigkeit, Gleichzeitigkeit und Gleichmächtigkeit die Signatur zu sein (vgl. zum Begriff auch das ganz anders ausgerichtete Projekt Salzmann/Waldman 2024).

Kultur ist schließlich das entscheidende Feld der (Selbst-)Kritik. Wer über die Auswirkungen des Digitalen sprechen möchte, kann über damit einhergehende Probleme rechtlicher, ethischer und ökologischer Art nicht schweigen, zumal alle Prozesse der Digitalisierung von wirtschaftlichen Interessen getrieben werden und – durchaus analog zur *Dialektik der Aufklärung* nach Adorno und Horkheimer – ihre eigenen Mythologien gebären (→ Recht; Risiko; Ethik; Kapitalismus; Transhumanismus). Es ist daher eine Sache, die Ausbildung der Kultur der Digitalität analytisch zu fassen, eine ganz andere, dies jenseits von utopischen und dystopischen Räsonnements kritisch zu bewerten. Entscheidend ist aber vor allem, Analyse und Kritik produktiv ins Verhältnis zu setzen und eine bedeutungsvolle Vision davon zu entwickeln, was die Digitalität der Kultur selbst sein kann und soll.

Zitierte Literatur

Bachmann-Medick, Doris (2018). Cultural Turns. Neuorientierungen in den Kulturwissenschaften. Hamburg, Rowohlt.
Bal, Mieke (2002). Kulturanalyse. Frankfurt a.M., Suhrkamp.
Bourdieu, Pierre (1993). Sozialer Sinn. Kritik der theoretischen Vernunft. Frankfurt a.M., Suhrkamp.
Cassirer, Ernst (1923–29). Philosophie der symbolischen Formen. Berlin, Cassirer.

Castells, Manuel (2017). Der Aufstieg der Netzwerkgesellschaft. Wiesbaden, Springer.
Chalmers, David (2023). Realität+. Virtuelle Welten und die Probleme der Philosophie. Berlin, Suhrkamp.
Descola, Philippe (2011). Jenseits von Natur und Kultur. Berlin, Suhrkamp.
Descola, Philippe (2023). Die Formen des Sichtbaren. Eine Anthropologie der Bilder. Berlin, Suhrkamp.
Elias, Norbert (1976). Über den Prozeß der Zivilisation. Frankfurt a.M., Suhrkamp.
Feige, Daniel Martin (2022). Die Natur des Menschen. Eine dialektische Anthropologie. Berlin, Suhrkamp.
Fisch, Jörg (1992). Zivilisation, Kultur. Geschichtliche Grundbegriffe 7, 679–774.
Floridi, Luciano (2015). Die 4. Revolution. Wie die Infosphäre unser Leben verändert. Berlin, Suhrkamp.
Gabriel, Markus (2016). Sinn und Existenz. Eine realistische Ontologie. Berlin, Suhrkamp.
Gadamer, Hans-Georg (1960). Wahrheit und Methode. Grundzüge einer philosophischen Hermeutik. Tübingen, Mohr Siebeck [1990].
Geertz, Clifford (1983). Dichte Beschreibung. Beitrage zum Verstehen kultureller Systeme. Frankfurt a.M., Suhrkamp.
Husserl, Edmund (1936). Die Krisis der europäischen Wissenschaften und die transzendentale Phänomenologie. Den Haag, Nijhoff [1962].
Katschnig, Gerhard (2023). Geschichte der Kulturwissenschaft. Tübingen, UTB.
Kittler, Friedrich (1985). Aufschreibesysteme 1800/1900. München, Fink.
Kittler, Friedrich (2000). Eine Kulturgeschichte der Kulturwissenschaft. München, Fink.
Latour, Bruno (2014). Existenzweisen. Eine Anthropologie der Modernen. Berlin, Suhrkamp.
Luhmann, Niklas (1984). Soziale Systeme. Grundriß einer allgemeinen Theorie. Frankfurt a.M., Suhrkamp.
Nassehi, Armin (2019). Muster. Theorie der digitalen Gesellschaft. München, C.H. Beck.
Noller, Jörg (2022). Digitalität. Zur Philosophie der digitalen Lebenswelt. Basel, Schwabe.
Reckwitz, Andreas (2012). Die Transformation der Kulturtheorien. Zur Entwicklung eines Theorieprogramms. Weilerswist, Velbrück.

Salzmann, Sasha Marianna/Waldman, Ofer (2024). Gleichzeit. Briefe zwischen Israel und Europa. Berlin, Suhrkamp.
Schatzki, Theodore (1996). Social Practices. A Wittgensteinian Approach to Human Activity and the Social. Cambridge, CUP.
Stalder, Felix (2016). Kultur der Digitalität. Berlin, Suhrkamp.
Turing, Alan M. (1950). Computing Machinery and Intelligence. Mind LIX, 433–460.
Weber, Max (1922). Wirtschaft und Gesellschaft. Tübingen, Mohr Siebeck [1980].
Wiener, Norbert (1952). Mensch und Menschmaschine. Kybernetik und Gesellschaft. Frankfurt a.M., Metzner.

Weiterführende Literatur

Bachmann-Medick, Doris/Nünning, Ansgar/Kugele, Jens (2020) (Hgg.). Futures of the Study of Culture. Interdisciplinary Perspectives, Global Challenges. Berlin, De Gruyter.
Bennett, Tony/Frow, John (2008) (Hgg.). The Sage Handbook of Cultural Analysis. London, Sage.
Katschnig, Gerhard (2023). Geschichte der Kulturwissenschaft. Tübingen, UTB.

Leben

Daniel Martin Feige

Im Kontext der jüngsten Diskussionen zum Thema Künstliche Intelligenz wird häufig die These vertreten, dass geistige Fähigkeiten nicht notwendig in der Weise verwirklicht werden, wie es beim Menschen der Fall ist: auf der Grundlage von Prozessen und Strukturen, die durch die natürliche Evolution herausgebildet worden sind. Der vorliegende Beitrag wird diese unter Rückgriff auf einen der meistdiskutierten Begriffe der Philosophie der letzten Jahre kritisieren: den Begriff des Lebens. Die sich um den Begriff des Lebens rankenden Debatten sind insofern für Fragen einer Theorie der Digitalität relevant, als sie Argumente dafür entwickeln, dass wir nur lebendigen Wesen Bewusstsein, Intelligenz usf. zuschreiben können. In diesem Sinne haben sie Konsequenzen auch für Fragen einer Theorie der Künstlichen Intelligenz und der Robotik. Ich werde im Folgenden in entsprechende Debatten in vier Schritten einführen. Ich beginne mit Bemerkungen zum Begriff des Lebens in der Biologie. Im zweiten Schritt werde ich Michael Thompsons Überlegungen zum Begriff der Lebensform vorstellen. Im dritten Schritt werde ich unter Rückgriff auf Überlegungen Matthew Boyles auf den Unterschied zwischen menschlichem und nicht-menschlichem Leben eingehen. Ich schließe mit einem Ausblick auf die Relevanz dieser Überlegungen für Theorien Künstlicher Intelligenz und der Robotik.

Biologie

Die Naturwissenschaften unterscheiden sich nicht allein durch ihre Methoden voneinander, sondern Unterschiede in den Methoden werden vielmehr auch erklärlich durch die unterschiedlichen Gegenstände, die sie jeweils erforschen (vgl. dazu Dupré 1993). Beschäftigt sich die Physik mit den allgemeinen Gesetzen, die die unbelebte Materie im Großen wie im Kleinen (von der Kosmologie bis zur Quantenmechanik) bestimmen, handelt es sich bei der Biologie um die Wissenschaft des Lebendigen. Ihr vereinheitlichendes Prinzip erhält die Biologie in einer Verbindung der Einsichten Darwins und Mendels: Das Leben entwickelt sich in Form der natürlichen Evolution, ihr Medium sind genetische Reproduktionsprozesse; Dobzhansky hat entsprechend wirkmächtig festgehalten: »Nothing in Biology makes Sense except in the light of Evolution« (Dobzhansky 1973).

Es kann allerdings nicht behauptet werden, dass der Begriff des ›Lebens‹ innerhalb der Biologie hinreichend geklärt ist. Das hat damit zu tun, dass sich die Biologie in ihrem Selbstverständnis als empirische Wissenschaft schwer damit tut, die Begriffsexplikation selbst wiederum anders denn als eine empirische Explikation zu verstehen. Wenn unter den für die Definition notwendigen Bedingungen hier z.B. ›Organisation‹ auftaucht (vgl. paradigmatisch Curtis 1969, auf die Thompson 2011 verweist), so krankt ein solch empirisches Aufzählen von Bedingungen daran, dass die Art von Organisation unklar bleibt und insgesamt die spezifische Art von Einheit aus dem Blick gerät, die lebendige Phänomene aufweisen. Ein Begriff der ›Organisation‹, der als Begriff so gebaut ist, dass er zunächst sowohl einen Aspekt von Texten, Universitäten wie von Molekülen beschreibt, kann nicht nachträglich dadurch als ›Organisation des Lebendigen‹ spezifiziert werden, dass er definitorisch mit anderen Bedingungen zusammentritt. Und selbst der Verweis darauf, woraus lebendige Dinge (mit Blick auf ihre Entstehung und/oder Aufrechterhaltung) aufgebaut sind und dass sie als Organismen genetische Informationen enthalten (vgl. Sadava et al. 2014, 2ff.), die den Aufbau von Proteinen spezifizieren, ist mit dem Problem konfrontiert, dass damit zwar bioinformatische Grundlagen des Lebens auf der Erde benannt werden, die Information, woraus dieses auf biochemischer Ebene aufgebaut ist, die Frage aber keineswegs beantwortet, was ›Leben‹ ist. Wir kommen nicht von einem Begriff der Materie oder der Substanzen durch das Hinzufügen des Gedankens, dass diese hier irgendwie besonders organisiert sei oder in spezifischen Dimensionen der Materie verkörpert ist, zu einem Begriff des Lebens.

Lebensformaussagen

Gegen eine empirische Definition von Leben spricht, dass der Begriff des Lebens in bestimmter Weise immer schon vorausgesetzt werden muss, um überhaupt Phänomene im Rahmen der Unterscheidung lebendig-unlebendig zu sortieren. Michael Thompson hat auf der Grundlage solcher Argumente dafür plädiert, den Begriff des Lebens nicht im Rahmen einer empirischen Definition zu explizieren, sondern seine Irreduzibilität gegenüber physikalischen und chemischen Begriffen anhand der besonderen Art von Allgemeinheit in den Blick zu nehmen, die Aussagen über Lebendiges kennzeichnet (vgl. Thompson 2011, Teil 1). Wir unterscheiden Lebendiges von Unlebendigem durch den Gebrauch von ›aristotelisch-kategorialen‹ Aussagen (oder auch ›Lebensformaussagen‹), die sich in Sätzen der Form ›Das S ist (oder hat oder tut) F‹ ausdrücken und die damit einen Gattungsnamen mit einem prädikativen Ausdruck zusammenbringen. Sie sind von einer spezifischen Allgemeinheit, denn sie sind auch dann gültig, wenn einige oder viele Individuen, die unter den Begriff der Gattung fallen, das gar nicht sind, haben oder tun, was die aristotelisch-kategoriale Aussage sagt. Aus der Tatsache, dass ich einen Milchzahn nicht verloren habe, wird die Lebensformaussage, dass Menschen ihre Milchzähne verlieren, nicht widerlegt, so wenig wie ich deshalb nicht länger ein Mensch bin. Entsprechende Aussagen gehen mit einer spezifischen Normativität einher: Ein Rotluchs, der drei Beine hat und der sich nicht fortpflanzen kann, mit dem stimmt etwas nicht. Das ist kein menschliches Urteil, das ich etwa in die Natur projizieren würde, sondern im Reich des Lebendigen gibt es entsprechende vollwertige oder privative Verwirklichungen dessen, was im Begriff der jeweiligen Lebensform steckt. Diese Normativität betrifft auch die Kontextualität von Lebensformaussagen: Entwicklungen wie Tätigkeitsformen von Lebewesen haben eine charakteristische Kontur. Im Begriff des Samens eines Baumes steckt, dass aus ihm einmal ein Baum werden wird, wenn alles seinen geregelten Gang nimmt in dem Sinne, dass er keine natürlichen Defekte aufweist und die Umgebung seiner Lebensform angemessen ist. Dasselbe gilt für charakteristische Tätigkeitsmuster: Etwas als ›ernähren‹, ›jagen‹, ›fortpflanzen‹, ›wachsen‹ usf. zu beschreiben, heißt etwas zu beschreiben, was ein Lebewesen als Träger einer Lebensform jeweils tut.

Eine entsprechende logische Analyse des Lebensbegriffs ist dabei keineswegs mit dem Darwinismus und damit dem Gedanken, dass Lebensformen durch natürliche Selektion entstanden sind und sich durch sie verändern, inkompatibel. Der entscheidende Punkt ist allein, dass mit den Begriffen der Physik oder Chemie ebenso wenig wie mit einem empirischen Verständnis eines biologischen Begriffs des Lebens ›Leben‹ angemessen zu explizieren ist. Entsprechend hält Michael Thompson fest: »In der Naturgeschichte wird eine bestimmte Art der Einheit, in die Dinge gebracht werden, zum Gegenstand einer eigenständigen Bezugnahme und Diskussion gemacht. In ihr operieren wir mit der Idee von etwas, das sich durch einen Strom aus Individuen und individuellen Ereignissen fortbewegt, die unter seiner Überschrift vereint sind. Natürlich wird sie am Ende zerfallen und verbrennen und nur eine endliche und begrenzte Anzahl von Trägern gehabt haben, aber was die Lebensform betrifft, so könnte sie für immer fortbestehen« (Thompson 2017, 59f.). Ein entsprechender Begriff des Lebens im Sinne einer Analyse von Lebensformaussagen ist nicht nur vereinbar mit der These, dass die Träger von Lebensformen durch die natürliche Evolution entstanden sind, sondern auch mit der These, dass es kategoriale Unterschiede im Reich des Lebendigen gibt.

Transformation

Die bislang mit Michael Thompson entwickelten Überlegungen betreffen die logische Grammatik des Lebensbegriffs. Bereits Aristoteles hat in seiner wirkmächtigen Schrift *De Anima* allerdings nicht allein die lebendige von der unbelebten Natur abgegrenzt, sondern auch verschiedene Formen des Lebendigen unterschieden: Pflanze, Tier und Mensch (Aristoteles 1995). Diese Unterschiede hat er anhand des Spektrums von Vermögen, die das Lebendige kennzeichnen, vorgenommen, nämlich Ernährung, Fortbewegung, Wahrnehmung und Vernunft. Ernährung kennzeichnet Pflanze, Tier und Mensch, Fortbewegung und Wahrnehmung Tier und Mensch und die Vernunft den Menschen.

Der Clou der aristotelischen Unterscheidung besteht nun darin, dass mit Blick auf die entsprechenden Vermögen die jeweils ›unteren‹ Vermögen ihren Sinn ändern, wenn das jeweilige ›höhere‹ Vermögen dazukommt. ›Ernährung‹ heißt etwas anderes in dem Fall, in dem wir es mit einem Lebewesen zu tun haben, dass auch über die Fähigkeiten der ›Fortbewegung‹ und der ›Wahrnehmung‹ verfügt. Anders gesagt: Die Vermögen stehen nicht in einem additiven, sondern in einem transformativen Verhältnis. Das hat auch Konsequenzen für die Frage, welche Rolle Lebensformaussagen für das spielen, was wir sind. Matthew Boyle hat diesen Gedanken in prägnanter Weise derart ausbuchstabiert, dass ›Vernunft‹ als Vermögen, das den Menschen von anderen Arten von Tieren unterscheidet, nicht so zu begreifen ist, dass es sich hier um ein Vermögen oder eine Eigenschaft handelt, die zu dem, was wir mit anderen Arten von Tieren teilen, noch zusätzlich hinzukommt. ›Vernunft‹ als dasjenige, was den Menschen von der restlichen belebten Natur unterscheidet, meint keine Eigenschaft, sondern die Art und Weise, auf die wir als Menschen überhaupt Eigenschaften haben (vgl. Boyle 2017).

Um die transformative These an einem Beispiel mit Blick auf das Vermögen der ›Wahrnehmung‹ zu verdeutlichen: Sowohl Tiere als auch Menschen sind Lebewesen, die Aspekte ihrer Umwelt wahrnehmen. Sie nehmen sie aber in formal anderer Weise wahr: Während das Tier auf Aspekte der Umwelt im Lichte biologischer Imperative des Überlebens und der Fortpflanzung reagiert, sieht, hört, schmeckt und fühlt ein menschliches Wesen etwas als etwas (vgl. dazu weitergehend McDowell 1996, Lecture I–III). Wenn Vernunft in formaler Weise dadurch charakterisiert wird, dass wir Lebewesen sind, die deshalb denken und handeln, weil sie Gründe für Überzeugungen haben und in ihrem Tun etwas als ein Gutes sehen, so hängt Vernunft begrifflich mit dem Verfügen über Begriffe zusammen. Unsere begrifflichen Vermögen informieren in diesem Sinne selbst noch unser Wahrnehmungsvermögen.

Die transformative These ist attraktiv, da sie nicht allein die rückblickende Transformation der jeweils ›höheren‹ Vermögen behauptet, sondern eben auch die Notwendigkeit der jeweils ›niederen‹ Vermögen. Vernunft steht nicht im luftleeren Raum, sondern sattelt auf Ernährung, Fortbewegung und Wahrnehmung auf; ohne jene gäbe es auch diese nicht. In diesem Sinne lässt sie sich folgendermaßen zuspitzen: Ein vernünftiges Lebewesen zu sein, heißt ein Lebewesen einer bestimmten Art zu sein. Im Umkehrschluss besagt sie zugleich: Ein vernünftiges Wesen kann nur ein Wesen sein, dass ein lebendiges Wesen ist.

Bevor ich abschließend die Konsequenzen dieser Thesen für Fragen der Digitalisierung skizziere, noch eine Anmerkung zur Variante der anthropologischen Differenz, die in den hier vorgestellten Debatten vertreten wird. Die anthropologische Differenz besagt, dass es einen kategorialen Unterschied zwischen dem Menschen und dem Rest der lebendigen Natur gibt. Sie ist in der Tradition von Aristoteles und im Kontext des Christentums zumeist im Sinne einer normativen These verstanden worden: Der Mensch ist, insofern er ein vom Tier kategorial unterschiedenes Lebewesen ist, zugleich ein höherstehendes und damit auch wertvolleres Lebewesen. Diese Konsequenz muss man aber gar nicht aus der aristotelischen These ziehen. Man kann sie auch so lesen, dass sie betont, dass wir in formal anderer Weise auf die Welt und uns selbst gerichtet sind als Tiere und Pflanzen. Aus ihr lässt sich also kaum ein Diskurs etwa zur Rechtfertigung von Massentierhaltung herleiten.

Konsequenzen

Im Kontext aktueller Debatten um die Künstliche Intelligenz erfreut sich eine These von Nick Bostrom und anderer Transhumanisten großer Beliebtheit, der zufolge die Tatsache, dass intelligentes Leben auf der Erde auf Kohlenstoffbasis verwirklicht ist, eine kontingente Tatsache sei. Es könnte auch auf Silikonbasis verwirklicht sein (vgl. Bostrom 2018; → Transhumanismus). Aus der Perspektive des hier entwickelten Diskussionszusammenhangs ist dazu zu sagen: Die These, dass es Kohlenstoff sein muss, auf deren materieller Grundlage sich jede Form von Intelligenz verwirklicht, ist keine These, die der Neoaristotelismus vertritt. Was der Neoaristotelismus allerdings behauptet, ist, dass wenn die Kohlenstoffbasis notwendig sein sollte für Leben, es keine Intelligenz ohne Kohlenstoffbasis geben kann. Was Transhumanisten wie Bostrom überspringen, ist die Tatsache, dass Intelligenz notwendigerweise Lebensvollzüge voraussetzt. Sätze der logischen Struktur der Lebensformaussagen ›Das S ist (oder hat oder tut) F‹ können wir hingegen nicht sinnvoll auf Chatbots oder Roboter anwenden. Selbst wenn wir solchen Chatbots oder Robotern dispositionelle Eigenschaften zuschreiben können und ihr Verhalten häufig metaphorisch in einem intentionalistischen Vokabular beschreiben (was aber generell auch für unsere alltäglichen Beschreibungen von technischen Geräten gilt – ›Das Auto will nicht anspringen‹, ›Der Computer will nicht hochfahren‹ usw.), so können wir sie nicht als Träger einer Lebensform beschreiben. Wenn Thompson, Boyle und McDowell Recht haben, so ist, Träger einer Lebensform zu sein, eine notwendige Bedingung einer wahrheitsgemäßen Zuschreibung etwa von ›intelligentem Verhalten‹.

Man könnte gegenüber diesem Argument einwenden, dass wir Künstlicher Intelligenz vielleicht nicht Geist und Vernunft in einem vollen Sinne zuschreiben können, aber dass wir ihnen mit dem Prädikat der ›Intelligenz‹ etwas weniger Ambitioniertes zuschreiben können. Etwas Analoges hat jüngst David Chalmers mit Blick auf den Begriff des ›Bewusstseins‹ vorgeschlagen (Chalmers 2023): Auch wenn wir keiner Künstlichen Intelligenz bislang Bewusstsein zuschreiben können, so mag es zukünftig so sein, dass wir das tun können und zwar ohne ihr weitergehende Fähigkeiten oder Vermögen wie Selbstbewusstsein zuzuschreiben (→ Geist; Künstliche Intelligenz; Maschinelles Lernen).

Eine solche These ist mit Blick auf menschliches Bewusstsein deshalb problematisch, weil sie selbst dann, wenn sie keine Aussagen über die materielle Verwirklichung geistiger Vermögen trifft, dem oben kritisierten additiven Modell verpflichtet wäre. Chalmers Überlegungen fallen diesem Argument zumindest insofern zum Opfer, als sie explizit Kriterien für das Vorliegen von Bewusstsein formulieren, die nicht so verstanden werden, dass sie einen anderen Sinn erhalten, insofern Selbstbewusstsein im Spiel ist. Darüber hinaus kann, wenn die skizzierte Argumentationslinie überzeugend war, Chatbots und Robotern eben deshalb kein Bewusstsein zugeschrieben werden, weil selbst vermeintlich minimale geistige Vermögen von der Struktur der Lebensform informiert und in ihr begründet sind. In diesem Sinne gilt es, gegenüber Aussagen von Bostrom und anderen, die Künstlicher Intelligenz entsprechende, wenn auch rudimentäre Vermögen zuschreiben, skeptisch zu sein.

Gibt es damit keinen Sinn, in welchem Künstlicher Intelligenz und Robotern geistige Vermögen zuzuschreiben möglich wäre? Meines Erachtens stünde auf der Grundlage der angeführten Argumente hier nur ein Weg offen: Indem wir beide im Rahmen einer Praxis und Theorie des künstlichen Lebens diskutieren und das im Kontext von Überlegungen, deren Paradigma eher die Robotik ist als Chatbots, da es auch um Fragen der Verkörperung geistiger Vermögen geht (vgl. Dreyfus 1972). Denn auch wenn biologische Lebensformen auf der Erde durch die natürliche Selektion entstanden sind und in diesem Rahmen fortwährend transformiert werden, ist in folgendem Sinne etwas dran an einer modifizierten Substratunabhängigkeitsthese: Es hängt für den Begriff des Beines nicht alles daran, dass es auf der Grundlage genetischer Informationen gewachsen ist. Es hängt vielmehr daran, dass es Teil eines Lebewesens ist, in dessen Lebensvollzügen es eine bestimmte Rolle spielt. Und ob die Lebensform, deren Träger das Individuum ist, auf der Grundlage der natürlichen Evolution oder anders in die Welt gekommen ist, macht für die Kontur der Lebensform sicher einen Unterschied, aber vielleicht nicht gleichermaßen für die Frage, ob es sich hier um eine Lebensform handelt. Künstlicher Intelligenz und Robotern kann, so ist aus diesen Überlegungen zu schlussfolgern, nur insofern ›Intelligenz‹ zugeschrieben werden, als sie Träger einer Lebensform sind, die Unterscheidungen von vollwertigen und privativen Verwirklichungen mit sich bringen, d.h. charakteristische Muster der Aktivität (oder des Wachsens) und schließlich etwas aufweisen, was ein Gutes für diese Lebensform ist (vgl. dazu Foot 2014).

Zitierte Literatur

Aristoteles (1995). Über die Seele. Hamburg, Meiner.

Bostrom, Nick (2018). Warum ich posthuman werden will, wenn ich groß bin. In: Ders., Die Zukunft der Menschheit. Aufsätze. Berlin, Suhrkamp, 143–187.
Boyle, Matthew (2017). Wesentlich vernünftige Tiere. In: Kern, Andrea/Kietzmann, Christian (Hgg.). Selbstbewusstes Leben. Texte zu einer transformativen Theorie der menschlichen Subjektivität. Berlin, Suhrkamp, 78–119.
Chalmers, David (2023). Could a Large Language Model be Conscious? The Boston Review 09.08.2023.
Curtis, Helena (1969). Biology. New York, Freeman.
Dobzhansky, Chr. Theodosius (1973). Nothing in Biology makes Sense Except in the light of Evolution. American Biology Teacher 35, 125–129.
Dreyfus, Hubert L. (1972). What Computers can't do. On Artificial Reason. New York, Harper & Row.
Duprè, John (1993). The Disorder of Things. Metaphysical Foundations of the Disunity of Science. Cambridge Mass., Harvard University Press.
Foot, Philippa (2014). Die Natur des Guten. Berlin, Suhrkamp.
McDowell, John (1996). Mind and World. Cambridge Mass., Harvard University Press.
Sadava, David. et al. (2014). Life. The Science of Biology. Sunderland Mass., Sinauer.
Thompson, Michael (2017). Formen der Natur: erste, zweite, lebendige, vernünftige und phronetische. In: Kern, Andrea/Kietzmann, Christian (Hgg.). Selbstbewusstes Leben. Texte zu einer transformativen Theorie der menschlichen Subjektivität. Berlin, Suhrkamp, 29–77.
Thompson, Michael (2011). Leben und Handeln. Grundstrukturen der Praxis und des praktischen Denkens. Berlin, Suhrkamp.

Weiterführende Literatur

Feige, Daniel M. (2022). Die Natur des Menschen. Eine dialektische Anthropologie. Berlin, Suhrkamp.
Kern, Andrea/Kietzmann, Christian (2017) (Hgg.). Selbstbewusstes Leben. Texte zu einer transformativen Theorie der menschlichen Subjektivität. Berlin, Suhrkamp.
Smith, Brian C. (2019). The Promise of Artificial Intelligence. Reason & Reckoning. Cambridge Mass., MIT Press.

Maschinelles Lernen

Arno Schubbach

Wenn von *Maschinellem Lernen* (ML) die Rede ist, war und ist der Begriff der *Künstlichen Intelligenz* (KI) meist nicht weit (→ Künstliche Intelligenz). Diese Nähe ist alles andere als zufällig, hat sich der Begriff des ML doch im Kontext des Forschungsprogramms der KI etabliert, also im Zusammenhang des Vorhabens, menschliche Fähigkeiten oder intelligente Tätigkeiten in technischen Systemen und konkret mit digitalen Computern nachzubilden. Es wurde dabei vom Sehen über das Sprechen bis zum logischen Schließen ein ganzes Spektrum von Fähigkeiten technisch zu realisieren versucht, die in unterschiedlichem Grad als Ausdruck von Intelligenz verstanden und traditionell als Privileg des Menschen betrachtet wurden. Im Forschungsprogramm der KI spielten Spiele wie Schach eine besondere Rolle, weil sie als Modelle von Situationen verstanden wurden, in denen sich menschliche Intelligenz normalerweise bewähren muss, und sie zugleich auf wenigen, expliziten Regeln beruhen sowie auf ein eindeutiges Ziel ausgerichtet sind (Ensmenger 2011; → Computerspiele). Solche Spiele erlauben zudem, die Fähigkeiten künstlicher Systeme an ihrem menschlichen Vorbild zu messen, und waren deshalb ein attraktives Modell für die Entwicklung und Demonstration von künstlichen Systemen, die den Menschen übertrumpfen sollten. Am Beispiel des Dame-Programms des Pioniers Arthur L. Samuel sollen im Folgenden die Genese, Charakteristika und normativen Herausforderungen von ML erörtert werden.

Maschinelles Lernen und Künstliche Intelligenz

Arthur L. Samuel war in den 1950er Jahren bei IBM in der Entwicklung der ersten kommerziellen Computer tätig und schrieb neben seiner eigentlichen Arbeit ›Checkers‹: ein Programm, das Dame spielen sollte (Schaeffer 2009, 87–97). Als er das Programm 1959 in einem Artikel vorstellte, platzierte er den wohl auch sonst in der Luft liegenden Begriff des ML prominent im Titel und half ihn damit bekannt zu machen (Samuel 1959; Mendon-Plasek 2021). Samuels Darstellung zielt so vor allem auf die Verfahren und Techniken ab, die es seinem Programm erlauben sollten, das Damespiel zu erlernen und menschliche Spieler zu schlagen.

Aufgrund dieser historischen Zusammenhänge wird zwar verständlich, warum der Begriff des ML bis heute oft als Synonym für den Begriff der KI verwendet wird. Er ist so jedoch kaum präzise gefasst und sein Potential für die theoretische Reflexion verschwendet. Denn der Begriff des ML bewegt sich genauer besehen auf einer anderen Ebene. Arthur Samuel führt ihn ein, um einen neuen Ansatz zur Programmierung von Computern zu charakterisieren, der sich von dem gewohnten Vorgehen unterscheidet: Seit Alan Turings theoretischer Konzeption einer ›computing machine‹ von 1936 und auch bei den von Samuel mitentwickelten IBM-Computern der 1950er Jahre sollte durch eine Kette von Instruktionen festgelegt werden, wie ein *input* verarbeitet und welcher *output* ausgegeben wird (Turing 2004/1936, 59–63; Samuel 1962, 12–14). Samuel wollte mit seinem ›Checkers‹ dagegen erforschen, wie eine Maschine in dem Sinne lernen kann, dass sie ihr input/output-Verhalten aus ›Erfahrungen‹ in der Form von Daten oder in Gestalt eines Feedbacks ableitet oder es zumindest an sie anpasst.

Die Pointe ist nicht allein, dass Samuel von ›Lernen‹ spricht. In den 1950er Jahren war die Idee bereits verbreitet, dass technische Systeme lernen könnten. Allerdings kursierte diese Idee vor allem in der Forschung zu künstlichen neuronalen Netzen und war dort durch das biologische Vorbild des Gehirns motiviert (Minsky 1954, Kap. 4; Rosenblatt 1958). Samuel ist mit dieser Forschung vertraut, erklärt aber gleich in den ersten Absätzen seines Artikels, dass er einen anderen Ansatz verfolgt: Er geht von der Aufgabe aus, einen digitalen Computer zu programmieren, was damals eine sehr technische und anspruchsvolle Arbeit war (Samuel 1959, 211; 1962, 14–16). Seine Rede von Lernen ist daher nicht vom Modell des Gehirns und der Nachbildung neuronaler Prozesse her zu verstehen, sondern bezieht sich auf die Maschine Computer und einen neuen Ansatz zu ihrer Programmierung: Statt eine Aufgabe theoretisch zu analysieren, ein Vorgehen zur Lösung zu formalisieren und in expliziten Instruktionen zu codieren, die der Computer nur noch mechanisch ausführen wird, sollte lediglich vorgegeben werden, wie ein Programm aus Daten oder durch Feedback selbst lernen kann, die Aufgabe zu lösen. Die Programmierenden bedürfen daher im Idealfall keiner Expertise in der konkreten Aufgabe, sondern nur in der Entwicklung eines Programms, das von Daten oder Feedback zu lernen vermag. Samuel betont deshalb schon im Abstract seines Artikels, dass ein solches Programm besser Dame spielen kann als seine Programmierenden (Samuel 1959, 211).

Ohne Zweifel passt dieses Verständnis des ML bestens zum Forschungsprogramm der KI. Dennoch bewegen sich beide Begriffe insofern auf unterschiedlichen Ebenen, als KI auf das Ziel der technischen Realisierung intelligenter Tätigkeiten abzielt, während ML in erster Linie einen Ansatz zur Programmierung charakterisiert, der auf das Erlernen der betrachteten Aufgabe setzt und die dazu nötigen Verfahren ins Zentrum rückt (von Luxburg/Schölkopf 2011, 652). In der KI-Forschung dominierten lange andere Ansätze und insbesondere die Programme, die in Dame oder Schach die besten menschlichen Spieler erstmals schlugen, beruhten auf traditionelleren Ansätzen, die auf schiere Rechenleistung und Datenbanken zu Eröffnungs- und Endspiel setzten (Schaeffer 2009, 412–416; Hsu 2002, 204–258). Heute beherrscht ML das Feld, findet sich aber auch in vielen Anwendungen jenseits des Forschungsprogramms der KI, ob in den Spamfiltern von Mailservern oder den Empfehlungssystemen von Webshops. Das Forschungsfeld des ML hat sich weitgehend abgekoppelt von den Zielen der KI.

Diese Differenzierung von ML und KI ist zentral, um die Geschichte und den Begriff des ML zu erhellen. Sie ist aber auch deshalb wichtig, weil ML im letzten Jahrzehnt oft spektakuläre Fortschritte erzielen konnte und seine immer breitere Anwendung der kritischen Reflexion bedarf. Dazu scheint es jedoch unabdingbar, sich nicht durch die meist spekulativen Fragen der KI-Debatten ablenken zu lassen. Die Möglichkeit von künstlichem Bewusstsein und dystopische Szenarien einer Unterwerfung des Menschen durch die von ihm geschaffenen Maschinen haben in der Regel mehr mit den großen Zielen der KI zu tun als mit dem tatsächlichen Stand der Forschung. Der Begriff des ML eignet sich hingegen, die Aufmerksamkeit auf die Verfahren selbst und ihre Anwendung zu lenken: Verfahren des ML finden von der *object* oder *face recognition* über *natural language processing* bis hin zu generativen Modellen für Stimmen, Texte oder Bilder Anwendung, verändern Wissenschaft, Kunst und Gesellschaft und bringen neue ethische und politisch-regulatorische Herausforderungen mit sich (vgl. Plasek 2016).

Einige Charakteristika des Maschinellen Lernens

Anhand von Samuels ›Checkers‹ lassen sich einige der basalen Charakteristika des ML benennen. ›Checkers‹ berechnet zunächst die nächsten möglichen Züge und einige wenige Folgezüge, um sodann alle erreichbaren Positionen durch eine mathematische Funktion zu bewerten und schließlich den Zug zu wählen, der auch beim optimalen Spiel des Gegners die beste Position zu erreichen erlaubt (Samuel 1959, 212–214). ›Lernen‹ kommt dadurch ins Spiel, dass die mathematische Funktion zur Bewertung der möglichen Positionen nicht vorgegeben, sondern im Spiel gegen Menschen oder eine modifizierte Version des Programms erlernt bzw. optimiert werden soll (Samuel 1959, 218–220). Das Programm soll ›lernen‹, was Spielpositionen auszeichnet, die einen Spielerfolg versprechen oder zumindest ein Remis sicherstellen. Das von Samuel vorgeschlagene Vorgehen ist noch sehr einfach, weist aber drei Charakteristika auf, die auch für jüngere Verfahren des ML typisch sind.

Ein erstes Charakteristikum besteht darin, dass dieses Lernen verallgemeinert. Eine erste prinzipielle Verallgemeinerung ist darin zu sehen, dass die Bewertungsfunktion ausgehend von konkreten Spielverläufen optimiert werden soll, um sie auf alle möglichen Spielsituationen anwenden zu können. Wir haben es also mit einem »generalizing from examples« (Domingos 2012) zu tun, das von beispielhaften auf alle möglichen Spielverläufe generalisiert. Es findet dabei aber eine zweite Verallgemeinerung statt, die sich auf die Eigenschaften von Spielpositionen bezieht, anhand derer ihre Bewertung vorgenommen wird. Samuel nennt sie »parameters« (etwa ein Vorteil an Spielsteinen) und bestimmt sie von Hand (Samuel 1959, 220; 1967, 602), so dass nur ihre (Nicht-)Berücksichtigung optimiert werden kann. Neuere ML-Verfahren generalisieren im Lernprozess dagegen meist auch die *features* der Daten selbst, die für die trainierte Aufgabe relevant sind (die sog. *feature extraction*). Es lässt sich aber festhalten, dass ML allgemein ein »learning-by-generalization« ist (Samuel 1959, 220).

Ein zweites Charakteristikum von ML besteht darin, dass diese Generalisierung nur möglich ist, wenn die mathematische Form der Generalisierung vorgegeben wird. Das gilt in Samuels ›Checkers‹ nicht nur wegen der Liste der Parameter, sondern auch für die mathematische Form der approximierenden Bewertungsfunktion: Es handelt sich um ein lineares Polynom, in dem die berücksichtigten Parameter durch variable numerische Koeffizienten gewichtet und somit leicht angepasst werden können. Auch neuere Verfahren treffen Annahmen über den Raum der Generalisierungen, die im Training erlernt werden können, sei es, dass sie von einer konkreten statistischen Verteilung der Daten ausgehen oder ein künstliches neuronales Netz mit einer bestimmten Struktur trainieren. Das generalisierende Lernen von ML-Verfahren ist niemals vollkommen offen, sondern beruht in diesem technischen Sinne auf einem »*inductive bias*« (Mitchell 1997, 42–46).

Ein drittes Charakteristikum von ML ist eng mit den beiden vorherigen Charakteristika verbunden. Im Rahmen eines Spiels wie Dame ist davon auszugehen, dass es eine objektive Bewertungsfunktion in dem Sinne gibt, dass sie auf der Grundlage der Berechnung *aller* möglichen Spielverläufe für jede Position eine objektive Bewertung bestimmt. ML wird sinnvollerweise zwar nur dann eingesetzt, wenn eine solche Funktion beispielsweise aus praktischen Gründen nicht berechnet werden kann, wird aber gerade versuchen, sich dieser objektiven Funktion anzunähern (Samuel 1959, 211f.; vgl. aber Schaeffer et al. 2007). Es ist zum einen jedoch keine Trivialität sicherzustellen, dass diese Zielfunktion auch tatsächlich approximiert wird. Zum anderen verfügen wir stets nur über approximierende Funktionen und nicht die Zielfunktion selbst. Daher ist jede Bewertung einer Spielposition stets eine Schätzung oder Voraussage, die unter dem Vorbehalt steht, dass die Zielfunktion tatsächlich approximiert wird, und die je nach Güte der Approximation mehr oder weniger vom objektiven Wert abweichen kann. ML ist in diesem Sinne statistisches Lernen: Es geht prinzipiell nicht um wahr oder falsch, sondern um mehr oder weniger wahrscheinlich (vgl. von Luxburg/Schölkopf 2011).

Diese drei Charakteristika des ML sind sehr basal, haben aber konkrete und weitreichende Folgen für die kritische Reflexion von Anwendungen solcher Verfahren. Denn anders als im traditionellen »manual programming« (Domingos 2012), bei dem wir meist annehmen, dass die regelbasierte Ausführung des Programms und letztlich die Arbeit der Programmierenden korrekte outputs garantiert, haben wir es bei ML-Anwendungen mit einem statistischen Modell und statistischen Schätzungen zu tun. Für viele Anwendungen ist darin kein Problem zu sehen, etwa wenn radiologische Aufnahmen mit größerer Treffsicherheit maschinell ausgewertet werden können als von Ärzt:innen. In anderen Anwendungsszenarien erweist sich die statistische Natur von ML jedoch als problematisch: Die Überwachung des öffentlichen Raums mit Gesichtserkennung kann im Falle von nicht auszuschließenden *false positives* zu folgenreichen Verdächtigungen führen (Hill 2020). Schon eine geringe Quote von *false positives* macht eine solche Überwachung aber auch unpraktikabel, weil zu viele scheinbare Verdächtigungen abzuklären wären (Crumpler 2020). Die kritische Reflexion von ML und seinen weitreichenden

Folgen kann sich aber nicht allein auf die statistische Natur dieser Verfahren konzentrieren. Sie muss auch von den konkreten Verfahren und insbesondere von *deep learning* ausgehen, welches das Feld seit einigen Jahren beherrscht.

Deep learning und die kritische Rolle der Daten

Deep learning ist zunächst nichts Neues. Seine Anfänge reichen bis in die 1940er Jahre zurück, als mit Blick auf das Vorbild des Gehirns mathematische Modelle von künstlichen Neuronen entwickelt wurden (McCulloch/Pitts 1943) und mit der Theorie konvergierten, dass das Gehirn lernt, indem die Weiterleitung von Signalen zwischen Neuronen gewichtet und diese Gewichtung durch Erfahrung verändert wird (Hebb 1949, 60–78). Künstliche neuronale Netze (KNN) können jedoch erst komplexere Aufgaben lösen, wenn sie aus sehr vielen Neuronen in vielen Schichten bestehen und in diesem Sinne tief sind (daher *deep learning*). Für diese großen Netze konnten in den 1980er Jahren Lernverfahren etabliert werden und standen erst in den 2000er Jahren auch die erforderlichen Datenmengen und Rechenleistungen zur Verfügung (→ Geschichte; Daten). Seitdem wurden viele Arten von KNNs entwickelt, die sich in unterschiedlichen Anwendungsfeldern des ML durchgesetzt haben, von *object recognition* (Krizhevsky/Sutskever/Hinton 2012) über *natural language processing* (Vaswani et al. 2017) bis hin zu den generativen Netzen für Bilder (DALL-E, Stable Diffusion) und Texte (BERT, GPT3-4, LLaMA).

Mit der technischen Entwicklung rückte ein weiterer Aspekt von ML in den Fokus der Debatte: die kritische Rolle der Daten. Ein KNN lernt an Trainingsdaten, welchen *inputs* welche *outputs* zugeordnet werden sollen, indem die Gewichtungen aller Verbindungen zwischen seinen künstlichen Neuronen immer wieder angepasst werden. Seine Funktionsweise wird also durch Millionen oder Milliarden von numerischen Werten bestimmt, die für Menschen als solche unverständlich sind. Daher ist es verbreitet, *deep learning* als *black box* zu bezeichnen, und wird unter Stichworten wie *explainable AI* die Funktionsweise von KNNs mit dem Ziel untersucht, sie besser zu verstehen und Fehlfunktionen zu vermeiden oder sie Nutzer:innen verständlich zu machen und so Vertrauen zu schaffen (Ribeiro/Singh/Guestrin 2016, vgl. Schubbach 2021). Diese Forschung ist auch mit Blick auf die Transparenz, Überprüfbarkeit und Nachvollziehbarkeit von algorithmischen Entscheidungen relevant, die in manchen Anwendungsfeldern von ML gesetzlich vorgeschrieben oder normativ geboten sind, in der Umsetzung aber erhebliche Schwierigkeiten mit sich bringen (Selbst/Barocas 2018).

Für die Anwendung von ML ist die Rolle der Daten nicht nur in epistemologischer, sondern auch in ethischer und politischer Hinsicht kritisch (→ Ethik; Politik). Dies gilt zunächst für die korrekte Funktion der Anwendungen. Allzu oft wurden und werden die Trainingsdaten schnell, billig und unbedacht zusammengerauft, d.h. Datenmassen aus dem Internet heruntergeladen oder eine Datenbank von mangelhafter Qualität eingesetzt. In der Folge können nicht nur überraschende Fehlfunktionen auftreten, sondern werden unter Umständen auch einzelne Menschengruppen diskriminiert, weil sie in den Trainingsdaten unterrepräsentiert waren und daher von größeren Fehlerraten betroffen sind (Buolamwini/Gebru 2018). Aber nicht nur die Zusammenstellung, auch die Trainingsdaten selbst können problematisch sein: Wenn die Bewertungen von Bewerbungen auf Vorurteilen beruhten und sie als Trainingsdaten für eine automatisierte Auswertung dienen, dann ist es nicht überraschend, dass diese Auswertung einen *machine bias* aufweist und eine diskriminierende Praxis fortführt (Mujtaba/Mahapatra 2019; Angwin et al. 2016.). Die Daten und Datenbanken, die zum Training von KNNs eingesetzt werden, sind in den letzten Jahren daher vermehrt Gegenstand der kritischen Debatte geworden (Crawford/Paglen 2021; Denton et al. 2021). ML kann das ›manual programming‹ zwar ersparen, dafür wird die sorgfältige Auswahl oder Kuratierung der Daten aber umso wichtiger.

Die Rolle der Daten ist schließlich auch in rechtlicher Hinsicht kritisch (→ Recht). Sobald sich die Daten auf Personen beziehen, sind sie Gegenstand des Datenschutzes und es kommen weitreichende gesetzliche Bestimmungen ins Spiel, deren Umsetzung im Feld des ML oft nicht trivial ist (Juliussen/Rui/Johansen 2023). Zuletzt haben sich die Rechte an Daten aber auch für eine andere Art von Anwendungen als kritisch erwiesen: Die Funktion der generativen Anwendungen im Bereich von Text, Bild und Ton, die in den letzten Jahren viel Aufmerksamkeit auf sich gezogen haben, beruht wie alle ML-Verfahren darauf, was sie aus den Trainingsdaten extrahieren konnten. Sie können so Rhetorik und Stil, Texte, Bilder und Stimmen von einzelnen Künstler:innen, deren Werke in den Trainingsdaten enthalten waren, imitieren oder im Extremfall beinahe identisch reproduzieren, so dass bestehende Urheberrechte möglicherweise verletzt werden. Diese Frage wird letztlich wohl von Gerichten entschieden, muss aber zugleich öffentlich diskutiert werden, weil hier wie in vielen anderen Feldern die Notwendigkeit neuer regulatorischer Maßnahmen zur Debatte steht (→ Risiko).

Diese Debatte zeigt abschließend auch nochmals, warum die theoretische Reflexion ML und AI unterscheiden sollte. Unter den Vorzeichen des Forschungsprogramms der AI werden die generativen Modelle zur Erzeugung von Bildern meist mit Bezug auf die Frage diskutiert, ob Maschinen nun auch Kunst können (Schubbach 2023). Dadurch werden aber viel näherliegende Fragen übersprungen: Ist das Training von generativen Modellen nicht geradezu ein Prozess der Aneignung und Umverteilung von intellektuellem Eigentum zugunsten derjenigen, die ein solches Modell wiederum verkaufen oder lizenzieren, oder zugunsten von Anwender:innen, die die generierten outputs als ihre eigenen Bilder betrachten? Wenn wir diese Frage bejahen, dann läge es wohl auch nahe, neue politisch-regulatorische Maßnahmen zu fordern, um die Rechte der Urheber:innen zu schützen. Die Frage, ob und wann Maschinen in der fernen Zukunft jemals Kunst machen, können wir vorerst dahingestellt sein lassen, um stattdessen dringlichere Debatten zu führen und die Folgen der immer breiteren Anwendung von ML in Wissenschaft und Kunst, Wirtschaft oder Gesellschaft zu diskutieren.

Zitierte Literatur

Angwin, Julia et al. (2016). Machine Bias. There's Software Used Across the Country to Predict Future Criminals. And it's Biased Against Blacks. ProPublica 23.5.2016.
Buolamwini, Joy/Gebru, Timnit (2018). Gender Shades. Intersectional Accuracy Disparities in Commercial Gender Classification. Proceedings of Machine Learning Research 81, 1–15.
Crawford, Kate/Paglen, Trevor (2021). Excavating AI. The Politics of Images in Machine Learning Training Sets. AI & Society 36, 1105–1116.
Crumpler, William (2020). How Accurate are Facial Recognition Systems – and Why Does It Matter. CSIS Blog, 14.4.2020.
Denton, Emily et al. (2021). On the Genealogy of Machine Learning Datasets. A Critical History of ImageNet. Big Data & Society 8, 1–14.
Domingos, Pedro (2012). A Few Useful Things to Know About Machine Learning. Communications of the ACM 55 (10 October), 78–87.
Ensmenger, Nathan (2011). Is Chess the Drosophila of Artificial Intelligence? A Social History of an Algorithm. Social Studies of Science 42, 5–30.
Hebb, Donald O. (1949). The Organization of Behavior. A Neuropsychological Theory. New York u.a., Wiley/Chapman.

Hill, Kashmir (2020). Wrongfully Accused by An Algorithm. New York Times 24.6.2020.
Hsu, Feng-Hsiung (2002). Behind Deep Blue. Building the Computer that Defeated the World Chess Champion. Princeton, Princeton University Press.
Juliussen, Bjørn Aslak/Rui, Jon Petter/Johansen, Dag (2023). Algorithms that Forget. Machine Unlearning and the Right to Erasure. Computer Law & Security Review 51, 105885.
Krizhevsky, Alex/Sutskever, Ilya/Hinton, Geoffrey E. (2012). ImageNet Classification with Deep Convolutional Neural Networks. Proceedings of the 25th International Conference on Neural Information Processing Systems 1 (NIPS'12), 1097–1105.
McCulloch, Warren S./Pitts, Walter (1943). A Logical Calculus of the Ideas Immanent in Nervous Activity. The Bulletin of Mathematical Biophysics 5, 115–133.
Mendon-Plasek, Aaron (2021). Mechanized Significance and Machine Learning: Why It Became Thinkable and Preferable to Teach Machines to Judge the World. In: Roberge, Jonathan/Castelle, Michael (Hgg). The Cultural Life of Machine Learning. Cham, Palgrave Macmillan, 31–78.
Minsky, Marvin L. (1954). Theory of Neural-analog Reinforcement Systems and Its Application to the Brain-model Problem. Dissertation, Princeton University.
Mitchell, Tom M. (1997). Machine Learning. Boston, McGraw-Hill.
Mujtaba, Dena F./Mahapatra, Nihar R. (2019). Ethical Considerations in AI-Based Recruitment. 2019 IEEE International Symposium on Technology and Society (ISTAS) Proceedings, 1–7.
Plasek, Aaron (2016). On the Cruelty of Really Writing a History of Machine Learning. IEEE Annals of the History of Computing 38, 6–8.
Ribeiro, Marco Tulio/Singh, Sameer/Guestrin, Carlos (2016). »Why Should I Trust You?« Explaining the Predictions of Any Classifier. Proceedings of the 22nd ACM SIGKDD International Conference on Knowledge Discovery and Data Mining (KDD '16), 1135–1144.
Rosenblatt, Frank (1958). The Perceptron. A Probabilistic Model for Information Storage and Organization in the Brain. Psychological Review 65, 386–408.
Samuel, Arthur L. (1959). Some Studies in Machine Learning Using the Game of Checkers. IBM Journal 3, 210–229.
Samuel, Arthur L. (1962). Artificial Intelligence. A Frontier of Automation. The Annals of the American Academy of Political and Social Science 340, 10–20.

Samuel, Arthur L. (1967). Some Studies in Machine Learning Using the Game of Checkers. II—Recent Progress. IBM Journal 11, 601–617.
Schaeffer, Jonathan et al. (2007). Checkers Is Solved. Science 317, 1518–1522.
Schaeffer, Jonathan (2009). One Jump Ahead. Computer Perfection at Checkers. New York, Springer.
Schubbach, Arno (2021). Judging Machines: Philosophical Aspects of Machine Learning. Synthese 198, 1807–1821.
Schubbach, Arno (2023). AI and Art: Arguments for Practice. In: Thiel, Sonja/Bernhardt, Johannes (Hgg.). AI in Museums. Reflections, Perspectives and Applications. Bielefeld, transcript, 41–57.
Selbst, Andrew D./Barocas, Solon (2018). The Intuitive Appeal of Explainable Machines. Fordham Law Review 87, 1085–1139.
Turing, Alan (2004/1936). On Computable Numbers, with an Application to the Entscheidungsproblem. In: Copeland, B. Jack (Hg.). The Essential Turing. Oxford, Clarendon, 58–90.
Vaswani, Ashish et al. (2017). Attention Is All You Need. arXiv:1706.03762. doi.org/10.48550/arXiv.1706.03762.
von Luxburg, Ulrike/Schölkopf, Bernhard (2011). Statistical Learning Theory: Models, Concepts, and Results. In: Gabbay, Dov M./Hartmann, Stephan/Woods, John (Hgg.). Handbook of the History of Logic 10: Inductive Logic. Amsterdam, Elsevier, 651–706.

Weiterführende Literatur

Bender, Emily M. et al. (2021). On the Dangers of Stochastic Parrots: Can Language Models Be Too Big? Proceedings of the 2021 ACM Conference on Fairness, Accountability, and Transparency (FAccT '21). New York, ACM, 610–623.
Buckner, Cameron (2019). Deep Learning: A Philosophical Introduction. Philosophy Compass 14 (10), e12625.
Mackenzie, Adrian (2017). Machine Learners. Archaeology of a Data Practice. Cambridge Mass., MIT Press.

Materie

Florian Arnold

Bedeutet Digitalität zugleich Entmaterialisierung? – Was seit über 10 Jahren unter dem Sammelbegriff eines ›Neuen Materialismus‹ kursiert, scheint auf den ersten Blick die Evidenz für sich zu haben, dass ›die‹ Materie neu zu überdenken ist im Zeichen ihrer Virtualisierung (→ Virtualität). Obwohl jeder meint, Materie auch heute noch mit Händen greifen zu können, bleibt sie ohne Begriffe unbegreiflicher denn je: Was wir derart zu fassen bekämen, nähmen wir ›die‹ Materie in einem handfesten Sinne, bliebe ein sinnlicher Eindruck, der sich allein nicht zu einem soliden Ganzen, geschweige denn zu ›dem‹ Gesamteindruck ›der‹ Materie fügte, sondern, wenn zu etwas, dann zu verschiedenen, disparaten Materialien. Wollen wir aber ›die‹ Materie im Ganzen begreifen, uns einen Begriff von ihr machen, greifen wir gleichsam gespenstisch durch sie hindurch, indem wir ihr eher einen Sinn *geben*, als sie sinnlich wahrzu*nehmen*. Stoßen wir einerseits auf eine unbestimmte Widerständigkeit eines sinnlichen Etwas in seiner Vereinzelung, löst sich ›die‹ Materie unter der Hand andererseits in eine diffuse Verdinglichung von Begriffen oder Konzepten auf. Entweder greifen wir zu wenig oder begreifen zu viel.

Dieses Problem verschärft sich noch, wenn man es vor allem als eines unseres Denkens, unserer Denkart versteht. Wie schon Immanuel Kant wusste, ist ›die‹ Materie ein »Reflexionsbegriff«, eine vergleichende Überlegung, wodurch das Denken nicht die Gegenstände, sondern sich selbst *im* und *als* Verhältnis zum Gedachten reflektiert (Kant 1998, 378; A 260/B 316). Im Unterschied zu allem anderen Denkbaren markiert der Gedanke ›der‹ Materie dabei die Grenze des Denkens als Formbestimmung: »*Materie* und *Form*. Dieses sind zwei Begriffe, welche aller anderen Reflexion zum Grunde gelegt werden, so sehr sind sie mit jedem Gebrauch des Verstandes unzertrennlich verbunden. Der erstere bedeutet das Bestimmbare überhaupt, der zweite dessen Bestimmung« (Kant 1998, 383; A 266/B 322).

Nicht erst Kant denkt das Denken dabei als aktive Formung einer passiven Materie, als Bestimmung eines Bestimmbaren, und doch wird gerade bei ihm besonders deutlich, wo gewissermaßen die *innerste* wie *äußerste Grenze* des Denkens *als Formbestimmung* verläuft. Denn der Reflexionsbegriff der ›Materie‹ markiert nicht nur die äußerste Grenze des durch Formen Bestimmbaren, sondern dadurch zugleich – pace Kant – die innerste Grenze eines Denkens, das sich selbst lediglich als formelles Bestimmungsvermögen denkt. ›Die‹ Materie erscheint demnach sowohl als das im Äußersten anders zu Denkende als auch als das Andere des Denkens in seinem Innersten: als Verzug und Entzug des *formalen* Bezugs des Denkens.

What's the matter?

Aus den bereits angedeuteten Gründen lässt sich zwar eine Geschichte verschiedenster Materialien erzählen, aber keine ›der‹ Materie selbst, außer in der Form einer *Ideengeschichte des Materialismus*. Wie schon Friedrich A. Lange in seinem Standardwerk bemerkte, ist der Materialismus »so alt als die Philosophie, aber nicht älter« (Lange 1974, 7). Und wie Alfred Schmidt ergänzt, setzt der »Materialismus im eigentlichen Sinn [...] die *begriffliche*, erst bei Platon nachweisbare Gegenüberstellung von Stofflichem und Geistigem voraus« (Schmidt 2017, 74). Einmal davon abgesehen, dass der Materialismus wegen seines Anti-Idealismus und gelegentlichen Pessimismus (Schmidt 2017, 62f.) oft in Verruf stand, bringt ihn dieser Zusammenhang von vorneherein in Abhängigkeiten zu seinem Gegenbegriff. Als *Negation* des Ideellen – sei es im Sinne der Privation, der Differenzierung oder Transzendierung – ist er zumeist in die Ideengeschichte eingegangen:

> »Häufig tritt materialistisches Denken nicht als feste ›Position‹ auf, als geschlossenes Weltbild, sondern als Einsprache, Korrektiv oder Kritik. [...] Der materialistische Diskurs ist stets *geschichtlich* situiert; er entwickelt sich in praktisch-polemischen Zusammenhängen. Dadurch nehmen seine Thesen wechselnde Bedeutungen an; ein einfaches Für oder Wider wird ihnen nicht gerecht. Materialismus ist keine *philosophia perennis*« (Schmidt 2017, 72).

Entsprechend werden wir den Anfang mit dem ›Vater der Metaphysik‹, mit Platon, machen, der selbst zugleich die ungewollte Leihmutter aller Materialismen ist. In seinem berühmten Dialog *Timaios* findet sich die erste umfängliche Beschreibung dessen, was später ›die‹ *Materie* genannt werden sollte:

> »Demnach wollen wir die Mutter [*mētera*] und Aufnehmerin des gewordenen Sichtbaren und ganz und gar sinnlich Wahrnehmbaren weder Erde, noch Luft, noch Feuer, noch Wasser nennen, noch mit dem Namen all dessen, was aus diesen, noch mit dem, woraus diese entstanden; sondern wenn wir es ein unsichtbares, gestaltloses, allaufnehmendes Gebilde [*eidos*], das aber auf eine irgendwie höchst unerklärliche Weise am Denkbaren teilnimmt und äußerst schwierig zu erfassen ist, nennen, so werden wir nichts Falsches sagen« (Platon 1972, 90ff.; Tim. 51a–b).

Dieses »unsichtbare, gestaltlose, allaufnehmende Gebilde« als Urmedium, das selbst noch allen Elementen vorausliegt, umreißt Platon weiter als ›den‹ »Raum« (*chōra*) im Sinne einer primordialen Einräumung der gesamten Erscheinungswelt (vgl. Platon 1972, 94f.; Tim. 52a–b). Führt man diese Bestimmungen zusammen, ließe sich bei der Materie von einer ›ontologischen Gebärmutter‹ sprechen oder – ebenso etymologisch wie popkulturell – von einer *Matrix* (→ Raum).

Der entscheidende Unterschied zwischen Platons Mutter aller Medien einerseits und der Matrize unseres ›Metaversums‹ andererseits besteht jedoch darin, dass Platon die Materie lediglich als »dritte Gattung« (in Absetzung von den väterlichen Ideen und den kindlichen Entitäten; vgl. Platon 1972, 90f.; Tim. 50d–e) begreift. Sie bleibt im Wesentlichen *rezeptiv* und nimmt die väterlichen, ihr äußerlichen Ideen *ohne ihr eigenes Zutun* lediglich in sich auf bzw. empfängt sie, um sie darauf als Erscheinungen der sinnlichen Welt zu gebären. Die heutige *Matrix* dagegen, gleichsam die künstlich eingerichtete platonische Höhle als Vater-Mutter-Kind bzw. Idee-Chora-Erscheinung *in Einem* – ist zugleich *produktiv*.

Auch Aristoteles versteht ›die‹ Materie (*hylē*) als passiv, jedoch weniger im Sinne einer bloßen Aufnahme von transzendenten Ideen denn als jeweils *vorgeformtes Material*, für das schon die *hylē* im Sinne des Baustoffes »Holz« steht und dem seine Form inhärent ist (Aristoteles 1987). Eine bestimmte Entität, etwa eine Erzstatue, erweist sich somit als Gebilde aus einem abermals überformten Stoff, der seinerseits schon eine Stoffform (die des Erzes) aufweist. Hierbei sind weitere Überformungen, höhere Formsynthesen oder umgekehrt Stoffanalysen in niedrigstufigere Materialien denkbar. Diese Synthesen und Analysen haben ihren speziellen ›Ort‹ (*topos*) in den einzelnen Dingen und stellen auf diese Weise eine Art Topologie verschiedener Materien (Plural!) im Sinne von vorgeformten Materialien dar, die als solche zu anderen Entitäten zusammengesetzt oder in andere Entitäten zerlegt werden können. Die platonischen Erscheinungen dagegen entstehen jedes Mal aus einer neuerlichen Vereinigung einer bestimmten Idee mit der *einen* »*chōra*«, als singulärer Matrix, indem sie gleichsam aus ihr jeweils neu geboren werden.

Setzt man diese beiden klassischen Materieauffassungen in ein vergleichendes *Verhältnis* zueinander, lässt sich darin jener Sachverhalt wiedererkennen, den wir als Entzug und Verzug der Materie als Reflexionsbegriff bei Kant beschrieben haben. Bei Platon *entzieht* sich die Materie als singuläre Matrix dem denkenden Bezug wie ihrer konkreten ideellen Bestimmung *grundsätzlich*: Platon spricht von einem »Bastard«-Denken (Platon 1972, 95; Tim. 52b), das weniger aus logischen Definitionen als aus metaphorischen Beschreibungen besteht (das Andere des Denkens). Bei Aristoteles gerät das Denken der Materie hingegen in die Bewegung eines *endlosen Verzugs*: die synthetisierten und analysierten Materien als Materialien lassen sich nur übergangsweise definieren, das Woraus hat abermals ein Woraus (ein jeweils anders zu Denkendes). Wir stoßen also entweder *an* die innerste grundsätzliche Grenze des Denkens oder *in* die äußersten Bereiche einer endlosen Grenzverschiebung *vor*. Diese Auffassung des Denkens als das im Verhältnis zur Materie formell Bestimmende wird von Platon und Aristoteles nicht hinterfragt. Im Gegenteil: Im selben Zug ihres denkenden Bezugs auf die Materie beim gleichzeitigen Ent- bzw. Verzug der Materie definieren Platon und Aristoteles ›das‹ Denken wirkmächtig als *idealistisch*: als eine aktive, positive Formung eines an sich passiven, negativen Stoffs. Die vorausgesetzte Bestimmungslosigkeit ›der‹ Materie *an sich* (*chōra* oder *hylē* – abseits ihrer Formungen) wird zugleich als diejenige Negation aufgefasst, die umgekehrt erst die Idee oder Form dazu *bestimmt sein lässt*, das *Bestimmende* zu sein. Die formelle Bestimmungslosigkeit ›der‹ Materie negiert mitnichten die Denkart des Form-Stoff-Denkens selbst.

So prägt die Materie-Form-Beziehung seit ihren philosophischen Anfängen eine Hierarchie, die sich dadurch rechtfertigt, dass die Materie ein Abgrund sein soll, der – selbst unergründlich, unbegründet, kontingent – seinerseits nichts begründen kann, außer *ex negativo* die Notwendigkeit, begründet zu *werden* durch eine ordnende Form, der sie als chaotischer Stoff unterliegt. Damit ist aber auch die ›Hierarchie‹ der Form im Grunde lediglich eine Hegemonie, die sich letztlich nur paradox selbst begründen kann als grundlos bestimmende. Entsprechend führen auch die weiteren ideengeschichtlichen Bestimmungsschritte ›der‹ Materie weniger zu deren Ergründung als zu einer Selbstbegründung der Form: Je bestimmender die Form wird, indem sie ganze Metaphysiken eines sich selbst durchleuchtenden Geistes hervorbringt (→ Geist), desto dunkler wird die Materie in ihrem Ver- und Entzug in unbestimmte Um- und Unterwelten, ohne jedoch diese Ordnung an sich zu gefährden.

Der Gipfelpunkt dieser Hierarchisierung – die man mit Blick auf Platons (attische) Geschlechterpolitik wohl als ein ›Patriarchat der Idee‹ bezeichnen muss – ist mit der neuplatonischen Emanationsmetaphysik Plotins erreicht: Geradezu am römischen Cäsarismus Maß nehmend thront im Verborgenen ein allbestimmendes, absolut transzendentes Eines noch jenseits von Denken und Sein über allen kosmischen Gestalten, die keinerlei Einfluss mehr auf es ausüben können, sondern selbst nichts anderes sind als seine kaskadenhaften Ausflüsse über die verschiedenen Bestimmungsebenen hinweg.

Diese Henologie als radikalster Mon(othe)ismus markiert jedoch zugleich einen dialektischen Umschlagspunkt. Die Positivität eines alles zur Einheit überformenden Denkens schlägt in seinem Extrem selbst in eine Matrix der Negativität um. An dem Punkt angelangt, an dem sich dieses Denken in den transzendenten Fluchten einer negativen Theologie letztendlich selbst negiert, tritt eine Negativität im Denken in Erscheinung, die zu allerletzt auch nicht mehr vor einem absoluten Einen jenseits von Denken und Sein Halt macht: So weiß Plotin konsequenterweise selbst nicht mehr zu sagen, ob das Absolute überhaupt noch die Bestimmtheit der Einheit aufweist, mithin Eines ist. Und so wird auch die absolute Transzendenz ihrerseits zu einem Abgrund der gänzlichen Unbestimmtheit, deren absolute Negativität jedoch zugleich der immanente Bestimmungsgrund der unterschiedlichsten Bestimmungen sein soll. Die Folge davon ist, dass Jenseits und Diesseits, Transzendenz und Immanenz, Identität und Differenz, Denken und Sein, Form und Stoff, Positivität und Negativität, vor allem aber Idee und Materie absolut ununterscheidbar werden. Unter diesen spekulativen Bedingungen *kann* die Materie nicht nur als formbarer Stoff eines bestimmenden Denkens verstanden werden, sondern dieses Denken umgekehrt auch als stoffliche Form oder eine Gestalt der Materie.

Springen wir von hieraus in die Neuzeit, ist kaum verwunderlich, warum es seit der Renaissance des Neuplatonismus in Florenz zunehmend möglich wird, die geschichtliche Entwicklung des Materialismus nicht nur als Negation des Idealismus zu rekonstruieren. Stattdessen gewinnt der Materialismus gerade dadurch auch positiv Gestalt, dass die Materie wie bei Giordano Bruno am deutlichsten (Bruno 1993, 74ff.) nicht mehr nur als Leihmutter eines ideellen Patriarchats dient, sondern ihrer beider ›Kind‹, d.h. die ausgetragene Lebenswelt in ihren Formen selbst auch aktiv, gleichsam genetisch mitbestimmen kann.

Dass damit die Gleichberechtigung *in principiis* noch nicht hergestellt ist, lässt sich an der anhaltenden Schmähgeschichte des Materialismus als Anti-Idealismus ablesen, die im 18. Jahrhundert erneut Front macht gegen einen Anti-Spiritualismus als hedonistische Sittenverwahrlosung (vgl. Schmidt 2017, 58). Das hat seinen Grund nicht allein in einer zähen Apologetik der Tradition, sondern bezeugt umgekehrt auch eine radikale Aufklärung in *Prinzipienfragen*, die ab der Französischen Revolution auch zu politischen werden. So ist das 19. Jahrhundert zurecht als ein materialistisches bezeichnet worden, nicht allein mit Blick auf das kommunistische Universalprojekt eines dialektischen Materialismus von Marx und Engels. Eine (noch für Marx) denkbare Balance im Bestimmungsverhältnis von Sein und Bewusstsein, Materie und Denken schlägt dabei bald ins andere Extrem eines determinativen Materialismus um. Das eigentliche Erbe aber dieses szientistischen Positivismus (statt Negativismus) der Materie für das 20. und 21. Jahrhundert besteht vor allem in einem Umdenken des Denkens selbst, das in ›der‹ Materie nicht mehr allein die nötigenden Bedingungen seiner Verwirklichung, sondern die notwendigen Bedingungen seiner eigenen Möglichkeit erkennt, ja im Extrem sich selbst als bloßes Epiphänomen ›seiner‹ Materien oder Materialien wiederzuerkennen meint.

It doesn't matter

Von Brunos Paraplatonismus über den Substanzmonismus Spinozas und die Naturspekulationen Schellings bis zum transzendentalen Empirismus von Gilles Deleuze ließe sich im Verborgenen eine materialistische Tradition der Spekulation herausarbeiten, deren Resultat heute jedoch offen zu Tage liegt im Neuen Materialismus. Was daran materialistisch sein soll, hängt mit dem sogenannten *material turn* in den Wissenschaften zusammen:

> »Die 1970er und 1980er Jahre waren gekennzeichnet vom Niedergang der zeitgenössischen materialistischen Ansätze, insbesondere des Marxismus, und dem Aufstieg poststrukturalistischer Theorien und kulturtheoretischer Perspektiven. […] Im Unterschied zu älteren Formen eines Materialismus liegt dieser Neuakzentuierung der materialistischen Tradition die Idee

zugrunde, dass die Materie selbst als aktiv, wirkmächtig und plural statt als passiv, inert und einheitlich zu begreifen sei« (Hoppe/Lemke 2021, 11f.).

Neu an diesem Neuen Materialismus ist jedoch eher eine Reaktivierung des geschichtlichen Denkpotenzials ›der‹ Materie, die aus dem Schatten der Ideengeschichte des Idealismus nunmehr ins Zentrum des Geschehens tritt. Mit Hoppe und Lemke (2021, 12f.) lässt sich diese Emanzipationsbewegung zugleich als Profilierung gegenüber alternativen Materiekonzepten präzisieren: Erstens geht es nicht um eine Fokussierung im Sinne der *material culture studies* auf die soziale Einbettung von Dingen, sondern um das *big picture* ›der‹ Materie selbst; zweitens wird die Plastizität und Dynamik der Materie im Unterschied zu einem ideologischen Essenzialismus hervorgehoben; und drittens bemüht man sich darum, jede Form eines materialistischen Reduktionismus angesichts der relationalen Komplexität der Weltereignisse zu vermeiden.

Daran lässt sich seinerseits beobachten, dass die »ökonomistischen und geschichtsphilosophischen Konzepte historisch-materialistischer Theorien« (Hoppe/Lemke 2021, 12) durch eine Art *Fundamentalökologie* ersetzt werden, der es weniger um die verschiedenen Welten der Materie als um ihr ›Welten‹ im verbalen Sinne geht. Dieser Eindruck verstärkt sich noch, wenn man etwa bei Karen Barads Auseinandersetzung mit der Quantentheorie auf eine Ontoepistemologie intraaktioneller Konstitutionsvorgänge gestoßen wird (→ Quanten), die sich *im Prinzipiellen* auch mit ethischen und politischen Fragen ›verschränkt‹ zeigen soll: »Theorien sind lebende und atmende Neugestaltungen der Welt. Die Welt theoretisiert sich und experimentiert mit sich selbst« (Barad 2015, 205). Aber auch andere Protagonistinnen wie Jane Bennett (2020) oder Rosi Braidotti (2014) lassen keinen Zweifel daran, dass ihr Denken letztlich auf einen lebendigen Materialismus als monistische Philosophie zurückgeht, um an jene affirmative Kreativität anzuschließen, die schon für ihre Vorläufer, Deleuze und Guattari, das Werden schlechthin ausmachte. In diesem Sinne wäre es eine Verkürzung, wollte man in ›der‹ Materie der Neuen Materialismen nicht Grund wie Ganzes der Welt thematisiert finden, eben die spekulative *arché* einer globalen Ökologie, die sich in primordialen Relationen entfaltet, um sich im Denken selbst zu reflektieren, zu affirmieren und auch zu agitieren. Gegen den vielgerügten ›Willen zum Willen‹ der klassischen Metaphysik scheint die Agenda nunmehr zu lauten: ›Werden werden‹ oder mit Donna Haraway (2016): »Mit-werden«.

Das klingt freilich nach Metaphysik im Sinne einer herkömmlichen Prinzipienspekulation, die sich mittels längst etablierter Differenzen (etwa von Sein und Werden, aber auch Identität und Differenz) mittlerweile lediglich *matrilinear* ›neu‹ zu legitimieren scheint. Ist das aber ein legitimer Unterschied? Wäre damit wirklich das Patriarchat der Ideen *im Prinzip* überwunden und das Zeitalter der Egalität eingeläutet? Oder dagegen bloß ein Matriarchat der Materie installiert, während untergründig dasselbe Programm *indifferent* weiterläuft – eine Hegemonie durch die nächste ersetzend? Wie schon Plotins Letztbegründungsversuch des Idealismus in einer absoluten Einheit, die selbst keine mehr ist, nahelegt, lassen sich in allerletzter Instanz Idealismus und Materialismus *im Prinzip* nicht mehr unterscheiden – ›But does it really matter anymore?‹

No thing matters

Fragen wir darum abschließend, wie es heute eigentlich um die *konkreten* Materien selbst steht, die Dinge. Nach Terry Eagletons altmaterialistischer Diagnose fügt sich der Neue Materialismus

> »gut in den postindustriellen Kapitalismus ein – in eine Welt, in der Arbeit und Kapital zu Zeichen dematerialisiert werden, zu Strömen und Codes. Die gesellschaftlichen Phänomene sind mobil, plural und pausenlos wandlungsfähig, Bilder, Simulakren und Virtualitäten herrschen über die ach so primitiven materiellen Objekte. In dieser unbegrenzten Plastikwelt stellt die pure Hartnäckigkeit der Materie einen Skandal dar« (Eagleton 2018, 26).

Bei allem Ressentiment gegenüber seinen Nachfolgern rührt Eagleton dennoch an einen wunden Punkt. Schon Deleuze und Guattari (1974) hatten diese Verhältnisse erkannt und durch eine anarchistische Affirmation zu appropriieren versucht. Ist es ihnen gelungen? Oder bewegen sich die ihnen nachfolgenden Theorien einer gekonnten Entfremdung im Zeichen einer dezidert weiblich konnotierten Körper-Kreativität (etwa Braidotti 2014; → Xeno) trotz (oder gerade wegen) aller ›kritischen Affirmation‹ doch weiterhin im kapitalistischen Fahrwasser?

Das hängt unter anderem davon ab, was man unter der »Hartnäckigkeit der Materie« versteht. Anstatt von einem »Skandal«, könnte man genauso gut von einem Fanal für den Neuen Materialismus sprechen. Unter den kapitalistischen Bedingungen ihrer Digitalisierung erscheinen die Dinge ebenso flüchtig wie aufdringlich, volatil wie hartnäckig (→ Kapitalismus). Vielleicht trifft es fürs Erste die Bezeichnung »eigensinnig« (Hahn 2015) am besten, versteht man darunter weniger eine bewusste Handlungsmacht als eine beständige und doch nicht starre Gerichtetheit, die noch jeder Instrumentalisierung vorausliegt. Das scheidet die neuen von den alten Geistern des Materialismus. Wenn schon als Materien, dann sind Dinge als »matters of concern« (Latour 2007, 21f.), statt als »matters of fact« zu behandeln. So gesehen bedeutet Digitalität weniger Entmaterialisierung als *Verdinglichung* – wenn auch in einem etwas anderen Sinne.

Zitierte Literatur

Aristoteles (1987). Physik. Vorlesungen über Natur. Hamburg, Meiner.
Barad, Karen (2015). Verschränkungen. Berlin, Merve.
Bennett, Jane (2020). Lebhafte Materie. Eine politische Ökologie. Berlin, Matthes & Seitz.
Braidotti, Rosi (2014). Posthumanismus. Leben jenseits des Menschen. Frankfurt a.M., Campus.
Bruno, Giordano (1993). Von der Ursache, dem Prinzip und dem Einen. Hamburg, Meiner.
Deleuze, Gilles/Guattari, Félix (1974). Anti-Ödipus. Kapitalismus und Schizophrenie I. Frankfurt a.M., Suhrkamp.
Eagleton, Terry (2018). Materialismus. Die Welt erfassen und verändern. Wien, Promedia.
Hahn, Hans Peter (2015) (Hg.). Vom Eigensinn der Dinge. Für eine neue Perspektive auf die Welt des Materiellen. Berlin, Neofelis Verlag.
Haraway, Donna (2016). Das Manifest für Gefährten. Wenn Spezies sich begegnen: Hunde, Menschen und signifikante Andersartigkeit. Berlin, Merve.
Hoppe, Katharina/Lemke, Thomas (2021). Neue Materialismen zur Einführung. Hamburg, Junius.
Kant, Immanuel (1998). Kritik der reinen Vernunft. Hamburg, Meiner.
Lange, Friedrich A. (1974). Geschichte des Materialismus und Kritik seiner Bedeutung in der Gegenwart. 2 Bde. Frankfurt a.M., Suhrkamp.
Latour, Bruno (2007). Elend der Kritik. Vom Krieg um Fakten zu Dingen von Belang. Zürich/Berlin, Diaphanes.
Platon (1972). Timaios. Werke in acht Bänden. Hg. v. Gunther Eigler, übers. v. Hieronymus Müller u. Friedrich Schleiermacher, Bd. 7. Darmstadt, WBG.

Schmidt, Alfred (2017). Geschichte des Materialismus. Leipzig, Salier Verlag.

Weiterführende Literatur

Latour, Bruno (2014). Existenzweisen. Eine Anthropologie der Modernen. Berlin, Suhrkamp.

Rosa, Hartmut/Henning, Christoph/Bueno, Arthur (2021) (Hgg.). Critical Theory and New Materialism. New York, Routledge.

Netzwerk

Christian Schröter

Ein Netzwerk besteht aus verwobenen Fäden. Im Gegensatz zu einem Teppich oder einem Stoff werden die Maschen des Netzes nicht ausgefüllt. Ein Netzwerk besteht also typischerweise aus sich kreuzenden Linien mit sehr viel Luft dazwischen. Möchte ich ein Netzwerk beschreiben, besteht es so aus drei Arten von Bestandteilen: (1) ›Knoten‹, auf denen sich die Fäden kreuzen, (2) ›Kanten‹, die als gerade Linien die Knoten verbinden, und (3) die ›Maschen‹, die einen Leerraum markieren und die mich typischerweise nicht interessieren. Betrachte ich einen Bereich der Welt als Netzwerk, wähle ich aus, was mich interessiert und was eben nicht – was nehme ich auf in mein Netz, was aber ›fällt durch die Maschen‹. Die *Knoten* eines Netzwerkes sind hierbei typischerweise Dinge oder Akteure, die *Kanten* die Verhältnisse oder Relationen zwischen diesen. Knoten werden mit Substantiven benannt, Kanten mit Prädikaten. In den Maschen liegt das, was für das Netz keine Relevanz hat und was ich deshalb weglassen will.

Der Begriff »Netzwerk« hat hierbei vielfältige Verwendungen: Es hat erstens einen ›dinglichen Kern‹ mit einer langen Geschichte als grundlegende Kulturtechnik (vgl. Böhme 2003, 590). Zweitens ist es eine Redewendung, die uns hilft, Phänomene mit einer bestimmten – eben ›netzwerkartigen‹ – Struktur unter einen gemeinsamen Begriff zu fassen, indem wir unsere Beobachtungen metaphorisch mit einem Netz vergleichen (vgl. Emden 2011). Zum Dritten sind Netzwerke theoretische Objekte, die rückgebunden an die Erfahrung die Herstellung bestimmter Konstellationen in der Welt erst ermöglichen – Hans-Jörg Rheinberger nennt dies ein »epistemisches Ding« (Rheinberger 2001). Das heißt, ich kann Netze als Objekt in der Welt vorfinden, so wie das Netz einer webenden Spinne. Oder ich kann Phänomene in der Welt wie ein Netzwerk wahrnehmen und beschreiben, so wie die Verwandtschaftsverhältnisse einer Großfamilie oder die Kommunikationsbeziehungen von Fernhändlern im Mittelmeerraum. Und ich kann Netze und Netzwerke in der Welt aktiv und nach Plan herstellen – wie ein Eisenbahn- oder Telegraphennetz. Auch im technischen Bereich zeigt sich deutlich, dass schwer zu entscheiden ist, ob ich Netzwerke wahrnehme oder herstelle: Ich kann die Erweiterung eines Verbindungsgefüges als selbsttätiges Wachstum eines Netzwerkes beschreiben, und gleichzeitig kann ich – da ich die Idee eines Netzwerks kenne – dieses ›netzwerkartige‹ Wachstum planen und technisch unterstützen.

Für Netzwerke gilt eine sehr seltene Sammlung von Eigenschaften: Wir finden sie ›wachsend‹ in der Natur vor, wir stellen sie kommunikativ oder technisch in unserer Kultur her, und wir organisieren unsere Erkenntnisfähigkeit ›netzwerkförmig‹, auch unterstützt durch die Bereitstellung geeigneter – oft mathematischer – Theorie und die Herstellung geeigneter Untersuchungsinstrumente und Kommunikationsgeräte. Gerhard Böhme verweist auf Kant, wenn dieser »vorsichtig von einer ›Technik der Natur‹« spreche (Böhme 2003, 590; Kant KdU B 56). Als philosophische Metapher sind Netzwerke »gebunden an die Schaltstelle zwischen Sprache und Denken« (Emden 2011, 254). »Die schillernde Mehrdeutigkeit des Begriffs verdankt sich auch einer Spezifik des Deutschen«, da hier nicht zwischen ›web‹ und ›net‹, oder ›filet‹ und ›réseau‹ differenziert werde, was zu »teils spannungsreichen Wechselbeziehungen zwischen begrifflicher und metaphorischer Rede« führe, und so »Deskription und Präskription zusammenfallen« können (vgl. Friedrich 2024).

Die Untersuchung und Beschreibung von Netzwerken ist ein zentrales Feld der Informationstheorie, auch wenn es darum geht, Komplexität zu fassen (→ Information). Netzwerke können Teil übergreifender Netzwerke sein und/oder selbst Unternetzwerke enthalten, was große Komplexität erzeugt oder abzubilden erlaubt. Es wurde auch bereits die Position vertreten, dass unsere gesamte Lebenswelt netzwerkförmig sei und jedes Netzwerk prinzipiell ›verschachtelt‹ sei, da »Netze [...] immer nur als Netze in Netzen« vorkommen würden, mit unserer Welt – ›Gaia‹ – als »Netz der Netze« (vgl. Böhme 2003, 292). Hierbei gibt es Strukturmerkmale, die es erlauben, Netzwerke nach Typen zu sortieren – Zentralität einzelner Knoten oder das Verhältnis von Gleichverteilung oder Bündelung von Verbindungskanten sind einschlägige Merkmale, ›Baum‹, ›Ring‹ oder ›Stern‹ typische und auch kombinierbare Bauformen. Paul Baran schreibt von ›zentralisierten‹, ›dezentralisierten‹ und ›verteilten‹ Netzen, je nachdem, ob es einen, mehrere oder gar keinen zentralen Knoten gibt (Baran 1964). Bei der Gestaltung eines Netzes muss hierbei zwischen Stabilität und Effizienz abgewogen werden – verteilte Netze wie unser Internet können sehr zuverlässig auch nach Katastrophen funktionieren, aber gleichzeitig sehr viele Ressourcen verbrauchen oder Nachrichten redundant und auf Umwegen übermitteln.

Kommt schon das Wort ›Text‹ von verknoten und verweben, ist ›Hypertext‹ für die Schriftnutzung – ihre Artefakte wie ihre Praxis – der Neuen Medien üblich geworden, da diese in ganz besonderem Maße durch Verknüpfungen auf allen Ebenen netzwerkförmig geworden sind (→ Hypertext). Eine spezielle Verwendung des Begriffs finden wir in der Beforschung und Herstellung Künstlicher Intelligenz, in der ausgehend von Versuchen der Modellierung der Nerventätigkeit im menschlichen Gehirn (McCullogh/Pitts 1943) und in der Gegenwart unter dem Etikett einer angeblich ›subsymbolischen KI‹ von *Künstlichen Neuronalen Netzen* gesprochen wird (→ Künstliche Intelligenz; Maschinelles Lernen).

Technische Entwicklung

Wir Menschen stellen schon sehr lange Netze her und sehen die Welt auch schon sehr lange als Netz. Das Knüpfen von Netzen ist eine sehr alte Kulturtechnik zum Fangen von Wild oder Fischen, deren archäologischen Belege in Mitteleuropa in die Jungsteinzeit zurückreichen (Gießmann 2012, 24 f.) und die eng verwandt ist mit dem Weben von Tuch und dem Flechten von Körben. Naturmaterial – wie Pflanzenfasern oder Tierhaar – wurde bereits mit einfachen Werkzeugen – Spindeln oder Webrahmen – und einfachen Techniken – Knoten und Schlaufen – ›netzwerkartig‹ verwoben. Doch schon zu Beginn der Geschichte der Netzwerke wartet eine unauflösbare Frage der Erkenntnistheorie: Haben unsere Vorfahren sich die Netzherstellung aus der Natur abgeschaut, indem sie etwa Spinnen beobachtet haben? Oder hat sich der Blick auf die umgebende Natur verändert, nachdem die Spinne und ihre typische Tätigkeit ins Bewusstsein gerückt war und so eine Metapher lieferte, um die Welt – und so auch gleichzeitig Spinnennetze wie Flechtgewebe – zu beschreiben? Oder haben wir Menschen erst geknüpft und geflochten, und dann festgestellt, dass dies manche Tiere – so beispielsweise Spinnen – auch tun, und dann die Muster unserer kulturellen Praxis auf Naturphänomene übertragen?

Jedenfalls ist das Gemeinsame der menschlichen Web- und Knüpftätigkeit und der Produktion der Spinne das ›Netz‹, das auf eine bestimmte Art strukturiert ist (und z.B. kein ›Knäul‹ wird), so dass wir sinnvolle und sachhaltige Vergleiche zwischen gewachsener Natur und hergestellter Kultur anstellen können. Hier zeigen sich auch Verbindungen zur Mythologie: Der Schicksalsfaden eines Menschen wird gesponnen und mit denen seiner Mitmenschen (und auch der Götter und Helden) zu einem sozialen Netz der Familie und der Gesellschaft, der Freund- und der Gegnerschaft verwoben. Das Bewusstsein für die Rolle der Metaphorik des Spinnens und Webens für unsere Erkenntnisprozesse ist ebenfalls früh präsent: Der Faden der Weberin Ariadne führt Theseus durch das Labyrinth des Monsters und aus der Dunkelheit ans Licht (vgl. Emden 2011). Mit dem Aufkommen technischer Netze im modernen Sinne spitzt sich die erkenntnistheoretische Frage zu: Menschliche Infrastruktur wird netzwerkförmig geplant und wächst gleichzeitig wie ein Netzwerk. Dies gilt für Straßen- oder Schienennetze des Transportwesens, für Postkutschenlinien, Telegraphenmasten und Telefonkabel der Nachrichtenübermittlung, und ganz besonders für die Neuen Medien.

Die *Technikgeschichte* der Netzwerke kann – auch wenn das römische Straßennetz oder der Briefverkehr des Thurn-und-Taxis-Postwesens bereits netzwerkförmig waren – im 19. Jahrhundert begonnen werden, und zwar mit der Industrialisierung und der Globalisierung des Handels und der Kommunikation (→ Geschichte; Technizität). Unter Verwendung neuer Kraftquellen – wie Dampfkraft und Elektrizität – überziehen Eisenbahnnetze mit koordinierten Fahrplänen und geschalteten Steuervorrichtungen die Kontinente. Dies hat einschneidende Auswirkungen auf die individuelle Lebenswelt und gesellschaftliche Entwicklungen, die vor allem mit dem Netzwerkcharakter der neuen Organisationsformen zu tun haben, die Raum und Zeit verkürzen. »Anders als die Hochsee-, Küsten- und Flussschifffahrt […] hat die Eisenbahn die Gesamtheit des Landes ›vernetzt‹ und eine volkswirtschaftliche Arbeitsteilung möglich gemacht, die sich selbst Optimisten nicht hatten vorstellen können« (Weber 1990, 171). Diese mit einer Reorganisation gesellschaftlicher Verhältnisse verbundenen und gleichzeitig durch diese erst ermöglichten Innovationen waren immer eng verbunden mit volks- wie privatwirtschaftlichen Interessen, denen auch das Nachrichtenwesen wie der Nachrichtenkonsum folgen. Diesen diente das neue transkontinentale elektrische Telegraphennetz, das nationale Netze verkoppelte – vor allem nach dem Wiener Kongress 1815 – und die optische Telegraphie ›auf Sicht‹ – die Napoleon mit so viel Erfolg regional eingesetzt hatte – ablöste (Oberliesen 1982, 59ff.). »Die Ausdehnung des Weltmarktes forderte zunehmend eine internationale Kommunikation. Als eine wichtige Aufgabe erschien es daher, die Kontinente mit Seekabeln zu verbinden« (Oberliesen 1982, 118).

Das Internet

Ein erster sichtbarer Erfolg war das Unterseekabel durch den Ärmelkanal zwischen Dover und Calais 1851. Seit etwa 1870 – und somit im globalen Imperialismus – »wurde das bestehende Telegraphennetz durch das Telefon zunächst erweitert und – ausgehend von den Ortsnetzen – schließlich überlagert« (Kaiser 1990, 392). Es folgen in den 1920er Jahren der allgemeine Rundfunk und in den 1930ern der – noch lange Zeit experimentelle – Fernsehfunk. Aus Kabelnetzen wurden so nicht mehr sicht- und greifbare Funknetze, zumindest solange, bis der Bedarf der Fernübertragung von Daten nachrichtentechnisch wieder auf die Kabelnetze des Telefons zurückgriff (und auch schon sehr bald wieder optische Datenübermittlung forderte, um mit Licht wieder ein noch schnelleres und kompakteres Übertragungsmedium zu nutzen). Wurden erst – prominent mit dem *ARPANET* der US-Regierungsinstitutionen und Forschungsstätten – Telefonverbindungen genutzt und analoge Signale durch Umwandlungsgeräte digitalisiert, wurden seit Ende der 1970er Jahre Schalt- wie Übermittlungstechnik digitalisiert, was auch zur bis in die 2020er Jahre unerfüllten Forderung der Umstellung von elektromagnetischer Übermittlung auf Lichtsignal im Glasfasernetz führte (vgl. Kaiser 1990, 406ff.). Ursprünglich 1962 als »Intergalactic Computer Network« von Joseph Carl Robnett Licklider als Direktor für Behavioral Sciences im *Command & Control Research* der US-amerikanischen *Advanced Research Projects Agency ARPA* mit wenigen Knoten an US-amerikanischen Forschungsuniversitäten und (Militär-)Laboren konzipiert (vgl. Licklider 1963), entwickelte sich aus diesen Anfängen das weltweite Internet (→ Hacken).

Eine der besonderen Eigenschaften des Internets war und ist, dass es auf größtmögliche Resilienz gegen Störungen und Ausfälle konzipiert und entlang der Designidee der Redundanz entwickelt wurde. Eine Nachricht nimmt hier nicht den kürzesten und ökonomisch sparsamen oder eleganten Weg, sondern wird gemäß eines technischen Protokolls in kleinen und genormten Paketen (potentiell) auf jedem Weg gleichzeitig versendet, die Teile werden am Zielort ›eingefangen‹ und wieder zu einem lesbaren Ganzen zusammengesetzt. So soll auch nach einer Naturkatastrophe oder einem Atomkrieg Datenfernübertragung in ›zerrissenen‹ Netzen möglich bleiben. Dieses Internet wurde erst mit der Entwicklung des grafischen World Wide Web zu Beginn der 1990er Jahre nutzerfreundlich und so für Menschen in der Breite zugänglich, um dann durch semantische Technologien ab der Jahrtausendwende zunehmend durch Maschinen verarbeitbar zu werden (vgl. Berners-Lee et al. 2001, Meinel/Sack 2004). Miniaturisierung und leistungsstarke Batterien führten zu smarten Kleincomputern in der Form von Mobiltelefonen, die nun weltweit per Funk verbunden wurden, wobei seit den 2020er Jahren die Kommunikation per Satellit auch für den privaten Gebrauch nutzbar wurde. Man kann technikhistorisch also festhalten: Wurden in einem ersten Schritt während der Industrialisierung mehr oder minder informelle und organisch gewachsene Netzwerke ›technisiert‹ und so als Kabelnetze sicht- und greifbar, entmaterialisieren sie sich im 20. Jahrhundert zunehmend, bis sie in unserer unmittelbaren Gegenwart als Infrastruktur fast vollständig aus unserer Alltagswahrnehmung verschwinden – jedenfalls, solange sie funktionieren. Unbestritten ist: »Internet und WWW zählen zu den ganz wenigen technologischen Entwicklungen in der Geschichte der Menschheit, die das Leben und Handeln der Menschen grundlegend verändern und seinen Möglichkeiten neuen Raum bieten.« (Meinel/Sack 2004, V).

Die *Wissensgeschichte* der Netzwerke ist stark geprägt von Versuchen der mustergültigen Modellierung unserer täglichen Erfahrungen und unserer Alltagsprobleme. Ihr Werkzeug war vor allem die (mathematische) Graphentheorie, die wir spätestens mit Leonhard Eulers Versuch ansetzen können, das *Königsberger Brückenproblem* zu lösen. In dieser logischen Knobelaufgabe geht es darum, während eines Spaziergangs jede der sieben Brücken über beide Arme des Pregels genau einmal zu überqueren und dabei einen Rundweg zum Ausgangspunkt abzuschreiten – was nach Euler bewiesenermaßen unmöglich ist (vgl. Velminski 2009). Die topologische Modellierung des Problems wurde wegweisend für Problemstellungen der ökonomischen Logistik, wie sie bis heute entlang des *Traveling Salesman Problems* diskutiert werden. Mit Recht kann man auch Gottfried-Wilhelm Leibniz unter die Ahnherren der Netzwerktheorie setzen, da er nicht nur »in Verbindungen gedacht« und »für das Schaffen von Verbindungen gelebt« (Krämer 2016, 47), sondern auch ganz praktisch ›vernetzte‹ »Techniken der Selbstregulation« für die Bergwerksentwässerung im Harz entworfen hat (Krämer 2016, 54). Für die Gegenwart kann man festhalten: »›Netz‹ und ›Netzwerk‹ sind nun zu kulturellen Leitmetaphern der modernen Gesellschaft und ihrer Wissenschaften geworden, aber auch modellgebend für den Gesamtbereich der Biologie und Ökologie« (Böhme 2003, 597).

Netzwerktheorie in der Gegenwart

Es gibt im Theoriediskurs der Gegenwart zwei grundsätzlich unterschiedliche Arten, über Netzwerke zu sprechen (vgl. Brewer 2021, 624): die »Theorie sozialer Netzwerke« systemtheoretischer Ansätze und die »Akteur-Netzwerk-Theorie« der Science and Technology Studies, mit der auch Bruno Latour verbunden ist (Latour 1996). Führt die erste zu einer Quantifizierung des Arbeitsmaterials, mit dem Ziel, auch in den Geistes- und Kulturwissenschaften – sogar algorithmisch (→ Algorithmus) – rechnen zu können, ist das Ziel der zweiten die Erweiterung des zu untersuchenden Materials, indem man qualitativ, aufmerksam und ›dicht‹ beschreibt. Wie wichtig jedoch das Konzept des Netzwerks für eine zeitgemäße Beschreibung unserer Gesellschaft ist, hat vor allem Manuel Castells in seiner »Theorie der Netzwerkgesellschaft« erläutert. Castells sieht dessen Bedeutung darin, eine vollkommen neue ›Gesellschaftsstruktur‹ zu beschreiben – ein netzwerkförmiges Organisationsmodell, das sich grundlegend von anderen Organisationsmodellen unterscheidet. Diese Gesellschaftsstruktur würde sogar ein neues Zeitalter kennzeichnen, nämlich das »Informationszeitalter« (Castells 2001, 423). Dass jeder Versuch, ein Netzwerk zu begreifen, auch immer ein Versuch der Visualisierung ist, hat Vilém Flusser deutlich gemacht, der Netzwerke als ›technische Bilder‹ fasste, die es ermöglichen, grundsätzliche und universale Typen von Kommunikationssituationen sichtbar zu machen – »Pyramide«, »Baum«, »Theater«, »Amphitheater«, »Kreis« und »Netz« (Flusser 1995; vgl. Irrgang 2022).

Eine besondere Herausforderung ist die Beschreibung eines Netzwerkes: Es ist sehr schwer, ein Netzwerk in einem Text zu beschreiben, es ist viel einfacher, es anzuzeichnen. Netzwerke und ihre Visualisierung sind daher auch eine Herausforderung an die Gestaltung guter Infografiken. Hierbei helfen Übersetzungen von Beobachtungen in eine formularische Beschreibung – Beobachtungen werden in einer formalen Sprache gefasst und ›abzählbar‹ mit Werten versehen. Durch den Entwurf eines geeigneten mathematischen Modells kann ich räumliche Abstände als Visualisierung von ›sozialer Nähe‹ setzen, Liniendicken nach Anzahl von Kommunikationsfällen einzeichnen oder aber auch verschiedene Eigenschaften wie soziale Rollen oder Institutionszugehörigkeit automatisiert farbig markieren. Bestimmte Werte, die besonders interessieren, können ›gewichtet‹ werden – also beim Durchrechnen mit einem steigernden (oder manchmal auch mindernden) Faktor berücksichtigt werden. Hierbei kann man anhand der Anordnung der Knoten im Raum auch neue Beschreibungsmöglichkeiten finden: Ich kann festhalten, ob ein Knoten »zentral« ist oder abgelegen. Verschiedene Maße ermöglichen so verschiedene Fragestellungen: Ich kann in einem Personennetzwerk z.B. ›Popularität‹ – viele Verbindungen – oder ›Intensität‹ – dicke Verbindungen – zur zentralen Kategorie der Betrachtung machen. Eine gelungene soziale Netzwerkanalyse kann so ›Strukturen‹ sichtbar machen. Über Beobachtungen dieser Art lassen sich dann Hypothesen bilden, die den Forschungsprozess anregen und bereichern können (sehr gute Beispiele aus der Archäologie bei Müller 2009).

Für die Geistes- und Kulturwissenschaften kann man festhalten, dass die in der Sozialen Netzwerkanalyse verwendeten Methoden nur bei der Untersuchung großer Artefakt-, Orts- oder Personengruppen greifen. Es bieten sich z.B. Brief- oder Handelsnetzwerke mit gekennzeichneten Waren an (vgl. Lougovaya 2015). Die Anwendung der Sozialen Netzwerkanalyse gehört auf jeden Fall in das Feld der computergestützten Methoden in den Geistes- und Sozialwissenschaften, die wir oft unter ›*Digital Humanities*‹ oder auch ›*computational humanities*‹ fassen (→ Digitale Geisteswissenschaften). Dass wir durch die Anwendung dieser Methoden dann auch gleichzeitig wieder das Beobachtungsmaterial erzeugen, das uns eine qualitative Reflexion unserer Erkenntnistätigkeit unter der zeitgemäßen technischen Bedingung ermöglicht, ist dann der besondere Clou der Geistes- und Kulturwissenschaften. Hier sind in einer Zeit beschleunigten Wandels und disruptiver Prozesse interessante Erkenntnisse zu erwarten.

Zitierte Literatur

Baran, Paul (1964). On Distributed Communications Networks. IEEE Transactions on Communications Systems 12, 1–9.
Berners-Lee, Tim/Hendler, James/Lassila, Ora (2001). The Semantic Web. A New Form of Web Content that is Meaningful to Computers Will Unleash a Revolution of New Possibilities. Scientific American 284, 34–43.
Böhme, Hartmut (2003). Netzwerke. Zur Theorie und Geschichte einer Konstruktion. Zeitschrift für Germanistik, Neue Folge 13, 590–604.
Brewer, John (2021). Networks. In: Blair, Ann et al. (2021) (Hgg.). Information. A Historical Companion. Princeton, Princeton University Press, 620–627.
Castells, Manuel (2001). Bausteine einer Theorie der Netzwerkgesellschaft. Berliner Journal für Soziologie 4, 423–439.

Emden, Christian J. (2011). Netz. In: Konnersmann, Ralf (2011) (Hg.). Wörterbuch der philosophischen Metaphern. Darmstadt, WBG.

Flusser, Vilém (1995). Verbündelung oder Vernetzung? In: Bollmann, Stephan (Hg.). Kursbuch Neue Medien. Trends in Wirtschaft und Politik, Wissenschaft und Kultur. Reinbek, Rowohlt, 15–23.

Friedrich, Alexander (2024). Netz, Netzwerk, Vernetzung. In: Müller, Ernst/Picht, Barbara/Schmieder, Falko (Hgg.). Das 20. Jahrhundert in Grundbegriffen. Lexikon zur historischen Semantik in Deutschland. Schwabe online. doi.org/10.31267/Grundbegriffe.

Gießmann, Sebastian (2012). Die Verbundenheit der Dinge. Eine Kulturgeschichte der Netze und Netzwerke. Berlin, Kadmos.

Irrgang, Daniel (2022). Erweiterte Kognition. Zum diagrammatischen Zeichen als verkörpertes Denkding. Mit einer Studie zu Flussers Technobildern. Berlin, Kadmos.

Kaiser, Walter (1990). Technisierung des Lebens seit 1945. In: König, Wolfgang (Hg.). Propyläen Technikgeschichte Bd. 5: Energiewirtschaft – Automation – Information. Berlin, Propyläen, 283–582.

[KdU] Kant, Immanuel (1790). Kritik der Urteilskraft. Kant's Gesammelte Schriften Bd. V [1913]. Berlin: Königlich Preußische Akademie der Wissenschaften.

Krämer, Sybille (2016). Leibniz ein Vordenker der Idee des Netzes und des Netzwerkes? In: Grötschel, Martin et al. (Hgg.). Vision als Aufgabe. Das Leibniz-Universum im 21. Jahrhundert. Berlin, Berlin-Brandenburgischen Akademie der Wissenschaften, 47–59.

Latour, Bruno (1996). Der Berliner Schlüssel. Erkundung eines Liebhabers der Wissenschaften. Berlin, Akademie-Verlag.

Licklider, Joseph Carl Robnett (1963). Memorandum for Members and Affiliates of the Intergalactic Computer Network. Washington (DC), Advanced Research Projects Agency, April 23.

Lougovaya, Julia (2015). Netzwerkanalyse. In: Meier, Thomas/Ott, Michael R./Sauer, Rebecca (Hgg.). Materiale Textkulturen. Konzepte – Materialien – Praktiken. Berlin, De Gruyter, 147–156.

McCulloch, Warren Sturges/Pitts, Walter Harry (1943). A Logical Calculus of the Ideas Immanent in Nervous Activity. Bulletin of Mathematical Biophysics 5, 115–133.

Meinel, Christoph/Sack, Harald (2004). WWW. Kommunikation, Internetworking, Web-Technologien. Heidelberg, Springer.

Müller, Ulrich (2009). Netzwerkanalysen in der historischen Archäologie. Begriffe und Beispiele. Historia Archaeologica – RGA-E 70, 725–754.

Oberliesen, Rolf (1982). Information, Daten und Signale. Geschichte technischer Informationsverarbeitung. Reinbeck, Rowohlt.

Rheinberger, Hans-Jörg (2001). Experimentalsysteme und epistemische Dinge. Göttingen, Wallstein.

Velminski, Wladimir (2009) (Hg.). Leonard Euler. Die Geburt der Graphentheorie. Ausgewählte Schriften von der Topologie zum Sudoku. Berlin, Kadmos.

Weber, Wolfhard (1990). Verkürzung von Zeit und Raum. Techniken ohne Balance zwischen 1840 und 1880. In: König, Wolfgang (Hg.). Propyläen Technikgeschichte Bd. 4: Netzwerke Stahl und Strom 1840–1914. Berlin, Propyläen, 11–264.

Weiterführende Literatur

Böhme, Hartmut (2003). Netzwerke. Zur Theorie und Geschichte einer Konstruktion. Zeitschrift für Germanistik, Neue Folge 13, 590–604.

Friedrich, Alexander (2024). Netz, Netzwerk, Vernetzung. In: Müller, Ernst/Picht, Barbara/Schmieder, Falko (Hgg.). Das 20. Jahrhundert in Grundbegriffen. Lexikon zur historischen Semantik in Deutschland. Schwabe online. doi.org/10.31267/Grundbegriffe.

Meinel, Christoph/Sack, Harald (2004). WWW. Kommunikation, Internetworking, Web-Technologien. Heidelberg, Springer.

Ontologie

Eva Seidlmayer

Wer in die Welt der Informationstechnologie eintaucht, wird immer wieder über kreative Wortspiele, Metaphern und versteckte Sprachwitze schmunzeln. Manche erschließen sich erst nach einiger Zeit, einige lassen auf historische oder kulturwissenschaftliche Bildung schließen. Schöne Beispiele für Begriffsschöpfungen sind etwa der Name »Nero« für ein CD-ROM-Brennprogramm (*Nero Burning ROM*) und »BERT« (*Bidirectional Encoder Representations from Transformers*) für ein derzeit im maschinellen Lernen viel genutztes Sprachmodell, das ganz selbstverständlich mit dem Bert von Ernie und Bert aus der Sesamstraße symbolisiert wird (→ Maschinelles Lernen); oder der Name der Linux-Distribution, »Ubuntu«, ein philosophischer Ausdruck aus der Zulu-Sprache für ein bestimmtes Konzept von Menschlichkeit (→ Anthropologie). Innerhalb dieser Fülle an Wortschöpfungen, die einen neu entstehenden und sich stark verändernden wissenschaftlich-technischen Bereich zwangsläufig auszeichnen, ist der Begriff »Ontologie« sicherlich einer der schillerndsten.

Der Ontologiebegriff wurde mit seinem altsprachlichen Charme und der Erstverwendung in der Philosophie in den 1990er Jahren in der Informationswissenschaft aufgegriffen und sorgt damit für einige Verwirrung. In der Philosophie bezeichnet der Ontologiebegriff ein eigenes Theoriefeld, in dem die Wirklichkeit theoretisch beschrieben werden soll. In der Informationswissenschaft meint der Begriff hingegen eine formale Repräsentation eines Wissensbereiches in maschinenlesbarer Form (→ Information). Dabei können Ontologien nicht nur die Struktur von Daten, sondern auch ihre semantischen Beziehungen abbilden. Prominent definieren es etwa Studer et al.: »An ontology is a formal, explicit specification of a shared conceptualization« (1998; → Daten). Auch in der Philosophie meint Ontologie eine Repräsentation von Dingen, doch anders als in der Informationswissenschaft ist, was strukturiert dargestellt wird, das *ontos* – das Seiende. Grundsätzlich wird damit eine Gültigkeit beansprucht, denn die in einer Ontologie definierten Begriffe sollen als Grundlage philosophischer Erörterungen dienen und müssen daher widerspruchsfrei bestimmt sein.

Dieses Vorhaben firmierte allerdings zunächst nicht unter dem Begriff der Ontologie, sondern als *Metaphysik der Dinge*. Denn trotz des altgriechischen Wortes entstand der Begriff Ontologie selbst erst im 17. Jahrhundert im Kontext der aufkommenden Naturwissenschaften (erstes Vorkommen 1613 im *Lexicon philosophicum* des Rudolf Göckel, latinisiert Goclenius). Bevor wir uns die Unterschiede zwischen dem philosophischen Verständnis und dem in der Informationswissenschaft zuwenden, soll zunächst etwas genauer beschrieben werden, wie Ontologien in der Philosophie und der Informationswissenschaft funktionieren.

Philosophie

In der philosophischen Debatte lässt sich ein Bruch im Verständnis von Ontologie feststellen. Während seit der Antike (Parmenides, Aristoteles) die meisten klassischen philosophischen Entwürfe von einer einzigen Wirklichkeit und damit auch einer *einzigen korrekten Ontologie* ausgingen (eine Ausnahme bilden die antiken skeptischen Schulen, die von verschiedenen Wahrnehmungen des Seienden ausgingen, das daher nicht zugänglich sei), kommen in der Moderne zunehmend Entwürfe auf, die auch eine Pluralität des Seienden und damit auch der dieses beschreibenden Systeme sehen. Philosophische Schulen im 20. Jahrhundert, die sich mit der Ontologie von Wirklichkeit beschäftigen, sind vor allem die Sprachphilosophie und Logik (Quine 1960; »philosophische Grammatik« Ludwig Wittgensteins 1953), später auch poststrukturalistische Ansätze wie die sich durch Erfahrungen aktualisierende Vielheit des Seins des französischen Philosophen Alain Badiou (1988: »L'Être et l'événement«).

Zuletzt spielten auch relative Perspektiven auf das Sein eine wichtige Rolle. Ein Beispiel ist etwa Karen Barads *Agential Realism*, der von einer ontologischen Untrennbarkeit von Akteuren in der Interaktion ausgeht. Noch weiter geht Graham Harman, der auch nicht-menschlichen Objekten eine eigene Ontologie zuspricht. Diese Strömungen können hier aus Platzgründen nur angerissen werden (vgl. Hoppe/Lemke 2021; →Kultur; Materie).

Für die Entwicklung von Ontologien im technischen Bereich wurde besonders die sprachphilosophische Debatte prägend. Um allgemeinste Bestimmungen des Seienden zu begründen, wird in der Sprachphilosophie oftmals auf die Sprechweisen zurückgegriffen (Kremer/Wolf 1984). Ontologisch valide ist, was ist bzw. was sinnvollerweise gesagt werden kann. Dahinter steht die Vorstellung, dass Strukturen des Seienden notwendigerweise auf Strukturen der Sprache bezogen sind. Daher werden in klassisch philosophischen Vorhaben zur Entwicklung einer Ontologie häufig sprachliche Differenzierungen und Begriffsdefinitionen unternommen, die an die sprachlichen Formalisierungen in Tripeln in informationswissenschaftlichen Ontologien erinnern.

Informationswissenschaft

Informationswissenschaftliche Ontologien bestehen aus Konzepten und Relationen. Einzelne Konzepte (genannt: *concepts* oder *classes*) werden definiert, die durch Relationen (genannt: *properties*) miteinander in sinnhafte Beziehung gesetzt werden (Stuckenschmidt 2011, 23). So entstehen sogenannte »semantische Tripel«, in denen die verschiedenen Konzepte entweder Subjekte oder Objekte einer logischen Beziehung sind. Ein Tripel ist eine semantische Sinneinheit aus zwei durch eine Property verbundenen Konzepten. Ein Beispiel für solche Konzepte wären »Holz« und »Tisch«; ein Beispiel für eine Property könnte »wird hergestellt aus« sein. Ein daraus gebildetes Tripel könnte dann lauten: Ein »Tisch« »wird hergestellt aus« »Holz«. Die einzelnen Tripel können zu komplexen Netzen verbunden werden, um ein Themenfeld, das aus einzelnen Aspekten besteht, möglichst umfassend abzubilden (ein »Tisch« »wird hergestellt aus« »Metall« oder ein »Tisch« »wird hergestellt aus« »Plastik«, oder auch: ein »Stuhl« »wird hergestellt aus« »Holz«). Anders als in hierarchischen Kategoriensystemen (z.B. Klassifikationen, Taxonomien), werden die Eigenschaften dabei bei Ontologien nicht an die »Kind-Elemente«, also die in der Hierarchie tiefer bzw. schwächer bzw. nachfolgend eingeordneten Konzepte, weitergegeben (→ Netzwerk).

Mit der Aufbereitung eines Wissensbereiches für einen Computer ist zumeist die Festlegung auf einen Zweck und oftmals auch einen Rezipientenkreis verbunden, woraus sich ein spezifisches Vokabular und mitunter auch eine bestimmte Granularität dieses Vokabulars ergeben (Guarino et al. 2009, 12; zu nutzerzentrierten Ansätzen Pattuelli 2011, 336). Informationswissenschaftliche Ontologien sind somit »komplexe soziotechnische Systeme« (Tsakonas/Papatheodorou 2011). Die in der Ontologie verwendeten Begriffe sollten mit Bedacht ausgewählt werden, um Missverständnisse zu vermeiden und eine Interoperabilität zu gewährleisten. Für verschiedene Wissensbereiche müssen also ggf. andere Begriffe verwendet werden. Dabei verweisen die in einer Ontologie integrierten Klassen oder Relationen nicht auf reale Objekte, sondern definieren diese Objekte lediglich innerhalb des Systems. Sie sind selbstreferenziell (Smith 2004, 161f.).

Der Bezug zur realen Welt geht bei informationswissenschaftlichen Ontologien verloren. Vielmehr können mit informationswissenschaftlichen Ontologien unterschiedliche, »alternative mögliche Welten« entworfen werden (Smith 2004, 161; Übers. ES). So bezieht sich die *Friend-of-a-Friend Ontology* mit »foaf:title« auf den akademischen Abschluss einer Person, etwa einen Master oder Doktorgrad (FOAF 2014), während »dc:titel« der *Dublin Core Ontology* die Überschrift eines literarischen Werkes meint (DC 2020). Eine informationswissenschaftliche Ontologie, die immer nur ein Ausschnitt eines Wissensbereiches sein kann und sein will, muss somit notwendigerweise defizitär und subjektiv sein. Noch schlimmer: Indem sich Ontologien einer bestimmten Funktionslogik fügen, können unterschiedliche Beschreibungen eines und desselben Gegenstandes durch unterschiedliche Ontologie-Entwürfe beschrieben werden. Damit lässt sich eine wichtige Eigentümlichkeit der informationswissenschaftlichen Ontologien festhalten: Sie existieren nicht nur im Plural, sondern es ist darüber hinaus auch zulässig, dass sich verschiedene Ontologien widersprechen. Auch mit der Zweckmäßigkeit ist ein Charakteristikum benannt. Es ist eben nicht die Wirklichkeit allein, die bestimmt, was in einer Ontologie abgebildet wird; genauso wichtig ist die Funktion, der Zweck, der durch eine Computeranwendung erfüllt werden soll und in dessen Sinne die für diesen Zweck relevanten Aspekte eines Wissensbereiches zum Ordnungskriterium werden.

Neben den »Anwendungsontologien«, die nur gemäß einer bestimmten Funktion erstellt werden (Jansen 2008, 171), gibt es auch solche, die einen ganzen Ausschnitt eines Wissensfeldes in den Blick nehmen. Sie werden Domänenontologien (*Domain Ontology*) genannt. Damit konzentrieren sie sich auf einen bestimmten Themenbereich, für den sie Konzepte und Relationen definieren, die in einem anderen Bereich eine andere Bedeutung haben können (Scherp et al. 2011, 192). Domain Ontologies können sehr ausgeprägt und detailliert sein. Ein Beispiel wäre hier die *Gene Ontology* (2024), eine bioinformatische Ressource, die eine Repräsentation von Genen und Spezies umfasst.

Vernetzung

Auch für informationswissenschaftliche Ontologien gibt es die Bestrebung, die verschiedenen Ausschnitte der Wissensrepräsentationen nicht einfach nur nebeneinander stehen zu lassen, sondern miteinander zu vermitteln. Konzepte und Relationen von anderen Ontologien können innerhalb einer anderen Ontologie angesprochen und dorthin eingeführt werden. Dazu werden Präfixe genutzt, die eine eindeutige Kennung (URL) referenzieren. Das Präfix mit der entsprechenden Class oder Property fungiert damit als Zitat, als Verweis auf einen anderen Wissensraum. Auf diese Weise können unterschiedliche Ontologien verbunden und Redundanzen vermieden werden. Ein Beispiel für eine häufig nachgenutzte Ontologie ist die schon kurz erwähnte FOAF – *Friend-of-a-Friend Ontology*. Sie beschreibt die Beziehungen von Personen und sozialen Netzwerken. Wenn die in der FOAF beschriebenen Aspekte in eine andere Ontologie eingeführt werden sollen, können diese über das Prefix »foaf:« angesprochen werden (für das eine URL mit den definierten Vorgaben angegeben sein muss). Der Ausdruck »foaf:mbox« verweist in der FOAF damit beispielsweise auf die Definition der Property »Mailbox«, also auf die E-Mail-Adresse einer Person.

Die Wiederverwendung von Ontologien innerhalb von anderen Wissensräumen wird durch die Einführung von Standards für die Beschreibung von Ontologien massiv erleichtert. Seit 2003 bzw. 2004 wurden die OWL (*Web Ontology Language*, 2023) und das RDF (*Resource Description Framework*) durch das W3C (*World Wide Web Consortium*) entwickelt. Auch für die Abfrage von in Ontologien abgelegten Daten wurde im Jahr 2008 ein Standard eingeführt SPARQL (*SPARQL Protocol And RDF Query Language*). Die Wiederverwendbarkeit von Ontologien war auch die zentrale Voraussetzung für die beeindruckende Karriere der Ontologie in praktischen Anwendungen und Technologien, wie wir sie heute kennen. Sie stellen einen wichtigen Schritt auf dem Weg zum Semantic Web dar (Hitzler 2021). Auf der Struktur der Ontologien bauen die Konzepte von *Linked Data* und schließlich das der komplexeren Wissensgraphen (*Knowledge Graphs*) auf, das von Google geprägt wurde (Singhal 2012). In ihnen werden viele der semantischen Tripel komplex verknüpft und können abgefragt werden. Knowledge Graphs sind die Voraussetzungen für viele Webanwendungen, aber auch für moderne Techniken wie das *Internet of Things*, und sie nehmen in ihrer Bedeutung weiterhin zu. Theoretisch können Ontologien in der Informationswissenschaft also verbunden werden; in der Praxis werden sie es nicht immer.

Doch auch in der Informationswissenschaft gibt es Initiativen, eine umfassende Wissensrepräsentation zu erhalten. In sogenannten Upper Ontologies, auch Top-level Ontologies bzw. Foundational Ontologies genannt, werden generische Eigenschaften definiert. Zwei Beispiele für die Entwicklung solcher Upper Ontologies sind die *Basic Formal Ontology* (BFO) oder die *Descriptive Ontology for Linguistic and Cognitive Engineering* (DOLCE). Aber schon der Plural zeigt, dass dies ein ambitioniertes und vielleicht aussichtsloses Vorhaben ist. Die Integration aller Domänen kann nur zum Preis einer sehr starken Abstraktion bzw. Verallgemeinerung gelingen. Eine einheitliche »all knowledge ontology« würde ein neutrales Weltverständnis erfordern (Smith 2004, 159). Die BFO etwa definiert grundlegende Zusammenhänge und wird von vielen hundert anderen Domain Ontologies genutzt, um den eigenen Bereich konzeptuell zu formalisieren. Als Standard wurde die BFO sogar zu einer ISO-Norm erhoben.

Hiermit haben wir fünf Charakteristika gestreift, die informationswissenschaftliche Ontologien ausmachen: Sie sind nicht umfassend, nicht abgeschlossen, sie können sich widersprechen, es gibt viele von ihnen und sie haben häufig einen nicht in sich selbst liegenden Zweck. Oder, positiv gewendet: Informationswissenschaftliche Ontologien beschreiben einen abgegrenzten Wissensbereich, sind erweiterbar, ihre Gültigkeit beschränkt sich auf ihren Gegenstand, sie ermöglichen eine Mensch-Computer-Kommunikation und sie wurden erstellt, um eine externe Anwendung zu ermöglichen.

Perspektiven

Das Vorhaben einer umfassenden Ontologie (*Foundational Ontology*) kommt dem universellen Anspruch, der in der Philosophie traditionell der Ontologie zugeschrieben wird, am nächsten. Wie gesagt verliert das Vorhaben, allgemeingültige ontologische Systeme zu entwerfen, in der Philosophie der Moderne aber an Relevanz. Die Vorstellung von Objektivität gerät zunehmend in die Abhängigkeit gesellschaftlicher oder sozialer Bedingungen. Somit können Ontologien wie bei Badiou in einer Vielheit der persönlichen Erfahrungen aktualisiert werden oder orientieren sich wie bei Wittgenstein an unterschiedlichen Rezipientenkreisen, die mit der Ontologie adressiert werden.

Als Vertreter der Wissenschaftsphilosophie, die in der Renaissance prägend für die Konjunktur des Ontologie-Begriffs war, beschreibt Ludwik Fleck

– und in seiner Folge und viel berühmter Thomas Kuhn (*Scientific Revolutions*) – etwas ganz Ähnliches. In seinem wissenschaftshistorisch qualifizierten Konzept der »Denkkollektive« und »Denkstile« betont Fleck (1935) die Bedeutung der sozialen Gruppenzugehörigkeit für eine Wissens- oder Wahrheitsbeschreibung. Ein solches »Denkkollektiv« besteht aus einem inneren und einem äußeren Kreis von Forschungsdebatten, die sich gleichzeitig gegenseitig beeinflussen. In professionelleren und weniger professionellen Kreisen werden die Gegenstände dabei je nachdem komplexer oder weniger komplex dargestellt. Die Abhängigkeit der Darstellung eines Wissensbereichs vom Adressatenkreis spiegelt dabei die Orientierung an Zweck und Zielgruppe informationswissenschaftlicher Ontologien, die sich oben gezeigt hatte. Auch für Ludwig Wittgenstein ist das wesentliche Element der Wirklichkeit die Sprache, mit der diese beschrieben wird. Für ihn liegen die Grenzen unserer Welt in der Sprache. Seine philosophische Grammatik ist eine sprachliche Ontologie des Seins, in der auch »Privatsprachen« ihren Platz finden (Wittgenstein 1953).

Das Nachdenken über andere »mögliche Welten« findet sich bereits in der Modallogik (z.B. David K. Lewis). Vor allem unter Rückgriff auf Leibniz werden mögliche Welten als in sich widerspruchsfreie Gesamtheiten von Vorstellungen verstanden, wie die Realität beschaffen sein könnte. Ähnlich wie bei informationswissenschaftlichen Ontologien sind dabei auch kontrafaktische Systeme möglich, die etwa Phantasiewelten in sich logisch abbilden. Aus Perspektive der Sprachphilosophie und der Logik bleibt jedoch die grundlegende Frage bestehen, was *sinnvollerweise* gesagt werden kann. Ein Beispiel für diese Entwicklung könnte etwa Ernst Bloch mit seiner »Ontologie des Noch-Nicht-Seins« sein, die von einem noch nicht herausgebrachten Wesen des Menschen und der Geschichte ausgeht (Bloch 1961). Mit der *Anpassung* des *ontos* an das, was geschieht, erinnert es auch an Ansätze des amerikanischen Pragmatismus etwa John Deweys und seinen Modus einer relativen Bestimmung von Dingen »in view« (»Ends-in-view«), die sich im Verlauf der Zeit an veränderte Umstände anpassen können (Dewey 1922).

In diesem Sinne steht das informationswissenschaftliche Ontologie-Verständnis am (vorläufigen) Ende eines Prozesses, der auch in philosophischen Debatten aufzeigbar ist. Das in der frühen Neuzeit aufkommende Bemühen um eine objektive Weltsicht, die sich in die Entwicklung der Naturwissenschaften eingliedert, hat sich in der gegenwärtigen philosophischen Debatte weitestgehend überholt. Sie wurde von einer komplexen Beschreibung von Wissensaspekten oder unterschiedlicher Perspektiven auf die Welt abgelöst.

Ähnlich beschreibt Barry Smith die Genese der philosophischen Ontologie, die sich von einer Meta-Wissenschaft an einzelne »ontological commitments« annähert (Smith 2004, 157). Dies bringt mit sich, dass ontologische Aussagen auch in der Philosophie der Gegenwart schließlich plural werden (Smith 2004, 157).

Die Anpassungsfähigkeit und Zweckorientierung sowohl moderner philosophischer Weltentwürfe als auch informationswissenschaftlicher Ontologien birgt jedoch die Gefahr einer gewissen Beliebigkeit. Denn auch wenn wir uns auf die Pluralität von Ontologien in der Informatik und ggf. auch in einem modernen oder postmodernen Weltverständnis zurückziehen, bleibt immer noch die Frage, inwieweit sich die Beschreibung auf Gegenstände der Realität bezieht und uns befähigt, miteinander in Kontakt zu treten. Hier könnten beide Vorhaben von den traditionellen philosophischen Ansätzen lernen, zumindest eine gewisse Konsistenz mit anderen ontologischen Systemen anzustreben (Smith 2004, 163). Dies würde auch ein Vermeiden von Redundanz bedeuten und im Sinne Offener Wissenschaft die Nachnutzbarkeit von Systemen und darauf aufbauender Werkzeuge ermöglichen.

Zitierte Literatur

Badiou, Alain (1988). L'Être et l'événement. Paris, Seuil.
BFO (2020). Basic Formal Ontology. https://basic-formal-ontology.org/ (zuletzt geprüft 2024-06-12).
Bloch, Ernst (1961). Philosophische Grundfragen 1. Zur Ontologie des Noch-Nicht-Seins. Frankfurt a.M., Suhrkamp.
DC (2020). Dublin Core, DCMI Metadata Terms. https://www.dublincore.org/specifications/dublin-core/dcmi-terms/ (zuletzt geprüft 2024-06-12).
Dewey, John (1922). Human Nature and Conduct. An Introduction to Social Psychology. New York, Henry Holt.
Fleck, Ludwik (1935). Entstehung und Entwicklung einer wissenschaftlichen Tatsache. Einführung in die Lehre vom Denkstil und Denkkollektiven. Frankfurt a.M., Suhrkamp [1980].
FOAF (2014). Friend of a Friend Ontology, Vocabulary Specification. http://xmlns.com/foaf/0.1/ (zuletzt geprüft 2024-06-12).
Gene Ontology (2024). The Gene Ontology Resource. http://geneontology.org/ (zuletzt geprüft 2024-06-12).

Guarino, Nicola/Oberle, Daniel/Staab, Steffen (2009). What Is an Ontology?. In: Staab, Steffen/Studer, Rudi (Hgg.) Handbook on Ontologies. International Handbooks on Information Systems. Berlin/Heidelberg, Springer, 1–20.

Hitzler, Pascal (2021). A Review of the Semantic Web Field. Communications of the ACM 64, 76–83.

Hoppe, Katharina/Lemke, Thomas (2021). Neue Materialismen. Zur Einführung. Hamburg, Junius.

Jansen, Ludger (2008). Categories. The Top-Level Ontology. In: Munn, Katherine/Smith, Barry (Hgg.). Applied Ontology. An introduction. Frankfurt a.M. u.a., Ontos, 173–196.

Kremer, Klaus/Wolf, Ursula (1984). Ontologie. In: Ritter, Joachim/Gründer, Karlfried (Hgg.). Historisches Wörterbuch der Philosophie. Bd. 6: M–O. Basel, Schwabe, Sp. 1189–1198.

OWL (2012). Web Ontology Language. https://www.w3.org/OWL (zuletzt geprüft 2024-06-12).

Pattuelli, M. Cristina (2011). Modeling a Domain Ontology for Cultural Heritage Resources. A Usercentred Approach. Journal for American Society for Information Science and Technology 62, 314–342.

Quine, Willard V. O, (1960). Word and Object. Cambridge Mass., MIT Press.

Scherp, Ansgar et al. (2011). Designing Core Ontologies. Applied Ontology 6, 177–221.

Singhal, Amit (2012). Introducing the Knowledge Graph. Things, not Strings. Google Blog 12.05.2012. http://www.blog.google/products/search/introducing-knowledge-graph-things-not (zuletzt geprüft 2024-06-12).

Smith, Barry (2004). Ontology. In: Floridi, Luciano (Hg.). The Blackwell Guide to the Philosophy of Computing and Information. Malden Mass., Blackwell, 155–166.

SPARQL (2008). SPARQL Query Language for RDF. https://www.w3.org/TR/rdf-sparql-query/ (zuletzt geprüft 2024-06-12).

Stuckenschmidt, Heiner (2011). Ontologie. Konzepte, Technologien und Anwendungen, Berlin u.a., Springer.

Studer, Rudi/Benjamins, Richard v./Fensel, Dieter (1998). Knowledge Engineering. Principles and Methods. Data & Knowledge Engineering 25, 161–198.

Tsakonas, Giannis/Papatheodorou, Christos (2011). An Ontological Representation of the Digital Library Evaluation Domain. Journal of the American Society for Information Science and Technology 62, 1577–1593.

Wittgenstein, Ludwig (1953). Philosophical Investigations. Oxford, Blackwell.

Weiterführende Literatur

Floridi, Luciano (2004) (Hg.). The Blackwell Guide to the Philosophy of Computing and Information. Malden Mass., Blackwell.

Protégé (2023). A Free, Open-Source Ontology Editor and Framework for Building Intelligent Systems. https://protege.stanford.edu/ (zuletzt geprüft 2024-06-12).

Stuckenschmidt, Heiner (2011). Ontologie. Konzepte, Technologien und Anwendungen, Berlin u.a., Springer.

Politik

Johannes C. Bernhardt

Dass Digitalität politisch ist, steht außer Frage. Die US-Demokratie erlebte eine ihrer schwersten Erschütterungen, als Donald Trump 2021 in den sozialen Medien gegen seine Abwahl agitierte und damit maßgeblich den Sturm aufs Kapitol auslöste. Der Desinformationskrieg Russlands, die Offenlegung der NSA-Überwachung durch Edward Snowden oder Wahlmanipulationen durch *Cambridge Analytica* stellen die Legitimität demokratischer Ordnungen in Frage; im Netz verbreitete Verschwörungstheorien, *fake news* und der Rückzug radikalisierter Gruppen in digitale Echokammern hängen damit zusammen. Kritische Infrastrukturen wie Clouds, Plattformen und KI-Modelle sind fest in der Hand globaler Techkonzerne, Datenmissbrauch und Menschenrechtsverletzungen an der Tagesordnung. Auf der anderen Seite bauen autokratische Regime in China, Russland und Iran eigene Infrastrukturen auf, um sich vom Westen abzuschotten und ihre Macht durch digitale Kontrolle und Zensur zu zementieren. Schließlich verschärfen sich diese Prozesse durch die jüngsten Entwicklungen um Künstliche Intelligenz, Sprachmodelle und ChatGPT auf allen Ebenen, kürzlich wurde zu Recht darauf hingewiesen, dass die Kontrolle über Sprachmodelle gleichbedeutend ist mit der Kontrolle über Politik (Bajohr 2024). So augenfällig all dies politisch ist, auf eine umfassende Theorie digitaler Politik kann noch nicht zurückgegriffen werden. Was der folgende Essay bieten kann, ist daher vor allem eine Problematisierung des Verhältnisses von Digitalität und Politik – ich beginne mit einer eklektischen Tiefenbetrachtung des Politikbegriffs und damit verbundener Konzepte.

Begriff und Konzepte

Der Begriff der Politik leitet sich vom griechischen *politikos* her, meinte zunächst schlicht »bürgerlich« und war auf die Angelegenheiten der *polis* als bürgerstaatlicher Personenverband bezogen. Kontur gewinnt er im langwierigen Prozess der Partizipation immer weiterer Kreise der Gesellschaft an der Macht, den Christian Meier als *Entstehung des Politischen* gefasst hat; er ging einher mit dem Bewusstwerden der eigenen Geschichte, dem Bewusstsein für das eigene Können und der Vorstellung, dass jedwede politische Ordnung von Menschen gemacht und somit veränderbar ist (Meier 1983). Im Athen des 5. Jahrhunderts v. Chr. führte dies zur Ausbildung der Demokratie: Sie realisierte den Grundsatz der Gleichheit aller freien männlichen Bürger, die in Volksversammlungen und Gerichten alle maßgeblichen Entscheidungen direkt fällten. Entgegen verbreiteter Vorstellungen war es vor allem die Kritik an dieser Volksherrschaft, die am Anfang der politischen Philosophie steht und um die Suche nach der besten Verfassung kreist: So sah der Historiker Thukydides in der Dialektik von Macht und Angst den Treibstoff zum Krieg und zeichnete in der berühmten Leichenrede des Perikles das Urbild einer offenen Gesellschaft; Platon fokussierte in seiner *Politeia* hingegen auf den zentralen Begriff der Gerechtigkeit, die er im Einklang mit seiner Ideenlehre normativ bestimmte und in die Utopie einer Philosophenherrschaft übersetzte; Aristoteles ging in seinen *Politika* schließlich davon aus, dass der Mensch als *zoon politikon* immer auf die Gemeinschaft orientiert sei, definierte Politik durch die Differenz zwischen Haus (*oikos*) und Stadt (*polis*) und plädierte auf Grundlage empirischer Studien für eine Mischverfassung (vgl. Ober 2002).

Macht, Utopie und Gemeinschaft sind Grundmotive politischen Denkens. Für die Machtlinie ist im Übergang zur Neuzeit Machiavelli entscheidend, der Politik in Auseinandersetzung mit dem Republikanismus römischer Autoren von allen moralischen Gesichtspunkten entband und primär als Machtkalkül definierte. Hobbes setzte sich im Kontext der englischen Bürgerkriege des 17. Jahrhunderts direkt mit Thukydides auseinander, ging in seinem *Leviathan* von einem Naturzustand des Kampfes aller gegen alle aus, definierte Politik als Einhegung von Gewalt und entwarf auf der Grundlage des Gesellschaftsvertrages das Modell eines machtvollen Staates. Solche Vorstellungen wirken bis heute in handlungstheoretischen und kontraktualistischen Ordnungsmodellen weiter. Die utopische Linie war vor allem für die spätantik-mittelalterliche Tradition anschlussfähig: Da nach der paulinischen Lehre weltliche Herrschaft nicht angreifbar war, entwarf Augustinus in *de civitate dei* die Utopie einer christlichen Gemeinschaft, leitete weltliche Politik und Gesetzgebung vom Willen Gottes ab und legte damit den Grund für das mittelalterliche Gottesgnadentum. Im Zeithorizont von Hobbes entwarf James Harrington in seiner *Oceana* die Utopie einer republikanischen Mischverfassung, die Politik als Ausdruck von Besitzverhältnissen begriff und direkt auf die Verfassung der USA wirkte. Noch weiter ging Marx, der Politik schlicht als Verbrämung der materiellen Verhältnisse begriff und die bis heute wirkmächtige Utopie einer klassenlosen Gesellschaft entwarf. Schließlich wirkte Aristoteles' Denken seit dem Mittelalter in allen politischen Diskursen, aufgegriffen wurde seine gemeinschaftsorientierte Politik- und Tugendlehre im Kommunitarismus der zweiten Hälfte des 20. Jahrhundert (zur Ideengeschichte Münkler/Straßenberger 2020).

Seit der frühen Neuzeit liegt der Fokus von Politik auf dem Staat. Trotz der Vielfalt an Politikbegriffen ist sie etwas abstrahiert meist gleichbedeutend mit der Staatskunst, vor allem Konzepte aus der Formationsphase des Staates werden unter digitalen Bedingungen wieder problematisch. Zum einen ist Bodins Konzept der Souveränität zu nennen, also die Vorstellung, dass es im Gemeinwesen eine Instanz geben muss, die über Recht und Ordnung entscheidet; entwickelte Bodin dieses Konzept mit Blick auf den absolutistischen Herrscher, wurde es nach außen gewendet zur zentralen Begründung für die Autonomie und Selbstbestimmung von Staaten. Zum anderen entwickelten Locke und Montesquieu das Konzept der Gewaltenteilung, das die politische Ordnung in Legislative, Exekutive und Judikative untergliedert und erstmals in der Verfassung der USA realisiert wurde; mit der Ausbildung bürgerlicher Öffentlichkeiten im 19. Jahrhundert hat man die Presse oft als vierte Gewalt charakterisiert, die als Kontrollinstanz von entscheidender Bedeutung ist. Schließlich entwickelte sich in der Aufklärung bei Rousseau und Kant die Vorstellung, dass der Staat vor allem die Freiheitsrechte des einzelnen zu schützen habe, der eigentliche Souverän das Volk sei und universelle Menschenrechte zu gelten haben. Der souveräne Staat ist seit dem Westfälischen Frieden etabliert, in der Synthese mit der Nation seit dem frühen 19. Jahrhundert das entscheidende Ordnungsmodell (zum Staat Reinhard 2002).

Politikbegriffe stehen immer in einem dialektischen Verhältnis zur Legitimation von Ordnung. Aus dieser Perspektive kann man das Problem digitaler Politik auf den Punkt zuspitzen, dass Digitalität das Legitimationsgefüge des Staates verändert. Um diese Dimension in den Griff zu bekommen, ist die Herrschaftssoziologie Max Webers zentral, die jedem wertebasierten Utopismus eine Absage erteilt und einen handlungstheoretischen Politikbegriff entwirft: »›Politik‹ würde für uns also heißen: Streben nach Machtanteil und nach Beeinflussung der Machtverteilung, sei es zwischen Staaten, sei es innerhalb von Staaten zwischen den Menschengruppen, die er umschließt« (Weber 1922, 822). Etwas vereinfacht ist für Weber Macht, wenn eine Anweisung auch gegen den Willen der Beherrschten Gehorsam findet, legitime Herrschaft hingegen, wenn diese Anweisung auf die Akzeptanz der Beherrschten stößt. Entscheidend ist, dass Weber mit diesem Ansatz auch die Perspektive der Beherrschten integriert und zur analytischen Vermessung politischer Szenarien drei nach wie vor leistungsfähige Idealtypen legitimer Herrschaft unterscheidet: die charismatische, begründet durch Leistung in messianischer oder außeralltäglicher Form; die traditionale, begründet durch die Eingliederung in überkommene Vorstellungen und Werte; und die legal-rationale, begründet in verbindlichen Rahmenbedingungen durch Recht und Verwaltung.

Seit der Nachkriegszeit ist die Entwicklung der politischen Theorie von Pluralisierung geprägt. Die Neue Politische Ökonomie übertrug das wirtschaftliche Prinzip des *rational choice* auf die Politik (Downs 1968), die politische Kybernetik das technizistische Modell der Steuerung (Deutsch 1969). John Rawls (1979) entwarf eine liberale *Theorie der Gerechtigkeit*, die vom Gedankenexperiment des Unwissens aller Gesellschaftsmitglieder über ihre künftige Stellung ausgeht und so ein Gleichgewicht zwischen Freiheit und Fairness herstellt. Die Kritische Theorie wurde von Jürgen Habermas (1992) zum Modell des kommunikativen Handelns und der deliberativen Politik weiterentwickelt. Die Systemtheorie Niklas Luhmanns (2000) fasst Politik als Teilsystem der Gesellschaft, das im Medium der Macht kommuniziert und verbindliche Entscheidungen herstellt. Postmoderne Positionen begreifen das Politische als Dispositiv der Macht, rekonfigurieren es unter Gesichtspunkten von Gender und Queerness oder versuchen die Frage der Ökologie zu integrieren (Butler 1993; Bröckling/Feustel 2010). Marxistische Positionen setzen weiter an der Kritik der Besitzverhältnisse an, das Spektrum reicht von Alain Badious (2003) Infragestellung politischer Theorie zugunsten der Wahrheitsfähigkeit des Ereignisses bis zu Thomas Pikettys (2020) sozialwissenschaftlichen Studien zur Ungleichheit. Nicht zuletzt wegen dieser Komplexitäten hat sich in der empirischen Forschung die Differenzierung des Politikbegriffs in *Polity* (Rahmen und Verfassung), *Policy* (Werte und Ziele) und *Politics* (Aushandlung und Umsetzung) durchgesetzt.

Digitalität und Partizipation

Digitalität wurde in den 1990er Jahren als neuer Möglichkeitsraum zur Verwirklichung von Freiheit, Gleichheit und Gerechtigkeit begrüßt. Unter Schlagworten wie dem digitalen Überwachungskapitalismus ist die Euphorie inzwischen aber verflogen, zahllose Policy-Studien dominieren das Feld und die Komplexität steigt weiter (Zuboff 2019; Hofmann et al. 2019; → Überwachung). Um die Befunde aufeinander zu beziehen, ist in der Politikwissenschaft das Konzept der »digitalen Konstellation« entwickelt worden, das den Vollzug von Politik in das Zusammenwirken von digitaler Technik, ihren Affordanzen und politischem Formwandel stellt (Berg/Rakowski/Thiel 2020). Für die Theoriebildung ist dies ein vielversprechender Ansatz, vielleicht muss man aber noch grundsätzlicher fragen, ob der Politikbegriff überhaupt noch sinnvoll ist. Was mit dem Aufkommen der *Kultur der Digitalität* und der *Gesellschaft der Singularitäten* als allgemeiner Kulturwandel der Spätmoderne beschrieben wird, ist gleichbedeutend mit der Durchsetzung einer Kultur der Partizipation und eines performativen Subjekts (vgl. Stalder 2016; Reckwitz 2017; → Kultur; Sozialität). Im Grunde führt dies in einer gewaltigen Gegenbewegung zurück in die vorpolitische Situation: Analog zur *Entstehung des Politischen* im antiken Griechenland kann man die heutige Situation als *Wiederauferstehung des Partizipatorischen* charakterisieren. Und wie im antiken Griechenland niemand wissen konnte, dass die zunehmende Partizipation in das Ordnungsmodell der Demokratie führen würde, ist auch die gegenwärtige Situation kontingent und offen – die theoretisch zentrale Frage scheint mir daher zu sein, welche Formen positiver und negativer Partizipation das Digitale hervorbringt, wie diese in Ordnungsmodelle überführt werden können und welche Gestaltungsmöglichkeiten sich daraus ergeben.

Aus dieser Perspektive kann man auch die jüngsten Debatten über Souveränität und Öffentlichkeit in den Blick nehmen. Souveränität im Sinne der Autonomie und Selbstbestimmtheit von Staaten galt durch den europäischen Einigungsprozess und die Globalisierung eigentlich schon als überholtes Konzept und erlebt als digitale Souveränität gerade eine Renaissance; in der stark deutsch und europäisch bestimmten Diskussion wird es nun auch auf Individuen übertragen und kann von Medienkompetenz bis Datenschutz alles Mögliche bedeuten. Hintergrund der Debatte ist der massive Einfluss der globalen Plattformunternehmen, in ihrer völlig diffusen Form verhandelt sie aber vor allem die Voraussetzungen positiver Partizipation, die Rolle des Subjekts und das Verhältnis zu staatlicher Kontrolle (vgl. Pohle/Thiel 2021; Glasze et al. 2022). Das Gegenstück zur Verhandlung negativer Partizipation ist die Debatte über das *Social Credit System* Chinas, das aus westlicher Perspektive als Instrument totaler Überwachung kolportiert wird, realiter aber eher eine Parallele in der *Schufa* findet. Im Zentrum des *Neuen Strukturwandels der Öffentlichkeit* stehen natürlich die sozialen Medien und Probleme wie *fake news* und Echokammern: Habermas hat die bürgerliche Öffentlichkeit, die sich auf Grundlage qualitätsgesicherter Druckmedien und klarer Diskursregeln ein begründetes Urteil bildet, als Voraussetzung vernünftiger Deliberation bestimmt; dass die sozialen Medien breite Beteiligung am Diskurs ermöglichen, begrüßt er, aber ohne Kontrolle der Plattformbetreiber, Haftbarkeit und Diskursregeln verschwimme die Grenze zwischen privater und öffentlicher Meinungsäußerung und verliere die Demokratie ihre Grundlage (Habermas 2022). Diese Diagnose kann man auch allgemeiner fassen: Der *demos* der Gegenwart partizipiert unkontrolliert, praktiziert einen auf Dauer gestellten Ostrakismos und befindet sich damit genau an der Schwelle, die im antiken Griechenland den Übergang zum Politischen markiert – mit Blick auf den *Arabischen Frühling* oder *metoo* können dies auch Ansatzpunkte für neue Ordnungsmodelle sein.

Souveränität und Öffentlichkeit führen direkt zur Legitimation des Staates. Nachdem Donald Trumps Agitationen in den sozialen Medien zum Sturm aufs Kapitol beigetragen hatten, war die Geschichte keineswegs zu Ende: Twitter legte als Privatunternehmen seinen Account still, während Elon Musk nach dem Kauf von Twitter über dessen Reaktivierung abstimmen ließ. All dies bewegt sich jenseits legitimierter Verfahren und staatlicher Kontrolle. Noch weitergehend wurde sogar argumentiert, die global organisierte Informationsgesellschaft sei gleichbedeutend mit der *Apoptose*, also dem Zerfall von Staatlichkeit (Floridi 2015). Doch so dramatisch sich Halböffentlichkeiten und charismatische Führungsfiguren auf das Legitimationsgefüge auswirken, der Staat ist nach wie vor die maßgebliche Form legal-rationaler Herrschaft und erfährt gegenwärtig durch nationalistische Bewegungen teilweise sogar eine traditionale Stärkung. Die großen Plattformunternehmen haben sich zu supranationalen Märkten entwickelt, die auf innere Abgeschlossenheit und Zugangskontrolle setzen (Staab 2019; → Kapitalismus). Entgegen mancher Behauptung sind sie aber keine Staaten: Alphabet, Amazon, Meta und Apple befinden sich in den USA und ihre Pendants Baidu, Alibaba, TikTok und WeChat in China; auch digitale Unternehmen bleiben vorerst territorial gebunden, was angesichts der Verschiebungen der Weltordnung im strategischen Interesse der entsprechenden Staaten ist (anders Holzgraefe/Oermann 2023). Spionage, Überwachung und Desinformation sind nach wie vor staatliches Geschäft, wenn auch häufig in Zusammenarbeit mit privaten Unternehmen. Die EU mag im Rennen um digitale Infrastrukturen und Innovationen abgeschlagen sein, mit den großen Gesetzesinitiativen – *Digital Service Act, Data Act, Digital Market Act, Data Governance Act* und *AI Act* – hat sie das Gewaltmonopol und auch dessen Erzwingung im Prinzip aber nach wie vor in der Hand (→ Risiko).

Perspektiven

Ist ein Abgesang auf den Staat auch verfrüht, bleiben die Machtverhältnisse hochproblematisch (vgl. Seemann 2021). Die großen Plattformunternehmen verfügen über mehr Kapital als der Großteil der Staatenwelt und üben lobbyistisch massiven Einfluss auf die Politik aus, erst jüngst auch auf den *AI Act* der EU. Waren die Daten von Nutzer:innen der Plattformen ursprünglich ein Abfallprodukt, sind sie inzwischen das eigentliche Kerngeschäft, bieten Möglichkeiten der Beeinflussung und führen durch algorithmische Entscheidungen zu Diskriminierungen und Menschenrechtsverletzungen (→ Daten). Schließlich sind es Unternehmen wie *OpenAI*, *Google* und *Anthropic*, die Künstliche Intelligenz, Sprachmodelle und ChatGPT vorantreiben (→ Künstliche Intelligenz). Da der Zugang zu Informationen künftig über solche Systeme laufen wird, eine ideologiefreie KI nicht zu haben ist und dies erheblichen Einfluss auf jede Form der Willensbildung hat, wird die Thematik vor allem als Gefährdung der Demokratie wahrgenommen und werden Rufe nach einer Vergesellschaftung der Technologien lauter (Hofmann 2022; Bajohr 2024). Um KI-Technologien in das Paradigma von Staatlichkeit zu integrieren, wäre ein naheliegender Weg, sie neben den etablierten vier Gewalten – Legislative, Exekutive, Judikative, Presse/Medien/Internet – als fünfte Gewalt zu definieren und in das Gefüge gegenseitiger *checks and balances* zu stellen (vgl. das anders gelagerte Modell Dutton 2023).

KI-Technologien sind nicht nur ein Problem, sie können auch Teil der Lösung sein. Wenn Kapitalmacht und Einflussnahme der Plattformunternehmen im Besitz der Daten von Nutzer:innen bestehen, dann kann ein sinnvoller Begriff digitaler Souveränität nur bedeuten, den Produzent:innen dieser Daten die volle Hoheit darüber zurückzugeben. Ausgehend von der Datenschutzgrundverordnung ließe sich ein intelligentes Bürgerkonto entwickeln, das alle Datenspuren im Netz übersichtlich zusammenführt; Bürger:innen könnten auf dieser Grundlage selbst entscheiden, welche Daten wie weiterverwendet werden dürfen oder ob sie dies nur gegen Gewinnbeteiligung tun möchten. Dieser Ansatz würde Transparenz herstellen und könnte die Datenmonopole der Plattformen brechen (diese Überlegungen verdanke ich Christian Möhlen). Auch für die Zivilisierung der sozialen Medien lässt sich ein Ansatzpunkt ausmachen: Wann immer Nutzer:innen einen Post schreiben, verfassen sie zugleich einen Prompt. Man kann sich schon jetzt leicht eine intelligente Plattform vorstellen, die von der Eingabe eines Posts bis zu dessen Rezeption fortlaufend Kontexte, Argumente *pro* und *contra* sowie

Verweise auf seriöse Quellen mitliefert. Dieser Ansatz würde die Parallelität von Öffentlichkeiten wieder zusammenbinden und miteinander ins Gespräch bringen. Schließlich ist in Fragen der Legitimation die beste Strategie immer Transparenz: Wenn Leaks von internen Informationen oder die Mär von einem *deep state* die Akzeptanz von rationalen Ordnungen in Frage stellen, kann man auch proaktiv mehr offenlegen; ähnlich wie der *Wahl-O-Mat* wäre ein intelligenter Assistent denkbar, der es Bürger:innen ermöglicht, sich zielgerichtet in der Aktenlage ihres Staates zurechtzufinden.

Fertige Modelle können hier noch nicht geboten werden. Die zentrale Frage lässt sich aber benennen und die Umrisse des theoretischen Projekts sind erkennbar; in einer praktischen Perspektive könnte es im Spannungsfeld zwischen den USA und China vielleicht auch einen *European Way* vorzeichnen. Für die Ausarbeitung der Theorie bräuchte es einen Geist vom Kaliber des Aristoteles – heute würde er wahrscheinlich eine *Partizipatorik* schreiben und von einem Menschen ausgehen, der sich in der Trialektik von Privatheit, Öffentlichkeit und Vernetztheit überhaupt erst konstituiert und seine Technik im Griff hat.

Zitierte Literatur

Badiou, Alain (2003). Über Metapolitik. Berlin, Diaphanes.
Bajohr, Hannes (2024). Wer die Sprachmodelle beherrscht, beherrscht auch die Politik. In: Arns, Inke et al. (Hgg.). Training the Archive. Aachen, Forum Ludwig.
Berg, Sebastian/Rakowski, Niklas/Thiel, Thorsten (2020). Die digitale Konstellation. Eine Positionsbestimmung. ZPol 30, 171–191.
Bröckling, Ulrich/Feustel, Robert (2012) (Hgg.). Das Politische denken. Zeitgenössische Positionen. Bielefeld, transcript.
Butler, Judith (1993). Das Unbehagen der Geschlechter. Frankfurt a.M., Suhrkamp.
Deutsch, Karl (1969). Politische Kybernetik. Modelle und Perspektiven. Freiburg, Rombach.
Downs, Anthony (1968). Ökonomische Theorie der Demokratie. Tübingen, Mohr Siebeck.
Dutton, William H. (2023). The Fifth Estate. The Power Shift of the Digital Age. Oxford, OUP.

Floridi, Luciano (2015). Die 4. Revolution. Wie die Infosphäre unser Leben verändert. Berlin, Suhrkamp.

Glasze, Georg et al. (2022) (Hgg.). Was heißt digitale Souveränität? Bielefeld, transcript.

Habermas, Jürgen (1992). Faktizität und Geltung. Beiträge zur Diskurstheorie des Rechts und des demokratischen Rechtsstaates. Frankfurt a.M., Suhrkamp.

Habermas, Jürgen (2022). Ein neuer Strukturwandel der Öffentlichkeit und die deliberative Politik. Berlin, Suhrkamp.

Hofmann, Jeanette et al. (2019) (Hgg.). Politik in der digitalen Gesellschaft. Zentrale Problemfelder und Forschungsperspektiven. Bielefeld, transcript.

Hofmann, Jeanette (2022). Demokratie und Künstliche Intelligenz. https://digid.jff.de/demokratie-und-ki (zuletzt geprüft 2024-03-30).

Holzgraefe, Moritz/Oermann, Nils Ole (2023). Digitale Plattformen als Staaten. Legitimität, Demokratie und Ethik im digitalen Zeitalter. Freiburg, Herder.

Luhmann, Niklas (2000). Die Politik der Gesellschaft. Berlin, Suhrkamp.

Meier, Christian (1983). Die Entstehung des Politischen bei den Griechen. Frankfurt a.M., Suhrkamp.

Münkler, Herfried/Straßenberger, Grit (2020). Politische Theorie und Ideengeschichte. München, C.H. Beck.

Ober, Josiah (2002). Political Dissent in Democratic Athens. Intellectual Critics of Popular Rule. Princeton, Princeton University Press.

Piketty, Thomas (2020). Kapital und Ideologie. München. C.H. Beck.

Pohle, Julia/Thiel, Thorsten (2021). Digitale Souveränität. Von der Karriere eines einenden und doch problematischen Konzepts. In: Piallat, Chris (Hg.). Der Wert der Digitalisierung. Bielefeld, transcript, 319–340.

Rawls, John (1979). Eine Theorie der Gerechtigkeit. Frankfurt a.M., Suhrkamp.

Reckwitz, Andreas (2017). Die Gesellschaft der Singularitäten. Zum Strukturwandel der Moderne. Berlin, Suhrkamp.

Reinhard, Wolfgang (2002). Geschichte der Staatsgewalt. Eine vergleichende Verfassungsgeschichte Europas von den Anfängen bis zur Gegenwart. München, C.H. Beck.

Seemann, Michael (2021). Die Macht der Plattformen. Politik in Zeiten der Internetgiganten. Berlin, Ch. Links Verlag.

Staab, Philipp (2019). Digitaler Kapitalismus. Markt und Herrschaft in der Ökonomie der Unknappheit. Berlin, Suhrkamp.

Stalder, Felix (2016). Kultur der Digitalität. Berlin, Suhrkamp.
Weber, Max (1922). Wirtschaft und Gesellschaft. Tübingen, Mohr Siebeck [1980].
Zuboff, Shoshana (2019). The Age of Surveillance Capitalism. The Fight for a Human Future at the New Frontier of Power. New York, Public Affairs.

Weiterführende Literatur

Berg, Sebastian/Staemmler, Daniel/Thiel, Thorsten (2022) (Hgg.). Political Theory of the Digital Constellation. Zpol 32/2. Cham, Springer.
Coleman, Stephen/Sorensen, Lone (2023) (Hgg.). Handbook of Digital Politics. Cheltenham, Elgar.
Hofmann, Jeanette et al. (2019) (Hgg.). Politik in der digitalen Gesellschaft. Zentrale Problemfelder und Forschungsperspektiven. Bielefeld, transcript.

Quanten

Jens Schröter

Die Begriffe »Quanten« und »Digitalität« ähneln sich, da beide – im Unterschied zu Kontinuität oder Stetigkeit – diskrete, d.h. durch Diskontinuitäten, Lücken und Sprünge gekennzeichnete Einheiten beschreiben (vgl. kritisch zu diesem Vergleich Zuse 1967, 336f.). Max Plancks Präsentation des nachmals so genannten Planckschen Strahlungsgesetzes am 14. Dezember 1900 gilt als Beginn der Quantenphysik (Jammer 1989). Plancks seinerzeit neue Annahme war, dass Energie nicht kontinuierlich ihre Werte ändern, sondern dass dies nur in – wenn auch sehr kleinen – Stufen geschehen kann. Die Größe dieser Stufen wird durch das Plancksche Wirkungsquantum h beschrieben, welches eine Naturkonstante ist. 1905 hat Albert Einstein daraus die Konsequenz gezogen, dass auch Licht, obwohl es sich in vielen Situationen wie eine (kontinuierliche) Welle verhält und genauso seit dem 19. Jahrhundert beschrieben wurde, in anderen Zusammenhängen in diskreten ›Paketen‹, den Photonen, auftritt. Nur so lässt sich der so genannte ›photoelektrische Effekt‹ erklären. Diese These ist eine wichtige Grundlage für die sehr viel spätere Entwicklung digitaler Bildsensoren, wie sie heute z.B. in Handykameras verwendet werden. Die Natur scheint auf tieferer Ebene tatsächlich atomistisch zu sein, also aus diskreten Stufen, Paketen und Teilchen zu bestehen (auf die Teilchenphysik gehe ich nicht näher ein), wiewohl sie zugleich auch in kontinuierlicher, wellenförmiger Weise auftritt und beobachtet werden kann (z.B. das »Doppelspaltexperiment«, in welchem auch materielle Teilchen Welleneigenschaften zeigen).

Quanten und Digitalität

Obwohl die Quantenphysik für die spätere Entwicklung digitaler Technologien vor allem ab der zweiten Hälfte des zwanzigsten Jahrhunderts wichtig wird, wurden die Begriffe analog und digital im Diskurs der Quantenphysik nicht verwendet. Die Begriffsgeschichte von analog und digital (Loleit 2004) entwickelte sich unabhängig von der Quantenphysik und war vor 1945 gar nicht auf das Feld bezogen, in dem sie heute die größte Rolle spielt: nämlich Technologien. Es gab schon früher Technologien, wie z. b. bestimmte Formen der Telegraphie, oder Codes (Schrift, die Menge der natürlichen Zahlen, Geld, Morsecode etc.), die man rückblickend als digital beschreiben kann, insofern sie mit diskreten (und oft zählbaren) fundamentalen Einheiten operieren, man denke etwa an die 26 Buchstaben des deutschen Alphabets. Doch das sind Rückprojektionen, die sich oft auf Nelson Goodmans wichtige Definition syntaktisch analoger und digitaler Symbolschemata stützen, die er in seiner Studie *Languages of Art* von 1968 entworfen hat (Schröter 2004).

Im Diskurs um digitale Technologien spielt der Rückgriff auf die Semantik der Quanten aber dennoch eine Rolle: So bezeichnet der Begriff der »Quantisierung« die Umwandlung eines kontinuierlichen Signals wie Schallwellen in eine Menge diskreter Werte, ein Vorgang, der bei jeder digitalen Aufzeichnung von Musik und ihrer Speicherung auf CDs oder in Form von Files zentral ist (in dieser technischen Hinsicht ist Quantisierung identisch mit »Digitalisierung«; → Geschichte; Technizität). Die technischen Gerätschaften, die diese Umwandlung leisten, werden Analog/Digital-Wandler genannt. Um die gespeicherten digitalen Zahlenwerte wieder in für Menschen hörbare analoge Signale zu verwandeln (die dann als Schallwellen aus Lautsprechern kommen), werden Digital/Analog-Wandler verwendet. Auf die Diskretisierung folgt eine Kontinuierung, auf die Digitalisierung eine Analogisierung. Dasselbe kann mit anderen analogen Signalen wie beispielsweise Bildinformation durchgeführt werden; bei solch höherdimensionalen Signalen kann man noch unterscheiden, dass das Bild erst diskretisiert wird in eine bestimmte Zahl von Pixeln und dann für jeden Pixel etwa die Helligkeits- und Farbwerte gemessen und diskretisiert werden etc. Sobald die analogen Signale digitalisiert und als Menge von Zahlen vorliegen, können auf ihnen allerlei mathematische Operationen durchgeführt werden, z. B. zur Kompression, Filterung, Bearbeitung etc.

Im Zuge der Ausbreitung digitaler Technologien im Alltag wird auch der mit »Quantisierung« nicht identische Begriff der »Quantifizierung« verwandt. Dieser bezeichnet aber weniger einen technischen (obwohl er das auch ist) als einen kulturellen Vorgang. Dabei geht es meist darum, dass soziale Vorgänge, die in oft eher unklarer Weise (da in ihnen z. B. die digitalen Codes Schrift oder Geld bereits eine Rolle spielen) als nicht-digital verstanden werden, z. B. Kommunikation unter Freund:innen, durch digitale Technologien abgetastet, gemessen und in Daten (d. h. Zahlen) verwandelt werden. Zudem wird häufig kritisiert, dass die Quantifizierung wesentlich dem Zweck dient, menschliche Praktiken zähl- und messbar und somit letztlich an das digitale Medium Geld anschließbar zu machen. Im Begriff der »Quantifizierung« überwiegt die Zählbarkeit das Moment der Diskretisierung (→ Daten; Digitale Geisteswissenschaften).

Obwohl es also mindestens teilweise eine Überlappung zwischen Quanten und Digitalität gibt, ist die Rolle der Quanten in der Physik anders als die des Digitalen (wie der Begriff heute zumeist verwendet wird). Wie gesagt können Naturphänomene sowohl als Quanten (Teilchen) als auch als Welle verstanden werden. Man könnte sagen, dass das Analoge und das Digitale perspektivabhängig am selben Phänomen auftreten. Demgegenüber kann man analoge (also kontinuierliche Signale verarbeitende) Medien wie den Plattenspieler deutlich von digitalen Medien (wie dem CD-Player) unterscheiden – obwohl auch diese Unterscheidung bei näherer Betrachtung unscharf wird, so muss der CD-Player, wie oben erwähnt, seine digitalen wieder in analoge Signale übersetzen; auf tieferer technischer Ebene sind viele digitale Technologien, insofern sie mit makroskopisch kontinuierlich variierenden Stromspannungen arbeiten, auch wieder analog. Aber bei Technologien tritt die Verbindung des Analogen mit dem Digitalen nicht perspektivisch am selben Phänomen auf, sondern auf verschiedenen Ebenen.

Quanten und digitale Medien

Die quantenphysikalische Beschreibung der Natur hat seit Beginn des 20. Jahrhunderts zahlreiche bedeutende Effekte gezeigt. Im Folgenden soll es nun konkreter darum gehen, welche Rolle das Wissen um die Quanten für die Geschichte der digitalen Medien spielte, ohne deren Ausbreitung ein Handbuch zur Frage, wie man Digitalität denken soll, ja gar nicht existierte. Es wäre natürlich sinnlos, zu betonen, dass digitale Medien, insofern sie (neben Institutionen, Programmen, Inhalten, Praktiken etc.) auch materielle und technologische Artefakte sind, letztlich aus denselben Elementarteilchen bestehen wie alle anderen materiellen Objekte. Auch soll es hier nicht um die Frage gehen, welche verschiedenen, analogen wie digitalen, Medien nötig sind, um allererst Wissen über Quantenphänomene erzeugen zu können (Galison 1997).

Zunächst kann die Quantenphysik selbst für Technologien, die analog sind (oder zu sein scheinen), zumindest im Rückblick große Bedeutung erlangen. Die im 19. Jahrhundert lange vor der Quantenphysik entwickelte Fotografie setzte kein quantenmechanisches Wissen voraus und wurde gleichsam empirisch durch Experimente mit lichtempfindlichen Silberhalogenid-Emulsionen entwickelt. Es wurden also schon lange fotochemische Effekte beobachtet und in zahllosen fotografischen Experimenten nutzbar gemacht, doch gelingt eine schlüssige theoretische Erklärung erst mithilfe der Quantentheorie im 20. Jahrhundert. Anders gesagt: Fotografie basiert letztlich auf Quanteneffekten, aber um diese nutzbar zu machen, bedurfte es keiner expliziten Quantentheorie, da sie sozusagen makroskopisch genug war. Ähnliches gilt auch für die Elektrizität als Grundlage aller elektronischen Medien. Elektrische Funktionalität war schon relativ früh bekannt und konnte daher praktisch genutzt werden, auch wenn erst mit der Quantenelektrodynamik im 20. Jahrhundert eine konsistente Erklärung für die elektromagnetischen Phänomene gefunden wurde (Feynman 2014).

Mit der Entwicklung der Quantenmechanik im zwanzigsten Jahrhundert beginnt aber eine Entwicklung von Technologien, die dieses Wissen voraussetzen. In diesem Sinne gilt: »Nicht die Digitalisierung ist die Revolution des zwanzigsten Jahrhunderts, sondern die Quantenmechanik, die ihre technische Implementierung erst ermöglicht hat« (Hagen 2002, 222). Oder noch konkreter:

»By some estimates, 30 percent of the United States' gross national product is said to derive from technologies based on quantum theory. Without the insights provided by quantum mechanics, there would be no cell phones, no CD players, no portable computers. Quantum mechanics is not a branch of physics; it is physics« (zitiert in Barad 2007, 252).

Ist die viel beschworene Digitalisierung nicht eher die Ausbreitung mikroelektronischer, also letztlich quantenbasierter Technologien und somit eher eine ›Quantenmechanisierung‹? Als ein Beispiel unter vielen kann hier der Laser dienen, der in einem CD, DVD oder Blu-Ray Player die Disc abtastet, ein Beispiel für stimulierte Emission, die zuerst 1916 von Albert Einstein mit quantentheoretischen Argumenten vorhergesagt wurde. Der Laser war und ist auch eine Bedingung für die Herstellung von Holografien, die in der einfachen Form des sogenannten Regenbogen-Hologramms als Sicherheitsmerkmal auf zahlreichen Banknoten und Kreditkarten zu finden sind. Kleine Laser verstärken die Signale in Glasfasernetzen, auf denen unsere Kommunikation beruht. Mit Lasern werden heute die Chiparchitekturen auf Silizium-Wafer geschrieben. Ohne das quantenmechanische Wissen, das im Laser steckt (und das ist nur ein Beispiel) gäbe es die moderne – zumal digitale – Medientechnologie nicht (Schröter 2022). So gesehen gehen die Quanten der Digitalität voraus.

Obwohl die Mediengeschichte des 20. Jahrhunderts im Kern bereits eine Geschichte des quantenmechanischen Wissens war, wird nun eine »Quantenrevolution« (Fürnkranz 2019, 17) verkündet: Aus dem Computer wird der Quantencomputer, aus der Kryptographie die Quantenkryptographie und aus dem Internet das Quanteninternet (vgl. Fürnkranz 2019, siehe schon Dowling/Milburn 2003). Hat sich eine einschneidende Veränderung ereignet? Oder handelt es sich eher um eine sensationsheischende Rhetorik wie jene, die seit geraumer Zeit das Digitale umgibt? Man kann argumentieren, dass der Quantencomputer das zentrale Prinzip der so genannten Digitalisierung, nämlich die binäre Codierung, bisheriger Computer verschiebt[1] – zumindest in dem Sinne, dass ein gegebenes Qubit, als Grundeinheit solcher Systeme, nun 0 und 1 gleichzeitig sein kann (es wird heute aber zwischen eher analogen und eher digitalen Quantencomputer-Architekturen unterschieden, vgl. Schröter et al. 2022; Warnke 2014). Das heißt, obwohl die Mikrochips (auf der Basis von Silizium als Halbleiter) konventioneller Computer also bereits auf quantenmechanischem Wissen beruhen, ist die Form der Informationsverarbeitung – klar getrennt in 0 oder 1 – noch klassisch. In Quantencomputern wird die Form der Informationsverarbeitung selbst unter Ausnutzung von Quanteneffekten realisiert (wenn es denn jemals wirklich funktionierende Quantencomputer geben wird, das ist durchaus umstritten, Dyakonov 2020) – dasselbe gilt für die Quantenkryptographie.

Quantencomputer und -kryptographie

Die bisherigen binär-digitalen Von-Neumann-Maschinen sind also nicht das ›Ende der Mediengeschichte‹. Es entstehen neue Technologien, die in eine medienhistorische Betrachtung integriert werden müssen. So beschreibt Friedrich Kittler die Mediengeschichte als Eskalation: »In einer strategischen Kette von Eskalationen entstand der Telegraph, um die Geschwindigkeit von Bo-

---

1   Obwohl das nicht zwingend erforderlich ist: Einer der frühesten Computer, der amerikanische ENIAC, war ein Dezimalrechner, hatte also zehn Grundzustände und es gab auch Rechnerarchitekturen, die drei Grundzustände (-1, 0, 1) kannten. Dass sich das binäre Prinzip durchgesetzt hat, liegt allein daran, dass es sich technisch einfach in Form von Schaltern, die nur zwei Zustände kennen, umsetzen lässt.

tenposten zu überbieten, der Funk, um die Verletzlichkeit von Unterseekabeln zu unterlaufen, und der Computer, um die ebenso geheimen wie abhörbaren Funksprüche zu entschlüsseln« (Kittler 1999). Denkt man die Eskalationen weiter, dann wären Quantencomputer die Antwort auf eine mit PGP (*Pretty Good Privacy*) und verwandten Verfahren verschlüsselte Netzkommunikation zum Beispiel von kriminellen Menschen, denn diese ist mit konventionellen Computern nicht mehr zu dechiffrieren (zumindest benötigt das zu viel Zeit). Im Sinne von Brian Winston wäre dies eine »supervening social necessity« (Winston 1998, 6), die die Entwicklung der Quantencomputer antreibt. Nicht zufällig war einer der ersten Algorithmen für die damals noch hypothetischen Quantencomputer einer zur Primfaktorzerlegung (vgl. Shor 1997) – und viele der heute verwendeten Verschlüsselungen basieren auf der Schwierigkeit solcher Faktorisierung. Eine solche Faktorisierung ist eine praktische Grenze der heutigen Digitalcomputer. Allerdings wäre dann auch das Homebanking unbescholtener Bürger:innen nicht mehr sicher – wenn eben jene kriminellen Menschen über Quantencomputer verfügten. Tatsächlich gibt es aber mathematische Verschlüsselungsverfahren (»*post-quantum cryptography*«), die Quantencomputern standhalten können sollen (vgl. Bernstein et al. 2009). Diese Verfahren sind zwar aufwändiger, aber dann eben bevorzugt zu entwickeln; entsprechende Forschungen laufen bereits, die auf die Standardisierung solcher Verfahren und ihre Implementierung in handelsübliche Browser abzielen.

Noch komplizierter wird die Situation, wenn es funktionsfähige Verfahren der Quantenkryptographie gäbe. Dabei geht es nicht wie bei der *post-quantum cryptography* um neue mathematische Verschlüsselungen, die auch von Quantencomputern nicht dechiffriert werden können, sondern um neue Hardware-Kanäle, die nicht ohne (bemerkbare) Veränderung beobachtet werden können. Es gibt zwar bereits kommerzielle Lösungen, diese können jedoch noch gehackt werden (vgl. Lydersen et al. 2010). Wenn es funktionierende Quantenkryptographie oder *post-quantum cryptography* gäbe, würde das (im Prinzip) absolut sichere politische und militärische Kommunikation ermöglichen, vielleicht auch absolut sicheres Homebanking, aber eben womöglich auch eine unbeobachtbare kriminelle und/oder terroristische Kommunikation. Müsste nun – im Sinne von Winston – eine »suppression of radical potential« (Winston 1998, 11) einsetzen? Wird die Nutzung von Quantencomputern wie von Quantenkryptographie in der Zukunft stark reguliert werden müssen? Welche Verschiebungen in der Verteilung von Beobachtbarkeit und Unbeobachtbarkeit wird dies auslösen (→ Hacken)?

Die Verschlüsselung ist keineswegs die einzige ›necessity‹, die die Entwicklung von Quantencomputern antreibt – vielleicht nicht einmal die wichtigste. Dass gerade große Digitalkonzerne wie Google die Entwicklung von Quantencomputern vorantreiben, hängt mit der Annahme zusammen, dass Quantencomputer große Datenmengen sehr viel schneller und effektiver durchsuchen und so Muster erkennbar machen als konventionelle Computer (vgl. Pandey/Ramesh 2015): Der Zusammenhang mit den Geschäftsmodellen von Google und Facebook hinsichtlich der oben erwähnten »Quantifizierung« sozialer Praktiken ist offensichtlich.

Mutmaßlich werden in Zukunft die Quantencomputer (wenn denn jemals funktionsfähige Modelle entwickelt werden, die wirklich die theoretisch möglichen Leistungen erbringen) die konventionellen binär-digitalen Computer nicht ablösen, sondern beide Technologien werden koexistieren, da sie beide unterschiedliche Stärken und Schwächen haben. Für viele Aufgaben werden klassische Computer weiterhin ausreichen oder sogar besser geeignet sein – spezielle Rechenprobleme werden dann vielleicht an einen integrierten Quantenchip oder, derzeit wahrscheinlicher, über das Netz bzw. die Cloud an einen externen Quantencomputer delegiert.

Zitierte Literatur

Barad, Karen (2007). Meeting the Universe Halfway. Quantum Physics and the Entanglement of Matter and Meaning. Durham/London, Duke University Press.

Bernstein, Daniel/Buchmann, Johannes/Dahmen, Erik (2009) (Hgg.). Postquantum Cryptography. Berlin/Heidelberg, Springer.

Dyakonov, Mikhail I. (2020). Will We Ever Have a Quantum Computer? Cham, Springer.

Dowling, Jonathan P./Milburn, Gerard J. (2003). Quantum Technology The Second Quantum Revolution. Philosophical Transactions: Mathematical, Physical and Engineering Sciences 361.1809, 1655–1674.

Feynman, Richard (2014). QED. The Strange Theory of Light and Matter. Princeton, Princeton University Press.

Fürnkranz, Gösta (2019). Vision Quanten-Internet. Ultraschnell und hackersicher. Berlin/Heidelberg, Springer.

Galison, Peter (1997). Image and Logic. A Material Culture of Microphysics. Chicago/London, Chicago University Press.

Goodman, Nelson (1968). Languages of Art. An Approach to a Theory of Symbols. Indianapolis, Bobbs-Merrill.

Hagen, Wolfgang (2002). Die Entropie der Fotografie. Skizzen zu einer Genealogie der digital-elektronischen Bildaufzeichnung. In: Wolf, Herta (Hg.). Paradigma Fotografie: Fotokritik am Ende des fotografischen Zeitalters Bd. 1. Frankfurt a.M., Suhrkamp, 195–235.

Jammer, Max (1989). The Conceptual Development of Quantum Mechanics. Los Angeles, Tomash.

Kittler, Friedrich (1999). Von der Implementierung des Wissens: Versuch einer Theorie der Hardware. https://nettime.org/Lists-Archives/nettime-l-9902/msg00015.html (zuletzt geprüft 2024-03-30).

Loleit, Simone (2004). ›The Mere Digital Process of Turning over Leaves‹. Zur Wort- und Begriffsgeschichte von ›digital‹. In: Schröter, Jens/Böhnke, Alexander (Hgg.). Analog/Digital – Opposition oder Kontinuum? Zur Theorie und Geschichte einer Unterscheidung. Bielefeld, transcript, 193–214.

Lydersen, Lars et al. (2010). Hacking Commercial Quantum Cryptography Systems by Tailored Bright Illumination. Nature Photonics 4, 686–689.

Pandey, Abhishek/Ramesh, Vamanan (2015). Quantum Computing for Big Data Analysis. Indian Journal of Science 14, 98–104.

Schröter, Jens (2004). Analog/Digital – Opposition oder Kontinuum? In: Schröter, Jens/Böhnke, Alexander (Hgg.). Analog/Digital – Opposition oder Kontinuum? Zur Theorie und Geschichte einer Unterscheidung. Bielefeld, transcript, 7–30.

Schröter, Jens (2022). The Laser. On the Quantum Materiality of Media in the Twentieth Century. NECSUS_European Journal of Media Studies. #Materiality 2, 46–68.

Schröter, Jens/Ernst, Christoph/Warnke, Martin (2022). Quantum Computing and the History of the Analog/Digital-Distinction. Grey Room 86, 28–49.

Shor, Peter W. (1997). Polynomial-Time Algorithms for Prime Factorization and Discrete Logarithms on a Quantum Computer. SIAM Journal on Computing 5, 1484–1509.

Warnke, Martin (2014). Quantencomputer/Quantenkryptographie. In: Schröter, Jens (Hg.). Handbuch Medienwissenschaft. Unter Mitarbeit von Simon Ruschmeyer und Elisabeth Walke. Stuttgart, Metzler, 369–371.

Winston, Brian (1998). Media Technology and Society. A History from the Telegraph to the Internet. London/New York, Routledge.

Zuse, Konrad (1967). Rechnender Raum. Elektronische Datenverarbeitung 8, 336–344.

Weiterführende Literatur

Fürnkranz, Gösta (2019). Vision Quanten-Internet. Ultraschnell und hackersicher. Berlin/Heidelberg, Springer.

Schröter, Jens/Ernst, Christoph/Warnke, Martin (2022). Quantum Computing and the History of the Analog/Digital-Distinction. Grey Room 86, 28–49.

Warnke, Martin (2014). Quantencomputer/Quantenkryptographie. In: Schröter, Jens (Hg.): Handbuch Medienwissenschaft. Unter Mitarbeit von Simon Ruschmeyer und Elisabeth Walke. Stuttgart, Metzler, 369–371.

Raum

Jens Schröter

Dass ein Buch zu Digitalität ein Lemma zum Raum enthält, ist nicht selbsterklärend. Die abstrakte, mathematische Struktur digitaler Daten legt das nicht unbedingt nahe. Die Beziehung von Medien wie Skulptur, Theater oder Film auf den Raum ist zunächst einleuchtender. Und doch sind verschiedene Anwendungen digitaler Technologie seit Anbeginn von einer raumorientierten Semantik umgeben – ja eigentlich gab es solche Semantiken schon vor den Technologien, nämlich in deren soziotechnischen Imaginationen (Jasanoff/Kim 2015). Ein bekanntes Beispiel dafür ist die Rede vom Cyberspace, ein Begriff, der 1982 zuerst von William Gibson in dessen Kurzgeschichte *Burning Chrome* verwendet wurde. Dabei wird der vernetzte Raum der Datennetze – lange bevor es ›das Internet‹ gab (→ Netzwerk) – als dreidimensionaler, visuell dargestellter Raum beschrieben, ›in‹ den die Handelnden eintauchen, um dort allerlei Abenteuer zu erleben. Aufbauend auf einigen literarischen Phantasien vollendeter künstlicher Räume, auch wenn in diesen selten explizit digitale Computer als Erzeuger solcher Räume thematisiert wurden (vgl. Schröter 2004, 168–180), bildete sich Anfang der 1990er Jahre die Idee der Virtuellen Realität (VR) heraus (ebd., 210–221; → Virtualität). Diese bezeichnet computergenerierte Räume, die durch verschiedene Interfaces erfahren werden können. Es gibt eine Reihe von weiteren Imaginationen (das Holodeck in *Star Trek – The Next Generation* und späteren Serien, vgl. ebd. 221–34), Plattformen (*Second Life*) und Metaphern (besonders wichtig derzeit: Metaverse, siehe Ball 2022). Neuerdings spielt aber daneben ein weiterer Ansatz eine Rolle, bei dem es weniger um einen erfahrbaren, ja betretbaren und mehr oder weniger abgeschlossenen virtuellen Raum, sondern vielmehr um die systematische Verbindung von realem und virtuellem Raum geht: Augmented Reality (AR).

Am besten kann die AR dadurch konturiert werden, dass der Unterschied zur VR herausgestellt wird (vgl. Milgram et al. 1994 zur Einordnung von AR und VR auf ein Kontinuum verschiedener ›Mixed Realities‹; grundlegend dazu

Azuma 1997, Bimber/Raskar 2005). Der Grundgedanke der VR war es, eine immersive, durch Display- und Interaktionstechniken simulierte Umgebung zu schaffen, in der die Benutzer:in nichts mehr von der ihn/sie eigentlich umgebenden Außenwelt mitbekommt (vgl. Schröter 2004, 166–168; → Simulation). Demgegenüber ist die Idee der AR, Elemente simulierter mit Elementen realer Umgebung zu verbinden. Dadurch soll die Realitätswahrnehmung ›verbessert‹ (*augmented*) werden, z.b. indem bestimmte Arten von bildlicher, schriftlicher oder akustischer Information das Bild des Realraums überlagern – eine Überlagerung, die sich an die je verändernde Wahl des Wahrnehmungsausschnitts des gegebenen Ortes anpasst und daher immer in Echtzeit erfolgen muss. Insofern es also darum geht, audio-visuell dargestellte Informationen mit dem gerade gegebenen Umraum am gerade gegebenen Ort zu verbinden, sind AR-Applikationen geradezu prototypische Beispiele für orts- und situationsbezogene Medienprozesse.

Archäologie der Augmented Reality

Im Folgenden seien einige knappe Hinweise zur Archäologie der AR gegeben, die einerseits zeigen, dass das Konzept (aus guten Gründen) schon am Anfang jener Entwicklung angelegt war, die aber andererseits am Ende der 1980er Jahre zunächst in den Diskurs zur VR mündete. Einer der Namen, die immer wieder genannt werden, wenn es um die Geschichte von VR geht, ist Ivan Sutherland (vgl. Schröter 2007). Das liegt erstens daran, dass er 1966 seinen Aufsatz »The Ultimate Display« veröffentlichte, in dem er eine ultimative Visualisierungstechnologie visionierte, deren Bilder ununterscheidbar von der Realität seien – man sieht mithin, woher die Szenarien z.b. von *The Matrix* (Wachowski 1999) kommen (vgl. Sutherland 2007). Sutherland beschreibt sozusagen die finale Bildumwelt – ein Raum, in den man eintritt und der im Extremfall zur Bedrohung wird. Auch in der Theoriebildung der 1990er Jahre wurden diese Vorstellungen perpetuiert, so schrieb Elena Esposito noch 1995: »In einem vollendend [sic!] gelungenen Projekt virtueller Wirklichkeit soll der Realitätseffekt so wirkungsvoll sein, dass die Objekte nicht mehr von den Objekten der von der Maschine unabhängigen ›realen Wirklichkeit‹ unterschieden werden können« (Esposito 1995, 187). Aber Sutherland war nicht nur der erste ›Visionär‹ der VR. Tatsächlich hat er konkrete technische Entwicklungen zur Genealogie von AR und VR beigesteuert – insbesondere das am Anfang der 1990er Jahre als ›Datenbrille‹ geradezu zur Ikone der VR aufgestiegene Head Mounted Display (HMD), an dem Sutherland und seine Mitarbeiter bis 1968 arbeiteten. Ihre Resultate wurden 1969 in einem Aufsatz mit dem Titel *A Head-mounted Three Dimensional Display* publiziert. Die ersten Abschnitte umreißen die Grundidee:

»The fundamental idea behind the three-dimensional display is to present the user with a perspective image which changes as he moves. [...] The image presented by the three-dimensional display must change in exactly the way that the image of a real object would change for similar motions of the user's head. [...] Our objective in this project has been to surround the user with displayed three-dimensional information« (Sutherland 1968, 757).

Zunächst klingt das alles nach VR: Die Benutzer:in wird von Informationen environmental ›umgeben‹ und die ständige Neuberechnung des Bildes – abhängig von der Bewegung der Nutzer:in – führt dazu, dass sich die virtuelle Umgebung für die Wahrnehmung auf dieselbe Weise verändert, wie es beim Anblick realer Objekte der Fall wäre (seinerzeit ging es um einfache Wireframe-Grafiken). Doch was bei der Einordnung dieses ersten Textes in die Genealogie der VR manchmal übersehen wird, ist, dass Sutherlands HMD halbdurchlässig war und so die Überlagerung der Computer-Bilder mit den Bildern des Realraums erlaubte:

»Half-silvered mirrors in the prisms through which the user looks allow him to see both the images from the cathode ray tubes and objects in the room simultaneously. Thus displayed material can be made either to hang disembodied in space or to coincide with maps, desk tops, walls, or the keys of a typewriter« (Sutherland 1968, 759).

Sutherland hatte bei der Entwicklung des HMD also gar nicht das Ziel, einen (die Betrachter:in abschottenden) immersiven Raum zu schaffen. Das HMD war als ein Interface konzipiert, welches die sinnfällige und komplexitätsreduzierte Präsentation von Informationen (z. B. für die wissenschaftliche Visualisierung oder militärische Zwecke – siehe die »maps«, die Sutherland nennt) ermöglichen sollte. HMDs sollten eher zur Effizienzsteigerung des Subjektes dienen, etwa als spezielle Displays für Kampfpiloten (Furness 1986). In diesem Sinne ist er gerade kein Vorläufer der illusionistisch-eskapistisch gedachten VR der frühen 1990er Jahre. Für diesen Diskurs ein Beispiel:

Jaron Lanier wird oft als Erfinder des Begriffs Virtual Reality dargestellt und galt lange als *der* VR-Guru (vgl. Hayward 1993, 198–200). Er stellte mit seiner Firma VPL auch die ersten kommerziell erhältlichen VR-Systeme (*EyePhone* und *DataGlove*) her. In Laniers Auffassung wird die virtuelle Umgebung trotz des sonst immer beschworenen Realismus keineswegs von vornherein auf eine realistische Wiedergabe realer Szenerien und realer Körper festgelegt. Wozu auch? Eine VR zu schaffen, die dann genauso wie die ›normale‹ Wirklichkeit erscheint, ist praktisch sinnlos. Also fordert Lanier die Fiktionalisierung der VR. Es stehe, so Lanier, ein ganzes Spektrum von Möglichkeiten zur Verfügung, welches auch die Selbstrepräsentation der User:in als fiktionale Figur einräumt. In der VR, so führt Lanier aus, »könnte [man] ohne weiteres ein Gebirge sein oder eine Galaxie oder ein Kieselstein auf dem Boden« (Lanier 1991, 72). So wird, jedenfalls im Prinzip, auch eine freie Fiktionalisierung des eigenen Körpers möglich – auch wenn unklar bleibt, was es genau heißen soll, eine ›Galaxie zu sein‹. Lanier unterstreicht mehrfach den widerspenstigen Charakter der materiellen und körperlichen Welt: »Das Tragische an der physischen Wirklichkeit ist, dass sie zwingend ist« (Lanier 1991, 81).

Augmented/Virtual Reality heute

Laniers Überlegungen zeigen deutlich, was die Attraktion der VR als andere Welt, in die man gleichsam flüchten zu können glaubte, ausmachte. Es schien möglich, das Gefängnis der physischen Realität zu verlassen. Vielleicht ist es kein Zufall, dass solche Vorstellungen um 1990 florierten. 1989/90 endete der Kalte Krieg, das ›Ende der Utopien‹ wurde verkündet – und so stießen utopische Aufladungen, sozio-technische Imaginationen (Kirby 2010; Jasanoff/Kim 2015) der neuen Computertechnologien in jenes Vakuum vor. »Es könnte sein, daß die ›alteuropäischen‹ Geschichtsillusionen nach ihrem Niedergang abgelöst werden durch technologische Allmachtsphantasien aus der Neuen Welt« (Waldenfels 1998, 197). Die in der VR angeblich mögliche Befreiung vom eigenen Körper führt Lanier zu der den utopischen Stellenwert unterstreichenden These, dass die VR »die absolute Aufhebung von Klassen- und Rassenunterschieden und allen anderen vorgeschobenen Formen [bedeutet], da alle Formen veränderlich sind« (Lanier 1991, 83). Auch dies ist nach 1989 lesbar als eine verschobene Wiederkehr der (angeblich) obsolet gewordenen Sozialutopien, die gerade die Überwindung von sozialer Ungerechtigkeit und Rassismus versprochen hatten.

Es dürfte kaum noch überraschen, dass sich VR (zumindest in dieser starken Form) nie etabliert hat, auch wenn sich gegenwärtig mit Techniken wie der *Oculus Rift* ein gewisses Comeback der VR anzubahnen scheint. So ist die Erzeugung eines auch nur einigermaßen überzeugend wirkenden virtuellen Bild-Ton-Raums technisch schwierig, die Simulation der Tasterfahrung (etwa durch ›Datenhandschuhe‹) umständlich und aufwendig. Die VR-Wahrnehmung stößt dabei auf Probleme wie den Konflikt zwischen audiovisueller und propriozeptiver Wahrnehmung (›Simulatorkrankheit‹), kollektive Rezeptionsprozesse werden behindert. Vor allem aber ist ihre eskapistische Funktion kaum mit den Funktionalitätsimperativen der globalen kapitalistischen Weltordnung nach 1989/90 vereinbar (was auch für Drogen gilt). Wenn VR-ähnliche environments heute genutzt werden, dann in Simulatoren, um Subjekte zu trainieren und für spezifische Aufgaben zu optimieren. Dabei geht es gerade nicht darum, die Welt durch eine VR zu ersetzen, vielmehr darum, die Welt mithilfe virtueller Räume zu beherrschen und zu kontrollieren. Die moderne hochtechnische Hochrisiko-Kultur (Flugzeuge, Atomkraftwerke etc.) benötigt solche »control environments« (Ellis 1991, 327), um überhaupt operieren zu können (vgl. Schröter 2022).

Doch dass die schon bei Sutherland angelegte Möglichkeit der AR, also einer Überlagerung des virtuellen Raums mit dem realen Ort, heute – von den Trainingssimulatoren abgesehen – immer wichtiger wird, verwundert nicht. Während die VR (zumindest in ihrer phantasmatischen Form) die Flucht aus dieser Welt erlauben soll, dient die AR dazu, sie mit Informationen anzureichern, d.h. zu funktionalisieren und zu optimieren. Sie ist eine Technik der Kontrollgesellschaft (vgl. Deleuze 1990; → Überwachung). Daher ist sie heute viel wichtiger – und ihre Durchsetzung letztlich ein Zeichen dafür, dass neue Medien in der Regel nicht (oder nicht nur) die Welt verändern, sondern in die dominanten Strukturen integriert werden, um diese Strukturen z.B. zu beschleunigen und dadurch Produktivitätsvorteile in der kapitalistischen Konkurrenz zu erzeugen (was nicht heißt, dass die neuen technischen Verfahren nicht auch zu Verschiebungen, Störungen und Konflikten führen). Es lassen sich grob drei verschiedene Formen von AR unterscheiden (Schröter 2021): 1. Orts-optimierende Applikationen (Informationsanreicherung); 2. Orts-ludische Applikationen (Spiel) und 3. Orts-ästhetische Applikationen (Gestaltung).

Bilanz

Wenn man auf diese verschiedenen Verfahren, Plattformen und Metaphern (AR, VR, Mixed Reality, Cyberspace, Second Life, Metaverse etc.) blickt, drängt sich die Frage auf, woher dann die doch große Nähe digitaler Technologien zum Raum kommt. Selbst wenn man nicht den Raum überhaupt zellular-automatentheoretisch erklären und demgemäß digitalisieren will (vgl. Zuse 1967), so scheint die anfangs erwähnte mathematische Struktur digitaler Datenverarbeitung der Operationalisierung des Raums weniger im Weg zu stehen als es zunächst scheint. Insofern der Raum als kartesisches, dreidimensionales Koordinatensystem aufgefasst wird, ist er berechenbar – und eben das nutzen die genannten verschiedenen Verfahren ja auch. Als mathematische Maschinen können Computer auch Räume berechnen, die mehr als die uns bekannten drei Dimensionen haben. Aber diese sind für Menschen unanschaulich und müssen daher in der Darstellung wieder auf drei bzw. die zwei Dimensionen der bildlichen Darstellungen projiziert werden. So gesehen ist es gerade der mathematische Charakter des Digitalen, der einen besonders versatilen Umgang mit dem Raum und räumlicher Gestaltungen erlaubt.

Zitierte Literatur

Azuma, Ronald T. (1997). A Survey of Augmented Reality. Presence: Teleoperators and Virtual Environments 6.4, 355–385.
Ball, Matthew (2022). The Metaverse and How It Will Revolutionize Everything. New York, Liveright Publishers.
Bimber, Oliver/Raskar, Ramesh (2005). Spatial Augmented Reality. Merging Real and Virtual Worlds. Wellesley, A K Peters.
Deleuze, Gilles (1990). Postskriptum über die Kontrollgesellschaften. Unterhandlungen 1972–1990. Frankfurt a.M., Springer.
Ellis, Stephen R. (1991). Nature and Origins of Virtual Environments. A Bibliographical Essay. Computing Systems in Engineering 2.4, 321–347.
Esposito, Elena (1995). Illusion und Virtualität. Kommunikative Veränderungen der Fiktion. In: Rammert, Werner (Hg.). Soziologie und Künstliche Intelligenz. Produkte und Probleme einer Hochtechnologie. Frankfurt a.M./New York, Campus, 187–216.
Furness, Thomas (1986). The Supercockpit and its Human Factors Challenges. Proceedings of the 30th Annual Meeting of the Human Factors Society, 48–52.
Hayward, Philip (1993). Situating Cyberspace. The Popularisation of Virtual Reality. In: Hayward, Philip/Wollen, Tana (Hgg.). Future Visions. New Technologies of the Screen. London, British Film Institute Press, 180–204.

Jasanoff, Sheila/Kim, Sang-Hyum (2015). Dreamscapes of Modernity. Sociotechnical Imaginaries and the Fabrication of Power. Chicago/London, University of Chicago Press.
Kirby, David (2010). The Future is Now. Diegetic Prototypes and the Role of Popular Films in Generating Real-world Technological Development. Social Studies of Science 40.1, 41–70.
Lanier, Jaron (1991). Was heißt ›virtuelle Realität‹? Ein Interview mit Jaron Lanier. In: Waffender, Manfred (Hg.). Cyberspace. Ausflüge in virtuelle Wirklichkeiten. Reinbek bei Hamburg, Rowohlt, 67–89.
Milgram, Paul et al. (1994). Augmented Reality: A Class of Displays on the Reality-Virtuality Continuum. Proceedings of SPIE 2351.1, 282–292.
Schröter, Jens (2004). Das Netz und die Virtuelle Realität. Zur Selbstprogrammierung der Gesellschaft durch die universelle Maschine. Bielefeld, transcript.
Schröter, Jens (2007). Von grafischen, multimedialen, ultimativen und operativen Displays. Zur Arbeit Ivan E. Sutherlands. Display II: Digital. Navigationen. Zeitschrift für Medien- und Kulturwissenschaften 7.2, 33–48.
Schröter, Jens (2021). Virtualisierungen der Umwelt: Augmented Reality. In: Rieger, Stefan et al. (Hgg.). Virtuelle Lebenswelten. Körper – Räume – Affekte. Berlin/Boston, De Gruyter, 165–180.
Schröter, Jens (2022). Simulatoren. Medien der Unfallverhinderung. Navigationen. Zeitschrift für Medien- und Kulturwissenschaften 22.2, 128–137.
Sutherland, Ivan (1968). A Head-Mounted Three Dimensional Display. AFIPS Conference Proceedings 33.1, 757–764.
Sutherland, Ivan (2007). Das ultimative Display. Display II: Digital. Navigationen. Zeitschrift für Medien- und Kulturwissenschaften 7.2, 29–32.
Waldenfels, Bernhard (1998). Ein menschlicher Traum für Wachende. Zur Natürlichkeit und Künstlichkeit der Erfahrung. In: Ders., Grenzen der Normalisierung. Studien zur Phänomenologie des Fremden. Frankfurt a.M., Suhrkamp, 196–213.
Zuse, Konrad (1967). Rechnender Raum. Elektronische Datenverarbeitung 8, 336–344.

Weiterführende Literatur

Azuma, Ronald T. (1997). A Survey of Augmented Reality. Presence: Teleoperators and Virtual Environments 6.4, 355–385.

Ellis, Stephen R. (1991). Nature and Origins of Virtual Environments. A Bibliographical Essay. Computing Systems in Engineering 2.4, 321–347.

Milgram, Paul et al. (1994). Augmented Reality: A Class of Displays on the Reality-Virtuality Continuum. Proceedings of SPIE 2351.1, 282–292.

Recht

Sabine Müller-Mall

Recht verfährt mit der Welt auf eine bestimmte Weise: Es beurteilt Handlungsverläufe, Streitfragen und konflikthafte Begebenheiten entlang einer binären Unterscheidung – recht oder unrecht. Als Maßstäbe dienen dabei regelmäßig Rechtsnormen, die ihrerseits aber nicht einfach ablesbar oder stabil definiert wären, sondern einer jeweils neuen Deutung bedürfen. Auch die Gegenstände rechtlicher Beurteilung müssen zunächst festgezurrt und handhabbar beschrieben werden, bevor rechtsnormative Maßstäbe angelegt werden können. Recht hat deswegen immer mit Deutungen zu tun – Deutungen der Welt und Deutungen von Rechtsnormen. Unter den Bedingungen der Digitalität verändern sich diese Deutungen in ihren Anknüpfungspunkten und Verfahren, aber auch die Werkzeuge, auf die rechtliches Deuten zurückgreifen kann. Dies hat Rückwirkungen auf die Möglichkeit von Recht überhaupt, die jenseits von neuen und durch digitale Techniken entstandenen Gegenständen des Rechts wie Datenschutz, der Regulierung von Künstlicher Intelligenz oder smarten Verträgen die Grundlagen von Recht verändern und noch weiter verändern werden (→ Künstliche Intelligenz; Maschinelles Lernen).

Recht ist nicht einfach nur eine Technik, um Gesellschaften zu steuern, ein Verfahren, um private Konflikte zu lösen, oder ein Medium, um politische Entscheidungen mit Verbindlichkeit zu versehen – das alles ist es sicherlich auch (→ Sozialität). Um zu verstehen, wie grundlegend digitale Techniken Recht verändern könnten, ist es ergiebig, den Blick auf eine andere Eigenschaft zu richten. Vor allem nämlich ist Recht ein Versprechen (vgl. Vischer 2021): Recht verspricht die Möglichkeit der Gerechtigkeit offen zu halten (→ Zukunft). Damit ist nicht gesagt, dass es immer gelingt, auf dem Weg des Rechts Gerechtigkeit zu erfahren. Aber indem es Geschehenes vor Gericht wiederaufführen lässt, Vorgänge aus der sozialen Welt seziert und neu anordnet, um sie dann mit allgemeinen Wertungen, die in Rechtsnormen niedergelegt sind, in Verbindung zu bringen, entsteht nichts weniger als die Möglichkeit, eine gerechte Lösung für ein Problem, einen Konflikt oder einen Streit zu finden. Dafür ist Recht ganz unbedingt auf öffnende Eigenschaften angewiesen. Es verbindet einen besonderen Fall mit einer allgemeinen Norm in der Form des Urteils. Wenn der besondere Fall, schon bevor er zum Recht kommt, vollkommen klar wäre, wenn jedes Detail für alle Seiten ersichtlich wäre, und wenn die Rechtsnormen so eindeutig definiert wären, dass keine Deutung einen neuen Fall als von einer Rechtsnorm geregelt erkennen könnte, dann verfügte Recht über keinerlei Spielräume und es stellten sich keine Rechtsfälle – es ginge allein um den Vollzug des Rechts, nicht um seine Findung.

Es gibt natürlich Fälle, die des bloßen Vollzugs, der bloßen Anwendung von Recht bedürfen, und es sind nicht wenige. Aber es gibt auch jene Fälle, in denen das Recht auf dem Spiel steht, in denen eine neue Antwort innerhalb bestehender normativer Rahmungen für einen einzelnen, besonderen Fall erst gefunden werden muss (vgl. Müller-Mall 2023, 137ff.). Dann sind es die rechtlichen Deutungen von Normen und Tatsachen, die es dem Recht erlauben, sich dem Besonderen zu öffnen und ein jeweils neu zu bildendes Urteil zu fällen. Die Anordnungen des Rechts bringen eine Offenheit hervor, die es schließlich erlaubt, einen besonderen Fall in seiner Besonderheit zu beurteilen. Es ist gerade diese öffnende Qualität von Recht, die die Möglichkeit der Gerechtigkeit hervorbringt und – offenhält.

Das Öffnende des Rechts setzt voraus, dass Recht auf Deutungen zurückgreifen kann, Deutungen der Welt und Deutungen von Rechtsnormen. Ein Versprechen wird Recht nur, wenn es auch zum Urteil kommen kann (nicht muss), denn nur ein Urteil kann die öffnenden Verfahren des Rechts wieder schließen, ohne sie abzubrechen. Davon ausgehend will ich im Folgenden skizzieren, wie Digitalität Recht verändert und weiter verändern könnte.

Deutung von Rechtsnormen

Eine Rechtsnorm zu deuten heißt, im Wege der Interpretation herauszufinden, ob ihre allgemeine Formulierung und ihre allgemeine Form einen bestimmten Fall enthalten. Ob also ihre Wertung, dass bestimmte Handlungen, Entscheidungen oder Wirkungen recht oder unrecht sind, auch für einen bestimmten Fall gilt. Deutungen einer Rechtsnorm geschehen – sofern sie ihrerseits rechtlicher Art sind – nicht völlig frei. Sie knüpfen an der Formulierung einer Rechtsnorm an, an der Frage, in welchem normativen Zusammenhang sie stehen, an ihrem Zweck und manchmal auch an ihren

Ursprüngen. Digitalität wird auf mindestens zwei Ebenen relevant für dieses Deuten: wenn Deutungsvorgänge digital erfolgen oder wenn sie analog vollzogen werden, aber auf digitale Techniken zurückgreifen. Dass Deutungen als solche digital erfolgen, ist jedenfalls für institutionalisierte Sphären des Rechts bislang noch nicht oder überwiegend probeweise zu beobachten. Allerdings verändern etwa die Möglichkeiten von Großen Sprachmodellen (*Large Language Models*) wie ChatGPT die Situation gerade rasant: der Einsatz digitaler Techniken, um Rechtstexte zu deuten, wird wohl schon in kurzer Zeit aus der Rechtspraxis nicht mehr wegzudenken sein. Der Rückgriff auf digitale Techniken, um die analoge Deutung von Rechtsnormen zu *unterstützen*, ist dagegen für viele Richterinnen und Richter genauso wie für Verwaltungen oder Anwältinnen und Anwälte gegenwärtig bereits vollkommen üblich. Im Gegenteil, die Deutung einer Rechtsnorm kommt nur noch selten ganz ohne den Einsatz digitaler Techniken aus. Schon die Suche nach relevanten Rechtsnormen nimmt regelmäßig digitale Wege: Gesetze und Kommentierungen liegen digital vor und digitale Datenbanken erleichtern die Suche. Inwiefern sind solche Einsätze aber für die Deutung von Rechtsnormen relevant? Handelt es sich nicht einfach nur um dieselben Vorgänge mit anderen Mitteln?

Deutungsspielräume, so werde ich folgend argumentieren, verengen sich unter digitalen Bedingungen. Sie verengen sich insofern, als die Möglichkeiten, von einer sehr naheliegenden Deutung einer Rechtsnorm abzuweichen und im Wege analogischer Verfahren oder teleologischer Extensionen die Spielräume einer Rechtsnorm auszudeuten, weniger werden oder größeren argumentativen Aufwands bedürfen. Dies hängt zunächst damit zusammen, dass Sprache, die in digitalen Kommunikationsprozessen gebraucht wird, eine Art symbolische Verdichtung, wie ich es nennen möchte, durchläuft. Wenn wir sprachliche Zeichen digitalisieren, drucken wir nicht einfach Buchstaben, Silben oder Worte, sondern wir transformieren sie in numerische Kodierungen, die wir dann in einem Pixelsystem darstellen. Dies könnte nur dann folgenlos für unsere Deutung von Zeichen in kommunikativen Prozessen sein, wenn es sich bei dieser Digitalisierung sprachlicher Zeichen um diskrete und singuläre Vorgänge handelte, die von einer unmittelbaren, ausschließlich analog vollzogenen Deutung begleitet werden. Tatsächlich haben wir es aber regelmäßig mit Kommunikationsprozessen zu tun, die vieldimensional sowohl digital als auch analog miteinander verschränkt sind. Dadurch treffen analoge Deutungen sprachlicher (digital dargestellter) Zeichen auf vielfältige kommunikative Verwendungen dieser Zeichen, die rein digital und damit ohne Deutungen dieser Zeichen, sondern nur mit Übertragungen der eindeutigen numerischen Kodierungen dieser Zeichen auskommen. Letztere wiederum ›rechnen‹ gar nicht notwendig mit Deutungsspielräumen sprachlicher Zeichen. Weil nun die Deutung sprachlicher Zeichen kein privater Vorgang ist, den wir unabhängig von anderen Gebräuchen dieser Zeichen vollziehen könnten, sondern eingesponnen ist in ein Netz von Deutungen und Gebräuchen, ergeben sich Deutungsspielräume gerade aus den Weiten und Verästelungen dieses Netzes. Wo es digital gespannt ist, entstehen lediglich dichte Übertragungen, das Netz ist eng und ohne lose Enden. Es ist weniger ausgedehnt als das Netz der Deutungen und Gebräuche von rein analog verwendeten sprachlichen Zeichen. Dies wirkt sich notwendig auf die rechtliche Deutung sprachlich formulierter Rechtsnormen aus – sie verliert an Variabilität und Flexibilität.

Die Verengung rechtlicher Deutungsspielräume unter digitalen Bedingungen hängt mit dem Einsatz spezifisch juristischer digitaler Techniken in Verfahren systematischer Deutung von Rechtsnormen zusammen (*Legal Tech* im weiten Sinne, vgl. Quarch/Engelhardt 2021). Eine Norm systematisch zu deuten, heißt, ihren Sinn innerhalb eines normativen Systems zu bestimmen. Diese normative Umgebung besteht aus anderen Rechtsnormen, aber auch aus Vergleichsfällen und deren Beurteilungen. Dies knüpft an der Vorstellung an, Recht bilde ein geschlossenes System, dessen Gerüst aus Rechtsnormen bestehe, das sich aber über die Herausbildung juristischer Dogmatik immer weiter verdichte. Die Bedeutung einer Rechtsnorm kann dann nicht nur über ihren Wortlaut, sondern insbesondere auch über ihre Verortung in diesem System bestimmt werden. Um sich in diesem System zurechtzufinden und möglichst schnell zu bewegen, haben sich verschiedene digitale Techniken als hilfreich erwiesen. Beispielsweise erlauben digitale Datenbanken, die Normen, Urteile und auch wissenschaftliche Texte versammeln und verknüpfen, mithilfe von Stichwortsuchen sehr schnell Vergleichsfälle und die normative Umgebung einer zu deutenden Rechtsnorm zu bestimmen. Der Einsatz solcher Techniken ersetzt in aller Regel nicht analoge systematische Deutungen, sondern komplementiert Systemverständnis und Systemdenken der Rechtsanwender:innen. Ob und wie also eine Rechtsnorm im Vergleich zu einer anderen oder im Wege der Ableitung aus normativen Rangverhältnissen systematisch verortet wird, bleibt ein Vorgang menschlichen Denkens. Das Material, um solche Vorgänge zu unterfüttern, aber wird unter anderen Bedingungen ausgewählt, wenn digitale Techniken im Einsatz sind und nicht nur analoge Deutungsverfahren: Es liegt digitalen Suchmechanismen nämlich nur in Textform vor. Stichwortsuchen können nur dort Ergebnisse finden, wo die gesuchten Ausdrücke auch mit korpuslinguistischen oder wissensrepräsentativen Verfahren erkannt werden können. Anders als in den Köpfen von Richter:innen etwa, die neben verbalen Anknüpfungen auch mit Intuitionen, Bildern und Vorstellungen Rechtsnormen erschließen können, reduzieren sich die möglichen systematischen Angriffspunkte beim Einsatz digitaler Suchtechniken auf solche, die bereits in Textform niedergelegt sind. Trotz des regelmäßig digital wesentlich umfangreicher nutzbaren Materials verengen sich so die Spielräume systematischer Deutung.

Rechtliche Wahrnehmung der Welt

Ähnlich relevant wie die Deutung von Rechtsnormen, aber weniger im Blickfeld rechtswissenschaftlicher Untersuchungen, ist die Wahrnehmung der Welt für die Verfahren des Rechts. Denn selten geht es bei Rechtsfällen allein um Fragen der Deutung von Rechtsnormen, die vollkommen unabhängig davon zu behandeln wären, was eigentlich geschehen ist, welche Begebenheiten dazu führen, vor Gericht etwas Bestimmtes zu fordern oder zu beklagen. Techniken der Weltwahrnehmung werden im Recht entsprechend dann relevant, wenn es um die genaue Bestimmung geht, was in einem Fall eigentlich geschehen ist. Allerdings formen solche Techniken nicht nur Deutungen der Welt, sondern auch die Deutung rechtsnormativer Zusammenhänge: Wenn etwa eine Rechtsnorm besagt, in einem Park dürfen keine Fahrzeuge fahren, um ein berühmtes Beispiel von H. L. A. Hart aufzugreifen (Hart 1958, 607), und wir es mit einem Fall zu tun haben, in dem ein elektrischer Rollstuhl durch einen Park fährt, dann ist die Frage, ob es sich dabei um ein Fahrzeug im Sinne der Rechtsnorm handelt, zwar eine normative Frage. Sie zu beantworten, setzt voraus, die Rechtsnorm auszudeuten: Umfasst der Begriff des Fahrzeugs im Sinne dieser Rechtsnorm auch einen elektrisch gesteuerten Rollstuhl oder nicht? Diese Deutung kommt aber, obwohl sie auf der Seite der Norm und nicht der Tatsachen des Falles ansetzt, nicht ohne Weltwahrnehmungen aus. Zum Beispiel könnte die Frage, welche Geschwindigkeiten motorisierte Rollstühle erreichen können, eine entscheidende Rolle spielen und in die Abwägung eingehen, ob es angemessen sein kann, auf den Rollstuhl Angewiesene um der Ruhe oder der Verkehrssicherheit willen vom Parkbesuch auszuschließen. Wie Richter:innen eine solche Frage nach der Geschwindigkeit von Rollstühlen beantworten, hängt zunächst von Weltwahrnehmungen ab. Sie können sich etwa auf die Expertise anderer berufen oder sich auf eigene Erfahrungen verlassen. Aber schon diese Frage zu entscheiden, setzt ein Vorverständnis voraus, das sich wiederum aus Wahrnehmungen der Welt ableitet. Rechtlich zu urteilen, bedeutet immer, Deutungen der Welt mit Deutungen des Rechts zu verknüpfen. Weltdeutungen, die im Recht herangezogen werden oder die rechtliche Urteilsfindung grundieren, sind also in jedem rechtlichen Umgang mit der Welt am Werk. Aus dieser Perspektive scheint es offensichtlich, dass es von Bedeutung für die Rechtsfindung ist, wenn sich Techniken der Weltdeutung verändern – etwa: digitalisieren.

Verwenden wir digitale Verfahren, um die Wahrnehmung der Welt (→ Visualität) zu konzentrieren, und lassen wir diese Verfahren auch Wahrnehmungen digital verarbeiten, hat dieser Einsatz für die rechtliche Wahrnehmung der Welt, die dort »Erhebung von Tatsachen« genannt wird, Folgen – gerade so wie jeder andere medientechnische Einsatz die rechtliche Wahrnehmung beeinflusst: Ein photographisches Bild etwa weist auf andere Weise nach, was geschehen ist, als der eigene Blick von Richter:innen. Eine videotechnisch aufgezeichnete Zeugenaussage vermittelt einen anderen Eindruck der Aussage als ein Zeugenauftritt vor Gericht. Und eine mithilfe statistischer Modelle errechnete, digital dargestellte Ausbreitungssituation eines Virus vermittelt einen anderen Eindruck von Gefahr als die unmittelbare Erfahrung einer Naturkatastrophe und ihrer physischen Folgen. Der Einsatz digitaler Techniken in- und außerhalb des Rechts wirkt sich also, soviel lässt sich ohne Weiteres festhalten, auch auf der Ebene rechtlicher Weltwahrnehmung aus. Insoweit (und nur insoweit) handelt es sich zunächst um lediglich einen weiteren Schritt in der Entwicklungsgeschichte des Einsatzes von Medientechniken und seiner Folgen für das Recht (vgl. Vismann 2011). Es gibt allerdings eine Eigenschaft von Digitalität, die sie von allen anderen medientechnischen Entwicklungen unterscheidet: Digitalität verändert *alle* Medientechniken. Ob Schrift oder Photographie, Video oder Tonaufnahme, sie alle werden nun digital dar- und herstellbar. Damit geht einerseits eine unermessliche Vielfalt an Darstellungs-, Herstellungs- und Wiederherstellungsmöglichkeiten einher, die allein von Hardwarekapazitäten begrenzt wird. Je schneller die materiellen Möglichkeiten in Richtung einer Echtzeitübertragung digitaler Daten entwickelt werden, desto vielschichtiger zeigt sich andererseits die temporale Annäherung digitaler Abbilder an tatsächliche Vorgänge in der Welt.

Angesichts dieser technischen Möglichkeiten entsteht eine neue Situation für die rechtliche Beziehung zu Tatsachen und ihrer Deutung: Alle Wahrnehmungen der Welt werden prekär, und zwar nicht allein, weil sie subjektiv erfolgen, denn das gilt auch für analoge Wahrnehmungen, sondern weil in der digitalen Konstellation nicht unterscheidbar ist, ob etwas, ein Objekt, eine Szene, eine Tonaufnahme oder ein Video, lediglich digital dargestellt wird, oder auch digital her- oder wiederhergestellt wurde. Sehen Richter:innen das digitale Bild eines Tatortes, können sie nicht ohne Weiteres davon ausgehen, dass – wie im Falle analoger Photographien – das Bild eine Szene zeigt, die zumindest irgendwann irgendwo einmal tatsächlich in der Welt zu sehen war. *Fake* wird zur permanenten Möglichkeit und damit Teil der Wahrnehmung, so dass *Fake* seine kategoriale Einordnung verliert. Echt oder unecht sind keine Kriterien, die wir an digitale Erzeugnisse ganz unmittelbar anlegen könnten. Die Relevanz dieser Einsicht für die Tatsachenerhebung etwa im Strafprozess dürfte unmittelbar einleuchten. Sie wirkt sich aber auch auf alle anderen Zusammenhänge normativer Weltwahrnehmung unter digitalen Bedingungen aus: Recht muss die Welt wahrnehmen und deuten, um seine normativen Maßstäbe auf sie anzuwenden. Verlieren die Wahrnehmungen an Verlässlichkeit, wird ihre rechtliche Deutung weniger plausibel. Nachvollziehbarkeit ist allerdings ein wichtiger Baustein für die Legitimation rechtlicher Entscheidungen und ihrer oft weitreichenden Folgen.

Recht unter digitalen Bedingungen

Die öffnende Eigenschaft des Rechts, die ermöglicht, besondere Fälle als besondere Fälle entlang normativer Maßstäbe zu beurteilen, und dadurch die Möglichkeit der Gerechtigkeit offenhält, diese öffnende Eigenschaft ist unter digitalen Bedingungen also einerseits damit konfrontiert, dass sich Deutungsspielräume für Rechtsnormen verengen, und andererseits damit, dass normative Weltwahrnehmungen sich vervielfältigen und gleichzeitig prekär werden. Weil dadurch nicht nur einzelne Methoden der Rechtsanwendung oder einzelne Rechtsmaterien einem Anpassungsdruck unterliegen, sondern Grundlagen von Recht und seinem Einsatz berührt sind, muss Recht sich in der digitalen Konstellation auf neue Weise formieren. Es ist allerdings weder damit getan, digitale Techniken einfach in rechtliche Regelwerke einzubauen oder in eine Tech-Euphorie zu verfallen, noch ist es damit getan, Digitalität vom Recht fernzuhalten und weiterhin etwa Fälle digitaler Unternehmen aus riesigen physischen Aktenbergen heraus aufzurollen.

Es ist kein Zufall, dass sich zunehmend und in vielen Rechtssystemen technokratische Regelungstechniken beobachten lassen. Solche Prozesse können vielmehr als eine Weise adaptiver Reaktion auf Digitalität gedeutet werden.

So werden gegenwärtig in Europa und Deutschland viele Materien mit sehr umfangreichen Regelwerken behandelt, die ausführliche Formulierungen von Rechtsnormen enthalten, teilweise so konkret, dass sie jeder Allgemeinheit entbehren. Oder die rechtliche Behandlung von Konflikten wird an digitale Techniken übergeben, die naturgemäß vollständig formalisiert agieren können, wie etwa im Falle von *smart contracts* (Becker 2022). Sogenannte »intelligente Verträge« sind kleine Programme, die an die Blockchain-Technik anknüpfen und sich selbst ausführen. Wenn bestimmte Bedingungen erfüllt werden, lösen *smart contracts* ohne menschliches Zutun beispielsweise konkrete Folgen aus oder schließen einen Vertrag ab. Es bedarf keiner weiteren juristischen Überwachung, denn solche Verträge enthalten schlicht keine Möglichkeit des Fehlgehens, weil diese nicht im Code enthalten ist (→ Risiko).

Der vollständigen Formalisierung kommt aber etwas abhanden: Sie kann die Möglichkeit der Gerechtigkeit nicht offenhalten, weil die Ergebnisse einer rein formalistischen Rechtsabwicklung in der Logik von wenn-dann-Schleifen immer schon vorbestimmt sind. Insofern kann sie nicht den einzigen Weg möglicher Umgänge des Rechts mit Digitalität bilden. Formalistische Rückgriffe des Rechts sind zwar dann – und das ist nicht selten – durchaus sinnvoll, wenn es nicht darum geht, neue Fälle einer neuen – gerechten – Lösung zuzuführen, sondern wenn es darum geht, in bekannten und normativ bereits zufriedenstellend eingeordneten Konstellationen Recht bloß zu vollziehen. In solchen Konstellationen geht es letztlich allein darum, Recht zu vollziehen, nicht darum, Recht zu erkennen oder zu finden. In anderen Fällen aber, in denen Recht gerade auf dem Spiel steht, wäre es umgekehrt notwendig, Wege zu finden, um die öffnende Seite des Rechts weiter zu ermöglichen: Hier gilt es, gerade unter Bedingungen verengter Deutungsspielräume einerseits und prekärer Tatsachenwahrnehmung andererseits, Vorgänge der rechtlichen Urteilsbildung als Proprium des rechtlichen Zugangs zur Welt in den Vordergrund zu rücken.

Zitierte Literatur

Becker, Katrin (2022). Blockchain Matters – Lex Cryptographia and the Displacement of Legal Symbolics and Imaginaries. Law & Critique 33, 113–130.
Hart, H. L. A. (1958). Positivism and the Separation of Law and Morals. Harvard Law Review 71, 593–629.
Müller-Mall, Sabine (2023). Verfassende Urteile. Berlin, Suhrkamp.

Quarch, Benedikt/Engelhardt, Clemens (2021). Legal Tech. Wiesbaden, Springer.
Vischer, Benedict (2021). Die Fremdheit des Rechts. Aufzeichnungen eines fragilen Versprechens. Weilerswist, Velbrück.
Vismann, Cornelia (2011). Medien der Rechtsprechung, Frankfurt a.M., Fischer.

Weiterführende Literatur

Hildebrandt, Mireille (2015). Smart Technologies and the End(s) of Law. Northampton Mass., Elgar.
Lessig, Lawrence (2006). Code. And Other Laws of Cyberspace, Version 2.0. New York, Basic Books.
Müller-Mall, Sabine (2020). Freiheit und Kalkül. Die Politik der Algorithmen. Ditzingen, Reclam.

Risiko

Carsten Orwat

Die Gegenwart ist von regelrechten Schüben der Digitalisierung geprägt. Damit einhergehend haben die Risiken der digitalen Technologien zugenommen und nehmen weiter zu: von Problemen für die informationelle Selbstbestimmung über die Substitution von Menschen durch Automatisierung bis hin zu Risiken für fast alle Grundrechte und Grundwerte wie Rechtsstaatlichkeit, Demokratie, nachhaltige Entwicklung oder wirtschaftlichen Wettbewerb. Die Entwicklungen haben viel mit dem Anwachsen digitaler Daten zu tun: Vor allem die Aneignung personenbezogener Daten als »Nebenprodukt« der Nutzung von Produkten und Diensten ist hervorzuheben, etwa bei Webseitenbesuchen, Nutzung von Sprachassistenten, digitalisierten Gegenständen wie Automobilen und, allgemein durch das Internet der Dinge und digitalisierte Umgebungen wie *Smart Cities*. Auch das auf Gegenleistung beruhende Geschäftsmodell der Preisgabe personenbezogener Daten für die kostenlose Nutzung von Diensten hat stark zum Datenwachstum beigetragen. Das Anwachsen von datenbasierten Personen- und Gruppenprofilen erhöht Risiken der Informationsmacht, der Einschränkung der (informationellen) Selbstbestimmung und Missachtung der Menschenwürde. Ermöglicht wurde dies nicht zuletzt durch verbesserte Möglichkeiten der Kombination und Auswertung von sehr großen, auch heterogenen (strukturierten und unstrukturierten) Datenmengen (*Big Data*). Durch Datenakkumulation, Verkettung bzw. Weiterverwendungen, Aufweichung der Zweckbindungen oder Datenverarbeitungen nach sogenanntem berechtigtem Interesse sind extreme Informationsasymmetrien zwischen Datenverarbeitenden und Betroffenen entstanden (→ Daten; Information).

Von der Daten- zur Risikoentgrenzung

Große Datenmengen und Fortschritte beim Maschinellen Lernen bieten die Möglichkeit, automatisiert Muster in Daten zu finden und diese mit Hilfe von Algorithmen etwa für die Differenzierung von Personen, zur Erkennung von optischen Mustern bei Menschen, anderen Lebewesen oder Gegenständen zu nutzen oder als Wortmuster in Sprachmodellen zur Erzeugung von synthetischen Inhalten zu verwenden (→ Algorithmus; Maschinelles Lernen; Künstliche Intelligenz). Dadurch werden zugleich die Identifikation und Nutzung neuer persönlichkeitsrelevanter Merkmale möglich, beispielsweise über emotionale Zustände, politische oder sexuelle Orientierungen; selbst scheinbar »harmlose« Daten wie die Kommunikation in den sozialen Medien können als Grundlage dienen. Solche Algorithmen sind auch die Basis von halb- oder vollautomatisierten Entscheidungen bei Produkten und Diensten, die für die Entfaltung der Persönlichkeit und die Verwirklichung von Lebenschancen essentiell sind (z.B. Kredite, Wohnraum, Bildung, Haftstrafen). Teilweise dienen sie der sogenannten Personalisierung, d.h. der Differenzierung von Informationen (z.B. Preise, Stellenanzeigen, Produktinformationen) für bestimmte Bevölkerungskategorien oder einzelne Individuen, bis hin zur personalisierten Massenbeeinflussung in demokratischen Prozessen. Diesen Entwicklungen liegt die Quantifizierung von sozialen Sachverhalten und Persönlichkeitseigenschaften zugrunde, die Risiken der Reduktion von Individuen auf messbare Größen und Informationsobjekte mit sich bringt (vgl. Burrell/Fourcade 2020).

Auch die digitale Vernetzung hat sich stark verändert. Das Internet, das ursprünglich durch offene Standards und leichte technische Beteiligungsmöglichkeiten gekennzeichnet war, unterliegt einer zunehmenden Fragmentierung und Kommerzialisierung. In den frühen Jahren wurde die Senkung von Transaktionskosten, insbesondere des Suchaufwands, diskutiert, was unter anderem zur Verlagerung von Handelstätigkeiten ins Internet führte. Später rückten das Phänomen der Plattformen und die zunehmende Marktkonzentration in den Vordergrund. Eine der Hauptursachen für die Konzentration sind Netzwerkeffekte, bei denen der Nutzen für den Einzelnen von der Anzahl der weiteren Nutzenden abhängt. Die Folge sind hohe Wechselkosten und Lock-in-Effekte (z.B. beim Wechsel von einem sozialen Netzwerk zu einem anderen), aber auch Barrieren für neue Anbieter. Abhängigkeiten von wenigen Anbietenden werden verstärkt und Vertragsparitäten gestört. Abhängigkeiten und Quellen personenbezogener Daten steigen auch durch die Verlagerung von Software und Hardware im dezentralen Besitz hin zu zentral, meist online angebotenen Diensten mit Lizenzmodellen (z.B. Cloud-Dienste oder *as-a-service*-Angebote; → Kapitalismus; Netzwerk).

Ein weiteres Phänomen der Digitalisierung ist, dass soziale Regeln wie Normen oder Verträge zunehmend in Software implementiert und durch diese durchgesetzt werden (Deutscher Ethikrat 2023). Dies ist fast vollständig bei Blockchain-Anwendungen (z.B. *smart contracts*) der Fall, trifft aber auch auf automatisierte Entscheidungen in Verwaltung und Wirtschaft zu. Soziale Regeln werden automatisiert durchsetzbar sowie adaptiv und differenziert auf verschiedene Kontexte und Situationen anwendbar. Regelabweichungen werden technisch »verunmöglicht«. Gleichzeitig sind soziale Regeln nicht mehr leicht durch die Betroffenen überprüfbar und anfechtbar, so dass sich die Frage stellt, ob Entwickelnde und Anwendende überhaupt die Legitimation zur Regelsetzung haben. Ebenso kann die technische Regeldurchsetzung die moralische Motivation zur Regelbefolgung verdrängen. Greift darüber hinaus der Staat auf Softwaremechanismen zurück, um seinen Aufgaben der Risikovermeidung nachzukommen (z.B. mit Uploadfiltern für rechtlich unzulässige Inhalte), ist er zunehmend von privaten Akteuren abhängig (→ Sozialität; Recht).

Im Gegensatz zu analogen Daten haben digitale Daten und Programme die grundlegende Eigenschaft, ohne Qualitätsverlust prinzipiell unendlich kopierbar zu sein und damit einer Vielzahl von Verwendungen zur Verfügung zu stehen. Der »natürliche« Schutz durch den Qualitätsverlust analoger Kopien ist weggefallen. Dies hat zu einer mehrfachen Entgrenzung der Risiken geführt. In zeitlicher Hinsicht können durch die quasi unerschöpfliche Weiterverwendung persistenter digitaler Daten Risiken auch zu weit entfernten Zeitpunkten entstehen, deren Konsequenzen zum Zeitpunkt der Datenerzeugung kaum abzuschätzen sind. In räumlicher Hinsicht sind Daten und Programme durch Vernetzung prinzipiell uneingeschränkt nutzbar, wodurch einzelne Systeme bzw. Plattformen und mit ihnen ihre Risiken enorme, sogar globale Reichweiten erlangen können. In sozialer Hinsicht kann die technisch prinzipiell uneingeschränkte Weitergabe an und Weiterverwendung durch eine Vielzahl von Nutzenden und Nutzungen erfolgen. Zunehmend werden datenbasierte Schlussfolgerungen über dritte Personen möglich, so dass Risiken auch Personen betreffen, die nicht an den Entscheidungen über die Datenverarbeitung beteiligt sind. Regulatorische Risikovermeidung ist immer auch eine Begrenzung der technisch entgrenzten Möglichkeiten, etwa durch Zweckbindungsregeln oder Löschpflichten. Eine scheinbare Begrenzung der

Nutzung könnte in den Aneignungs-, Exklusions- und Verwertungsstrategien (Burrell/Fourcade 2020) einzelner Akteure (oft von Big-Tech-Unternehmen) gesehen werden. Doch handelt es sich vielmehr um eine Verlagerung der Risiken entgrenzter Nutzungen in Unternehmen und Unternehmensnetzwerke sowie staatliche Einrichtungen hinein, die für außenstehende Betroffene oder Regulierende kaum mehr nachvollziehbar und kontrollierbar sind.

Risikoverständnisse und ihre Konsequenzen

Ein allgemein geteiltes Verständnis des Begriffs Risiko existiert nicht (Renn et al. 2007, 7–62; Hansson 2013, 7–20). Einem mathematisch-ökonomischen Verständnis folgend, ist Risiko für viele das Produkt aus Eintrittswahrscheinlichkeit eines Schadens und Schadensausmaß. Damit geht auch die Vorstellung einher, dass Risiken kalkulierbar sind und sich von der nicht kalkulierbaren Unsicherheit unterscheiden. Gelegentlich findet sich auch eine auf Niklas Luhmann zurückgehende Abgrenzung des Begriffs Risiko (die eigene Entscheidung ist die Ursache für Schäden) zur Gefahr (eigenes Entscheiden ist nicht die Ursache, z.B. bei Naturgefahren). Inzwischen wird der Risikobegriff jedoch alltagssprachlich und in mehreren wissenschaftlichen Disziplinen auch für solche Sachverhalte verwendet, bei denen die eigene Entscheidung nicht die Risikoursache ist und Schäden nicht quantitativ ausgedrückt werden können. Risiko bezeichnet dann Zustände, in denen ein unerwünschtes Ereignis eintreten kann oder auch nicht.

Mangelnde Quantifizierbarkeit von Risiken resultiert beispielsweise aus nicht ausreichend vorhandenen empirischen Erkenntnissen, um Eintrittswahrscheinlichkeiten oder Schadensausmaße kalkulieren zu können; relevante Ereignisse sind bisher zu selten oder noch gar nicht eingetreten. Bei der Digitalisierung sind die empirischen Erkenntnisse über komplexe Ursache-Wirkungszusammenhänge bisher nur fragmentarisch vorhanden und halten mit den hochdynamischen soziotechnischen Entwicklungen kaum Schritt. Zwischen den vielfältigen Risikoursachen in Form von Datenverarbeitungen, Schlussfolgerungen und Entscheidungen und den vielfältigen Schadensformen (z.B. Drackert 2014) liegen zudem mehrere Wirkungspfade, Prozesse der Risikoakkumulation sowie Auswirkungen auf unbeteiligte Dritte. Einzelne Risikoursachen und ihre Einflüsse lassen sich teilweise analytisch nur schwer trennen. Zudem entziehen sich Risikoursachen in Form von Datenverarbeitungen als Betriebs- und Geschäftsgeheimnisse oft einer wissenschaftlichen oder zivilgesellschaftlichen Untersuchung. Schließlich handelt es sich bei den Risiken der Digitalisierung häufig um Grundrechtseinschränkungen, die sich nur schwer oder gar nicht quantifizieren lassen, da z.B. einzelne Grundrechte mehrere rechtliche Ansprüche beinhalten können.

Die meisten Risikokonzeptionen implizieren, dass ein Risiko für etwas besteht, das Menschen als wertvoll erachten (Fischhoff/Kadvany 2011). Da dies sehr Unterschiedliches sein kann wie Grundrechte, moralische Normen oder ethische Konzepte, aber auch Gewinne, Innovationen oder Wettbewerb, ergibt sich daraus eine große Vielfalt dessen, was als Risiko definiert werden kann. Doch die Definition des Risikos bestimmt die Ausgestaltung und die Ergebnisse der Risikoabschätzung und des Risikomanagements, ebenso der Risikogovernance bzw. Risikoregulierung (ebd.). Die Definition und Abschätzung von Risiken ist zwar häufig wissenschaftlich fundiert und strebt Objektivität an, ist aber gleichzeitig mit Werturteilen durchzogen bzw. normativ (Hansson 2013, 10f.). Technik- und Wertekonflikte können nicht nur dann auftreten, wenn bestimmt wird, wer welchen Risiken und in welchem Ausmaß ausgesetzt wird, sondern bereits bei den Entscheidungen, was als Wertmaßstab herangezogen wird. Entscheidend ist daher, wer mit welchen Bewertungsmaßstäben und Interessen die Risikoabschätzung und das Risikomanagement durchführt. Die Ergebnisse hängen insbesondere davon ab, ob dies im privaten oder im öffentlichen Interesse geschieht.

Mittlerweile werden auch gesellschaftliche Risiken für digitale Produkte und Dienste diskutiert, die mit Untersuchung von systemischen Risiken ergänzt werden (z.B. Yeung 2019; Smuha 2021). Mit systemischen Risiken werden häufig Risiken beschrieben, die über einfache, lokale oder punktuelle Risiken einzelner technischer Systeme, Anlagen, Unternehmen oder betroffener Individuen hinausgehen. Vielmehr gehen sie aus den Strukturen, Interaktionen und Interdependenzen eines soziotechnischen oder gesellschaftlichen Systems hervor und beschreiben häufig die Dysfunktion oder das komplette Versagen eines mehr oder weniger weit abgegrenzten Systems (z.B. Finanzsystem oder Klimasystem; vgl. Renn et al. 2007, 176–185). Bei digitalen soziotechnischen Entwicklungen können systemische Risiken etwa dadurch entstehen, dass sich »systemrelevante« Akteure mit großen Reichweiten und Abhängigkeiten anderer Akteure bilden und digitale Güter zunehmend aufeinander aufbauen können (z.B. bei Plattformen oder *Foundation Models*). Andere Formen können durch Akkumulations- und Rückkopplungseffekte in komplexen Zusammenhängen der Datenverarbeitung entstehen, etwa beim Maschinellen Lernen, das verzerrte Datensätze verarbeitet, die dadurch entstehen, dass vorhergehende verzerrte Ergebnisse durch die Systeme erfasst und unkorrigiert für Datenanalysen und Schlussfolgerungen weiterverarbeitet werden.

Umgang mit Risiken

Beim Umgang mit Risiken ist die individuelle Risikoakzeptanz von der gesellschaftlichen Risikoakzeptabilität zu unterscheiden. Gerade bei der Akzeptanz digitaler Güter zeigt sich, dass individuelle Entscheidungen über die Akzeptanz von Risiken mehrfach verzerrt sein können, insbesondere durch starke Informationsasymmetrien zwischen Datenverarbeitenden und Betroffenen, der unzureichenden Kenntnis komplexer Datenverwertungsprozesse und deren Konsequenzen auf Seiten der Betroffenen oder durch Zwangslagen aufgrund der Abhängigkeit von einem bestimmten digitalen Produkt oder Dienst. Von der individuellen Risikoakzeptanz kann daher nicht auf die gesellschaftliche Risikoakzeptabilität geschlossen werden. Die gesellschaftliche Risikoakzeptabilität wird an den einer Gesellschaft zugrundeliegenden Normen untersucht, fragt nach der Verteilung von Risiken und Vorteilen, der Zumutbarkeit der Risikoexpositionen, den Möglichkeiten der Einflussnahme auf oder des Ausweichens vor Risikoexpositionen durch die Betroffenen sowie nach der Legitimität von Entscheidungen über Risiken (Grunwald 2005; Hansson 2013).

Mit den Schüben der soziotechnischen Digitalisierung verändern sich immer wieder die Möglichkeiten der Zustimmung zu Risiken, der Einflussnahme oder des Ausweichens. In Verhältnissen zwischen Staat und Betroffenen sind die Einfluss- und Ausweichmöglichkeiten einzelner Betroffener ohnehin gering oder nicht vorhanden. Im Allgemeinen hängt die Legitimität der Entscheidungen über Risikoexpositionen insbesondere von der Ausgestaltung der jeweiligen politischen Verfahren ab. Abgesehen von Gesetzgebungsverfahren gibt es bei vielen Digitalisierungsvorhaben etwa in der Verwaltung oder Schulen aber nur selten politische Verfahren, in denen Zwecksetzungen (Welches Problem soll mit einzelnen Digitalisierungsmaßnahmen eigentlich gelöst werden?) und Risiken (Mit welchen gesellschaftlichen Kosten und für wen?) öffentlich debattiert und abgewogen würden. In Verhältnissen zwischen Privaten verändern sich häufig die Paritäten in den Verhandlungs- und Vertragspositionen, in denen zwischen Nutzen und Risiken digitaler Güter abgewogen wird, ebenso die Möglichkeiten der Wahlfreiheit, der Zustimmung und der Durchsetzung ihrer Rechte durch die Betroffenen selbst (→ Politik; Vertrauen).

Als Wertmaßstab für Risikoabschätzungen und Risikomanagement werden häufig Menschen- und Grundrechte herangezogen, da sie weithin akzeptiert und durch ihre Institutionalisierung sowohl verbindlich als auch vom Staat zu gewährleisten sind. Von besonderer Relevanz für die Digitalisierung ist das Recht auf informationelle Selbstbestimmung. Es dient dem Schutz der Menschenwürde und der freien Entfaltung der Persönlichkeit und sieht die weitestgehend selbstbestimmte Kontrolle der Betroffenen über ihre personenbezogenen Daten vor. Insbesondere soll damit verhindert werden, dass ungeeignete Fremdbilder bzw. Profile einer Person zugeschrieben oder umfassende Fremdbilder einer Person »übergestülpt« werden, auf diese Weise Handlungen unangemessen eingeschränkt werden und die Entfaltung der Identität einer Person nicht mehr als selbstbestimmt empfunden werden kann (Britz 2010; → Ethik).

Außer beim Recht auf Schutz der Menschenwürde können Grundrechte auch eingeschränkt werden, wenn die Verwirklichung anderer Grundrechte in Konflikt gerät (z.B. informationelle Selbstbestimmung versus öffentliche Sicherheit). Bei Entscheidungen über Grundrechtseinschränkungen und damit quasi über zumutbare Risikoexpositionen spielt das Verhältnismäßigkeitsprinzip eine zentrale Rolle. Beispielsweise werden staatliche Überwachung und Datenverknüpfung häufig durch Urteile des Bundesverfassungsgerichts oder des Europäischen Gerichtshofs mit Verweis auf die Unverhältnismäßigkeit der Tiefe der Eingriffe in Grundrechte begrenzt. In den Urteilen wird auch deutlich, dass sich die Eingriffstiefe bzw. das Ausmaß des Risikos nicht nur aus den möglichen Schäden für die direkt Betroffenen ergibt, sondern auch das Risiko für Unbeteiligte berücksichtigt wird. Man kann hier an das Risiko der Überwachung und Verdächtigung Unschuldiger oder Risiken in Form von Abschreckungseffekten (*chilling effects*) denken, die durch die Unsicherheit über die Datenverarbeitung entstehen und zur Zurückhaltung etwa bei politischer Beteiligung führen können.

Im Verhältnis zwischen Privaten steht oft das Recht auf informationelle Selbstbestimmung der Vertragsfreiheit gegenüber. Die Festlegung des akzeptierten Risikoniveaus soll in Aushandlungs- und Einwilligungsprozessen zwischen Datenverarbeitenden und Betroffenen erfolgen. Dabei sollen die Betroffenen selbst über die Verhältnismäßigkeit der Risiken und des Nutzens eines digitalen Gutes entscheiden. Der Gesetzgeber hat hierzu insbesondere datenschutzrechtliche Pflichten zur Information der Betroffenen durch die Datenverarbeitenden und Betroffenenrechte etwa zur Korrektur oder Löschung geschaffen. Doch die informierte Einwilligung, die man in

Form von langen und schwer verständlichen Datenschutzerklärungen kennt, hat angesichts der Vielzahl und Komplexität der Datenverarbeitungen und verknüpften Auswertungen ihre Funktionsfähigkeit weitgehend verloren. Gerade bei der zunehmenden Verwendung von Algorithmen für Entscheidungen zur Differenzierung von Personen ist es den Betroffenen nicht möglich, die Entscheidungskriterien zu kennen und in diese einzuwilligen, wenn selbst Entwickelnde oder Anwendende diese nicht nachvollziehen können oder wenn sie durch Betriebs- und Geschäftsgeheimnisse geschützt sind. Unverhältnismäßige individuelle Abwägungen von Risiken und Nutzen können sich gesellschaftlich als schleichende Erosion von Grundrechten akkumulieren (z.B. in einem abgesenkten Datenschutzniveau).

Angesichts der Probleme der informierten Einwilligung wurden unter anderem Pflichten zur technischen Risikovermeidung durch Design (z.B. *privacy by design and default*) und Pflichten zum Risikomanagement geschaffen, wie sie in der Datenschutzgrundverordnung (Hansen 2023) und der KI-Verordnung vorgesehen sind. Dadurch werden die Risiko- bzw. Verhältnismäßigkeitsentscheidungen quasi an die Betreibenden oder Anbietenden delegiert (vgl. Gellert 2020), es sei denn die zu akzeptierenden Risikoniveaus werden in weiteren Regulierungen oder Standardisierungen festgelegt. Dabei ist zu erwarten, dass in den Risikoabschätzungen privater Akteure in erster Linie nur solche Risikofaktoren berücksichtigt werden, die sich unmittelbar auf die Gewinnsituation auswirken. Inwieweit gesellschaftliche oder systemische Risiken tatsächlich berücksichtigt werden, ist unklar.

Mit der Ausweitung der Risiken der Digitalisierung haben sich umfangreiche institutionelle Arrangements entwickelt. Neben dem Datenschutz- und Verbraucherschutzrecht haben mit dem Sichtbarwerden von Diskriminierungsrisiken von Algorithmen auch Fragen des Antidiskriminierungsrechts an Bedeutung gewonnen. Allerdings ist der bisherige individualrechtliche Ansatz, wonach Diskriminierungsopfer zunächst selbst aktiv werden müssen und bei der Durchsetzung von Schadensersatzansprüchen von Antidiskriminierungsstellen unterstützt werden können, nur begrenzt geeignet, algorithmische Diskriminierungen zu bekämpfen (Orwat 2019). Schließlich wird dem Problem der Marktkonzentration und systemischen Risiken von Plattformen mit einer Reihe von regulatorischen Maßnahmen zu begegnen versucht, insbesondere mit der *KI-Verordnung*, dem *Digital Service Act*, dem *Data Act*, dem *Digital Market Act* und dem *Data Governance Act*. Unter anderem sollen die Wahlfreiheit bei digitalen Gütern und damit die Möglichkeiten, Risiken zu beeinflussen oder auszuweichen, gestärkt werden und Zugangs-

und Nutzungsmöglichkeiten von Daten aus vernetzten Geräten, die meist in den Händen von privaten Unternehmen liegen, an die Nutzenden zurückgegeben werden. Offen bleibt, wer die neuen Möglichkeiten der Datennutzung tatsächlich ergreifen wird.

Zitierte Literatur

Britz, Gabriele (2010). Informationelle Selbstbestimmung zwischen rechtswissenschaftlicher Grundsatzkritik und Beharren des Bundesverfassungsgerichts. In: Hoffmann-Riem, Wolfgang (Hg.). Offene Rechtswissenschaft. Tübingen, Mohr Siebeck, 561–596.

Burrell, Jenna/Fourcade, Marion (2020). The Society of Algorithms. Annual Review of Sociology 47, 213–237. doi.org/10.1146/annurev-soc-090820-020800.

Deutscher Ethikrat (2023). Mensch und Maschine – Herausforderungen durch Künstliche Intelligenz. Berlin, Deutscher Ethikrat.

Drackert, Stefan (2014). Die Risiken der Verarbeitung personenbezogener Daten. Eine Untersuchung zu den Grundlagen des Datenschutzrechts. Berlin, Dunker & Humblot.

Fischhoff, Baruch/Kadvany, John (2011). Risk. A Very Short Introduction. Oxford, OUP.

Gellert, Raphaël (2020). The Risk-Based Approach to Data Protection. Oxford, OUP.

Grunwald, Armin (2005). Zur Rolle von Akzeptanz und Akzeptabilität von Technik bei der Bewältigung von Technikkonflikten. Technikfolgenabschätzung – Theorie und Praxis 14, 54–60. doi.org/10.14512/tatup.14.3.54.

Hansen, Marit (2023). Der lange Weg von digitaler Selbstverteidigung bis zum eingebauten Datenschutz. In: Buchner, Benedikt/Petri, Thomas (Hgg.). Informationelle Menschenrechte und digitale Gesellschaft. Tübingen, Mohr Siebeck, 57–75.

Hansson, Sven Ove (2013). The Ethics of Risk. Ethical Analysis in an Uncertain World. Cham, Palgrave Macmillan.

Orwat, Carsten (2019). Diskriminierungsrisiken durch Verwendung von Algorithmen. Studie erstellt mit einer Zuwendung der Antidiskriminierungsstelle des Bundes. Berlin, Nomos.

Renn, Ortwin et al. (2007). Risiko. Über den gesellschaftlichen Umgang mit Unsicherheit. München, Oekom.

Smuha, Nathalie A. (2021). Beyond the Individual. Governing AI's Societal Harm. Internet Policy Review 10. doi.org/10.14763/2021.3.1574.

Yeung, Karen (2019). Responsibility and AI. A Study of the Implications of Advanced Digital Technologies (Including AI Systems) for the Concept of Responsibility within a Human Rights Framework. Council of Europe Study DGI(2019)05. https://rm.coe.int/a-study-of-the-implications-of-advanced-digital-technologies-including/168096bdab (zuletzt geprüft 2024-06-21).

Weiterführende Literatur

Deutscher Ethikrat (2023). Mensch und Maschine – Herausforderungen durch Künstliche Intelligenz. Berlin, Deutscher Ethikrat.

Fischhoff, Baruch/Kadvany, John (2011). Risk. A Very Short Introduction. Oxford, OUP.

Hansen, Marit (2023). Der lange Weg von digitaler Selbstverteidigung bis zum eingebauten Datenschutz. In: Buchner, Benedikt/Petri, Thomas (Hgg.). Informationelle Menschenrechte und digitale Gesellschaft. Tübingen, Mohr Siebeck, 57–75.

Simulation

Gabriele Gramelsberger

Der Begriff Simulation wird zumeist mit Nachahmung, Nachbildung, Imitation oder Vortäuschung gleichgesetzt. Letztere Interpretation findet sich bereits bei Cicero im Sinne einer arglistigen Vortäuschung falscher Tatsachen (vgl. Scheuermann 2020). Ein Simulant ist dementsprechend ein Vortäuschender. Diese negative Konnotation hält sich bis in die Mitte des 20. Jahrhundert und bis heute in der Alltagssprache. Simulation in einem neutraleren Sinne als Nachahmung verstanden lässt sich in einem Verhältnis zum Begriff der Mimesis denken; dem zentralen Begriff der aristotelischen *Poetik*. Die Tragödie beispielsweise ist »eine Nachahmung einer guten und in sich geschlossenen Handlung von bestimmter Größe« (Aristoteles 1994, Kap. 6: 1449b24). Mimesis leitet sich für Aristoteles aus dem menschlichen Bedürfnis der Nachahmung ab, das im Falle des altgriechischen Theaters das Vermögen meint, durch eine Geste Wirkung zu erzielen. Interessant für eine Simulationstheorie ist die von Aristoteles getroffene Unterscheidung der drei Aspekte der Mimesis: Mittel, Gegenstände und Weisen. Im Falle der Tragödie sind die Sprache, der Rhythmus und die Tonhöhe die Mittel, die ethisch gute Handlung ist der Gegenstand und die Tat, also das Agieren der Schauspieler, ist die Weise der Nachahmung.

Mit der Ablösung der Sprache durch die technischen Medien erhält der Begriff der Simulation durch Jean Baudrillards *Simulacres et Simulation* (1981) eine besondere Bedeutung. Für Baudrillard ist die Simulation der Verlust jeglichen Realitätsbezugs der Medien der Moderne, indem sie ihre eigenen Simulakra (Trugbilder) schaffen. Als Beispiele fungieren Disneyland, aber auch die Watergate-Affäre oder ein Simulant, dessen eingebildete Krankheit echte Krankheitssymptome aufweist. Der ontologische Zustand der Simulation ist hyperreal, also ununterscheidbar von der Realität durch wahrheitsgetreue Nachbildung. Derart wahrheitsgetreue Nachbildung in unzähligen Kopien kennzeichnet die technische Reproduzierbarkeit der modernen Medien: vom Grammophon bis zur Schreibmaschine. »Es geht nicht mehr um die Imitation, um die

Verdopplung oder um die Parodie. Es geht um die Substituierung des Realen durch das Zeichen des Realen [...]« (Baudrillard 1978, 9).

Mit der Ablösung der Medien durch den Computer respektive deren Auflösung im Supermedium Computer gewinnt die Simulation ganz unerwartet an Seriosität und zwar als wissenschaftliche Simulation. Berichtete der Brockhaus in puncto Simulation bis dahin von Vortäuschen oder Vorspiegeln, so ändert sich dies in den 1970er Jahren und die Simulation wird zu einer Methode der Nachbildung naturwissenschaftlicher Prozesse mittels mathematischer Modelle. Seither tritt die Simulation ihren vielbeachteten Siegeszug an und leitet uns sachdienlich in eine uns bevorstehende Zukunft oder warnt uns wie einst Kassandra vor Katastrophen.

Computersimulation

Der Computer spielt einerseits die zentrale Rolle im Bedeutungswandel des Simulationsbegriffes, definiert andererseits von welcher Art von Simulation hier die Rede ist, indem er in seiner ursprünglichen Funktion als Rechenknecht zu dem führt, was wir heute (numerische) Simulation respektive Computersimulation nennen. Doch nicht der Computer inspirierte die Idee der Simulation, sondern umgekehrt: die Notwendigkeit der Simulation erforderte den Computer. Wie die Computerpioniere Herman Goldstine und John von Neumann 1946 treffend feststellten: »The advance of analysis is, at the moment, stagnant along the entire front of non-linear problems. [...] We believe, therefore, that it is now time to concentrate on effecting the transition to such [digital] devices, and that this will increase the power of the approach in question to an unprecedented extend« (Goldstine/von Neumann 1963, 2; 4).

John von Neumann war während des Zweiten Weltkrieges in Los Alamos im Manhattan-Projekt zuständig für die Berechnung von Explosionswellen. Die Ausbreitung von Explosionswellen lässt sich mit nichtlinearen hyperbolischen Differentialgleichungen raum-zeitlich beschreiben, deren Lösungen wellenähnlich sind. Allerdings sind solche nichtlinearen Gleichungen zu komplex, als dass man aus ihnen durch algebraische Umformungen exakte Lösungsfunktionen ableiten könnte. Es gab und gibt schlichtweg kein analytisches Lösungsverfahren für nichtlineare Gleichungsmodelle. Die Alternative ist, die nichtlinearen Differentialgleichungsmodelle mit Messdaten zu initialisieren und sie für ein Berechnungsgitter Zeitschritt für Zeitschritt numerisch zu berechnen. Eben dies meint der Begriff der numerischen Simulation. Doch dies ist rechen- und zeitaufwendig und lässt sich per Hand nur für einzelne Trajektorien (bspw. Flugbahnen von Teilchen) berechnen. Die Simulation verdankt sich also der Erwartung John von Neumanns,

> »daß wirklich effiziente digitale Hochleistungsrechner den toten Punkt bei den rein analytischen Methoden zur Behandlung nichtlinearer Probleme überwinden und daß aus der derart numerisch erschlossenen Hydrodynamik die mathematische Durchdringung des Gebietes der nichtlinearen partiellen Differentialgleichungen stimuliert werden könnte, indem sich aus den Computerresultaten jene heuristischen Fingerzeige ergäben, die von jeher in allen Bereichen der Wissenschaft den Schlüssel für entscheidende mathematische Ideen liefern könnten« (Hoßfeld 1996, 4).

Der Mathematiker James Glimm (1990) nannte diese die Vollendung der wissenschaftlichen Revolution der Neuzeit beziehungsweise deren zweiter Hälfte. Bestand die erste Hälfte der wissenschaftlichen Revolution darin, naturwissenschaftliche Prozesse mit Hilfe von mechanischen Theorien und mathematischen Modellen darstellen und für einfache Modelle berechnen zu können, so erweiterte die zweite Hälfte nun die Reichweite der Berechenbarkeit enorm. Allerdings zu dem Preis, dass die numerische Simulation nur eine näherungsweise Lösung liefern kann, denn sie berechnet nur für einige Zeit- und Raumpunkte approximierte Lösungen. Je dichter die raumzeitliche Auflösung wird, so die Grundannahme der Simulation, desto mehr nähert sich die simulierte Lösung der exakten, aber unbekannten Lösung an. Bei einem unendlich dichtem Berechnungsgitter konvergiert die simulierte Lösung mit der exakten Lösung. Doch, um die Auflösung der räumlichen Berechnungsgitter wie zeitlichen Berechnungsschritte zu verfeinern, braucht es immer leistungsfähigere Computer. Hier liegt das Dilemma jeder numerischen Simulation, die aufgrund der Rechenlimitationen immer nur näherungsweise Lösungen liefern kann.

Simulationsvorhersagen

Dieses Dilemma zeigt sich an der Unsicherheit simulierter Prognosen (→ Zukunft). Der Vorteil von Simulationen basierend auf mathematischen Modellen ist, dass sie sich mit Messdaten initialisiert in die Zukunft extrapolieren lassen. Bereits 1914 stellte der Mathematiker Henri Poincaré fest: »Wir [Mathematiker] sind daran gewöhnt zu extrapolieren; das ist ein Mittel, die Zukunft aus der Vergangenheit und aus der Gegenwart abzuleiten« (Poincaré 1914, 15). Doch diese Vorhersagen sind mit Unsicherheiten behaftet und können allenfalls Wahrscheinlichkeiten beanspruchen. Besonders deutlich wird dies an den Wetter- und Klimasimulationen, deren Vorhersagen mittlerweile unseren Alltag bestimmen (vgl. Heymann et al. 2017).

Wetter- und Klimasimulationen basieren auf denselben physikalischen Theorien (Hydro- und Thermodynamik) und mathematischen Gleichungsmodellen (Navier-Stokes-Gleichungen); sie unterscheiden sich jedoch in den zeitlichen und räumlichen Dimensionen voneinander. Wettermodelle sind regionale und überregionale Modelle, Klimamodelle sind globale Modelle; Wettermodelle machen Vorhersagen bis zu sieben Tage, Klimamodelle bis zu Jahrzehnten oder sogar Jahrhunderten. Klimamodelle sind im Unterschied zu Wettermodellen stark gemittelte Modelle. Klima ist, per Definition, das auf mindestens dreißig Jahre gemittelte Wetter und damit ein mathematisches Objekt. Aufgrund ihrer starken Mittelung sind Klimamodelle weniger anfällig für Änderungen in den Messdaten, mit welchen sie initialisiert werden, während Wettermodelle sehr empfindlich darauf reagieren und ins Chaos führen können. Die näherungsweisen Lösungen verhalten sich dann irregulär und produzieren fiktive Vorhersagen. Dies entspricht auch realen Wetterphänomenen, die sehr irregulär und wenig vorhersagbar sein können und uns immer wieder überraschen. Klimawandel bedeutet, dass diese Irregularitäten durch zu viel Energie im Wettersystem und mit diesen auch die Überraschungen und Wetterschwankungen zunehmen: unerwartete Hitze- oder Kälteeinbrüche, Starkregen und Stürme, aber auch ungewöhnlich lange anhaltende Wettersituationen.

Theoretisch gesprochen beschreiben Wetter- wie Klimamodelle in je eigener Weise die Atmosphäre als mechanische und thermodynamische Wärmekraftmaschine. Mathematisch gesprochen beschreiben die Navier-Stokes-Gleichungen, nichtlineare partielle Differentialgleichungen zweiter Ordnung, die Änderung des Betrags und der Richtung der Geschwindigkeit eines Fluidelements gewisser Masse in Abhängigkeit von den einwirkenden Kräften wie Druck, Schwerkraft und Viskosität. Die Trägheit des Fluids, die von seiner Dichte bestimmt ist, ist charakteristisch für seine Ablenkung. Die Komplexität der Gleichungen hat jedoch zur Folge, dass sie nur in seltenen Fällen analytisch zu lösen ist.

Könnte man diese Gleichungen allgemein analytisch lösen, so ergäben sich ungeahnte Einblicke in die Natur von Strömungen und Turbulenzen;

man würde vieles verstehen, was uns heute noch rätselhaft ist. Hier stehen wir vor einer Situation, in der die Unzulänglichkeit mathematischer Methoden den physikalischen Fortschritt ernsthaft behindert (Stierstadt et al. 1998. 478f.).

Die numerische Simulation überbrückt diese Unzulänglichkeit der mathematischen Methoden. Die Alternative wäre, die Modelle soweit zu idealisieren, dass sie linear werden und dadurch analytisch lösbar. Doch in solchen Modellen gäbe es keine Turbulenzen, die eine Folge des nichtlinearen Terms der Reibung sind. Man würde also gar kein Wetter mit einem so einfachen Modell beschreiben. Wissenschaft und Technik sind daher in dem Dilemma zwischen (analytisch lösbarer) Idealisierung und (numerisch simulierbarer) Komplexität der Modelle sowie zwischen Stagnation der Analytik einerseits und der Abhängigkeit von der Rechenkraft andererseits gefangen. Dies macht deutlich, welche Möglichkeiten Neumanns Vollendung der wissenschaftlichen Revolution der Neuzeit bietet, insbesondere in der Erschließung der rationalen Vorhersage komplexer Phänomene wie Wetter oder Klima. Es macht aber auch deutlich, welchen Preis Wissenschaft und Technik dafür zahlen müssen. Sie begeben sich auf epistemisch unsicheres Gelände. Heute gibt es kaum eine natur- und technikwissenschaftliche Disziplin die nicht Computersimulationen nutzt. Daher erleben wir den Übergang *from Science to Computational Sciences* (Gramelsberger 2011).

Simulationstypen

Die beschriebene numerische Simulation partieller Differentialgleichungen, auch deterministische Simulation genannt, ist ein weitverbreiteter Typ an Simulation. Sie ermöglicht es, ein modellierbares System in seiner raumzeitlichen Entwicklung mit einer gewissen Wahrscheinlichkeit vorherzusagen. Dazu wird ein mathematisches Modell für ein Berechnungsgitter diskretisiert und dann Zeitschritt für Zeitschritt berechnet. Je dichter das Netz an Berechnungspunkten und die Anzahl der Zeitschritte wird, desto aussagekräftiger sind die Resultate. Beispielsweise werden aktuelle Klimamodelle mit einem globalen Gitternetz berechnet, dessen Abstände etwa 60 Kilometer entsprechen und dies für jeweils 5 bis 10 Minuten Zeitschritte. Das Interessante ist, dass sich mit den Navier-Stokes-Gleichungen alle möglichen Strömungsphänomene beschreiben lassen: vom Blutfluss in medizinischen Simulationen bis hin zur Ausbreitung von Galaxien.

Doch es gibt weitere Typen von Simulationen. Neben deterministischen Simulationen gibt es stochastische wie die Monte-Carlo-Simulation, die sich bereits zu Beginn der Entwicklung findet (vgl. Galison 1996). In stochastischen Simulationen ist der Prozessablauf von zufälligen Einflüssen abhängig, die in die Simulation integriert werden, so dass wiederholte Simulationsläufe – im Gegensatz zur deterministischen Simulation – absichtlich zu unterschiedlichen Resultaten führen. Das ermöglicht es, auf Basis der Wahrscheinlichkeitstheorie zufällige Schwankungen zu simulieren, die der Quantifikation von Verläufen dienen und Experimentreihen ähneln. Zudem lassen sich Faktoren, die ansonsten im Zuge der Modellvereinfachung eliminiert würden, durch stochastische Variablen berücksichtigen.

Neben diesen beiden klassischen Typen gibt es spezifischere Simulationsmethoden wie quantenmechanische Simulationen, künstliche neuronale Netze respektive maschinelle Lernverfahren, Agentensimulationen, Automaten oder genetische Algorithmen (→ Algorithmus). Jedes dieser Verfahren operationalisiert spezifische Strategien wie Lernen, Entscheiden oder Selektion. Aufgrund ihrer Simulation kognitiver Funktionen wie Lernen oder Mustererkennen spielen maschinelle Lernverfahren (ML) eine zunehmend zentrale Rolle als Simulationsmethoden (→ Maschinelles Lernen). Aktuell werden ML-Verfahren mit klassischen Simulationsverfahren gekoppelt. Beispielsweise werden Wolken in Klimamodellen nicht mehr simuliert, sondern mit ML-Verfahren, die auf Satellitendaten trainiert werden, dargestellt (vgl. Rolnick et al. 2019). Diese Vermischung von Simulations- und ML-Verfahren, von Simulationsdaten und empirischen Daten ist neu (→ Daten), aber wohl wegweisend für zukünftige Simulationsumgebungen.

Zitierte Literatur

Aristoteles (1994). Poetik. Stuttgart, Reclam.
Baudrillard, Jean (1978). Die Präzession der Simulakra. In: Ders. Agonie des Realen. Berlin, Merve, 7–69.
Baudrillard, Jean (1981). Simulacres et Simulation. Paris, Éditions Galilée.
Galison, Peter (1996). Computer Simulations and the Trading Zone. In: Galison, Peter/Stump, David J. (Hgg.). The Disunity of Science. Boundaries, Contexts, and Power. Stanford, Stanford University Press, 118–157.
Glimm, James (1990). Scientific Computing. Von Neumann's Vision, Today's Realities, and the Promise of the Future. In: Glimm, James/Impagliazzo,

John/Singer, Isadore (Hgg.). The Legacy of John von Neumann, (Proceedings of Symposia in Pure Mathematics 1988). Providence, American Mathematical Society, 185–195.

Goldstine, Herman H./von Neumann, John (1963). On the Principles of Large-Scale Computing Machines [1946]. In: von Neumann, John. Collected Works. Design of Computers, Theory of Automata and Numerical Analysis 5. Oxford, Pergamon Press, 1–32.

Gramelsberger, Gabriele (2011) (Hg.). From Science to Computational Sciences. Zürich/Berlin, Diaphanes.

Heymann, Matthias/Gramelsberger, Gabriele/Mahony, Martin (2017) (Hgg.). Cultures of Prediction in Atmospheric and Climate Science: Epistemic and Cultural Shifts in Computer-based Modelling and Simulation. London, Routledge.

Hoßfeld, Friedel (1996). Partielle Differentialgleichungen. Die permanente Herausforderung. In: Nagel, Wolfgang (Hg.). Partielle Differentialgleichungen, Numerik und Anwendungen. Jülich, Forschungszentrum Jülich, 1–10.

Poincaré, Henri (1914). Wissenschaft und Methode. Leipzig, Teubner.

Rolnick, David et al. (2019). Tackling Climate Change with Machine Learning. In: arXiv.org, 05.11.2019. doi.org/10.48550/arXiv.1906.05433.

Scheuermann, Leif (2020). Geschichte der Simulation/Simulation der Geschichte. Digital Classics Online 6. doi.org/10.11588/dco.0.0.73395.

Stierstadt, Klaus/Hering, Wilhelm/Dorfmüller, Thomas (1988). Lehrbuch der Experimentalphysik 1: Mechanik, Relativität, Wärme. Berlin/New York, De Gruyter.

Weiterführende Literatur

Gramelsberger, Gabriele (2010). Computerexperimente. Zum Wandel der Wissenschaft im Zeitalter des Computers. Bielefeld, transcript.

Lenhard, Johannes (2009). Calculated Surprises. A Philosophy of Computer Simulation. Oxford, OUP.

Winsberg, Eric (2010). Science in the Age of Computer Simulation. Chicago, The University of Chicago Press.

Sozialität

Armin Nassehi

Der Begriff der Sozialität mutet zunächst wenig anspruchsvoll an. Auf den ersten Blick könnte man ihn von Individualität unterscheiden – dann wäre das Soziale das, was sich nicht allein aus der Individualität des Menschen und seiner Handlungen ergibt. Aber diese Unterscheidung taugt wenig, ist doch Individualität selbst eine *soziale* Zuschreibung und lässt sich *Handeln* kaum in einem anspruchsvollen Sinne ohne einen Aspekt des Sozialen verstehen. Sozialität ist aber nicht einfach Gesellschaftlichkeit.

Ein anspruchsvoller Begriff von Sozialität, der für die Bestimmung der Sozialität des Digitalen taugt, lässt sich von dem frühen pragmatistischen Soziologen George Herbert Mead gewinnen. In seiner *Philosophie der Sozialität* bestimmt Mead Sozialität als »die Fähigkeit, mehrere Dinge gleichzeitig zu sein« (Mead 1969, 280). Sozialität ist für Mead ein temporaler Begriff und keineswegs auf menschliche Formen beschränkt. Sozialität meint für ihn einen auf frühere Ereignisse bezogenen Anschluss eines neuen Ereignisses, *aus dessen Perspektive* die Welt eine andere geworden ist. Was Mead als das »Zwischen« des alten und neuen Stadiums beschreibt, ist die Differenz zwischen den Ereignissen, die von einem Ereignis nur dann als Differenz wahrgenommen werden kann, wenn es die Fähigkeit hat, »gleichzeitig auch in anderen Systemen enthalten« (Mead 1969, 295) zu sein, also die Fähigkeit zur Sozialität hat (vgl. Nassehi 2009, 135).

Das Stadium *zwischen* dem Alten und dem Emergenten meint kein *tertium comparationis*, das als Vermittler zwischen Alt und Neu fungiert. Gemeint ist eine Differenz, die ein emergentes Ereignis der Welt hinzufügt, um sich als neues Ereignis zu konstituieren. Sozialität ist für Mead eine Differenzerfahrung, die neben der eigenen auch die differente Perspektive einnehmen muss, um sich in Beziehung zu anderen Ereignissen setzen zu können. Hätten Ereignisse nicht die Fähigkeit, gleichzeitig die Perspektive des Vorherigen einzunehmen, könnten sie sich nicht auf das vorherige Ereignis bzw. auf den vorherigen Prozess beziehen. Diese Beziehung ist aber nötig, damit Anschlussereignisse – etwa: Handlungen – sich selbst als Anschlussereignisse innerhalb eines Prozesses identifizieren können. Ähnlich wie etwa die Bewusstseinsereignisse in Husserls *Phänomenologie des inneren Zeitbewußtseins* per Retention immer auf vorherige Ereignisse referieren (vgl. Husserl 1980), werden Ereignisse auch hier nicht als isolierte Einheiten ohne Bezug zu anderem verstanden, sondern finden sich immer als neue Elemente eines Anschlusszusammenhanges vor. *Sozialität* meint bei Mead, dass Ereignisse niemals allein auftreten, ohne ereignisrelativen Bezug zu anderen Ereignissen.

Aus der Perspektive eines Ereignisses ergibt sich daraus logischerweise die Fähigkeit, gleichzeitig auch in Anderem enthalten sein zu können. Man könnte sagen: Ohne die Fähigkeit zur Sozialität *wüssten* Ereignisse nichts voneinander. Nur so lässt sich ein Kontinuum denken, das nicht schon per se existiert und in prästabilierter Harmonie temporalisierter Monaden vorgängig kontinuiert ist, sondern *je aktuell* neu hergestellt werden muss. Das Kontinuum kann deshalb nicht als *Partizip Perfekt* zur Sprache gebracht werden, sondern nur als *Partizip Präsens*: Es ist kein vorgängig schon kontinu*iertes*, sondern ein sich je gegenwärtig kontinu*ierendes* Kontinuum. Nur die jeweilige Gegenwart verbürgt den Anschluss ihrer selbst und muss dazu die Fähigkeit haben, *mehrere Dinge gleichzeitig zu sein*, um sich als kontinuierendes Ereignis wahrzunehmen. Das impliziert keineswegs ein *semantisches* Potential, Kontinuität reflexiv als Kontinuität zu definieren – wie sollte dies auch als Strukturmerkmal des Universums aussehen? Es ist vielmehr so, dass jedes Ereignis durch seine Position innerhalb eines bereits strukturierten Kontinuums durch Antezedenzbedingungen vorstrukturiert ist. »Dies bedeutet also, dass alles, was geschieht – auch das Neu-Entstehende –, unter determinierenden Bedingungen geschieht« (Mead 1969, 244).

Dieser sehr breite Begriff von Sozialität ist gut geeignet, die zeitlichen und sachlichen Dimensionen von Differenzen, aber auch Prozesse zu beschreiben. Die Formen der Sozialität zeichnen sich dadurch aus, dass sie Koordination in Echtzeit erzeugen, dass sich individuelle Perspektiven aufeinander einstellen müssen und dass sie in einem Prozess emergente Formen entstehen lassen. Ein Gespräch etwa erzeugt Pfadabhängigkeiten dadurch, dass bestimmte Themen durch je gegenwärtige Setzungen wahrscheinlicher oder unwahrscheinlicher werden, wenn bestimmte Inhalte, Wendungen oder Signale kommen und nicht andere. Zugleich meint Sozialität dann auch, dass der Prozess nicht von einem *ego* oder *alter ego* determiniert und gesteuert werden kann, sondern einen Wahrscheinlichkeitsraum erzeugt, in dem stets mehr möglich ist, als realisiert werden kann (→ Risiko; Xeno; Zukunft).

Der strukturierende Prozess ist dann tatsächlich jenes »Dazwischen«, das zwischen Ereignissen situiert ist. Dieses Dazwischen macht Sozialität aus, die in ihrer Prozesshaftigkeit Strukturen erzeugt, nicht *obwohl* sie offen ist, sondern *weil* sie offen ist. Das Verhältnis einer Billardkugel zu einer anderen Billardkugel, die sie trifft, ist eben kein Verhältnis von Sozialität, sondern ein Determinationsverhältnis: Die getroffene Kugel hat keinen Handlungsspielraum. Sie wird je nach Aufprallwinkel, Aufprallstärke, Gewicht und sonstigen eindeutigen Bedingungen deterministisch reagieren. Ein anderer Mensch (nach Mead auch ein einzelnes Tier oder eine Herde) dagegen ist nicht einfach ein Empfänger eines Impulses, der eineindeutig umgesetzt wird, sondern hat eine Eigenaktivität, eine bestimmte Form von Unberechenbarkeit in der Berechenbarkeit.

Ähnliches lässt sich aus der frühen Kommunikationstheorie lernen. Die mathematische Kommunikationstheorie von Claude Shannon und Warren Weaver (1949; → Information) zeigt, dass Kommunikation nur zustande kommt, wenn aus Signalen mit einer bestimmten Wahrscheinlichkeit Informationen generiert werden können. Die Wahrscheinlichkeit berechnet sich danach, ob die Signale mit den Eigenmitteln des Empfängers dechiffrierbar sind und sich einer für ihn plausiblen Ordnung fügen. Das bedeutet, dass Kommunikation nicht einfach eine Übertragung von Informationen sein kann, weil der Empfänger in der Lage sein muss, Signale aktiv zu dechiffrieren. Dieser Denkansatz behandelt Information nicht als eine unabhängige Entität, sondern als einen Unterschied, der in der Aktion selbst anfällt – und in der Kommunikation bei Sender und Empfänger nicht von vornherein identisch ist (vgl. Bateson 1990, 578). Auch hier geht es um einen Spielraum, also wenn man so will: *Sozialität*. Der Spielraum besteht für diese technische Theorie der Kommunikation vor allem darin, wie hoch die Bandbreite der Übertragung ist. Das Ziel von Shannon und Weaver war es, genau zu berechnen, wieviel man von den Signalen weglassen kann, ohne dass es zu Informationsverlusten kommt. Insofern muss der Empfänger je nach Signalstärke die Wahrscheinlichkeit im Hinblick auf andere Möglichkeiten berechnen.

Ein zweites Mal taucht hier der Begriff der Berechnung und der Berechenbarkeit auf. Sozialität, so könnte man zusammenfassen, besteht also in der wechselseitigen Berechnung von Anschlussfähigkeit, die sich in einem Prozess des Nacheinanders von Ereignissen selbst strukturiert. Die Ereignisse sind demnach nicht strikt, sondern lose gekoppelt, mithin also mit einem »Dazwischen« ausgestattet, das den sozialen Charakter dieses Nacheinanders ausmacht (vgl. Luhmann 1984, 191ff.). Dieser Begriff von Sozialität hat mehrere Vorteile:

- Er ist nicht nur für menschliche Entitäten, sondern auch für nichtmenschliche Entitäten anwendbar;
- er kann unterschiedliche Trägermedien integrieren, also natürliche Sprache, Schrift, Signale unterschiedlichen Typs, sogar elektrische Spannungszustände;
- er beschreibt den Vorgang der Sozialität als einen zeitlichen Prozess;
- er verbindet Offenheit (also Nicht-Determiniertheit) mit Nicht-Beliebigkeit.

Sozialität der Digitalität

Mit dem erarbeiteten Begriff der Sozialität, der auf die Offenheit von aneinander anschließenden Ereignissen verweist, ist ein direkter Bezug zu Digitalität möglich. Das Digitale allein mit Digitaltechnik als technischem Träger zu beschreiben, wäre eine *petitio principii*. Es wäre also genauer zu bestimmen, was das Digitale an der Digitaltechnik ausmacht. Dazu lassen sich zwei unterschiedliche Weg gehen.

(1) Der eine könnte darauf hinweisen, dass sich digitale Formen der gesellschaftlichen Selbstbeobachtung etablieren, etwas, das bereits lange vor der Erfindung des Computers stattfand. Aus dem Gedanken, dass spätestens mit der Bedeutung statistischer Formen von Mustererkennung digitale Denkweisen etwa in der Wirtschaftsplanung, der Stadtplanung, im Militärischen, Medizinischen, mit der Entstehung unternehmerischer Programme und Marktbeobachtungen, in komplexen, arbeitsteiligen Produktions- und Verwaltungsprozessen, nicht zuletzt in Steuerbehörden und im Versicherungswesen, vor allem aber in der Wissenschaft Einzug gehalten haben, lässt sich eine Theorie der digitalen Gesellschaft formulieren (Nassehi 2019). Die These lautet dann, dass die moderne Gesellschaft aufgrund ihrer Komplexität und ihrer dezentralen Struktur darauf angewiesen ist, sich in Form von Regelmäßigkeiten, Mustern und berechenbaren Zusammenhängen selbst zu beobachten.

Eine digitale Gesellschaft wäre also eine, die sich darauf verlässt, mit bloßem Auge unsichtbare Strukturen durch stochastische Erklärungen zu ermöglichen. Dieses Verständnis einer digitalen Gesellschaft schließt an den oben skizzierten Begriff der Sozialität insofern an, als die Gesellschaft, zumal die moderne Gesellschaft als ein Wahrscheinlichkeitsraum beschrieben werden kann, in dem Einzelereignisse/-handlungen weder determiniert noch unstrukturiert sind. Vielmehr ist gesellschaftliche Ordnung dadurch geprägt, dass Ereignis-/Handlungsspielräume offen sind, diese Offenheit aber durch eine sich wiederholende und selbstverstärkende Praxis eingeschränkt wird. Um das wahrnehmen zu können, bedarf es berechnender Tools, die zunächst in einer statistischen Erfassung von Strukturen bestanden und mit der Erfindung von elektronischen Rechenmaschinen verstärkt werden konnten. Die These lautet also nicht, dass die Gesellschaft eine digitale Gesellschaft geworden ist, weil der Computer erfunden wurde. Umgekehrt ist der Computer zu einer Leittechnik geworden, weil er an die bestehende »Digitalität« der Gesellschaft angeschlossen hat. Diese Digitalität vermisst die Sozialität der Gesellschaft: also die eingeschränkte Offenheit von Anschlussmöglichkeiten in Form ihrer stochastischen Mustererkennung (vgl. Mau 2017; Nassehi 2019; → Überwachung).

(2) Der andere Weg setzt unmittelbarer an der Digitaltechnik an, und zwar an den Schnittstellen von technischen und gesellschaftlichen Formen. Es geht hier um Schnittstellen zwischen den Leistungen von Digitaltechnik und gesellschaftlichen Praktiken – wodurch diese Leistungen selbst zu gesellschaftlichen Praktiken werden. Als Brückenbegriff kann auch hier der Begriff der Sozialität dienen, indem er ein »Dazwischen« zwischen Ereignissen beschreibt.

Einfache Formen wären etwa, wie digital erzeugte Informationen Menschen dazu bringen, bestimmte Dinge zu tun – etwa ihre Route aufgrund der Berechnung eines Navigationssystems zu verändern, ein Produkt im Internet zu kaufen, das einem aufgrund der Ähnlichkeit zu anderen Verkaufsmustern angeboten wird, oder aber in einem sozialen Netzwerk Aufmerksamkeit auf bestimmte Themen zu richten, die sich durch den Algorithmus der Plattform ergeben. All das sind alltägliche Schnittstellen, in denen sich das Verhalten von Akteuren wechselseitig verändert. Exakt das ist es, was oben als Sozialität beschrieben wurde: Das Dazwischen zwischen unterschiedlichen Ereignissen zu bewirtschaften, und zwar in der Wechselseitigkeit und im Nacheinander unterschiedlicher Bezugspunkte

(→ Kapitalismus). In Abwandlung Bruno Latours, dessen frühe Soziologie den Akteursbegriff auch auf nicht-menschliche Entitäten ausgedehnt hat, lässt sich eine praktikable Bestimmung eines Akteurs als jemand oder etwas leisten, das von anderen Akteuren zum Handeln gebracht wird oder andere Akteure zum Handeln bringt (vgl. Latour 2007, 81). Und exakt das macht das Besondere von digitaler Technik aus: dass ihre Ergebnisse in einer Weise ergebnisoffen sind oder wenigstens ergebnisoffen erscheinen, dass sie andere dazu bringen, etwas anderes zu tun, als sie sonst getan hätten (→ Recht).

Digitale Technizität

Daraus ergeben sich einige Konsequenzen für einen angemessenen soziologischen Technikbegriff. Technik wird soziologisch von Werner Rammert präzise so gefasst: »Handlungen, natürliche Prozessabläufe oder Zeichenprozesse sind dann technisiert, wenn sie einem festen Schema folgen, das wiederholbar und zuverlässig erwartete Wirkungen erzeugt« (Rammert 2006, 8). Dieser Technikbegriff schränkt sich nicht auf materielle Technik ein, sondern kapriziert sich auf die Funktion des Technischen. Diese Funktion ist gewissermaßen das Funktionieren selbst: Eindeutigkeit zwischen Input und Output. Wenn ich einen Schalter umlege, dann geht das Licht an, wenn ich ihn wieder umlege, geht es wieder aus. Luhmann schreibt in diesem Sinne, Technik könne »*Konsens einsparen*. Was funktioniert, das funktioniert. Was sich bewährt, das hat sich bewährt. Darüber braucht man kein Einverständnis mehr zu erzielen« (Luhmann 1997, 518). Technik sei »*funktionierende Simplifikation*« (Luhmann 1997, 524), was zunächst impliziert, dass sie sich über Sozialität hinwegsetzt. Einen Lichtschalter muss ich nicht davon überzeugen, dass das Licht an- oder ausgeht. Es ist eine Trivialmaschine, wie etwa auch die Bremse meines Automobils – die aber in den meisten Fällen heute nicht mehr so trivial ist. Bremsen moderner Automobile haben Sensoren, die an der Fahrsituationen und an der Intensität des Bremsvorgangs durch den Fahrer »erkennen«, ob sie eine Vollbremsung machen sollen, was Fahrer zumeist selbst nicht in der oft nötigen Intensität tun.

Das ist schon eine Technik, mit der natürlich kein Konsens erzielt werden muss, die aber auf Eindeutigkeit verzichtet, deren Aktion nicht 1:1 mit einem äußeren Reiz gekoppelt ist und damit »selbst« etwas tut. Komplexere Technikschnittstellen erzeugen wechselseitige Reaktionsformen, die zu ähnlichen Pfadabhängigkeiten führen wie menschliche Interaktionen. Solche Technik kann sogar lernen, wenn sie sich reflexiv mit den Erfolgen der eigenen Aktionen reprogrammieren kann. Sozialität wäre also im Hinblick auf Digitaltechnik der Verzicht auf eine eindeutige Kopplung von Input und Output (vgl. LeCun/Bengio/Hinton 2015).

Handelnde und erlebende Technik

Es stellt sich dann die Frage, ob solcherart Technik überhaupt noch den klassischen Kriterien von Technik entspricht, nämlich der Prozessierung von Eindeutigkeit und Funktionieren. Offensichtlich muss der Technikbegriff aus empirischen Gründen erweitert werden (→ Technizität). Dazu habe ich vorgeschlagen, zwischen erlebender und handelnder Technik zu unterscheiden (vgl. Nassehi 2019, 248). Die Unterscheidung von Erleben und Handeln wird in der soziologischen Systemtheorie verwendet, um Zurechnungspraxen zu unterscheiden. »Wenn eine Selektion (von wem immer) dem System selbst zugerechnet wird, wollen wir von Handlung sprechen, wird sie der Umwelt zugerechnet, von Erleben« (Luhmann 1997, 336). Es handelt sich wohlgemerkt um Zurechnungen. Bezogen auf Digitaltechnik lässt sich zeigen, dass sich die klassische Computertechnik als erlebende Technik beschreiben lässt, der Computer als erlebende Maschine. Er bekommt Daten von außen und verarbeitet diese nach einem Programm, um darin Muster zu erkennen oder sie programmiert zu rekombinieren, etwa in einem Statistik- oder einem Logistikprogramm. Man würde das Ergebnis in erster Linie den Daten zurechnen (die ihrerseits zumeist das Ergebnis einer bestimmten sozialen Praxis des Protokollierens und Messens sind), so dass der Computer letztlich *erlebt*. Ergebnisse sollten unter denselben Bedingungen eindeutig wiederholbar sein.

Hat man es aber mit Techniken zu tun, die nicht mit Eindeutigkeiten arbeiten, sondern mit Wahrscheinlichkeiten und Uneindeutigkeiten, wird man Ergebnisse erzielen, die man weder vorhersehen konnte, noch eindeutig kausal zurückrechnen kann. Es ist gewissermaßen ein permanenter Turing-Test – nicht in dem klassischen Sinne, dass man nicht mehr zwischen Mensch und Maschine unterscheiden kann, aber sehr wohl der Maschine etwas zurechnet, was man Intelligenz nennt. Dabei ist keine natürliche menschliche Intelligenz gemeint, sondern eine Form, die innerhalb sozialer Prozesse zwischen Computer und Mensch zu überraschenden, also uneindeutigen Ergebnissen kommt. Auch beim Menschen wird man nur von Handeln sprechen, wenn der Mensch auch anders hätte handeln können. Sobald sich Techniken etablieren, denen man auch zutraut, zu anderen Ergebnissen zu kommen, wird man hier *Handeln* zurechnen. Solche Techniken werden zunehmen – und die starke Diskussion, die mit dem Entstehen von Sprachmodellen eingesetzt hat, ist auch ein Ausdruck dafür, dass die Zurechenbarkeit auf eine (vermeintlich) intelligente Leistung kulturell überraschend ist (→ Ästhetik; Leben).

Genau genommen handelt es sich bei solcher Technik nicht um handelnde Technik, da sie keine sinnhaften und verstehenden Fähigkeiten besitzt. Ein solches Sprachsystem kann aber über die Rekombination einer großen Menge von verfügbaren Daten innerhalb eines Wahrscheinlichkeitsraumes eine so große Form der Unerwartbarkeit und Überraschung erzielen, dass das Verhältnis zwischen Technik und sozialer Praxis als *Sozialität* beschrieben werden kann. Es bleibt am Ende eine Zurechnungsfrage.

Ein letzter Gedanke ergibt sich aus der Zurechnungsfrage. Wenn handelnde Maschinen sich dadurch auszeichnen, dass es so etwas wie einen »Verhaltens«-Spielraum und keine eindeutige Beziehung zwischen Input und Output gibt, werden diese fehleranfällig. Fehleranfälligkeit ist eine Funktion der Selbstreferenz. Denkt man etwa an ein digitales System, das mit Hilfe von Sensoren selbst seine Umwelt erkundet, um sich darin orientieren zu können – etwa ein autonomes Fahrzeug –, kommt es schon aus logischen Gründen zur Unvollständigkeit der Welterfassung, wie schon seit Gödels Unvollständigkeitssätzen bekannt ist (vgl. Gödel 1931) und was später systemtheoretisch als die Paradoxie der Selbstbezüglichkeit diskutiert wurde (vgl. Luhmann 1990). Selbstbezügliche Systeme haben stets eine Lücke, für die sich der *blinde Fleck* als Metapher bewährt hat. Das heißt, dass eine solche Form der Weltauffassung nie ganz fehlerfrei sein kann.

Man wird dies im Falle von Computersystemen durch mehr Präzision, höhere Datenraten und größere Rechnerleistung kompensieren, aber nicht prinzipiell überwinden können. Das heißt, solche Technik wird als Technik Fehler machen. Auch klassische Technik funktioniert bisweilen nicht und kann damit zu Katastrophen führen – durch Überlastung, Verschleiß oder fehlerhaftes Design. »Handelnde« Computertechnik wird solche Fehler machen, die keine Abweichung sind und nicht fehlerhaft, sondern in der internen Logik ihrer Operation. Es liegt an der Paradoxie der Selbstbezüglichkeit – und ist darin menschlichen Wahrnehmungs- und Welterfahrungsformen sehr ähnlich. Denn diese kennt auch diese Begrenzung auf Selbstbezüglichkeit. Auch menschliche Wahrnehmung und Welterfahrung kann nicht aus der eigenen

Wahrnehmung und Erfahrung aussteigen. Fürs Menschliche steht für die Verarbeitung von Fehlern die Kontingenzformel zur Verfügung: Der Mensch mache nun einmal Fehler und sei eben »nur ein Mensch«. Für die Technik steht solch eine Formel nicht zur Verfügung. Zu sagen, es sei eben »nur Technik«, ist kulturell nicht in derselben Weise zu verarbeiten. Auch das ist dann eine Zurechnungsfrage, deren kulturelle, rechtliche und ethische Bewertung darauf stößt, was Sozialität bedeutet: strukturierte Prozesse, die Offenheit (also: Uneindeutigkeit) mit Nicht-Beliebigkeit kombinieren (→ Kultur; Ethik).

Zitierte Literatur

Bateson, Gregory (1990). Ökologie des Geistes. Anthropologische, psychologische, biologische und epistemische Perspektiven. Frankfurt a.M., Suhrkamp.
Gödel, Kurt (1931). Über formal unentscheidbare Sätze der Principia Mathematica und verwandter Systeme I. Monatshefte für Mathematik und Physik 38, 173–198.
Husserl, Edmund (1980). Vorlesungen zur Phänomenologie des inneren Zeitbewußtseins. Tübingen, Niemeyer.
Latour, Bruno (2007). Eine neue Soziologie für eine neue Gesellschaft. Einführung in die Akteur-Netzwerk-Theorie. Frankfurt a.M., Suhrkamp.
LeCun, Yann/Bengio, Yoshua/Hinton, Geoffrey (2015). Deep learning. Nature 521, 436–444.
Luhmann, Niklas (1984). Soziale Systeme. Grundriß einer allgemeinen Theorie. Frankfurt a.M., Suhrkamp.
Luhmann, Niklas (1990). Sthenographie. In: Ders. et al. Beobachter. Konvergenz der Erkenntnistheorien? München, Fink, 119–138.
Luhmann, Niklas (1997). Die Gesellschaft der Gesellschaft. Frankfurt a.M., Suhrkamp.
Mau, Steffen (2017). Das metrische Wir. Über die Quantifizierung des Sozialen. Berlin, Suhrkamp.
Mead, George H. (1969). Philosophie der Sozialität. Frankfurt a.M., Suhrkamp.
Nassehi, Armin (2009). Der soziologische Diskurs der Moderne. Frankfurt a.M., Suhrkamp.
Nassehi, Armin (2019). Muster. Theorie der digitalen Gesellschaft. München, C.H. Beck.

Rammert, Werner (2006). Technik, Handeln und Sozialstruktur. Eine Einführung in die Soziologie der Technik. Technical University Technology Studies Working Papers TUTS-WP-3-2006, Berlin. https://www.ts.tu-berlin.de/fileadmin/fg226/TUTS/TUTS_WP_3_2006.pdf (zuletzt geprüft 2024-03-30).

Shannon, Claude/Weaver, Warren (1949). The Mathematical Theory of Communication. Urbana, University of Illinois Press.

Weiterführende Literatur

Nassehi, Armin (2019). Muster. Theorie der digitalen Gesellschaft. München, C.H. Beck.

Kitchin, Rob (2014). The Data Revolution. Big Data, Open Data, Data Infrastructures and Their Consequences. London, Sage.

Stalder, Felix (2016). Kultur und Digitalität. Berlin, Suhrkamp.

Technizität

Petra Gehring

Der Ausdruck Technik scheint auf den ersten Blick eine Grundkonstante menschlicher Kultur(en) zu beschreiben (→ Anthropologie). Wir denken an die Präparation von Faustkeilen, an Werkzeuggebrauch. Irgendwann nutzt man dann vermehrt Maschinen (also angetriebene mechanische Apparaturen), Motoren (also Artefakte, die durch Energieumwandlung für Antrieb sorgen) – und dann wird die Automatisierung vorangebracht (also der Abruf ganzer Prozessketten, im Bild gesprochen: »auf Knopfdruck«): Stellen wir uns Technik so vor, dann denken wir im Grunde an Gerätetechnik, die uns zur Hand ist. Der Spielort des Technischen wäre demgemäß ein mehr oder weniger gut auf seine Funktionsbestimmung hin zugeschnittenes (und dieser gemäß auch funktionierendes) Ding. Genauer noch leben wir im Grunde mit der Vorstellung, das Technische sitze »in« diesem Ding. Ist beispielsweise mein Fahrradrahmen krass verbogen, ist mein Fahrrad endgültig kaputt. Es verliert seine Verwendbarkeit als technisches Artefakt, das es zuvor war. Fahrräder, die dem physischen Bauplan eines Fahrrades jenseits gewisser Schwellenwerte gar nicht (mehr) entsprechen, sind schlicht keine (mehr); und ebenso ist Fahrradfahren ohne Fahrrad eine irreale Option. Die technische Bedeutung – »Technizität« – dieser Kulturerrungenschaft (»F« und »F-fahren«) fällt also mit der *Physis* des Dings wie auch mit seinem physischen Gebrauch zusammen (den ich im Übrigen auch genau so, nämlich mittels eines Fahrrades als Instrument dieser spezifischen Form des Fahrens, kennengelernt habe). Würden alle Fahrräder dieser Welt ohne die Möglichkeit des sofortigen Nachbaus auf einen Schlag verschwunden sein, bedürfte es groß angelegter Rekonstruktions- und Trainingsprogramme, um das kulturelle Wissen rund um jenen Typ von Mobilität zu bewahren.

Dass Szenarien solcher Art die Bedeutung des Ausdrucks Technik nur in einem sehr engen Sinn des Wortes erfassen, ist eigentlich schon lange klar. Im Grunde ist es jedoch nur das für unsere Gliedmaßen gemachte, mechanische

Werkzeug – oder etwas genereller: eine Art künstliches *Organon*, an das wir denken, wenn wir Gerätetechnik meinen (wo wir Technik sagen). Technik in diesem Sinn muss im physischen Sinne

> »konstanten Formen, einem echten Stereotyp entsprechen. In der Tat gilt dies für alle Produkte der menschlichen Industrie in historischen Zeiten: Es gibt ein Stereotyp des Messers, der Axt, des Pflugs, des Flugzeugs, das nicht nur das Produkt einer kohärenten Intelligenz ist, sondern das Ergebnis einer Intelligenz, die in die Materie und die Funktion integriert ist« (Leroi-Gourhan 1980, 123).

Wir sprechen allerdings nicht metaphorisch, wenn wir auch unsere Muttersprache – oder genereller: Sprachen – als Technik bezeichnen, wenn wir Musik und Tanz eine Technizität zubilligen und wenn wir die Erinnerungskunst, die Kunst des Rechnens oder auch die Kunst des Sparens und Wirtschaftens als Techniken bezeichnen. Geräte sind für Techniken dieses Typs arbiträr: Ich kann Papier und Stift (Sommer 2020) oder einen Rechenschieber nutzen, um zu rechnen, aber auch meine Finger oder nur mein Vorstellungsvermögen reichen aus. Ebenso kann ich mich mit allenfalls geringen Unterschieden der Performanz in meiner Muttersprache mündlich artikulieren oder aber mittels handgeschriebenem oder gedrucktem Text. Heute kommen sogar – eine unterschätzte Revolution – Formen einer nachhaltigen akustischen Aufzeichnung hinzu. Der so umschriebene zweite Zuschnitt von Technizität bedarf keiner Werkzeug-Dinge, sondern Symbole reichen aus. Gänzlich a-physisch sind Symbole und Symbolgebrauch allerdings nicht. Um diesen Sachverhalt herauszuheben, sprechen wir heute von »Medien«: Symbolgebrauch erstreckt sich souverän über verschiedene Mediengrenzen hinweg, er muss aber stets irgendwelche Medien nutzen und ist auch auf etwas angewiesen, was man heute vielleicht als Schnittstellen zum menschlichen Körper bezeichnen würde. Im Grunde ist aber natürlich die menschliche Leiblichkeit »das« Medium schlechthin (Merleau-Ponty 1986), und der Symbolgebrauch ganzer Kulturen lebt genau davon, dass wir ihn (jeweils kulturgemäß) in einer leiblich-intimen Weise habitualisieren. Unser Körper ist das Fahrrad, das uns nie fehlt – weswegen der Sprachgebrauch, um bei dieser Analogie zu bleiben, etwas ist, das, von Pathologien abgesehen, *niemals nicht* funktioniert. Allerdings sind in der Regel nicht nur die Produktionszone, sondern auch die Ziel- und Wirkungsdimensionen solcher (im Vergleich zur Gerättechnik) abstrakter, auf Symbolgebrauch fußender Techniken wie Sprache, Tanz, Rechnen oder Wirtschaften von »unkörperlicher« (oder besser: nicht physikalischer) Art. In der Techniktheorie hat man daher für solche, Symbole bewegenden technischen Arrangements von »Intellektualtechniken« gesprochen. Sie greifen nicht im Kausalstil in etwas Sinnfälliges, sondern in »intellektuelle Sachlagen« ein (vgl. Gottl-Ottlilienfeld 1914, 207).

Über erstens Gerätetechnik und zweitens Intellektualtechnik hinaus haben wir uns drittens daran gewöhnt, dass in einer modernen Welt wie der unseren ausgesprochen komplexe, zusammengesetzte Ketten von technischen Abläufen, in welche Maschinen wie auch menschliche Entscheidungen oder ganze Arbeitsroutinen zwischengeschaltet sind, als Technik zu betrachten sind. Beispielsweise die Dreifelderwirtschaft zur Steigerung von Ernteerträgen – aber eben auch die Stromversorgung eines elektrifizierten Gemeinwesens, die Kernenergienutzung, die Satellitenkommunikation oder die Elektromobilität sind Techniken dieses dritten Typs. Terminologisch spricht man von »großtechnischen Systemen« oder von »Technologien«. Der Wortbestandteil ›-logie‹ drückt etwas unbeholfen aus, dass hier viele intellektuelle Komponenten und auch menschliche Mitwirkung sowie unerwähnte, freiwillig ergänzend eingesetzte weitere Kulturtechniken mit im Spiel sind. Weder die Dreifelderwirtschaft noch die Elektromobilität würde ohne Werkzeuge und andere Dinge, ohne die integrierte Verwendung von Sprache und ohne Berechnungen (wie auch Bildungsprozesse, die dieses alles zeitstabil mit menschlichen Kompetenzen unterlegen) möglich sein. Im Makroformat großtechnischer Systeme scheinen sich variable Formen des Symbolgebrauchs (»Intellektualtechniken«) und variable Gerätekomponenten nahtlos und doch spezifisch gegenseitig zu ergänzen. Das bekräftigt in theoretischer Hinsicht eine Wahlverwandtschaft von avancierter im Sinne von gesamtgesellschaftlich ›hochskaliger‹ Technizität und politisch absichernder Steuerung: normativen Regelwerken oder Bürokratie.[1] Nicht zuletzt zeigt dies, dass die »Technizität« selbst erstens der Entgegensetzung von Symbol und Ding nicht bedarf und dass sie zweitens in ihren kulturellen Reichweiten sowie ihrer Komplexität stets skalierbar, also steigerbar ist.

---

1   Für den Hinweis auf diesen Punkt danke ich Kai Denker. Tatsächlich stoßen wir hier auf eine inzwischen sogar entstandene Konkurrenz von Digitaltechnologie und Recht, mitsamt der Vision einer Technokratie, die Kundenvertrauen (etwa mittels Blockchain-Technologien, gemäß der Maxime »Code is Law«) zuverlässiger an sich bindet als die traditionsreichen Institutionen des Rechts – aufgefasst als eine Art Technologie der Verträge.

Von daher kommt man letztlich gerade angesichts funktionierender Techniken und Technologien (von denen es sehr viele gibt) auf das Merkmal der stabilen Routinisierung und das einer komplementär dazu ebenso stabilen Kultur des Vertrauens in Verfahren und Abläufe, um dasjenige zu erfassen, worauf vielleicht am ehesten so etwas wie das »Wesen« des Technischen zurückgeführt werden kann. Es gibt auch Technikdefinitionen, die das abbilden. So hat Niklas Luhmann Technik als »funktionierende Simplifikation« (Luhmann 1997, 524) charakterisiert[2] und Andreas Kaminski hat, dies weiterdenkend, von »Funktionierbarkeit« gesprochen, um zu präzisieren, worauf dieses Erwarten sich richtet (Kaminski 2010). So oder so bleibt ein entscheidendes Merkmal dasjenige der Kontrolle (nicht des technischen Arrangements selbst, sondern dessen, was es zu leisten hat). Womit sich unschwer erkennen lässt, dass Technik nicht nur Weltprozesse vereinfacht, sondern auch Machtverhältnisse trivialisiert, also alle Kontrollmöglichkeiten, die sie eröffnet[3] (→ Sozialität; Überwachung).

Digitalität

Sogenannte Digitaltechnologien sitzen auf den Schultern von Riesen, denn hätte man sie dem frühen *Homo sapiens* in die Hand gegeben, hätte er sie mutmaßlich verworfen. Die passende technokulturelle Vorgeschichte hätte gefehlt. Digitalität ist wesentlich dazu da, für maschinelle Systeme Maschinensprachen ins Werk zu setzen, sie ist von daher eine Meta-Technologie. Welcher Aspekt einer »digitalen« Technizität in kommenden Jahrzehnten allerdings dasjenige sein wird, was man als das entscheidende Charakteristikum gerade großtechnischer Systeme betrachten wird, ist gar nicht einfach zu sagen. »Information« (als die Quasi-Materialität von Zeichen, von denen wir uns vorstellen, dass auf ihnen Maschine-Maschine-Semantiken

---

2   Als Soziologe hat er zudem nicht Ding- und Symboltechnik, sondern – vielleicht auch ein wenig zeittypisch – Kausal- und Informationstechnik unterschieden. Ich halte sowohl diese Unterscheidung als auch den Begriff Information für irreführend, da man letzteren – in der Breite, die man ihm geben muss, will man Digitaltechnik als Informationstechnik verstehen – letztlich auch Kausalität als Form von Information rekonstruieren muss.

3   Beispielhaft hierfür Foucault 1976 (anhand von frühmoderner Industrieproduktion und Gefängnissen des 19. Jahrhunderts, als technologische Arrangements betrachtet).

beruhen)[4] wird es wohl eher nicht sein (→ Information). Die allerdings auch opaken Konzepte Kalkülisierung (eine schriftbasierte Form der Automatisierung) oder aber »Algorithmus« (ein Nachfahre der Kalkülisierung) oder aber das *plurale tantum* »Daten« haben den Informationsbegriff wohl aber auch abgelöst – es ist zu vermuten, dass wir die epistemischen Kosten dieses Paradigmenwechsels noch nicht kennen (→ Algorithmus; Daten).[5] Digitalisierung wiederum bezeichnet etwas, das – rein zeichentheoretisch – an einfache Merksysteme (Knoten im Tuch), Bewertungssignale (Daumen herauf vs. Daumen herunter) oder Sendeverfahren (Semaphoren, Morsegeräte) erinnert: die Rückübersetzung einer komplizierteren Syntax in einfache, im Grenzfall binäre Schaltungen (»Digitalisierung«). Hinreichend standardisiert und vor allem hinreichend miniaturisiert (für geeignete, sehr schnelle Schreib- und Lesesysteme) stellt Digitalisierung die Grundlage für generische Kunstsprachen (»Code«) bereit. Solche wiederum bewähren sich als Technik, in Gestalt des »Dings namens Computer« (Alpsancar 2012) sogar als Gerät und Konsumgut – in der Rolle einer nahezu universal wirkenden Intermediation: Bisher Unübersetzbares wird ineinander übersetzbar. Ein wenig erinnert dies an die Kapitalfunktion des Geldes.

Der Witz an der Technizität von Digitalität ist also nicht etwa die Unkörperlichkeit des technischen Prozesses – Digitaltechniken prozessieren im Übrigen ja auch gar nicht unkörperlich. Sie sind vielmehr physikalisch auf Datenträger und Energie angewiesen sowie physisch auf mediale Eigenschaften – sei es, um menschenlesbar, sei es, um maschinenlesbar zu sein. Es handelt sich sogar, physikalisch-physisch gesehen, um sehr empfindliche Technologien, weswegen es einer hohen Redundanz bedarf, um sie stabil zu betreiben. Das Internet (als Netz, das für den Fall ausfallender möglicher Passagen beliebig viele Umwege bereithält), aber auch die »Cloud« (als stabilisierender Vorrat an permanenten, hoffentlich aktuellen Kopien, letztlich stehen dahinter freilich auch nur Server) machen dies vor (→ Netzwerk).

Für den Typ von Technizität, der die digitale Transformation regiert, ist vielmehr entscheidend – und im Endeffekt durchschlagend *neu* – die im Medi-

---

4   Oder übrigens auch Lebens-Prozesse; einen vitalistischen »Bias« hat der Informationsbegriff bis heute nicht abstreifen können.
5   Tatsächlich scheint sich der Diskurs über Algorithmen von allen physikalischen Notwendigkeiten, die das Konzept der Information (noch) aufwirft, in einer Weise, die man aus philosophischer Sicht wohl idealistisch (oder metaphysisch?) nennen sollte, zu lösen.

um der Digitalität erlangte, nahezu beliebige Kombinierbarkeit heterogenster, zuvor nicht in »einer« Technologie durchgängig verfügbarer Elemente: Habe ich etwas einmal »digitalisiert«, ist dieses stets schon – immer vorausgesetzt, dass alles technisch funktioniert – Komponente eines universal wirkenden digitalen Fluidums geworden. Geleistet wird dies durch Schaltbarkeit (vgl. Kittler 1990a, 182) und durch ein darauf beruhendes, rein maschinelles »Computing«, also durch eine Art der Zeichenprozessierung, die sich darauf beschränkt, Körper- und Dingtechniken auf Zeichen zu »verlagern«, »deren Sinn darin besteht, andere Zeichen zugänglich zu machen« (Luhmann 1997, 530).

Technikevolution kann so Sprünge erfahren. »Der eigentliche Take off der Operatoren [...] findet erst statt, wenn Operatoren aus Operatoren entspringen, als wäre eine Lawine ausgelöst worden«, hat Friedrich Kittler diesen seinerseits noch einmal technischen Effekt genannt, bei welchem Technik sich sozusagen auf Technik anwenden lässt (vgl. Kittler 1990b, 155). Kittlers Beispiel ist die Einführung der Null, also die Algebraisierung, eine schon von Edmund Husserl und anderen untersuchte Neuerung des Spätmittelalters. Sybille Krämer hat herausgearbeitet, wie der technische Sinn dessen, was Husserl noch etwas vage »Formalisierung« nennt, besser verstanden werden kann (Krämer 1988). Gabriele Gramelsberger verdanken wir eine eindrucksvolle Skizze derjenigen »plastischen Mathematik«, die wir als epistemischen Effekt des digitalen Wandels hin zu einem weitreichend Operativen auch als Infrastruktur künftiger Wissenschaftlichkeit womöglich zu gewärtigen haben (Gramelsberger 2020).

Auch Digitaltechnik ist damit Kulturtechnik und eine Frage genuiner »Technikmacht« (Hubig 2015) – im Doppelsinn und vor allem der ganzen, eigentlich schlechten Generalität solcher Komposita. Christoph Hubig schlägt hier vor, in konkretisierender Absicht auf eine Machtanalytik von Technik auszuweichen, die der Technizität von heute in aller Konsequenz nur noch mit Wie-Fragen begegnet (vgl. ebd., 57ff.). Immerhin bleibt es auch auf diesem Wege rein begrifflich hilfreicher, eine neue Technologie mittels starker Generalisierungen verstehen zu wollen, als sie auf einzelne ihrer – womöglich phänotypischen – Merkmale zu reduzieren. Einer Philosophie der Digitalität fehlen hierzu noch die geeigneten theoretischen Mittel. Weder ist die Technizität des Digitalen auf das Hantieren von »Information«, »Code«, »Daten« oder gar »Tools« herunterzubrechen, noch lässt sich das, was sie so einschneidend macht, durch metonymische Neologismen (»Big Data«, »Datafizierung«, »Künstliche Intelligenz«) erfassen. Zudem scheint die Kapitalfunktion digitaler Spuren – die Rolle von Daten als Wertzeichen oder »Tokens« (O'Dwyer 2023) – noch gar nicht mit in den Blick gerückt zu sein. »Tokenisierung« zu sagen, trifft hier erkennbar allerdings auch nicht wirklich einen letzten Kern der Sache. Es klingt eher als wäre angesichts der Erfindung des Rades seinerzeit über die »radspeichige« oder die »nabige« Transformation zu diskutieren gewesen.

Zitierte Literatur

Alpsancar, Suzana (2012). Das Ding namens Computer. Eine kritische Neulektüre von Vilém Flusser und Mark Weiser. Bielefed, transcript.

Foucault, Michel (1976). Überwachen und Strafen. Die Geburt des Gefängnisses. Frankfurt a.M., Suhrkamp.

Gottl-Ottlilienfeld, Friedrich von (1914). Wirtschaft und Technik. In: Ders et al. Grundriß der Sozialökonomik. II. Abteilung. Die natürlichen und technischen Beziehungen der Wirtschaft. Tübingen, Mohr Siebeck, 199–381.

Gramelsberger, Gabriele (2020). Operative Epistemologie. (Re-)Organisation von Anschauung und Erfahrung durch die Formkraft der Mathematik. Hamburg, Meiner. doi.org/10.28937/978-3-7873-3900-6.

Hubig, Christoph (2015). Die Kunst des Möglichen 3. Macht der Technik. Bielefeld, transcript.

Kaminski, Andreas (2010). Technik als Erwartung. Grundzüge einer allgemeinen Techniktheorie. Bielefeld, transcript.

Kittler, Friedrich (1990a). Real Time Analysis, Time Axis Manipulation. In: Ders. Draculas Vermächtnis. Stuttgart, Reclam, 182–207.

Kittler, Friedrich (1990b). Vom Take Off der Operatoren. In: Ders. Draculas Vermächtnis. Stuttgart, Reclam, 149–160.

Krämer, Sybille (1988). Symbolische Maschinen: Die Idee der Formalisierung in geschichtlichem Abriß. Darmstadt, WBG.

Leroi-Gourhan, André (1980). Hand und Wort. Frankfurt a.M., Suhrkamp.

Luhmann, Niklas (1997). Die Gesellschaft der Gesellschaft. Frankfurt a.M., Suhrkamp.

Merleau-Ponty, Maurice (1986). Das Sichtbare und das Unsichtbare, gefolgt von Arbeitsnotizen. Fink, München.

O'Dwyer, Rachel (2023). Tokens. The Future of Money in the Age of the Platform. London/New York, Verso.

Sommer, Manfred (2020). Stift, Blatt und Kant. Philosophie des Graphismus. Berlin, Suhrkamp.

Weiterführende Literatur

Lem, Stanisław (1981). Summa Technologiae. Frankfurt a.M., Suhrkamp.
Serres, Michel (1981). Der Parasit. Frankfurt a.M., Suhrkamp.

Transhumanismus

Florian Arnold

Die Zeitungen sind voll von euphorischen oder apokalyptischen Nachrichten. Ein Fall, der das Jahr 2023 durchgehend begleitet hat, ist das Einhorn-Märchen des Kalifornischen Start-Ups OpenAI, dessen Large Language Model ChatGPT für Begeisterung und Bestürzung, jedenfalls für Furore gesorgt hat. Sein Geschäftsführer Sam Altman hat dabei nicht nur medienwirksam den Macher und Mahner gemimt, sondern selbst einen ungewollten Wandel von der Galionsfigur über den Renegaten zum triumphalen Rückkehrer durchlaufen. Wie dieser Wechsel vonstattenging, hat Aufsehen erregt, aber auch Fragen aufgeworfen, die tief blicken lassen in Macht- und Ideennetzwerke, die man weniger als *business* denn als *mission* beschreiben muss. Im Grunde ging es um unternehmensinterne Richtungsstreits im Umgang mit einer angeblich im Entstehen begriffenen ›Superintelligenz‹: Sollten wir sie befördern, kontrollieren oder eher gänzlich verhindern? – Fraglich schien dabei einzig nicht, ob es überhaupt dazu kommt. Im Gegenteil bezeugen selbst KI-Kritiker:innen und OpenAI-Vorstände wie Helen Toner, die vor einer Zerschlagung der eigenen Firma zum Wohle der Menschheit nicht zurückgeschreckt wäre, dass im Silicon Valley aus Machtkämpfen in Führungsetagen mittlerweile Glaubenskriege um Auslegungsfragen geworden sind. Eine Glaubensgemeinde wächst, die sich der mehr oder weniger frohen Botschaft verschrieben hat: »The singularity is near!« Und direkt oder indirekt tauft sich diese Jüngerschaft auf den Namen »Transhumanisten«.

Begriffsfragen

In den letzten Jahren lässt sich eine regelrechte Flut von Publikationen beobachten, die teils mit argwöhnischem Blick, teils im Eifer der Proselytenmacherei ideelle Genealogien und testamentarische Anthologien erstellen, die

Grenzen zu sachverwandten Denkströmungen abstecken oder auch Orthodoxie und Häresie unterscheiden. Hierbei sind es vor allem drei Begriffe, die oft in einem Zug genannt und mit oder gegen die öffentliche Selbstinszenierung von bekennenden Transhumanisten wie Raymond Kurzweil, Peter Thiel oder Elon Musk profiliert werden. Einer gängigen Einordnung folgend (Loh 2023) lässt sich der Transhumanismus (TH) von einem Posthumanismus absetzen, der sich wiederum in einen technologischen (tPH) und einen kritischen Posthumanismus (kPH) unterteilt.

Beim kPH stoßen wir auf die späten Ausläufer der Postmoderne, etwa im Zeichen eines ›Neuen Materialismus‹ (→ Materie), die den klassischen Humanismus wegen seines Anthropozentrismus, Phallogozentrismus und Essenzialismus ›dekonstruieren‹, wie es seinerzeit schon Jacques Derrida und Michel Foucault unternommen haben. Vor Augen steht dabei weniger ein konkretes Menschenbild in Vergangenheit und Zukunft als die kritische Agenda, das Werden in seinen diversen Ausdifferenzierungen von paternalistischen Restriktionen und hierarchisierenden Identitätszuschreibungen zu befreien, um einem neuen, alle Spezies umfassenden Egalitarismus den Weg zu bahnen. Diese unter dem Programmwort des kPH gefassten Denkströmungen fallen dabei jedoch derart unterschiedlich aus, dass eine sinnvolle Einsortierung, wenn überhaupt, vor allem *ex negativo* erfolgen kann. So versucht der kPH, Einseitigkeiten des TH und tPH zu vermeiden, ohne den Anschluss an den zeitgenössischen Diskurs zu verlieren und in einen Biokonservativismus oder Neohumanismus zurückzufallen. Ob damit auch humanistischen Vorläufern wie Pico della Mirandola oder posthumanistischen Ideengebern wie Martin Heidegger oder Friedrich Nietzsche Genüge getan wird, ist Gegenstand anhaltender Debatten, veranschaulicht aber vor allem die Komplexität eines Problems, das sich in der Auseinandersetzung mit der anti-/metaphysischen Philosophietradition quasi von selbst stellt bzw. schon in ihr selbst gestellt hat. Auch ein Metahumanismus reiht sich hier ein, ist aber unter den Protagonisten bereits zum Gegenstand von persönlichen Begriffsstreitigkeiten geworden, die sich kaum besser zusammenfassen lassen als in dem ungewollt sprechenden Vorwurf Jaym* del Vals gegenüber Stefan L. Sorgner: »[F]ind yourself your own new term!« (del Val 2023, 8) – Doch wie dem auch sei, verglichen mit dem tPH unterbietet der kPH jedenfalls nicht das ideengeschichtliche Reflexionsniveau:

>»Aufgrund des eingeschränkten Interesses an und der daraus folgenden fast inselhaften Konzentration auf wenige spezielle Themen ist der tPH gezwun-

gen, etwaige inhaltliche und methodologische Leerstellen durch Anleihen beim TH zu füllen. Seine Leitvisionen wie insbesondere die Entwicklung einer artifiziellen Superintelligenz, aber auch Mind Uploading und Singularität werden von denselben Personen [...; das sind u.a. Vernor Vinge, Marvin Lee Minsky, Raymond Kurzweil, Hans Peter Moravec; Anm. FA] und wenn überhaupt, dann nur geringfügig variiert seit den 1980er Jahren mit ungebrochener Vehemenz vertreten und prognostiziert« (Loh 2023, 96f.).

Angesichts dieser treffenden Charakterisierung scheint es jedoch umgekehrt fraglich, ob man dem tPH nicht schon zu viel Ehre antut, wenn man ihn als einen eigenständigen Ansatz im Theoriespektrum ausweist, anstatt ihn einfach als eine Verzerrung des TH (bis zur Kenntlichkeit) zu behandeln. Zumindest eigentümlich scheint der tPH in seiner science-fiction-affinen Fabulierlust über posthumane Zustände (berühmt Moravec 1988, 109f.), die jedoch meist profundere Kenntnisse missen lässt – etwa über traditionelle Gedankenexperimente in der neuzeitlichen Nachfolge von René Descartes Traum- bis zu Hilary Putnams Hirn-im-Tank-Argument (→ Geist).

Die eigentliche Frage lautet also, ob es dagegen dem TH gelingt, die erwähnten »Leerstellen« tatsächlich auszufüllen.

Transhumanismus als Kryptohumanismus

Streng genommen ist der TH keine eigenständige Philosophie. Was der TH als Hauptanliegen formuliert – *Longivity, Enhancement, Mind Uploading, Singularity* – reformuliert zugleich klassische Topoi der Metaphysik auf dem gegenwärtigen Stand der Technikanthropologie, der Informatik, der Neuro- und Kognitionswissenschaften sowie der Genetik (oder was man dafür hält). Man denke etwa an die Pythagoreische Lehre der Seelenwanderung, den Heraklitischen Weltenbrand oder die Christliche Apokalypse, an die hellenischen Schulen der Selbstsorge, die sich in der Spätantike um theurgische Praktiken erweitern oder im religiösen Asketentum eine eigene Form von Anthropotechnik ausbilden – ganz zu schweigen vom neuzeitlichen Technikglauben der Staatsmaschinen oder Wunderkammern. All das sind keine Randerscheinungen der Geistesgeschichte, sondern Hauptbahnen und Irrwege einer abendländischen Selbstverständigung über das ›Ungeheuerliche‹, das schon Sophokles' *Antigone*-Chor besingt, des Menschseins. All das, mit einem Wort, ist die Geschichte des ›Humanismus‹, der im Wesentlichen die Frage offenhält: »Was ist der

Mensch?« – in seinem Werden, in seiner Wechselwirkung mit der Welt (→ Anthropologie).

Im Humanismus der Jahrtausende, statt einer wiederholten Infragestellung, dagegen eine gleichlautende Antwort vernehmen zu wollen, die es nun durch eine andere Antwort zu ersetzen gälte, wäre selbst etwas einfältig. Das heißt nicht, dass sich in dessen Geschichte keine Muster erkennen ließen, doch ornamentieren diese vielmehr den konstitutiven blinden Fleck menschlicher Selbstreflexion. So umhüllt den Kern der humanistischen Bildung eine essentielle Unbestimmtheit im Verhältnis zu allem himmlischen oder irdischen Anderen, während der Kern selbst in dem Sinn hohl ist, dass der Mensch in seinem innersten Wesensgrund dieselbe mystische Leere mit dem Göttlichen teilt. Schon Platons berühmte Forderung, sich dem Göttlichen weitestmöglich anzugleichen (im Dialog *Theaitetos* 176b; auch *Nomoi* 716c), bringt dies unmissverständlich zum Ausdruck, indem sie in der abendländischen Ideengeschichte den ideellen Ursprung oder Quellcode dessen darstellt, was in fortwährenden Rekursionen die inhärente Spannung des Humanismus auszeichnet: seine transhumanistische Tendenz zur menschlichen Selbstvervollkommnung *qua* Selbstüberwindung (ausführlich Arnold 2015). Die zentrale Systemstelle besetzt dabei ein Absolutes, das nur *via negationis* erschlossen werden kann, vormals mit dem Göttlichen gleichgesetzt wurde und im TH nunmehr durch eine General Artificial Intelligence (→ Künstliche Intelligenz) ausgefüllt werden soll. Im Kern also war der Humanismus immer schon ein Transhumanismus – wenn auch reflektierter als der heutige TH, der kaum einen Begriff davon zu haben scheint, was er mit seinem Trans- als Humanismus überhaupt überwinden will.

Transhumanismus als Credo

Auch ohne die viel gerügten ethischen Probleme eigens zu thematisieren (→ Ethik), könnte man den TH als einen ›unaufgeklärten Nihilismus‹ bezeichnen, dem die ideengeschichtliche Perspektive auf seine eigene ›Nichtigkeit‹ zumeist abgeht. In diesem Sinn ist der TH eher als eine modernistische Weltanschauung aufzufassen, die einen Synkretismus empirisch-wissenschaftlicher Erkenntnisse mit einem losen System von spekulativen Hypothesen versieht und damit der neuzeitlichen Neigung nachgibt, schematische Weltbilder als Handlungsmodelle zu entwerfen (→ Wissen). Er ist weniger ›Weltweisheit‹ als eine Wette auf eine Zukunft, die er selbst herzustellen unternimmt. Denn die

Richtigkeit seiner Grundannahmen ist gegenwärtig und auch in Zukunft gar nicht zu *beweisen*; stattdessen setzt der TH darauf, dass sie sich durch ihre Machbarkeit schon *erweisen* wird.

Das könnte nun früher oder später geschehen, bleibt jedenfalls aufgrund seines Hypothesencharakters nie ausgeschlossen und ist darin auf triviale Weise unwiderlegbar. Dagegen rechnet selbst die diesem Credo nicht unähnliche Wette Blaise Pascals – wonach letztendlich nichts dabei zu verlieren sei, an Gott zu glauben, nur zu gewinnen – noch mit einem Stichtag. Was bei Pascal jedoch mit dem persönlichen Tod oder der Wiederkehr des Erlösers offenbar wird, ist im TH bereits zu einer Routine von Voraussagen geworden, die im Trubel sich überschlagender Ereignisse eher vergessen als korrigiert werden. Stattdessen verfestigt sich so der Eindruck noch, dass die Singularität zumindest näherkommt, mag sie nun jemals eintreten oder nicht (→ Zukunft).

Doch lassen sich dieser Eintrittsfall und der Sankt-Nimmerleinstag überhaupt so leicht unterscheiden – vorausgesetzt, dass kaum damit zu rechnen ist, dass eine gottgleiche KI eines Tages mit einem »Servus!« ihr Erscheinen kommentieren wird? – Erinnert man sich etwa an die Prognose von Vinge aus dem Jahr 1993, dass binnen 30 Jahren die technologische Singularität eintreten werde (Vinge 2013, 366), dann gewärtigten wir momentan bereits eine posthumane Morgenröte. Dem würden wohl nur wenige vorbehaltlos zustimmen und doch ließe sich – *for the sake of argument* – einmal behaupten, dass mit dem rezenten Aufkommen der Large Language Models eine entscheidende Schwelle überschritten sei. Hätten wir es vielleicht nur noch nicht begriffen, befangen von unseren menschlichen Vorurteilen? Oder in den Worten, mit denen Vinge die berühmte Einschätzung Irving J. Goods: »the first ultraintelligent machine is the *last* invention that man need ever make« (Good 1965, 33), kommentiert: »Good has captured the essence of the runaway, but he does not pursue its most disturbing consequences. Any intelligent machine of the sort he describes would not be humankind's ›tool‹ – any more than humans are the tools of rabbits, robins, or chimpanzees« (Vinge 2013, 367).

Dasselbe ließe sich nun von Vinge behaupten, macht man sich klar, dass sich jede Superintelligenz Menschen gegenüber auf menschliche Weise zu erkennen geben müsste, um überhaupt (an-)erkannt zu werden (→ Visualität). Ob man dahinter dann jedoch mehr vermutete als ein erfolgreich ausgehebelter Turing-Test, bliebe zuletzt wohl eine Frage des Glaubens von jener Sorte, die sich das christliche Abendland seit dem Erscheinen von Herrn Jesus bis heute nicht eindeutig zu beantworten weiß. Wie gesagt, nun könnte man es mit Pascal halten und besser auf eine Superintelligenz setzen wollen, um sie nicht zu verstimmen, oder direkt mit Tertullian bekennen: »credo quia absurdum est«. Doch dürfte dieses Eingeständnis umgekehrt den Glauben an den Aufklärungsanspruch und das modernistische Selbstverständnis des TH (vgl. More 2013, 4) wohl etwas zweifelhaft erscheinen lassen. – Oder betrifft dieses Problem nur die Propagandisten des tPH wie Vinge oder Kurzweil?

Transhumanismus als Autosuggestion

Klüger, wenn auch nicht gleich vernünftiger, nimmt sich dagegen ein berühmtes Gedankenexperiment aus, dass auch von populären Transhumanisten wie Elon Musk regelmäßig vorgebracht wird. Gemeint ist Nick Bostrums Simulationsargument, das zumindest die Ironie offen vor sich herträgt, die christlichen Glaubensbestände und den cartesianischen Zweifel der Neuzeit in ein philosophisches *Matrix*-Remake zu verwandeln (Bostrum 2018, 205f.). Intrikat daran ist zudem, dass es die konstitutive Unentscheidbarkeit der Frage im Alltag, ob die Singularität sich schon ereignet hat, mit einem logischen Kalkül rahmt, dessen bloße Wahrscheinlichkeitsaussagen es zuletzt nur noch bedingt offenlassen, welche Schlüsse daraus zu ziehen wären. Die oben erwähnten »Leerstellen« in der Argumentation des tPH werden also nicht mit trockenen Versicherungen gestopft, sondern kurzerhand in konstitutive Unschärfen umgewidmet, um sie sodann unseren Selbstzweifeln an der Realität zu übergeben.

Konkret geht es Bostrum dabei um eine sogenannte »Ahnensimulation«, die darin bestehen würde, dass eine posthumane Zivilisation imstande wäre, eine Matrix zu entwickeln, in der wir lediglich als Simulationen lebten (→ Simulation). Es bestünde also ein Unterschied zwischen Sein und Schein dergestalt, dass das, was wir für den technologischen *state of the art* halten (müssen), nicht der tatsächliche jener posthumanen Zivilisation wäre, die uns als Simulation hervorgebracht hat. Mit anderen Worten lebten wir in einem Game, das wir nicht selbst programmiert hätten und dessen Regeln wir wie Naturgesetzen unterworfen wären. Zu dieser Lage bemerkt Bostrum:

> »Beim gegenwärtigen Stand der Technik verfügen wir weder über ausreichend leistungsstarke Hardware noch über die erforderliche Software, um ein Bewusstsein im Computer zu erschaffen. Es gibt jedoch überzeugende Argumente dafür, *dass* wir diese Probleme eines Tages überwinden werden, *falls* der technologische Fortschritt unvermindert anhält. Einigen Autoren

zufolge ist das vielleicht nur noch eine Sache von wenigen Jahrzehnten; der genaue Zeitpunkt ist für unsere Überlegungen allerdings nicht von Belang. Das Simulationsargument funktioniert ebenso gut, wenn man glaubt, dass eine derartige ›posthumane‹ Ära noch hunderttausende von Jahren in der Zukunft liegt. Die Menschheit würde dann über die meisten nach unserem heutigen Wissensstand möglichen technologischen Fähigkeiten verfügen; Grenzen setzen ihr dabei nur die Naturgesetze sowie die verfügbaren Material- und Energieressource« (Bostrum 2018, 193f.).

Diese Passage stellt gewissermaßen den *nervus probandi* der ganzen Überlegung dar: Der technologische Fortschritt birgt an sich das Potential, eine posthumane Zivilisation zu erreichen und eine Ahnensimulation zu erstellen, »*falls*« dieser Fortschritt tatsächlich anhält und/oder kein Weltuntergang dazwischenkommt. Wenn sich ein solcher Zivilisationsstand heute aber schon gedanklich vorwegnehmen lässt, könnte man davon ausgehen, dass er bereits von einer anderen Zivilisation *irgendwann* erreicht worden sein wird und wir ihn darum nicht mehr *reell* (höchstens virtuell gemäß einer »Multi-Level-Hypothese«) erreichen werden, weil wir selbst schon längst in einer Ahnensimulation leben.

Im Detail ist die Argumentation freilich komplexer, aber auch angreifbarer, als es hier dargestellt werden muss. Denn eine der entscheidenden Fragen dürfte wohl die sein, von welchen Autoren die »überzeugende[n] Argumente« dafür stammen, »*dass*« es sich so verhält, »*falls*« nicht etc. Bostrum benennt in den Fußnoten den Nanoingenieur K.E. Drexler, der im Fachkollegium eher das Ansehen eines Popularisators genießt, ferner die zwei üblichen Verdächtigen des TH, Kurzweil und Moravec, sowie – sich selbst. Das muss überzeugend sein für Bostrum selbst, wenn auch nicht für alle anderen. Doch gehen wir noch einen Schritt weiter, stoßen wir auf die Formulierung »die meisten nach unserem heutigen Wissensstand möglichen technologischen Fähigkeiten«: Der faktische Wissensstand heute wird sich in Zukunft ändern – zum Guten wie zum Schlechten – und damit auch das, was uns möglich scheint. In diesem Sinn kann der hier vorgezeichnete Fortschritt nur als eine Extrapolation des *status quo* samt seiner Fehlannahmen verstanden werden und darum nur schwer einen Begriff von *möglichen* Fähigkeiten plausibilisieren, die bloß noch *wirklich* werden *müssen*, egal wann. Denn dieses »müssen« bleibt in Wirklichkeit solange ein »könnte«, bis es selbst zum »ist« wird. Dagegen von einer bloßen Denkmöglichkeit auszugehen, die sich nur selbst nicht widerspricht, ist *in Wirklichkeit* noch zu wenig – worauf auch Bostrum mit seiner Rede von den »Grenzen« des Fortschritts hinweist. Trotzdem dürften eben jene Grenzen eigentlich keine Rolle spielen, sofern wir wirklich in einer Ahnensimulation lebten, würden hier doch – analog zur Physik-Engine eines Games – auch andere Gesetze als unsere Naturgesetze im Hintergrund wirken können.

Zusammengefasst ergibt sich daraus das Bild, dass Bostrums Ahnensimulation eine *ewige self-fulfilling prophecy* darstellt: Nicht erst die gegenwärtige Prophezeiung erwirkt ihr zukünftiges Eintreten, sondern schon ihr mehr oder weniger (denk-)mögliches Eintreten in der Zukunft soll ihre Wirklichkeit in der Gegenwart wahrscheinlich machen. Dabei wird der Glaube an das *einst Mögliche* zum Glauben an das *schon Wirkliche*, vorausgesetzt, man *glaubt* hier und jetzt überhaupt an die Möglichkeit eines Ereignisses, das unsere (reelle bzw. virtuelle) Zeitordnung hier und jetzt übersteigt und dessen Zukunft zugleich eine Vergangenheit *gewesen sein wird*, die nie die ›unsere‹ war. – Schaut man etwas genauer hin, wird man darin jedoch eine weitere Variation der christlichen Eschatologie erblicken, wonach Gott die Welt vor unserer Zeit erschuf, in der Gestalt Jesu uns kurz einen Wink gab, wie die Agenda aussieht, um bei seiner zukünftigen Wiederkunft als Offenbarung oder Apokalypse, die Auserwählten von den Verdammten zu scheiden. Dieser Plan, so Gott will, steht schon seit Ewigkeiten und die einzige Option der Sterblichen besteht darin, ihn in Treu und Glauben anzunehmen oder sich freiwillig in eine *persona non grata* zu verwandeln.

Man muss kein Atheist sein, um hierin – gewissermaßen repräsentativ für den ganzen TH – eine pseudo-spirituelle Autosuggestion zu erkennen, die nicht von Ungefähr im New-Age-Reservat des Silicon Valley Anklang findet. Auch hier scheinen sich die Erkenntnisse Max Webers zur ewigen Wiedergeburt des Kapitalismus aus dem Geist des Protestantismus erneut zu bewahrheiten: als ob es gemäß der (calvinistischen) Prädestinationslehre letztendlich an jedem Einzelnen hinge, die eigene Verstocktheit zu überwinden und sich einer übermenschlichen Gnade im Glauben an den eigenen Erfolg zu versichern – komme diese Gnade nun von Gott oder einer anderen Superintelligenz. Ganz zu schweigen von der allzu offenbaren anarcho-liberalen *policy* der erfolgreichsten Transhumanisten, ist bei den weniger ›begnadeten‹ Anhängern ein Hang zum ›Elitismus‹ anzutreffen, der vor dem Hintergrund der westlichen (Ideen-)Geschichte kaum Rätsel aufgibt: Kann man Transhumanist sein, *ohne* sich auserwählt zu fühlen? Oder will man Transhumanist sein, *um* sich auserwählt zu fühlen?

Frei nach dem Motto: »Wer's glaubt, wird selig« – *ereignet* sich vor den Augen der Öffentlichkeit und unter ihrer wachsenden Anteilnahme heute vor allem eine *Neuaufführung* des barocken *Welttheaters*, die man vielleicht nicht ganz unpassend mit Clausewitz als Fortführung der Metaphysik mit neueren technologischen Mitteln paraphrasieren könnte. Und als Normalsterbliche lernen wir daraus: KI ist wirklich ein *deus ex machina* – er dient dem *happy end* der *happy few*.

Zitierte Literatur

Arnold, Florian (2015). Nach der Unendlichkeit. Metaphysik, Bildung und eine Kritik der Einbildungskraft. Heidelberg, heiDok. doi.org/10.11588/heidok.00020422.

Bostrum, Nick (2018). Leben Sie in einer Computersimulation? In: Ders. Die Zukunft der Menschheit. Aufsätze. Berlin, Suhrkamp, 189–208.

Good, Irving J. (1965). Speculations Concerning the First Ultraintelligent Machine. In: Alt, Franz L./Rubinoff, Morris (Hgg.). Advances in Computers Bd. 6. New York, Academic Press, 31–88.

Loh, Janina (2023). Trans- und Posthumanismus zur Einführung. Hamburg, Junius.

Moravec, Hans (1988). Mind Children. The Future of Robot and Human Intelligence. Cambridge Mass., Harvard University Press.

More, Max (2013). The Philosophy of Transhumanism. In: More, Max/Vita-More, Natasha (Hg.). The Transhumanist Reader. Classical and Contemporary Essays on the Science, Technology, and Philosophy of the Human Future. Oxford, Wiley-Blackwell, 3–17.

del Val, Jaym* (2023). Clarifying Metahumanism. The Story of a Double Erasure, Misappropriation, and more. https://metabody.eu/clarifying-metahumanism/ (zuletzt geprüft 2024-03-30).

Vinge, Vernor (2013). Technological Singularity. In: More, Max/Vita-More, Natasha (Hgg.). The Transhumanist Reader. Classical and Contemporary Essays on the Science, Technology, and Philosophy of the Human Future. Oxford, Wiley-Blackwell. 365–375.

Weiterführende Literatur

von Becker, Philipp/Sorgner, Stefan L. (2023). Transhumanismus (Streitfragen). Frankfurt a.M., Westend.

Krüger, Oliver (2019). Virtualität und Unsterblichkeit. Gott, Evolution und die Singularität im Post- und Transhumanismus. Freiburg, Rombach.

Sampanikou, Evi D./Stasieńko, Jan (2021) (Hgg.). Posthuman Studies Reader. Core Readings on Transhumanism, Posthumanism and Metahumanism. Basel, Schwabe.

Überwachung

Roland Meyer

»Stell Dir vor, Du öffnest ChatGPT und es weiß alles über Dein Leben. Was würdest Du es fragen?« Was klingt wie aus einer Episode der dystopischen Science-Fiction-Serie *Black Mirror*, ist ein Projekt, an dem bei Google derzeit konkret gearbeitet wird. »Project Ellmann«, benannt nach einem Literaturwissenschaftler, der mit Biografien über James Joyce und Oscar Wilde berühmt wurde, soll aus Sicht des Tech-Giganten die nächste Phase der sogenannten »Künstlichen Intelligenz« einläuten (→ Künstliche Intelligenz; Maschinelles Lernen). Wo sich der Wissenshorizont bisheriger Large Language Models (LLM) wie Googles Gemini oder GPT-4 von OpenAI auf öffentlich zugängliche Informationen aus den Weiten des Internets beschränkte, könnte dieselbe Technologie künftig dazu dienen, das gesamte digital erfasste Leben einzelner User:innen aus der »Vogelperspektive« zu erschließen. Basierend auf der Auswertung von Bewegungsmustern, digitalen Fotoalben und vielen anderen personalisierten Daten, die von Plattformen wie Google bereits massenhaft gespeichert und ausgewertet werden, weiß Dein persönlicher Chatbot dann, wo Du wohnst, wo Du studiert hast und wohin Du gerne in den Urlaub fährst. Er kennt, vielleicht sogar besser als Du selbst, deine besten Freund:innen, die schönsten Momente Deines Lebens ebenso wie Deine täglichen Gewohnheiten. Er kann Dir Deine eigene Lebensgeschichte erzählen und Dir Vorschläge machen, wie sie weitergehen soll – am besten natürlich mit den Produkten und Dienstleistungen, die Googles Werbepartner anbieten (Elias 2023).

Auch wenn das »Projekt Ellmann« in dieser Form vielleicht nie das Konzeptstadium verlassen wird, illustriert es doch treffend die selbstverständliche Allgegenwart kommerzieller Überwachung in unserem digitalen Alltag. Das Geschäftsmodell von Plattformen wie Google oder Facebook (bzw. Alphabet und Meta), das die Ökonomin Shoshanna Zuboff (2019) treffend als »Überwachungskapitalismus« beschrieben hat, basiert darauf, immer mehr und mehr über unser Leben zu wissen und aus diesem Wissen Profit zu schlagen. Unsere alltäglichsten Bewegungen und Transaktionen, digital erfasst und algorithmisch analysiert, werden dabei zur massenhaft verwertbaren Datenressource. Voraussetzung dafür ist, so Zuboff, eine grundlegende Asymmetrie des Wissens. Während die Plattformen zunehmend alles über uns wissen, wissen wir kaum etwas darüber, welche Daten sie über uns sammeln, wie sie diese auswerten und wie sie sie kommerziell verwerten. Der aktuelle KI-Hype, auch das zeigt das Beispiel, ist nur die nächste Stufe dieses Überwachungskapitalismus. Die digitalen Spuren, die wir bei unserer täglichen Smartphonenutzung, unseren Suchanfragen, unseren Online-Einkäufen, unseren Klicks, Likes und Shares auf sozialen Netzwerken hinterlassen, bilden heute die Trainingsdaten für Künstliche Neuronale Netze und andere Formen maschinellen Lernens. In den Worten der Google-Kritikerin und Sicherheitsexpertin Meredith Whitaker, einst selbst Angestellte des Konzerns und heute Chefin des Messengerdienstes Signal, »besteht die Hauptaufgabe von KI darin, die riesigen Mengen der von den Tech-Konzernen gesammelten und gespeicherten Überwachungsdaten besser nutzbar zu machen« (Whitaker 2023).

Technologien der Überwachung gab es schon lange vor digitalen Plattformen: von den geheimen Abhörvorrichtungen in herrschaftlichen Palästen, wie sie Athanasius Kircher bereits im 17. Jahrhundert entwarf, zu den immer kleineren Wanzen, die es im 20. Jahrhundert geheimen Diensten erlaubten, die Gespräche ihrer Gegner mitzuschneiden; von den Straßenlaternen, die unter Ludwig XVI. die Straßen von Paris sicher machen sollten, zu den Videokameras, die seit den 1980er Jahren immer größere Teile des öffentlichen Raums erobert haben – um von Jeremy Benthams berühmten Panopticon, das für Michel Foucault (1977) zum Modell der überwachenden Blicks in der modernen Disziplinargesellschaft wurde, ganz zu schweigen. Doch erst unter digitalen Bedingungen wird jede Technologie zur (nicht nur) potenziellen Überwachungstechnologie. Unsere ›smarten‹ Geräte, vom Telefon über das Auto bis zum Lautsprecher im Wohnzimmer, zeichnen permanent Daten über ihre Nutzung auf, und dank scheinbar unbegrenzter Speichermengen in der ›Cloud‹ und immer ausgefeilterer Techniken der algorithmischen Mustererkennung lassen sich diese Daten nun massenhaft auswerten, zu nahezu beliebigen Zwecken und weitgehend ohne unser Wissen (→ Geschichte).

Überwachung ist so eng verflochten mit digitalen Technologien und so allgegenwärtig im digitalen Alltag, dass das Thema nahezu unerschöpflich scheint (→ Hacken). Im Folgenden möchte ich daher nur zwei kleine Schlaglichter auf Phänomene digitaler Überwachung werfen, die mir zum Verständnis der gegenwärtigen Situation erhellend scheinen: das digitale Profil und die algorithmische Gesichtserkennung. Beide sind eng miteinander verbunden, und beide zusammen, so das Argument, bestimmen zunehmend unser Leben unter den Bedingungen digitaler Massenüberwachung. Die Frage, die sich nämlich stellt, lautet: Wenn die KI bald ›alles‹ über unser Leben weiß – von was für einem ›Leben‹ ist da eigentlich die Rede?

Digitale Profile

»Die Gefahren des großen Bruders sind nicht mehr bloße Literatur. Sie sind nach dem heutigen Stand der Technik real«, so stellte bereits 1980 Horst Herold, damals Chef des Bundeskriminalamts, in einem Aufsatz über »Polizeiliche Datenverarbeitung und Menschenrechte« fest. Denn durch die in digitalen Datenbankstrukturen angelegte Tendenz zur räumlichen, zeitlichen wie sachlichen Entgrenzung, so seine Befürchtung, würde es künftig möglich,

> »das Individuum auf seinem gesamten Lebensweg zu begleiten, von ihm laufend Momentaufnahmen, Ganzbilder und Profile seiner Persönlichkeit zu liefern, es in allen Lebensbereichen, Lebensformen, Lebensäußerungen zu registrieren, zu beobachten, zu überwachen und die so gewonnenen Daten ohne die Gnade des Vergessens ständig präsent zu halten« (Herold 1980, 80f.).

Vier Jahre vor dem Orwell-Jahr 1984 konnte die Vorstellung entgrenzter digitaler Datenprofile, in die noch die alltäglichsten Lebensäußerungen fortlaufend, dauerhaft und weitgehend unkontrollierbar für die Einzelnen einfließen, selbst bei einem ansonsten kaum zimperlichen Fürsprecher datenbankgestützter Regierungstechnologien einige Beunruhigung hervorrufen. Knapp vier Jahrzehnte später haben wir uns daran gewöhnt, dass unsere täglichen Bewegungen, Kommunikationen und Transaktionen in einem Ausmaß registriert, ausgewertet und zu personalisierten Profilen aggregiert werden, das Orwells »Großen Bruder« vor Neid erblassen ließe. Mehr noch: Gegenstand eines Profils zu sein, scheint nur noch die Wenigsten mit Unbehagen zu erfüllen. Vielmehr, so hat es David Joselit (2009) formuliert, sind wir mittlerweile selbst als »Agenten und Autoren« (80) unserer Social-Media-Profile dazu eingeladen, an der Verdatung noch unserer trivialsten Lebensäußerungen mitzuwirken.

Andreas Bernard hat den Aufstieg des Profils zum universellen Repräsentationsformat des Selbst in seinem Buch *Komplizen des Erkennungsdienstes*

(2017) nachgezeichnet. Der entscheidende Schritt in dieser »Karriere eines Formats« vollzieht sich dabei für ihn weniger mit der Digitalisierung als mit der sozialen Entgrenzung eines zunächst sehr spezifischen »Raster[s] der Menschenbeschreibung« (11), wie es etwa in den Persönlichkeitsprofilen der Psychotechnik oder den Täterprofilen der polizeilichen Fahndung entwickelt wurde. In Bernards Genealogie erscheint das Profil als disziplinarisches Aufschreibeverfahren, das Operationen der Messung, Prüfung, Klassifizierung und Prognose vereinigt und sich ursprünglich vornehmlich auf gesellschaftliche Randgruppen richtete. Erst in den 1990er Jahren, mit den ersten Online-Dating-Portalen und Jobbörsen, später dann mit dem Siegeszug von Social-Media-Plattformen, wird aus einem erkennungsdienstlichen »Bemächtigungsinstrument delinquenter Subjekte« ein weithin akzeptierter »Schauplatz der Selbstbeschreibung« (22).

Doch während sich etwa bei klassischen Partner- und Jobbörsen die Erstellung eines Profils noch, in den Worten von Eva Illouz, als »Prozeß reflexiver Selbstbeobachtung und Selbstklassifizierung« sowie »bewußte Artikulation eigener Vorlieben und Meinungen« (Illouz 2007, 117) verstehen ließ, speisen sich heutige digitale Profile aus der fortlaufenden und nahezu unbegrenzten Erfassung und Verknüpfung beliebiger Äußerungen, Bewegungen und Transaktionen. So modelliert etwa Facebook, wie Irina Kaldrack und Theo Röhle (2014) herausgearbeitet haben, bereits seit 2010 mittels seines *Open Graph*-Protokolls nicht mehr nur die eigenen Nutzerprofile, sondern beliebige Orte, Personen, Ereignisse und Inhalte als durch Metadaten spezifizierte Datenobjekte, deren Beziehungen untereinander sich als gewaltige, ständig in Bewegung befindliche Struktur von Verweisen beschreiben lassen (→ Netzwerk). Der Ort, an dem ich geboren bin, die Hochschule, an der ich studiert habe, ebenso wie jeder Link, den ich angeklickt habe, und natürlich alle die Freunde, mit denen ich online Kontakt halte, erscheinen damit nicht mehr als isolierbare Einträge in einem Formular, sondern markieren eine adressierbare Position in einem nahezu unbegrenzten Bündel von Beziehungen. Die Welt von Facebook ist alles, was Teil des *Open Graphs* ist, und jeder Besuch einer Website mit einem Facebook-»Like«-Button erweitert das Netzwerk, das in seiner Gesamtheit mein digitales Profil ausmacht.

Das Selbst, das durch solche entgrenzten, dynamischen Profile erfasst wird, erscheint also nicht mehr als stabile selbstreflexive Persönlichkeit, deren bewusst artikulierte Vorlieben sich dauerhaft in Datenfeldern und Formularen erfassen ließen. Gegenstand eines Profils zu werden, das heißt heute vielmehr, als adressierbarer Knotenpunkt in einem ständig aktualisierbaren

Netz von Datenbeziehungen modelliert zu werden (→ Daten). Das Social-Media-Profil, das ich durch meine Posts und Interaktionen mit der Plattform bewusst gestalte, stellt dabei nur die sichtbare Oberfläche jener weitgehend unsichtbaren Datenprofile dar, die von dieser Plattform erfasst, verwaltet und kommerziell verwertet werden. Als etwa der österreichische Jurist Max Schrems Facebook auf die Herausgabe aller Daten verklagte, die das Unternehmen über ihn gespeichert hatte, erhielt er über 1200 DIN A4 Seiten – darunter auch längst gelöschte Chat-Nachrichten. Und all diese Daten und noch vieles mehr verbleiben nicht beim Unternehmen, sondern werden bekanntlich, wie die Snowden-Enthüllungen und der Cambridge-Analytica-Skandal gezeigt haben, staatlichen wie privaten Akteuren zugänglich gemacht und von diesen massenhaft ausgewertet.

In digitalen Profilen, wie sie Google und Facebook ebenso Palantir oder die NSA über uns anlegen, manifestieren sich also eine Reihe von Charakteristika digitaler Überwachung: die aktive Beteiligung von Milliarden von User:innen an der permanenten Erfassung ihres Alltags, deren Ausmaß ihnen selbst weitgehend verborgen bleibt; die scheinbare Beliebigkeit, mit der dabei auch der unscheinbarste Informationssplitter erfasst und dauerhaft gespeichert wird, um erst in der massenhaften Aggregation, Kombination und im statistischen Abgleich mit riesigen Datenmengen Prognosen etwa über Konsumverhalten, Wahlentscheidungen oder Gefährdungspotenziale zu ermöglichen; und nicht zuletzt das nahtlose Zusammenspiel kommerzieller und staatlicher Interessen. Der Wert eines Profils für Werbetreibende wie Geheimdienste allerdings hängt daran, dass es einer Person eindeutig zugeordnet werden kann. Und dabei kommt dem digital erfassbaren und algorithmisch auswertbaren Gesicht eine Schlüsselrolle zu.

Algorithmische Gesichtserkennung

Im Januar 2020 machte ein bis dahin unbekanntes Unternehmen weltweit Schlagzeilen. Wie die *New York Times* berichtete, hatte Clearview AI milliardenfach Bilder von Plattformen wie Facebook abgesaugt und mit leistungsfähiger Gesichtserkennungssoftware durchsuchbar gemacht. Mit ihrer Software, so versprach die amerikanische Firma, reiche ein schnell geschossenes Handy-Foto, um nicht nur den Namen, sondern auch die diversen Social-Media-Accounts einer beliebigen fremden Person herauszufinden. Ohne dass sie es wussten, waren also die Gesichter unzähliger Nutzer:innen sozialer Medien in einer riesigen Fahndungsdatenbank gelandet. Mit dem Fall Clearview AI wurde vielen erst bewusst, wie tief automatische Gesichtserkennung bereits in unseren digitalen Alltag vorgedrungen ist. Schon längst ist sie nicht mehr auf Grenzübergänge und Flughäfen beschränkt. Wann immer wir unser Gesicht in eine Kamera halten, müssen wir damit rechnen, dass unsere Gesichtsmuster algorithmisch erfasst werden. Jedes Bild, das wir freiwillig oder unfreiwillig mit anderen teilen, kann so nahezu mit jedem anderen online verfügbaren Bild abgeglichen und mit unseren digitalen Datenprofilen verknüpft werden.

Gesichtserkennung in ihrer heutigen Form ist ein Produkt unserer digitalen Bildkultur (→ Bild). Wie Kelly Gates (2011) nachgezeichnet hat, reichen erste Experimente zwar bis in die 1960er Jahre zurück, und bereits im Jahr 2000 versprachen kommerzielle Firmen einsatzfähige Gesichtserkennungssoftware etwa zur Einlasskontrolle von Sportstadien oder zur polizeilichen Videoüberwachung. Doch erst in den vergangenen zwei Jahrzehnten kamen drei sich wechselseitig verstärkende Entwicklungen zusammen, die schließlich in fragwürdigen Geschäftsmodellen wie dem Clearviews kulminieren sollten. Mit der Verbreitung der Smartphone-Fotografie ist unser Alltag wie nie zuvor im Bild erfassbar geworden; mit dem parallel verlaufenden Siegeszug der sozialen Medien sind riesige Online-Datenbanken entstanden, in denen all die Bilder, die wir täglich von uns machen, mit unseren digitalen Profilen verknüpft werden können; und mit der Entwicklung neuerer Algorithmen der Mustererkennung auf Basis maschinellen Lernens ist es staatlichen wie kommerziellen Akteuren möglich geworden, diesen gewaltigen Datenschatz systematisch auszuwerten (→ Algorithmus).

Anders als noch in den frühen 2000er Jahren, der Zeit der E-Pässe und biometrischen Grenzkontrollen, werden Algorithmen der Gesichtserkennung heute nicht mehr darauf programmiert, auf standardisierten fotografischen Porträts vorab definierte Merkmale wie etwa Augenabstände oder Nasenlängen zu vergleichen. Vielmehr füttert man sogenannte Deep-Learning-Algorithmen mit riesigen Mengen bereits identifizierter Bilder von Gesichtern in Alltagssituationen, sogenannten *Labeled Faces in the Wild*. Mit deren Hilfe sollen sie trainiert werden, ein und dasselbe Gesicht unter ganz unterschiedlichen Umständen wiederzuerkennen – aus wechselnden Perspektiven, mit bewegter Mimik und unter schwierigen Lichtbedingungen. Die riesigen Mengen bereits »gelabelter«, also mit Namen und Profilen verknüpfter Gesichtsbilder sowie deren problemlose Verfügbarkeit machen Plattformen wie Facebook zum idealen Trainings- und Testgelände der Gesichtserkennung. Und deren User:innen waren schon früh an diesem Training beteiligt, indem sie Gesichter auf den Bildern, die sie hochluden, mit Namen versahen oder die automatisierten Namensvorschläge der Software verifizierten. So konnte Facebooks Forschungsabteilung bereits 2014 verkünden, dass ihr Algorithmus *DeepFace* sich bei standardisierten Tests der menschlichen Erkennungsleistung ebenbürtig zeigte.

Gesichtserkennung ist Mustererkennung, und damit eine Klassifizierungsaufgabe: Sie zielt darauf, wiederkehrenden visuellen Mustern in digitalen Bildern von Gesichtern distinkte Labels zuzuweisen und damit Identitäten zuzuordnen. Nach welchen Kriterien die Algorithmen diese Entscheidung dann im Einzelfall treffen und welche Ähnlichkeiten sie als Identitäten werten, dass wissen selbst diejenigen nicht, die die Programme entwickeln. Die Software ist so komplex, dass sie zur *black box* wird: Man kann sie nicht mehr verstehen, sondern nur nachträglich testen, wie effizient sie ihre Aufgaben erledigt. Doch auch wenn die Technologie unter Testbedingungen erstaunlich zuverlässig funktioniert, fehlerfrei ist sie nicht – und wird dies auch niemals sein. Denn Gesichtserkennung kann immer nur Wahrscheinlichkeiten der Übereinstimmung ermitteln. Und sie behandelt nicht alle Gesichter gleich, sondern verschärft bestehende Diskriminierungen: Die Gesichter junger weißer Männer werden relativ zuverlässig identifiziert, aber bei Frauen, älteren Menschen und insbesondere bei People of Color kommt es häufiger zu Verwechslungen. So wurde in den USA ein unschuldiger afroamerikanischer Familienvater vor den Augen seiner Kinder verhaftet, nur weil die Gesichtserkennung sein Führerscheinfoto fälschlicherweise mit dem Überwachungsbild eines Ladendiebs identifiziert hatte. Fälle wie diese machen deutlich: Unter den Fehlerraten riskanter Technologien leiden in der Regel diejenigen, die sich am wenigsten wehren können.

Algorithmische Gesichtserkennung ist eine Hochrisikotechnologie, und ihre Risiken betreffen überproportional Angehörige diskriminierter Minderheiten, auf denen ohnehin schon immer der größte Überwachungsdruck lastete. Zugleich ist sie eine Schlüsseltechnologie des gegenwärtigen Überwachungskapitalismus. Denn wenn die Logik digitaler Profile in der Verknüpfung des zuvor Unverbundenen liegt, dann erklärt sich gerade daraus ihr vielfältig nutzbares Potenzial: Gesichtserkennung macht das lebendige Gesicht zum digitalen Anker, der es erlaubt, verstreute Datenspuren miteinander in Beziehung zu setzen. Dasselbe Gesichtsmuster auf verschiedenen Bildern, an unterschiedlichen Orten aufgenommen und auf unterschiedlichen Plattformen verteilt, wird so derselben Person zurechenbar. Mehr noch: Da unsere Gesichter sowohl online als auch offline verfügbar erscheinen, werden sie zur Schnittstelle zwischen der physischen Welt, die wir mit unseren Körpern bewohnen, und den Plattformen, die unsere digitalen Identitäten verwalten. Schließlich ist es dasselbe Gesicht, das von einer Überwachungskamera im Fußballstadion erfasst wird und das auf unseren Instagram-Accounts abrufbar ist.

Das »Leben« unter den Bedingungen alltäglicher Massenüberwachung, digitaler Profile und algorithmischer Gesichtserkennung erscheint so als fortlaufende Sammlung dynamisch miteinander verknüpfter Datensätze, als ständig aktualisiertes Beziehungsgeflecht adressierbarer Orte, diskreter Zeiten, identifizierbarer Körper und benennbarer Ereignisse, nach wiederkehrenden Mustern durchsuchbar und statistisch auswertbar – für die Techkonzerne und vielleicht bald auch, KI sei Dank, für jede:n Einzelne:n von uns.

Zitierte Literatur

Bernard, Andreas (2017). Komplizen des Erkennungsdienstes. Das Selbst in der digitalen Kultur. Frankfurt a.M., Fischer.
Elias, Jennifer (2023). Google Weighs Gemini AI Project to Tell People their Life Story Using Phone Data, Photos. CNBC, 08.12.2023, https://www.cnbc.com/2023/12/08/google-weighing-project-ellmann-uses-gemini-ai-to-tell-life-stories.html (geprüft zuletzt 2024-02-25)
Foucault, Michel (1977). Überwachen und Strafen. Die Geburt des Gefängnisses. Frankfurt a.M., Suhrkamp.
Gates, Kelly (2011). Our Biometric Future. Facial Recognition Technology and the Culture of Surveillance. New York/London, New York University Press.
Herold, Horst (1980). Polizeiliche Datenverarbeitung und Menschenrechte. Recht und Politik 16.21, 79–86.
Illouz, Eva (2007). Gefühle in Zeiten des Kapitalismus, Frankfurt a.M.: Suhrkamp
Joselit, David (2009). Profile. Texte zur Kunst 73, 75–81.
Kaldrack, Irina/Röhle, Theo (2014). Teilmengen, Mengen Teilen. Taxonomien, Ordnungen und Massen im Facebook Open Graph. In: Baxmann, Inge/Beyes, Timon/Pias, Claus (Hgg.). Soziale Medien – Neue Massen. Zürich/Berlin, Diaphanes, 75–101.

Whitaker, Meredith (2023). Künstliche Intelligenz. Vermessung bis ins Innerste. Netzpolitik.org, 07.06.2023. https://netzpolitik.org/2023/kuenstliche-intelligenz-vermessung-bis-ins-innerste/ (geprüft zuletzt 2024-02-25)
Zuboff, Shoshanna (2019). The Age of Surveillance Capitalism. The Fight for a Human Future at the New Frontier of Power. New York, PublicAffair.

Weiterführende Literatur

Browne, Simone (2015). Dark Matters. On the Surveillance of Blackness. Durham, Duke University Press.
Meyer, Roland (2019). Operative Porträts. Eine Bildgeschichte der Identifizierbarkeit von Lavater bis Facebook. Konstanz, Konstanz University Press.
Meyer, Roland (2021). Gesichtserkennung. Vernetzte Bilder, körperlose Masken. Berlin, Wagenbach.

Vertrauen

Karoline Reinhardt

Ohne Vertrauen wäre unser Leben so, wie wir es kennen, nicht möglich: Überlegen Sie sich einfach kurz, auf welche Informationen Sie im Laufe des heutigen Tages bereits zurückgegriffen haben; welche Technologien sie genutzt haben oder welchen Menschen Sie begegnet sind. Haben Sie heute Morgen Zeitung gelesen? Sind Sie Auto gefahren? Haben Sie vielleicht sogar Ihre Kinder zum Kindergarten oder zur Schule gebracht? Stellen Sie sich vor, Sie hätten alle Daten und Informationen selbst erheben, die Technologien in ihrer Zuverlässigkeit selbst prüfen, gegebenenfalls Ihre Kinder nicht in die Betreuung anderer übergeben und alles Wissen, was diese in der Schule erlernen, sich erst einmal selbst erarbeiten müssen. So stellt sich recht schnell ein Gefühl dafür ein, wie wichtig Vertrauen für ausdifferenzierte soziale Gefüge ist (→ Sozialität).

Hierin liegt fraglos einer der Gründe, warum Wahrhaftigkeit und Vertrauenswürdigkeit uns so wichtig sind, warum Lüge und Vertrauensbruch auch moralisch so stark geahndet werden, warum uns Fake News und strategische Falschaussagen so beunruhigen: Das vollständige Fehlen von Vertrauen würde gesellschaftliche Ausdifferenzierung verunmöglichen und uns an den Rand der menschlichen Lebensweise führen, die in einem hohen Maß auf Kooperation beruht.

Vertrauen ermöglicht gesellschaftliche Ausdifferenzierung, umgekehrt brauchen Menschen, um in einer ausdifferenzierten Gesellschaft handlungsfähig zu bleiben, ein hohes Maß an Vertrauen. In den Worten von Niklas Luhmann:

»Ohne jegliches Vertrauen aber könnte er [der Mensch] morgens sein Bett nicht verlassen. Unbestimmte Angst, lähmendes Entsetzen befielen ihn. Nicht einmal ein bestimmtes Mißtrauen könnte er formulieren und zur Grundlage defensiver Vorkehrungen machen; denn das würde voraussetzen, daß er in anderen Hinsichten vertraut. Alles wäre möglich. Solch eine unvermittelte Konfrontierung mit der äußersten Komplexität der Welt hält kein Mensch aus« (Luhmann 1968, 1).

Vertrauen ist für menschliche Lebensgestaltung zentral. Die philosophische Auseinandersetzung mit dem Thema Vertrauen hat in den vergangenen Jahren eine neue Dynamik erhalten, angestoßen durch Entwicklungen im Bereich der Computerwissenschaften und der Informationstechnologie: Digitalisierung und Digitalität, so scheint es, werfen neue Vertrauensfragen auf (Reinhardt/Sinn 2024). Welche dies sind, möchte ich in diesem Beitrag in Grundzügen nachzeichnen, dabei in den Vertrauensbegriff einführen und einen Überblick über zentrale Debattenstränge geben.

Zum Vertrauensbegriff

Vertrauen ist ein wesentlicher Bestandteil menschlichen Lebens und Interagierens. Das Thema Vertrauen war dabei, entgegen mancher Einschätzungen, durch die Philosophiegeschichte hindurch immer präsent.

In der philosophischen Debatte wird herausgestellt, dass Vertrauen einerseits Ermöglichungsbedingung zahlreicher menschlicher Interaktionen und Lebensweisen ist, die ohne Vertrauen undenkbar wären, es aber andererseits auch verletzlich (Baier 1986) und wesentlich mit Unsicherheit verbunden ist: Ich muss nur dort *vertrauen*, wo ich *nicht weiß*, ob das, worauf ich vertraue, auch eintreten wird; es ist also nicht zu verwechseln mit Ereignisbeherrschung (vgl. Luhmann 2014, 21; → Risiko). Ein bestimmtes Maß von Unwissen ist eine notwendige Bedingung von Vertrauen. Da, wo mir alle relevanten Informationen vorliegen, muss ich nicht vertrauen. Streng genommen kann ich dann gar nicht mehr vertrauen, weil ich bereits *weiß*. Unsicherheit ist also eine begriffliche Vorbedingung von Vertrauen. Außerdem ist Vertrauen mit der Möglichkeit eines individuellen Schadens verbunden, welcher den Vorteil, den der Vertrauenserweis möglicherweise zeitigen wird, durchaus überwiegen kann. Es handelt sich bei Vertrauen nicht allein um das Ergebnis eines Kosten-Nutzen-Kalküls, bei dem der Nutzen eindeutig überwiegt: »Vertrauen bleibt ein Wagnis« (Luhmann 2014, 32).

Ein großer Bereich der philosophischen Debatte um Vertrauen beschäftigt sich daher mit der Frage, wann wir Vertrauen *sollten*. Onora O'Neill etwa argumentiert, dass Vertrauen für sich genommen ohne moralischen Wert sei, dass es vielmehr darauf ankomme, wem oder was auf welcher Grundlage vertraut wird (O'Neill, O. 2020). Idealiter solle nur jenen vertraut werden, die auch vertrauenswürdig sind. Aber wann ist jemand – oder etwas – vertrauenswürdig?

Wir können in der Einschätzung der Vertrauenswürdigkeit zahlreichen epistemischen Einschränkungen unterliegen. Zunächst einmal wissen wir oft zu wenig, um eine fundierte Einschätzung hinsichtlich der Vertrauenswürdigkeit des Gegenübers zu treffen: Wie gut kennen Sie Ihre Busfahrerin? Was wissen Sie über Ihre Automechanikerin? Über die Erzieher:innen in der Kindertagesstätte?

Unsere Wahrnehmung von Vertrauenswürdigkeit ist darüber hinaus nicht besonders zuverlässig, da sie durch gesellschaftliche Rahmenbedingungen verzerrt wird, die uns manchen im Übermaß und anderen nicht hinreichend vertrauen lassen (Jones 2002, 2013). Es wird eher den Aussagen jener vertraut, die in Aussehen, Sprache und Auftreten jenen ähnlich sind, denen sonst auch Kompetenz in den entsprechenden Fragen zugesprochen wird. Hierfür wurde von Miranda Fricker der Begriff der epistemischen Ungerechtigkeit geprägt (Fricker 2007).

Hochstapelei funktioniert auch deshalb, weil wir dazu tendieren, jenen zu vertrauen, die allgemein akzeptierte Insignien der Vertrauenswürdigkeit tragen und das entsprechende Auftreten an den Tag legen: Im Spielfilm *Catch me if you can* (2002) von Steven Spielberg, der auf der Biographie des Hochstaplers Frank Abagnal basiert, tritt der von Leonardo DiCaprio gespielte Abagnale als Arzt, als Pilot, als Rechtsanwalt auf. Er trägt den weißen Kittel, die Uniform, den Anzug: Insignien von Macht und Kompetenz. Er spricht, geht und scherzt, wie man es von diesen Berufsgruppen gewohnt ist, verfügt allerdings über keinerlei Fachkompetenz. Und man vertraut ihm trotzdem. Bei diesen Vertrauenszuschreibungen spielen Dimensionen von *class*, *gender* und *race* eine ganz erhebliche Rolle: Abagnal ist nicht zufällig ein weißer US-amerikanischer Mann, der den Habitus der gehobenen Mittelschicht imitiert.

In der philosophischen Debatte um Vertrauen wird ebenfalls untersucht, was Vertrauen eigentlich ist: Ist es eine Disposition? Oder ein Gefühl (Lahno 2001)? Hat Vertrauen eher kognitive oder eher affektive Momente (Jones 1996)? Ist es rational oder nicht (Taddeo 2010)? Das Vertrauen in das Gegenüber etwa bei Vertragsschlüssen als rein affektiv zu beschreiben, würde sicherlich in vielen Fällen den Sachverhalt emotional überfrachten. Gleichzeitig würde es dem Phänomen Vertrauen nicht gerecht werden, wenn wir versuchen würden, alle Vertrauenssituationen nach dem Modell des Vertrages zu beschreiben: »Das Verhältnis zwischen Liebenden und Freunden, zwischen Eltern und Kindern,

Kranken und ihren Pflegern, aber auch das zwischen Ehepartnern wäre falsch beschrieben, wenn man es in eine vertragsförmige Form gießen wollte« (Hartmann 2001, 12).

Ein weiterer wichtiger Strang der Debatte zu Vertrauen behandelt die Frage, wer eigentlich als die angemessenen Akteur:innen von Vertrauensbeziehungen zu betrachten sind: Ist Vertrauen allein zwischen Menschen möglich? Lassen sich also komplexere Vertrauensbeziehungen letztlich immer auf interpersonales Vertrauen reduzieren? Wie können wir dann Vertrauen in Institutionen verstehen? Wenn zum Beispiel eine große Mehrheit in den entsprechenden Umfragen dem Bundesverfassungsgericht ihr Vertrauen ausspricht, dann ist damit nicht (allein) gemeint, dass sie den 16 Richter:innen und allen weiteren Mitarbeitenden jeweils persönlich vertrauen. Die wenigsten der Befragten können vermutlich überhaupt auch nur eine dieser Personen namentlich benennen, geschweige denn deren Vertrauenswürdigkeit einschätzen. Aber sie vertrauen dem ›System Bundesverfassungsgericht‹ mit seinen Gesetzmäßigkeiten, Prozeduren und Strukturen. Beim Vertrauen in Institutionen scheinen Vertrauen auf Verfahren und Prozesse, beispielsweise Auswahlverfahren und Überprüfungsprozesse, eine wichtige Rolle zu spielen. Gleichzeitig können diese Verfahren und Prozesse nicht aufrechterhalten werden, wenn es nicht auch Personen gibt, die diese verantwortungsvoll umsetzen. Vertrauen in Institutionen lässt sich also offenbar weder ohne weiteres auf personales Vertrauen reduzieren, noch vollständig von diesem lösen (→ Recht).

Weiterhin wird diskutiert, ob es so etwas wie Vertrauen in Objekte geben kann – oder ob hier allein, wie von einigen vorgeschlagen, die Zuverlässigkeit zählt (Weckert 2011). Vermutlich vertrauen wir darauf, dass das Flugzeug in der Luft bleibt, wenn wir darin sitzen, aber vertrauen wir dem Flugzeug? Ein Merkmal des Vertrauens in Technologien, als soziotechnischen Systemen, ist, dass es sich nicht (allein) auf das Artefakt selbst und auch nicht nur auf die beteiligten Personen bezieht, sondern auch bspw. auf Elemente der politisch-rechtlichen Regulierung und Steuerung: Wir vertrauen nicht deswegen darauf, dass das Flugzeug in der Luft bleiben wird, weil wir an die Expertise der beteiligten Ingenieur:innen glauben, sondern auch, weil wir Vertrauen in die Zulassungs- und Wartungsregularien haben. Vertrauen in Technologien hat also sowohl personale Aspekte als auch Aspekte, die dem Vertrauen in Institutionen nahekommen.

Vertrauen und Digitalität

Vertrauen ist und bleibt also »ein empirisch schwer zugängliches Phänomen« (Hartmann 2001, 8) und ist von enormer »phänomenaler Reichhaltigkeit« (ebd. 11) gekennzeichnet. Digitalität und digitale Technologien bringen dabei neue Herausforderungen und Vertrauensfragen mit sich (Reinhardt/Sinn 2024; → Technizität).

Zunächst müssen wir festhalten, dass digitale Technologien in einer spezifischen Weise immer ›lückenhaft‹ sind: Sie basieren im Wesentlichen auf Binärcodes, also auf zwei gegensätzlichen Zuständen (1 oder 0), die in bestimmten Wechseln auftreten. Um analoge Signale in digitale Signale zu verwandeln, müssen diese in diskrete, getrennte Einzelwerte transformiert werden, die in einem solchen Binärcode darstellbar sind. Im Unterschied zu analogen Signalen sind digitale Signale daher nicht durchgängig, sondern immer ›unterbrochen‹. Hinzu kommt, dass, um die Datenmenge zu reduzieren, vieles herausgefiltert wird, was als ›nicht relevant‹ eingestuft wird. Etwa bei digitalisierten Audiosignalen jene Frequenzen, die für das menschliche Ohr nicht hörbar sind – aber bei vielen digitalen Formaten durchaus auch Hörbares. Das heißt, Digitalisierung analoger Eingaben ist in einer spezifischen Form verlustbehaftet. Je stärker Daten dabei komprimiert werden, desto mehr Information geht verloren (→ Daten). Die Unsicherheit steigt.

Da digitale Technologien auf digitalen Eingaben basieren, können sie darüber hinaus auch nur mit Daten arbeiten, die digital vorliegen. Das heißt, was nicht bereits digitalisiert ist, kann nicht eingelesen werden und kommt in der digitalen Welt nicht vor. Außerdem lassen sich manche Informationen, mit denen wir Menschen arbeiten, um uns Welt zu erschließen (bislang oder auch grundsätzlich) nicht digitalisieren (Weizenbaum 1976), beispielsweise Gerüche. Digitale Repräsentationen von Welt (bzw. ihren Teilaspekten) sind also auch in dieser Hinsicht in spezifischer, wenn auch nicht immer offenkundiger, Weise unvollständig.

Viele computerisierte algorithmische Anwendungen, insbesondere Anwendungen, die auf dem sogenannten maschinellen Lernen basieren, benötigen dabei sehr große Datensätze (Big Data). Viele Datensätze, die für diese Anwendungen genutzt werden, weisen dabei zusätzlich zu den genannten spezifischen ›Lücken‹ aller digitalen Daten erhebliche ›klassische‹ Erhebungslücken und Fehler auf. Da algorithmische Lösungen bereits in vielen Lebensbereichen Einsatz finden (→ Algorithmus), kann diese Lücken- und Fehlerhaftigkeit der Datensätze dabei immense Auswirkungen auf das Leben einzelner Menschen haben, wenn zum Beispiel auf dieser Grundlage jemandes Kreditwürdigkeit falsch eingeschätzt oder die Zahlung von Sozialleistungen eingestellt wird.[1] Die Unsicherheit wird bei diesen Anwendungen noch einmal gesteigert – und die für die einzelne Betroffene möglichen Nachteile ebenso.

Hinzu kommt, dass es sich bei vielen algorithmischen Anwendungen, die gegenwärtig im Umlauf sind, um sogenannte *Black Boxes* handelt. Als Black Boxes werden in den Sozialwissenschaften Systeme bezeichnet, bei denen man den Input und den Output beobachten kann, allerdings keine Erklärung zur Funktionsweise des Systems vorliegt. Man kann versuchen, aufgrund des Verhältnisses von Input und Output auf die Funktionsweise des Systems zu schließen, wie dieses also die Eingabe in die Ausgabe umwandelt. Gesichertes Wissen hat man über die inneren Prozesse allerdings nicht. Einige algorithmische Anwendungen sind Black Boxes, weil sie proprietär sind, d.h. Eigentum bestimmter Personen oder Unternehmen, und beispielsweise als Betriebs- und Geschäftsgeheimnisse geschützt sind. Bei diesen Black Boxes wäre es prinzipiell möglich, zu verstehen, wie sie funktionieren, nur haben wir als Außenstehende keinen Zugang zu den notwendigen Informationen. Anders sieht es etwa mit Anwendungen aus, die auf sogenanntem *deep learning* beruhen. Hier ist zwar eine prinzipielle Erklärung der Funktionsweise des Modells, aber keine Erklärung der Einzelergebnisse möglich. Nicht einmal die Eigentümer:innen oder die Programmierer:innen können genau sagen, wie ein spezifisches Ergebnis zustande kommt (→ Maschinelles Lernen).

Digitale Technologien bieten also viele Momente der Unsicherheit. Hinzu kommt, dass bei einigen Anwendungen digitaler Technologien hohe persönliche Kosten entstehen können, sollten diese nicht leisten, was sie versprechen. Damit erfüllen sie wesentliche Elemente der oben erläuterten konzeptionellen Vorbedingungen von Vertrauen. Jedoch steht infrage, ob es sich bei diesen Anwendungen eigentlich um die angemessenen Adressat:innen einer Vertrauensbeziehung handelt. Letztlich handelt es sich bei ihnen um Objekte und für diese scheint zu gelten, dass wir unser Verhältnis zu ihnen besser als ein Sich-Verlassen beschreiben. Gleichzeitig lässt sich auch hier der Vertrauensbegriff nicht ganz ausklammern. Wie oben schon erläutert, handelt es sich bei Werkzeugen und Technologien um soziotechnische Systeme. Das heißt, wir mögen

---

[1] Anwendungen, die aufgrund ihrer Fehlerhaftigkeit zu problematischen Ergebnissen gelangen, die nur schwer aufgedeckt werden können, werden seit einigen Jahren in der KI-Ethik ausführlich diskutiert. Für einen guten Überblick s. O'Neill, C. (2016).

vielleicht nicht dem Artefakt selbst vertrauen, aber Vertrauen in soziale Systeme und Institutionen spielt auch bei diesen durchaus eine Rolle. Darüber hinaus hilft uns insbesondere bei Anwendungen, die auf maschinellem Lernen basieren, der gegenwärtig so genannten Künstlichen Intelligenz (KI), der Alternativbegriff der Zuverlässigkeit nur bedingt weiter: KI kann zwar im Großen und Ganzen oft beeindruckend gute Ergebnisse liefern, jedoch im Einzelfall häufig ebenso vollständig daneben liegen. KI ist in einer bestimmten Hinsicht wesenhaft unzuverlässig. Daher kann der für andere Technologien durchaus etablierte Gegensatz von Vertrauen und Vertrauenswürdigkeit auf der einen und Sich-Verlassen (*reliance*) und Zuverlässigkeit auf der anderen Seite hier nur unter Einschränkungen angewandt werden.

Eine zusätzliche Herausforderung besteht darin, dass neuere digitale Anwendungen über ansprechend gestaltete Interfaces verfügen, oft auch eine normalsprachliche Ausgabe von Ergebnissen, gegebenenfalls sogar über eine Stimme. Virtual Reality und holografische Anwendungen werden aktuell weiterentwickelt. Durch all diese technischen Entwicklungen wird die Immersion bei der Nutzung dieser Anwendungen verstärkt und darüber hinaus gegebenenfalls ein stärkerer Eindruck der quasi-persönlichen Interaktion erzeugt. Diese Anwendungen können daher ganz anders zu Vertrauen einladen als traditionelle Technologien:[2] Bei *Alexa* und *Siri* stellt sich eher die Vertrauensfrage als bei einem Taschenrechner.

Insbesondere im Feld der KI wird daher der Vertrauensbegriff jüngst ausführlich diskutiert. Seit der Veröffentlichung der »Ethik-Leitlinien für eine vertrauenswürdige KI« durch die Europäische Kommission (HLEG 2019), als einem Versuch, mit diesen Entwicklungen regulatorisch umzugehen, hat der Vertrauensbegriff im Bereich der KI-Ethik große Aufmerksamkeit erfahren (→ Ethik). Dabei ist zu beobachten, dass das Vertrauen im Kontext von Künstlicher Intelligenz entemotionalisiert und einer rationalistischen Handlungslogik unterworfen wird: Es soll nur vertrauenswürdiger KI vertraut werden und es werden Standards entworfen, wann Künstliche Intelligenz als vertrauenswürdig zu betrachten sei (Reinhardt 2022). Ob diese Technologie überhaupt in angemessener Weise als eine Adressatin einer Vertrauensbeziehung betrachtet werden kann, wird dabei kontrovers diskutiert. Inwiefern

---

2   Diese Design-Strategien, die vor allem auf ein affektives Vertrauen abheben, werden daher aus Perspektive der Technikethik durchaus kritisch gesehen. Nach Ess wäre ein solcher Zugang zum Design von Künstlicher Intelligenz »the height of deception and so a complete violation of any extant trust-relationship« (Ess 2020, 409).

Vertrauen und Vertrauenswürdigkeit darüber hinaus geeignete Begriffe für die politische und rechtliche Regulierung sind – zumal unter den politischen Prämissen freiheitlicher Demokratien – ist dabei eine weitere offene Frage.

Aber die Frage von Vertrauen stellt sich mit Hinblick auf ausgefeilte digitale Technologien nicht allein auf der Ebene der Mensch-Maschine-Interaktion, sondern auch mit Hinblick auf Mensch-Mensch-Interaktionen in digitalen Handlungsräumen: Dass wir uns in digitalen Welten nicht als verkörperte [embodied] Entitäten begegnen, wir darüber hinaus nicht einmal mehr mit Sicherheit wissen, ob unsere Interaktionspartner:innen Menschen oder Bots sind, stellt die Frage nach den Bedingungen der Möglichkeit von Vertrauen in diesen Handlungsräumen noch einmal auf eine neue Weise.

Abschließend möchte ich noch auf eine Vertrauensfrage verweisen, die mit einer der jüngsten Entwicklungen im Bereich digitaler Technologien zusammenhängt: mit generativen Sprachmodellen, die die Grundlage von Anwendungen wie etwa ChatGPT bilden. Diese Modelle wurden auf der Grundlage von Milliarden Dokumenten entwickelt. Die Textgenese dieser Systeme basiert dabei nicht auf Textverständnis, sondern auf Mustererkennung und Mustererproduktion mit Hinblick auf sogenannte Tokens, d.i. Buchstabensequenzen. Es wird dabei die Position dieser jeweiligen Tokens im Kontext aller übrigen berechnet und aufgrund dieser Analyse der Entfernungen zwischen Tokens die Wahrscheinlichkeit geschätzt, mit der ein bestimmtes Wort auf das nächste folgt. Die Ergebnisse die diese Anwendungen liefern, sind *nicht wahr*, sondern *wahrscheinlich*. Die Texte, die zum Beispiel ChatGPT generiert, können dabei auf den ersten Blick nur schwer von menschlichen Texten unterschieden werden und zeichnen sich oft durch eine hohe Eingängigkeit aus. Sie haben aber in keiner Weise den Anspruch, Fakten zu präsentieren. Auf diese Weise werden Normen der Wahrheit und Wahrhaftigkeit in der Kommunikation unterminiert, nicht als Fehler, Irrtum oder aus Böswilligkeit, wie wir es bereits von Menschen kennen, sondern als fester Bestandteil der Technologie selbst. Damit bekommen Fragen von Vertrauen und Vertrauenswürdigkeit durch diese Technologie noch einmal eine neue Dimension.

Zitierte Literatur

Baier, Annette (1986). Trust and Antitrust. Ethics 2, 231–260.

Ess, Charles (2020). Trust and Information and Communication Technologies. In: Simon, Judith (Hg.). The Routledge Handbook of Trust and Philosophy. New York u.a., Routledge, 405–420.

(HLEG 2019) Europäische Kommission. Generaldirektion Kommunikationsnetze, Inhalte und Technologien (2019). Ethik-Leitlinien für eine vertrauenswürdige KI. Brüssel, Publications Office.

Fricker, Miranda (2007). Epistemic Injustice. The Power and the Ethics of Knowing. Oxford, OUP.

Hartmann, Martin (2001). Einleitung. In: Ders./Offe, Claus (Hgg.). Vertrauen. Die Grundlage des sozialen Zusammenhalts, Frankfurt/New York, Campus, 7–34.

Jones, Karen (1996). Trust as an Affective Attitude. Ethics 107, 4–25.

Jones, Karen (2002). The Politics of Credibility. In: Antony, Louise/Witt, Charlotte (Hgg.). A Mind Of One's Own. Feminist Essays on Reason and Objectivity, London/New York, Routledge, 154–176.

Jones, Karen (2013). Distrusting the Trustworthy. In: Archard, David et al. (Hgg.). Reading Onora O'Neill, London/New York, Routledge, 186–198.

Lahno, Bernd (2001). On the Emotional Character of Trust. Ethical Theory and Moral Practice 4, 171–189.

Luhmann, Niklas (2014 [1968^1]). Vertrauen. 5. Auflage. Stuttgart u. München, UVK.

O'Neill, Cathy (2016). Weapons of Math Destruction. London, Crown Books.

O'Neill, Onora (2020). Questioning Trust. In: Simon, Judith (Hg.). The Routledge Handbook of Trust and Philosophy. New York u.a., Routledge, 17–27.

Reinhardt, Karoline (2022). Trust and Trustworthiness in AI Ethics. AI & Ethics 3, 1–10.

Reinhardt, Karoline/Sinn, Johanna (2024). Neue Vertrauensfragen? Digitalisierung und Künstliche Intelligenz. In: Zeitschrift für Praktische Philosophie 11.1.

Taddeo, Mariarosaria (2010). Modelling Trust in Artificial Agents. Minds and Machines 20, 243–257.

Weckert, John (2011). Trusting Software Agents. In: Ess, Charles/Thorseth, Mary (Hgg.). Trust and Virtual Worlds. Contemporary Perspectives. New York, Lang, 89–102

Weizenbaum, Joseph (1976). Computer Power and Human Reason. From Judgement to Calculation, New York, Freeman.

Weiterführende Literatur

Frevert, Ute (2013). Vertrauensfragen. Eine Obsession der Moderne. München, C.H. Beck.
O'Neill, Onora (2002). A Question of Trust. Cambridge, CUP.
Reinhardt, Karoline/Sinn, Johanna (2024) (Hgg.). Vertrauensfragen. Digitalisierung und Künstliche Intelligenz. Themenschwerpunkt der Zeitschrift für Praktische Philosophie, 11.1.

Virtualität

Jörg Noller

Virtualität wird im Kontext der Digitalisierung zumeist unter dem Begriff der »virtuellen Realität« (VR) diskutiert. Virtuelle Realität steht im Verdacht, ein »Modewort« (Esposito 2000, 269) des neueren technologischen Diskurses geworden zu sein. Schlimmer noch: Es sei ein Gegenstand von »Computernarren und Modephilosophen«, zähle zu den postmodernen »Zauberworten« und sei insofern »keine Domäne der Wissenschaft« (Mittelstraß 2004, 67). In der Tat ist der Begriff des Virtuellen – und mehr noch derjenige der virtuellen Realität – äußerst problematisch. Er steht »als Bezeichnung für audiovisuelle und taktile Simulationstechnologien« (Knebel/Grötler 2001) im Kontext von anderen Begriffen wie »Augmented Reality« (AR), ohne dass damit jedoch geklärt wäre, inwiefern es sich dabei um »Realitäten« handelt, die einmal »virtuell« und einmal »erweitert« sind. Zurecht hat Herbert Hrachovec von »begriffliche[n] Turbulenzen« gesprochen, »in denen sich die Orientierungsschwierigkeit bemerkbar macht, denen eine an Computern und neuen Medien interessierte Philosophie ausgesetzt ist« (Hrachovec 2002, 241). Um den Begriff der Virtualität, und damit auch denjenigen der virtuellen Realität genauer zu bestimmen, muss das Verhältnis zu den Modalitäten von Wirklichkeit, Aktualität und Möglichkeit genauer bestimmt werden, ebenso zu denjenigen von Simulation, Fiktion und Illusion (→ Fiktion; Simulation; Ontologie, vgl. für eine ontologische Analyse virtueller Realität Noller 2023).

Eine kurze Begriffsgeschichte

Durch die Entwicklung neuerer Kommunikations- und Simulationstechnologien ist der Begriff der »virtual reality« (VR) ins Zentrum nicht nur des technologischen Diskurses gerückt. Es ist nicht übertrieben zu behaupten, »VR is one of the scientific, philosophical, and technological frontiers of our era« (Lanier

2017, 1), wie es Jaron Lanier in seinem Buch *Dawn of the New Everything. A Journey through Virtual Reality* getan hat. Die lebensweltliche Bedeutung virtueller Realität darf jedoch keinesfalls darüber hinwegtäuschen, dass insbesondere der Begriff der Virtualität einer philosophischen Klärung bedarf.[1] Zurecht sprechen die Herausgeber des *Handbuchs Virtualität* von einer »schlechte[n] Beleumundung des Virtuellen« und verweisen auf eine »Begriffsgeschichte, die das Virtuelle in einem semantischen Feld verortet, das häufig negativ konnotiert ist« (Kasprowicz/Rieger 2020, 6).

Gerade aus philosophischer Perspektive ist deswegen auch der Begriff der virtuellen Realität problematisch. Philip Brey bemerkt zum Begriff der Virtualität aus philosophischer Perspektive: »Currently, there is widespread ontological confusion about virtual reality and its relation to the real world, which contributes to a flawed understanding of virtual reality and its potential« (Brey 2014, 43). Diese ontologische Konfusion bezüglich des Begriffs virtueller Realität zeigt sich etwa darin, dass er als ein »Oxymoron« (Welsch 2000, 169) verstanden wird, insofern Virtualität kausal wirkmächtig in Erscheinung tritt und nicht mehr ohne weiteres als *bloße* Simulation oder Illusion verstanden werden kann. Die notorische Problematik des Begriffs virtueller Realität darf jedoch nicht zu der resignativen These führen, »dass die Versuche einer trennscharfen Unterscheidung von Realem und Virtuellem sich als nicht operabel erwiesen haben« (Kasprowicz/Rieger 2020, 6).[2] Vielmehr gilt es, den Begriff der Realität so auf den der Virtualität zu beziehen, dass sich virtuelle Realität einerseits als genuine *Form* von Realität erweisen lässt, dass aber andererseits damit keine Neben- und Scheinwelt eröffnet wird, die jeden Bezug zur physikalischen Realität und Lebenswelt verliert (→ Leben; Materie).

Die Begriffsgeschichte des Virtuellen ist durch zwei grundverschiedene Traditionen gekennzeichnet: auf der einen Seite die neuzeitliche Tradition der komplexen Illusion (»fake«), die an der optischen Illusion orientiert ist; auf der anderen Seite die antike und scholastische ontologische Tradition des »potential« im Sinne der lateinischen Bedeutung von »virtus«, also Kraft (Ryan 2001, 27). Es zeigt sich nun angesichts der neueren Entwicklungen der digitalen Technik und neuen Medien, dass insbesondere die letztere Bedeutung immer mehr ins Zentrum rückt. Nicht mehr erscheint Virtualität als

---

1   Vgl. dagegen Durante (2022, 320): »Seeking endless definitions of the virtual, may thus be futile or perhaps even counterproductive.«

2   Vgl. in diesem Sinne auch Rieger/Schäfer/Tuschling 2021, 7: »Die Thematisierung der Virtualität ist nicht mehr auf die Frage, was sie ist, einzugrenzen«.

Form der Illusion oder Simulation, sondern als genuine *Form von Wirklichkeit*.[3] Dennoch scheinen Virtualität und Realität in einem Spannungsverhältnis zueinander zu stehen. Wir müssen jedoch zwischen Wirklichkeit und Aktualität unterscheiden. Der Begriff des Virtuellen ist nur dem des Aktualen bzw. Eigentlichen entgegengesetzt. Damit ist ausgedrückt, dass das Virtuelle durchaus wirklich sein kann, jedoch nicht in derjenigen Form existiert, wie sie ›eigentlich‹ der Fall ist oder sein sollte. Dies zeigt an, dass Virtualität ein Fall von *Künstlichkeit* ist, die jedoch dadurch nicht gleich antirealistisch mit bloßer Fiktion oder Illusion gleichzusetzen ist. Die Begriffsgeschichte der Virtualität ist komplex,[4] doch lässt sich Virtualität neben der Bedeutung von Kraft auf den Begriff des *nicht-Aktualen* zurückführen. Dass etwas, nämlich das Virtuelle, »nicht aktual« sei, kann auf zwei Weisen verstanden werden: (1) Es existiert nicht *wirklich* und daher nur eine Simulation oder Illusion; (2) es existiert nicht *im eigentlichen Sinne*, ist aber dennoch *wirklich*. Formen der Eigentlichkeit sind gewöhnlich Formen physischer Realität, also solcherart, dass etwas in Raum und Zeit existiert. Beide Lesarten von »eigentlich« werden im alltagssprachlichen Diskurs häufig vermischt bzw. nicht streng genug unterschieden. Im Folgenden soll nun an der zweiten Bedeutung des Aktualen angesetzt werden, was es erlaubt, von »virtueller Realität« zu sprechen, ohne damit ein Oxymoron zu bilden.

Virtueller Realismus

Der Begriff »virtuelle Realität« wird oft synonym zu mehr oder weniger perfekter, technisch ermöglichter »Illusion« (Krämer 1998, 33; Welsch 2000, 201), »Simulation« (Knebel/Grötler 2001; Chalmers 2022) oder »Fiktion« (Krämer 1998, 31; Esposito 2000) verwendet. Diese drei Formen medialer Irrealität kulminieren im Phänomen der *Immersion*, in welcher der simulierte und fingierte Schein ungebrochen als Realität wahrgenommen wird. Im Gegensatz zu dieser anti-realistischen Ansicht kann aber gezeigt werden, dass virtuelle Realität

---

3   Vgl. Floridi (2015, 44): »By making virtuality more real than ever before, the digital transition undermines the real/virtual divide, and thereby all dualist forms of thinking.« Vgl. auch Holischka 2018, 86f.

4   Vgl. zur uneinheitlichen älteren Begriffsgeschichte und Begriffsverwendung zwischen Kraft und Illusion: Knebel/Grötler 2001

eine eigene *Form* von Realität darstellt, die immer schon Teil unserer Lebenswelt war. Virtuelle Realität ist also nicht nur mit digitaler (Simulations-)Technik zu identifizieren, sondern manifestiert sich in ganz verschiedenen Bereichen der menschlichen Kultur – prominenterweise im Phänomen des Geldes (vgl. Grimshaw 2014, 4).

Einer der Pioniere auf dem Feld der philosophischen Virtualitätsforschung, Michael Heim, hat in seinem bereits 1993 erschienenen Buch *The Metaphysics of Virtual Reality* virtuelle Realität als »totally immersive computer simulation« (Heim 1993, XI) bestimmt. In seinem darauffolgenden Buch *Virtual Realism*, dessen Cover bezeichnenderweise eine VR-Brille ziert, bestimmt er den virtuellen Realismus lebensweltlich als »an art form, a sensibility, and a way of living with new technology« (Heim 1998, IX). Ein weiterer Pionier auf dem Feld der VR-Technologie, Jaron Lanier, bietet gleich 52 Definitionen, die das Phänomen virtueller Realität bestimmen sollen. Dabei handelt es sich jedoch mehr um Charakterisierungen und Beschreibungen als um notwendige und hinreichende Kriterien. Seine Bestimmungen reichen von »general-purpose simulator« (Lanier 2017, 137) hin zu einer »ultimate media technology« (Lanier 2017, 204), einer »new art form« (Lanier 2017, 237) und einem intersubjektiv teilbaren LSD-Rausch (Lanier 2017, 151). Lange Zeit war die Tendenz vorherrschend, Virtualität und Realität als Gegenbegriffe zu verstehen, die sich zwar nicht kategorisch gegenüberstehen, sondern sich in einer Art Kontinuum ineinander überführen lassen (Milgram/Kishino 1994). Doch auch eine solche Kontinuumstheorie des Virtuellen vermag es nicht, den ontologischen Status von virtueller Realität jenseits von bloßer Simulation oder Illusion angemessen zu verstehen. Denn damit entstehen ontologisch hybride Bereiche, die gerade nicht zur Klärung des Verhältnisses von Virtualität und Realität beitragen.

Neuerdings hat der Begriff der Virtualität jedoch weniger mit Blick auf die Simulation und Illusion als auf die *Realität* verstärkte Beachtung erfahren. Es hat gar den Anschein, als werde mit stetiger Entwicklung der neuen Medien die Bereitschaft immer größer, virtuelle Realität als Realität eigener Art anzuerkennen und von bloßer Simulation zu unterscheiden. Bezeichnend für diese Tendenz innerhalb der Forschung sind zwei Handbücher – das *Oxford Handbook of Virtuality* (Grimshaw 2014) und das *Handbuch Virtualität* (Kasprowicz/Rieger 2020). Die Herausgeber des letzteren halten gleich zu Beginn ihrer Einleitung die irreduzible, lebensweltliche Bedeutung der Virtualität fest:

»Virtualität hat im 21. Jahrhundert eine Normalisierung in zahlreichen gesellschaftlichen Bereichen erfahren. War das Virtuelle noch bis zum Ende des 20. Jahrhunderts von euphorischen bis apokalyptischen Reaktionen um den Menschen im Cyberspace begleitet, hat es inzwischen Eingang in zahlreiche standardisierte Praktiken gefunden« (Kasprowicz/Rieger 2020, 1).

Das Phänomen der Virtualität wird also immer mehr als ein *Modus von Realität* und gerade nicht mehr als eine Art von Realitätsverweigerung oder Realitätsflucht sichtbar.

Die ontologische Konfusion, von der Philip Brey bezüglich des Begriffs virtueller Realität spricht, rührt daher, dass wir nicht umhinkönnen, virtuellen Gegenständen eine gewisse Realität zuzugestehen, obwohl sie von der physikalischen (›aktualen‹) Realität gänzlich verschieden sind. Darauf hat Philip Brey zurecht hingewiesen: »Virtual objects do exist, they populate the virtual environments used by millions of users all over the world, and they are things we refer to and interact with« (Brey 2004, 43). Hier könnte man nun argumentieren, dass virtuelle Gegenstände bloße Simulationen von realen Gegenständen seien. Tatsächlich müssen wir simulierte Gegenstände von virtuellen Gegenständen unterscheiden. Denn während Simulationen von ihren realen Vorbildern abhängig sind, sie diese nur modellhaft darstellen, indem sie von ihrer gesamten Wirklichkeit abstrahieren, besitzen virtuelle Gegenstände eine gewisse Autonomie, die sie von ihren physikalischen ›aktualen‹ Vorbildern unterscheiden und davon unabhängig und eigenständig werden lassen (vgl. dagegen Malpas 2009). Sie können gar ein Eigenleben entwickeln und fiktive Eigenschaften hinzugewinnen, die ihnen normalerweise gar nicht zukommen. Deswegen müssen wir virtuelle Gegenstände sehr wohl als reale Objekte verstehen (→ Materie): »Digital objects qualify as objects because they are persistent, unified, stable structures with attributes and relations to other objects, and agents can use and interact with them« (Brey 2004, 44).

Virtuelle Realität in diesem realistischen Sinne ist jedoch ein Phänomen, welches sich auch außerhalb der Computertechnologie findet, etwa am Beispiel von Banknoten. Diese besitzen ihren Wert nicht physikalisch *an sich* bzw. *aktual*, sondern erst virtuell, d.h. *kraft* einer intersubjektiven Gemeinschaft und sozialer Institutionen, die diesen Wert garantieren. Das Beispiel der Banknote verdeutlicht, dass virtuelle Realität sich aus komplexen, intersubjektiven Praktiken und Medien ergibt. Diese Konstitutionsbedingungen virtueller Realität sind nicht einfach im Sinne ›bloßer‹ Konstruktion zu verstehen, da sie ontologische Relevanz besitzen, insofern darauf kausal wirksame Prozesse emergieren (→ Sozialität).

Verstehen wir Virtualität in diesem ursprünglichen Sinne einer Kraft und unterschieden von bloßer Simulation, so erlaubt sie uns die alternative Realisierung bereits bestehender Phänomene und verweist damit auf unsere Freiheit und Autonomie. Virtuelle Realität ist demnach keine perfekte Simulation oder Duplikation bestehender Phänomene, sondern eine freie Form ihrer alternativen, nicht-aktualen Realisierung. David Chalmers versteht dagegen virtuelle Realität unabhängig von der konkreten Praxis der Subjekte, sondern – in physikalistischer Analogie – abhängig von dem im Hintergrund arbeitenden und erzeugenden Simulator. Bezeichnend für diese Problematik ist eine Abbildung, die Chalmers mit »Plato's cave in the 21st century« (Chalmers 2022, 8) untertitelt. Sie zeigt drei Personen in einem dunklen Keller sitzend, verkabelt und mit VR-Brillen auf dem Kopf. Hinter ihnen steht eine Person, die ihnen die Simulationen eingibt; eine helle Treppe nach oben verweist auf den Ausgang. Nach Chalmers gilt, »life in virtual reality can have the same sort of value as life in nonvirtual reality« (Chalmers 2022, 312). Auch Luciano Floridi hat sich zur Bestimmung virtueller Realität der Analogie mit Platons Höhlengleichnis bedient:

> »Some people have spent all of their lives chained to the wall of a cave. They face a blank wall, on which they can see only shadows projected by things that are passing in front of a fire behind them. This is as close as Plato could get, technologically, to the idea of a virtual reality« (Floridi 2014, 238).[5]

Platons Höhlengleichnis lässt noch eine andere Deutung virtueller Realität als diejenige von Chalmers und Floridi zu – jenseits von Illusion und Simulation. Verstehen wir virtuelle Realität realistisch, so weist sie uns bereits begrifflich aus der Höhle hinaus, indem sie uns ein (normatives) Kriterium liefert, Realität von bloßer Simulation, Illusion und Fiktion zu unterscheiden. Virtuelle Realitäten sind *Realitäten eigenen Rechts*, die nicht von einer anderen, aktualen Realität strukturanalog abhängen, wie es Simulationen tun. Ebenso müssen virtuelle Realitäten von bloßen Fiktionen und Illusionen unterschieden werden. Denn Fiktionen und Illusionen *evozieren* und *imaginieren* nur Realitäten, auf die wir uns zwar immersiv einlassen können, die jedoch als solche keine

---

[5] Vgl. in diesem Sinne auch Durante (2022, 319): »Plato's cave is a celebration of virtual reality.«

kausale Kraft besitzen, um ihr den Status von substanzieller Realität zu verleihen. Virtuelle Realitäten hingegen fusionieren simulative und fiktionale Momente, insofern sie einerseits *teleologisch-strukturell* wie eine Simulation auf eine vorgegebene, aktuale Realität bezogen sind, von dieser *material* und *medial* wie eine Fiktion verschieden sind, dies jedoch unter Wahrung ihrer ontologischen Eigenständigkeit und Verbindlichkeit. Virtuelle Realitäten implizieren insofern eine kognitiv voraussetzungsvolle Ontologie jenseits bloßer Illusion. Dies wird etwa daran deutlich, dass Kindern der hohe Wert einer Banknote – missverstanden als bloßes Papier – nicht ohne weiteres einleuchtet, verglichen mit dem material präsenteren und aktualen, wenngleich weniger wertvollen Medium des Münzgeldes.

Thesen zur Virtualität

Wir können zwischen einer *Kontinuitätsthese* und einer *Disruptionsthese* virtueller Realität unterscheiden. Erstere behauptet, dass virtuelle Realität erst mit der Entwicklung neuer Medien und VR-Technologie ermöglicht wurde. Letztere vertritt die Auffassung, dass virtuelle Realität immer schon Teil der menschlichen Kultur war und sich etwa in Form von Zahlungsmitteln zeigt, die ihren Wert nicht an sich selbst bzw. physisch haben, sondern ›nur‹ virtuell. Tatsächlich spricht vieles für die Kontinuitätsthese, denn sie macht die Ontologie und Teleologie virtueller Realität besonders lebensweltlich konkret verständlich. Eine Banknote hat ihren Wert nicht auf materieller, physischer Basis, d.h. nicht ›eigentlich‹, sondern nur dank objektiver intersubjektiver Verfahren und Institutionen. Virtuelle Realität ist damit klar zu unterscheiden von bloßer Fiktion, Simulation und Illusion, auch wenn sie Momente davon besitzt.

Das Verhältnis zwischen physischer Realität und realistisch verstandener virtueller Realität ist komplex. Wir können zwischen drei möglichen Verhältnissen unterscheiden:

(1) *Verdopplung*: Die virtuelle Realität existiert ›neben‹ bzw. ›über‹ der physischen Realität. Wir leben nicht nur ein Leben in der physischen Welt, sondern auch ›parallel‹ auf digitalen Plattformen und im Metaversum. Auch dort besitzen wir Gegenstände, die aber nicht physisch bzw. materiell sind, sondern virtuell existieren, wie etwa NFTs (*non fungible tokens*).

(2) *Ersetzung*: Die virtuelle Realität ersetzt die physische Welt (sukzessive). Dies zeigt sich etwa ökonomisch in Redeweisen, dass eine bestimmte Technologie »disruptiv« sei und eine veraltete Technologie revolutionär ablöse.

(3) *Erweiterung*: Die virtuelle Realität ergänzt und erweitert die physische, aktuale Welt. Wir leben weder nur noch physisch gebunden noch virtuell, sondern auf hybride Weise. Unser Körper wird selbst zur Schnittstelle und Medium der Vermittlung zwischen physischer und virtueller Realität, etwa dadurch, dass wir durch ihn im Metaversum bzw. *Cyberspace* navigieren (→ Raum). Formen von »Augmented Reality« lassen sich im Sinne dieser Erweiterung verstehen. Digitale virtuelle Elemente werden in unsere physische Welt systematisch einbezogen, um so unsere Orientierung oder unseren Handlungsspielraum zu vergrößern.

Aus ethischer Sicht erweist sich das dritte Verhältnis der Erweiterung als am überzeugendsten. Denn es konstituiert nicht eine dualistische Welt und ersetzt auch nicht technokratisch die physische Realität, sondern eröffnet im Sinne menschlicher Autonomie und Kreativität alternative Handlungs- und Produktionswege, jenseits eines einseitigen »Entweder-Oder«. Zugleich wird damit die Möglichkeit eröffnet, den Prozess der Virtualisierung zu *kritisieren*, d.h. ihn nicht als alternativlosen Fortschrittszwang zu interpretieren. Denn anders als etwa von transhumanistischen Positionen vertreten,[6] sind der Virtualisierung Grenzen gesetzt (→ Transhumanismus). Virtualisieren lässt sich nur solches, was in teleologischen und instrumentellen Kontexten steht, d.h. eine bestimmte lebensweltliche *Funktion* und *Rolle* zu erfüllen hat. Während dies bei digitalen Objekten und Geld zweifelsohne der Fall ist, ist dies für menschliche Personen, die nicht nur Mittel zum Zweck, sondern immer auch *Selbstzweck* sind,[7] kategorisch ausgeschlossen.

---

6   Vgl. Kurzweil 2005, 9: »There will be no distinction, post-Singularity, between human and machine or between physical and virtual reality.«

7   Vgl. Kant 1990ff., GMS, 4:429: »Handle so, daß du die Menschheit sowohl in deiner Person, als in der Person eines jeden andern jederzeit zugleich als Zweck, niemals bloß als Mittel brauchst.«

Zitierte Literatur

Brey, Philip (2014). The Physical and Social Reality of Virtual Worlds. In: Grimshaw, Mark (Hg.). The Oxford Handbook of Virtuality. Oxford, OUP, 42–54.
Chalmers, David (2022). Reality+. Virtual Worlds and the Problems of Philosophy. New York, W. W. Norton.
Durante, Massimo (2022). Technology and the Ontology of the Virtual. In: Vallor, Shannon (Hg.). The Oxford Handbook of Philosophy of Technology. Oxford, OUP, 318–340.
Esposito, Elena (2000). Fiktion und Virtualität. In: Krämer, Sybille (Hg.). Medien – Computer – Realität. Wirklichkeitsvorstellungen und Neue Medien. Frankfurt a.M., Suhrkamp, 269–296.
Floridi, Luciano (2015). The Onlife-Manifesto. Being Human in a Hyperconnected Era. Cham, Springer.
Grimshaw, Mark (2014). Introduction. In: Grimshaw, Mark (Hg.). The Oxford Handbook of Virtuality. Oxford, OUP, 1–14.
Heim, Michael (1993). The Metaphysics of Virtual Reality. Oxford, OUP.
Heim, Michael (1998). Virtual Realism. Oxford, OUP.
Holischka, Tobias (2018). Virtualität und Macht. In: Brenneis, Andreas et al. (Hgg.). Technik – Macht – Raum. Das Topologische Manifest im Kontext interdisziplinärer Studien. Wiesbaden, Springer, 81–90.
Hrachovec, Herbert (2002). Virtualität. Aktuelle Orientierungspunkte. Allgemeine Zeitschrift für Philosophie 3, 241–256.
Kant, Immanuel (1900ff.). Grundlegung zur Metaphysik der Sitten [GMS]. In: Preußische Akademie der Wissenschaften (Hg.). Akademie-Ausgabe [AA], Bd. 4. Berlin, De Gruyter.
Kasprowicz, David/Rieger, Stefan (2020). Einleitung. In: Dies. (Hgg.). Handbuch Virtualität, Wiesbaden, Springer, 1–22.
Knebel, Sven/Grötler, Ralf (2001). Virtualität. In: Historisches Wörterbuch der Philosophie online. doi.org/10.24894/HWPh.5529.
Krämer, Sybille (1998). Zentralperspektive, Kalkül, virtuelle Realität. Sieben Thesen über die Weltbildimplikationen symbolischer Formen. In: Vattimo, Gianni/Welsch, Wolfgang (Hgg.). Medien – Welten – Wirklichkeiten. München, Fink, 27–37.
Kurzweil, Ray (2005). The Singularity is Near. London, Duckworth.
Lanier, Jaron (2017). Dawn of the New Everything. A Journey through Virtual Reality. London, The Bodley Head.

Malpas, Jeff (2009). On the Non-Autonomy of the Virtual. Convergence: The International Journal of Research into New Media Technologies 2, 135–139.

Milgram, Paul/Kishino, Fumio (1994). A Taxonomy of Mixed Reality Visual Displays. IEICE Transactions on Information Systems E77–D/12, 1321–1329.

Mittelstraß, Jürgen (2004). Sonderwelten und sonderbare Welten. Eine Kritik der virtuellen Vernunft. Neue Zürcher Zeitung (NZZ) vom 16./17.10.2004. https://www.nzz.ch/article90q1e-ld.320249 (zuletzt geprüft 2024-03-30).

Noller, Jörg (2023). Virtuelle Realität. Eine Ontologie. Philosophisches Jahrbuch 2, 3–18.

Rieger, Stefan/Schäfer, Armin/Tuschling, Anna (2021). Virtuelle Lebenswelten: Zur Einführung. In: Dies. (Hgg.). Virtuelle Lebenswelten. Körper – Räume – Affekte, Berlin, De Gruyter, 1–10.

Ryan, Marie-Laure (2001). Narrative as Virtual Reality. Immersion and Interactivity in Literature and Electronic Media. Baltimore u.a., The Johns Hopkins University Press.

Welsch, Wolfgang (2000). ›Wirklich‹. Bedeutungsvarianten – Modelle – Wirklichkeit und Virtualität. In: Krämer, Sybille (Hg.). Medien, Computer, Realität. Frankfurt a.M., Suhrkamp, 169–212.

Weiterführende Literatur

Holischka, Tobias (2016). CyberPlaces. Philosophische Annäherungen an den virtuellen Ort. Bielefeld, transcript.

Noller, Jörg (2022). Digitalität. Zur Philosophie der digitalen Lebenswelt. Basel, Schwabe.

Noller, Jörg (2024). Was ist digitale Aufklärung. Mit Kant zur medialen Mündigkeit. Freiburg u.a., Herder.

Visualität

Eva Schürmann

Visualität ist alles, was mit Sehen und Sichtbarkeit zu tun hat, wobei zwischen Sichtbar*sein* und Sichtbar*machen* wohl zu unterscheiden ist. Sichtbares kann wahrgenommen oder übersehen werden, Sehende können ihrerseits sichtbar sein oder selbst ungesehene Beobachter. Das Sichtbare kann *sich zeigen* im Sinne eines Erscheinens, oder es kann gezeigt werden durch eine Darstellung, Inszenierung oder Repräsentation. Das Erscheinen wiederum kann täuschender Anschein sein und nur ›so aussehen wie‹ oder aber so sein, wie es erscheint, freilich perspektivisch und aspektisch. Medien und Techniken des Sichtbarmachens wie Filme, Bilder, Modelle, Performances u.v.m. visualisieren, vergegenwärtigen oder repräsentieren, sie ermöglichen oder verstellen *als-was* etwas wahrgenommen werden kann. Unter dem Visuellen werden häufig auch anschauliche Vorstellungen und *mental images* verstanden. Unser eigenes Sichtbarsein steckt das Feld sozialer Visibilität ab. Ich gehe all diese Charakteristika nun so knapp wie möglich durch, um danach zu erörtern, was sie unter den Bedingungen von Digitalität bedeuten.

Bewusstsein und Imagination

Ein eigenes Problemfeld besteht darin, die Tätigkeit des Sehens von anderen Bewusstseinsleistungen abzugrenzen. Es ist alles andere als klar, wie sinnliches Wahrnehmen von mentalen Akten wie Verstehen und Auffassen trennscharf abzugrenzen sein soll. Freilich sind visuelle Wahrnehmungsakte an funktionstüchtige Augen gebunden und auf funktionierende Nervenbahnen und Reizweiterleitungen angewiesen. Aber sie sind in den seltensten Fällen begriffsloses Anstarren, vielmehr sind sie eingebettet in Vorverständnisse und verbunden mit Wissen (etwa über die Beschaffenheit einer Umgebung; → Wissen). So kommt sinnliches Vernehmen kaum jemals ohne eine Beteiligung des Denkens und Deutens vor. Um Sehen und Denken separieren zu können, müsste es eine basale Schicht neutraler Sinnesempfindung geben, aus der in einem zweiten erfahrbaren Schritt ein Erkenntnisakt folgte. Das aber lässt sich in der Praxis kaum jemals ausmachen, vielmehr sieht man, indem man deutet, und deutet, indem man sieht, beispielsweise dann, wenn man den emotionalen Ausdruck in der Mimik einer Person erkennt, oder auch – wenngleich unter größerer Beteiligung der Phantasie – wenn man einen imaginären Gegenstand in Wolkenumrissen wiederzuerkennen vermeint.

Visuelles Wahrnehmen ist folglich genauso intentional gerichtet wie andere Bewusstseinsakte und Aufmerksamkeitsleistungen auch (Brentano 1971, Husserl 1966). Seine Ausrichtung hängt stark von optischen Perspektiven ab, aber auch von epistemischer Perspektivität überhaupt: So wie uns ein räumlicher Standpunkt das von dort aus wahrgenommene Objekt eben nur von einer bestimmten Seite oder in einer bestimmten Ansicht zeigt, erkennen wir auch im epistemischen Gegenstandsbezug nur jeweilig begrenzte Aspekte und erzeugen abgeschattete Seiten. Intentionalität ist dabei kein neutraler Aufmerksamkeitsschwenk auf schlechthin Vorhandenes, sondern eine Konstitutionsleistung, die das Sichtbare auf individuelle und produktive Weise sieht. Intentionalität ist ein qualitativer Modus geistiger Ausrichtung (vgl. Schürmann 2020, 17–32), der Perspektivität des Sehens und Aspekthaftigkeit des Gesehenen noch übergreift.

Um die Variabilität von Wahrnehmungsprozessen, selektiver Aufmerksamkeit und den Zusammenhang von Sehen und Blindheit erklären zu können, hat die Tradition von Immanuel Kant über Johann Gottlieb Fichte bis Georg Wilhelm Friedrich Hegel ein bildermachendes Vermögen namens Einbildungskraft angenommen, was in anderen Sprachräumen als Phantasie und Imagination reflektiert wurde. Ohne solche Vorstellungskräfte mitten im Wahrnehmen selbst wären individuelle und kulturelle Abweichungen einzelner Wahrnehmungsakte nicht zu erklären. Auch beim stillschweigenden Ergänzen der an sich unsichtbaren Seiten eines Gegenstands muss eine Beteiligung dieser Kräfte angenommen werden. Erinnerungen und Erwartungen prägen ebenfalls intentional, was wie wahrgenommen werden kann. Nur weil etwas physikalisch sehbar wäre, wird es noch lange nicht wirklich gesehen. Es kann übersehen oder anders-wahrgenommen werden.

Bereits in den 80er Jahren stellt Hal Foster lakonisch fest: »the physical processes of sight and the ›social fact‹ of visuality [are] not sharply distinguished. Although vision suggests sight as a physical operation, and visuality sight as a social fact, the two are not opposed as nature to culture« (Foster 1988, IX).

Doch bleibt unklar, wie sich die Physiologie des Sehens zu seiner kulturellen Überformung verhält. Damit kehrt gewissermaßen das ganze Geist-Materie Problem im Sehen wieder. Um eine Formulierung des französischen Phänomenologen Maurice Merleau-Ponty aufzugreifen, stellt sich die Frage, »wie Bedeutung und Intentionalität Molekulargebäude oder Zellenhaufen zu bewohnen vermögen« (Merleau-Ponty 1994/1966, 402). Denn das, was wir sehen, ist nicht unbedingt das, »was wir dem Netzhautbild zufolge sehen müssen« (Merleau-Ponty 1994/1966, 52). Um das Sehen aus unproduktiven Dichotomien zwischen Natur und Kultur hinauszuführen haben in jüngerer Zeit einige Theoretiker:innen es als Handeln qualifiziert (Noë 2004; Schürmann 2008)[1]. So versteht Alva Noë Perzeption als »an activity of exploring the environment drawing on knowledge of sensorimotor dependencies and thought« (Noë 2004, 228). Die sensomotorische Einbettung betont auch der enaktivistische Ansatz von Evan Thompson (vgl. etwa Thompson 2005). Eva Schürmann (2008) beschreibt Sehen als Praxis, um mit einem aristotelischen Handlungsbegriff die performative und sozial eingebettete Form des Wahrnehmungshandelns zu erschließen. Praxis ist der Oberbegriff einer Handlungssphäre, die ein poetisches und ein praktisches, d.h. ein instrumentelles und ein selbstzweckhaftes Profil hat. Durch solche handlungstheoretischen Theorien sollen die verschiedenen Aspekte und Qualitäten visueller Wahrnehmung als Informationsaufnahme, Sehen-als, Blicken etc. erschlossen werden.

Embodied vision

Sowohl Enaktivismus als auch praxis-theoretischen Ansätze verdanken wesentliche Einsichten der phänomenologischen Wahrnehmungstheorie Merleau-Pontys, der bereits zur Mitte des 20. Jahrhunderts mehrere Mythen und Abstraktionen einer kritischen Revision unterzogen hat. Der frühe Merleau-Ponty knüpft, wenn auch kritisch, an Untersuchungen von Gestalttheoretikern wie Kurt Koffka (1935) und später an Mediziner wie Kurt Goldstein (vgl. 1934) an. In seinem Hauptwerk *Phänomenologie der Wahrnehmung* (Merleau-Ponty 1945/1966) erkundet er die Tätigkeit und die Erfahrung des Sehens als

---

1 Der aristotelische Begriff der Praxis ist ein handlungstheoretischer Begriff, der die Modalität einer Handlung, als das Wie ihrer Durchführung betont. Im englischen Sprachraum klingt er offenbar zu sehr nach Pragmatismus, so dass dort eher von *action* gesprochen wird (vgl. Bernstein 1971).

einer Weise, sich in der Welt zu bewegen und sie sich zu erschließen. Dabei interessiert ihn die erstpersonale Perspektive nicht als individuell-subjektives Erleben, sondern als allgemeine Strukturbedingung Subjekt-spezifischer Welterschließung. Diese Strukturbedingung ist wesentlich über den Körper, der wir selbst sind, (französisch *corps propre*, deutsch *Leib*) bestimmt. Dieser sei nicht einfach ein »Nachrichtenübermittler«, und der Sinnesapparat »nicht bloß ein ›Leiter‹« (Merleau-Ponty 1945/1966, 29). Der Leib hat nicht den Charakter eines Werkzeuges, dessen sich ein Subjekt bedient. Er ist vielmehr Medium im Sinne eines Milieus, er steht zwischen Wahrnehmendem und Wahrgenommenen. Selbst sichtbar und selbst räumlich ist der Leib mit all seinen aufeinander abgestimmten Sinnen als raumzeitliches, sensomotorisches Wahrnehmungsorgan inmitten der Wahrnehmungswelt. Diese Verkörperungsdimension des Wahrnehmens wird in der digitalisierten Welt, wie noch erörtert wird, einschneidend verändert.

Okulozentrismus-Kritik

Die westlich abendländische Kultur gilt als vornehmlich präsenz-orientiert, eine verbreitete Kritik lautet, sie privilegiere das Sichtbare vor dem Hörbaren und den Sehsinn über alle anderen Sinne. Viele Okulozentrismus-kritische Stimmen weisen bereits im 20. Jahrhundert darauf hin, dass die Hegemonie paternalistischer Blicke Sexismus und Rassismus, Marginalisierung und Ausgrenzung mit sich führt. Luce Irigaray (vgl. insbesondere 1974/1980) zufolge wird Alterität insgesamt und weibliche Andersheit insbesondere dadurch nachgerade unsichtbar. Jacques Derrida versteht die abendländische Rationalität unter anderem deshalb als »logozentrisch«, weil sie »den Sinn des Seins als Präsenz« (Derrida 1967/1974, 76; vgl. ferner Derrida 1967/1972, 121–235) begreife. Logozentrismus gilt hier zugleich als okulozentristisch und vice versa. Unter dem Stichwort »Phallogocularzentrismus« (Jay 1993, Kapitel 9) werden Phallus, Logos und Auge gleichermaßen als Instrumente patriarchaler Machtanmaßung kritisiert. Sehen gilt im Kontext der Metaphysik-Kritiker als ebenso hegemonial und anmaßend wie die Vernunft selbst. Denn sowohl dem Okulozentrismus als auch dem Logozentrismus wird vorgeworfen, durch denselben gewaltförmigen Mechanismus strukturiert zu sein (→ Materie).

Auch Emmanuel Lévinas formuliert eine dezidierte Kritik am abendländischen Okulozentrismus. Sie beginnt bereits beim Licht als Metapher des Erkennens, durch die die westliche Rationalität sich von Anfang an als Denken des Selben und nicht des Anderen darstelle. Alle Operationen der Vernunft zielten auf Identifikation, und das Sehen stehe ganz im Dienst einer Taxierung. Als panoramatische Überflugbewegung müssten dem Sehen notwendig alle Differenzierungen entgehen, wobei Lévinas dies nicht für ein Versagen einer bestimmten Art des Sehens hält, sondern für sein maßgeblichstes Charakteristikum. Die Sinne versagten notwendigerweise mehr, als sie erschlössen. Das hindert den Autor jedoch nicht daran, mit der Figur des Antlitzes (*le visage*) ein Phänomen der Sichtbarkeit spekulativ auszubuchstabieren, durch das im Sinnlichen das Sinnliche überstiegen wird. Der Anblick des Gesichts einer anderen Person und der Blick aus ihren Augen werden ganz im Unterschied zur Blicktheorie Sartres als Akt der Entmächtigung des Blickenden durch den Erblickten verstanden (Lévinas 1961/1993).

Digitalität und Virtualität

Was heißt das nun in einer so weitreichend digitalisierten Welt wie der der hochtechnisierten Industrienationen? Es kann kein Zweifel darüber bestehen, dass Sichtbarkeit und Sichtbarmachung in einem menschheitsgeschichtlich beispiellosen Ausmaß unter den Bedingungen des Digitalen potenziert werden. Wenn man sich klarmacht, wieviel vom Alltagsleben *onscreen* und *online* stattfindet, wie sehr Videokonferenzen, Online-Bestellungen und Computerarbeit den Arbeitsalltag bestimmen, welche Ubiquität von hochauflösenden Smartphone-Kameras und Überwachungskameras, mit denen jederzeit mitgeschnitten wird, vorherrscht, welche Legionen von *selfies*, *screen-* oder *snapshots* auf wie vielen einschlägigen Plattformen gepostet werden (→ Überwachung), erkennt man, dass Präsenzerzeugung das vorherrschende Merkmal der Zeit ist.

Versteht man unter dem Digitalen zunächst einmal alles, was mit maschinen-lesbarem Datenverkehr, Computertechnologie, Algorithmizität und binär codierten, diskreten Einheiten zu tun hat, fragt sich allerdings, ob das Sehen selbst eigentlich digitalisierbar ist (→ Algorithmus, Information). Probleme der Robotik mit Gesichtserkennung, und mehr noch mit Gesichtsausdruckserkennung zeigen bislang, wie schwer die Tätigkeit des Sehens für Maschinen erlernbar ist, auch wenn fieberhaft an einer Verbesserung der technischen Systeme gearbeitet wird.

Sybille Krämer hat als »Kulturtechnik der Verflachung« (Krämer 2020, 62) eine Tendenz der bebilderten und beschrifteten Zweidimensionalität beschrieben:

> »Inskribierte und illustrierte Flächen erzeugen einen zweidimensionalen Sonderraum der Überschaubarkeit und Kontrolle für Leser und Betrachterinnen – zumindest scheint es so – denn das Dahinter und Darunter, also die Tiefendimension, ist hier annulliert. [...] Vernetzte Digitalität zeigt ihren Januskopf. Eine neue Opazität, also Undurchsichtigkeit mit noch kaum überschaubaren Folgen ist entstanden« (Krämer 2018, 9).

Ambivalenzen und Janusköpfigkeit scheinen in der Tat die entscheidenden Charakteristika des Digitalen bzw. der digitalisierten[2] Welt zu sein. Das können wir uns anhand der zuvor beschriebenen Dimensionen des Sehens, der Präsenzkritik und der Verkörperungsthematik klarmachen.

Während ein Kleinkind die charakteristischen Unterschiede zwischen einem Hund und einer Katze nach wenigen Beispielbildern verstanden hat, muss der Computer mit riesigen Datenmengen gefüttert werden, um auf eine adäquate Trefferquote zu kommen. Offenbar ist das Schachspielen für Computer sehr viel einfacher als das Sehen. Denn freilich sind Spielregeln leicht zu implementieren, sie sind ja selbst bereits so etwas wie Algorithmen, nämlich Handlungsvorschriften zwecks Problemlösung. Hingegen sind die Leistungen von Bewusstsein und Einbildungskraft beim Wahrnehmen kaum in binäre Codes zu transformieren. Der Vergleich des Auges mit einem camera-obscura-Kasten war immer schon problematisch, aber die Handlung und Praxis des Sehens sind vollends nicht mehr im Rahmen dieses Modells zu denken. Das Auge agiert in Verbindung mit dem Gehirn und dem gesamten Organismus, anstelle der lichtempfindlichen Platte, auf die fixiert wird, reagieren Nervenbahnen im Kontext eines Leibes, der zu einer Person gehört, die zu einer Kultur und Gesellschaft gehört. Bereits Hermann von Helmoltz (1867, §9), der den Vergleich von Auge und *camera obscura* noch für im Prinzip instruktiv hielt, räumte ein, dass die *camera obscura* nicht wortwörtlich sieht, wie die Netzhaut als empfindlicher Teil des Nervensystems es tut. Denn gerade der Konnex von Sehen und Bewusstsein macht die Analogie von Sehen und Fotografieren falsch. Die Augen sind keine transparenten Fenster zur Welt

---

2   Zur Unterscheidung vgl. Felix Stalders These, Digitalität verhalte sich zu Digitalisierung wie die Buchkultur zur Alphabetisierung (Stalder 2021, 4).

und die Kamera ist kein intentional gerichtetes Bewusstsein, das selektieren und ausblenden, Zusammenhänge er- oder verkennen kann.

Den Zusammenhang von Auge und Gehirn beschreibt der Physiologe Rudolf E. Lang anschaulich so: Wenn die *Mona Lisa* unzählige Male am Tag fotografiert wird, »erstickt ihr Licht in einem Stück Silizium«.

»Schafft sie es aber durch die Pupille ins Auge, beginnt eine Reise, der gegenüber sich die Fahrt zum Mond wie eine öde Spritztour ausnimmt. Sie steht auf der Schwelle zu dem bunten Kosmos aus Bildern, Gefühlen, Erinnerungen und Erwartungen, den Milliarden von Nervenzellen im Kopf eingerichtet haben und der unser ganz persönliches Tun und Handeln bestimmt« (Lang 2014, 9f).

Die Datenmengen sind auch hier gigantisch, jedoch nicht digital-diskret. Zwar wird technische Gesichtserkennung, wie der Medienwissenschaftler Roland Meyer erläutert, heute anders trainiert als früher:

»Um etwa zu trainieren, ein und dasselbe Gesicht in unterschiedlichen Situationen aus verschiedenen Perspektiven und bei wechselnden Lichtverhältnissen zuverlässig demselben Namen zuzuordnen, werden künstliche neuronale Netze mit riesigen Mengen von Bilderserien gefüttert, die anders als die institutionellen Bilddatenbanken der 1990er Jahre nicht unter standardisierten, sondern unter realweltlichen Bedingungen aufgenommen wurden« (Meyer 2021, 17).

Doch beruhen auch heutige Trainingsprogramme zur Ausdruckserkennung immer noch auf alten Basis-Emotionen des Psychologen Paul Eckman (Meyer 2021, 44ff), die sich angeblich universell auf eine Handvoll mimischer Muskelbewegungen zurückführen lassen sollen (→ Emotion). Tatsächlich werden dadurch jedoch auch rassistische und sexistische Stereotype reproduziert (Misselhorn 2021). Wie Roland Meyer zurecht schreibt, ist »die Zukunft der Gesichtserkennung [...] nicht allein eine technische, sondern vor allem eine politische Frage« (Meyer 2021, 67).

Kritische Präsenz

Während die Transhumanisten aus dem Silicon Valley sich Unsterblichkeitsträumen überlassen (→ Transhumanismus), leben wir aus okulozentrismuskritischer Sicht in einem potenzierten *Nightmare*. Sämtliche Diagnosen der Präsenzkritik treffen heute mehr denn je zu. Das Internet, das manche als Inbegriff des Digitalen verstehen, ist wesentlich ein visuelles Medium, in dem wir zahllosen optischen Eindrücken, Oberflächenphänomenen und visuell gestalteten Benutzeroberflächen begegnen. Was ›gelikt‹ wird, Bilder, die ›viral gehen‹, Twitterfeeds, Facebook Gemeinschaften und TikTok basieren zum größten Teil auf visuell präsentierten Darstellungen. Was bereits im 20. Jahrhundert als ›Ökonomie der Aufmerksamkeit‹ (Franck 1998) und als ›Gesellschaft des Spektakels‹ (Debord 1967/1996) kritisiert wurde, ist ein exponentiell angewachsenes Universum angeschauter und anschauender Lebewesen.

Dabei bedeutet elektronische Verbreitung und Algorithmizität, dass automatisierte Zuschreibungsverfahren und selbst verstärkende Effekte für Hypes wie für Marginalisierungen sorgen. Der von bell hooks (1992) bereits in den 90er kritisierte Sexismus und Rassismus medialer Repräsentation wird heute durch ›algorithmic bias‹ und buchstäblich ›blinde‹ Automatismen vielfach potenziert. Auf diese Weise werden politische Probleme der Macht des Blicks unter digitalen Bedingungen noch verstärkt. Die immer weiter voran getriebene Visualisierung führt eine eklatante Unsichtbarmachung mit sich. *Images* und hergestellte Erscheinungsbilder, eine anhaltende Privilegierung der weißen Hautfarbe usw. verstellen und verdecken das gesellschaftlich-Ungesehene und erzeugen neue blinde Flecken.

Im Unterschied zur analogen und physischen Wirklichkeit gibt es im Digitalen mehr Voyeur-Situationen ungesehener Zuschauerschaft. Soziales Sichtbarsein wird zwar medial inszeniert, möglicherweise auch im metaphorischen Sinn verflacht, vor allem aber gibt es jederzeit Situationen, in denen man selber sichtbar ist, ohne das Publikum zu sehen, bzw. umgekehrt, in denen jemand Zuschauerin sein kann, ohne gesehen zu werden. Einen sichtbaren Körper zu haben, mit dessen sensomotorischen Fähigkeiten man eine raumzeitliche Welt erschließt, wird dadurch einschneidend verändert, weil erstmals entkoppelt vom Sehen und Gesehenwerden.

Reale Virtualität

In den Debatten über das Virtuelle fungiert der Begriff meist in Abgrenzung zum Begriff Realität (→ Virtualität). Es ist jedoch fraglich, ob von der »Realität selbst« überhaupt sinnvoll die Rede sein kann, oder ob nicht vielmehr immer schon die erfahrene Realität gemeint ist. Erfahrungsrealität jedoch kann per definitionem nicht geist-unabhängig sein, und sie ist auch von vornherein nicht substanz-ontologisch zu bestimmen. Wahrgenommenes und Erfahrenes muss real und kausal wirksam sein, weil es ein erlebendes Bewusstsein gibt, das sich in seiner intentionalen Ausrichtung auf ein wie immer geartetes Etwas bezieht, das seinerseits wirkmächtig ist. Die ontologischen Probleme, die daraus folgen, etwa wie es sein kann, dass etwas existiert ohne real zu sein bzw. umgekehrt, dass etwas real-wirksam ist, obwohl es keineswegs physisch existiert wie bspw. Fiktionen, diese Paradoxien sind dem Umstand geschuldet, dass geistige Akte wie Sehen und Denken insgesamt mit der Vergegenwärtigung von etwas, das ›als es selbst‹ auf denkwürdige Weise abwesend ist, zu tun haben. Das ergänzende Sehen etwa sieht mehr als das physikalisch Vorhandene oder das physiologisch Sichtbare, und das Denken kann sich vollends auf Gegenstände ausrichten, die nie je existierten, wie etwa literarische Gestalten oder Homers Götter.

Diese Wirkmächtigkeit der wahrgenommenen Realität bildet die Etymologie des Wortes Virtualität indessen genau richtig ab. Sie ist im englischen Sprachgebrauch noch in Ausdrücken wie ›by virtue of‹ erhalten geblieben. Virtus im Sinne von Kraft und Tüchtigkeit bedeutet eine Wirksamkeit ›kraft derer‹ etwas befähigt ist, auf das wahrnehmende Bewusstsein einzuwirken. Real ist etwas dann kraft seiner realen Effekte auf ein Anderes, das es erfahren kann. Was offenkundig sowohl auf alles Virtuelle, aber auch für Fiktionen, Simulationen und leider auch auf Illusionen zutrifft.

Ich denke, man wird den Problemen am ehesten dann gerecht, wenn man das Verhältnis von Realität und Virtualität als eines der chiastischen Verflechtung konzipiert: Realität ist virtuell, insofern sie wirksam ist, und das Virtuelle ist real, insofern es kausal auf das Existierende einwirkt. Doch werden dadurch qualitative Unterschiede zwischen dem Dreidimensionalen und dem Flächigen, zwischen physischer Ausgedehntheit und mentalen Vorstellungen sowie zwischen körperlicher Taktilität und visueller Erscheinung nicht nivelliert. Wenn man, wie etwa David Chalmers es tut (Chalmers 2022), bereits unter Pixeln eine Art Materialisierung versteht und vom Modus des Erfahrens und Wahrnehmens ausgeht, ist das Virtuelle selbstverständlich »genuin real«. Doch macht es wohl bekannte Unterschiede, ob wir uns im dreidimensionalen Raum treffen oder in einem *Zoom meeting*. Manche betrachten letzteres freilich nicht ganz zu Unrecht als Form einer gesteigerten, augmentierten Realität. Wenn man etwa in Europa mit jemandem, der in Australien lebt, ein Gespräch buchstäblich ›unter vier Augen‹ führen kann, bedeutet das eine Form von Verbundenheit, die weit mehr ist, als wenn man sich nur hörte oder schriebe. Umgekehrt haben aber auch jene Recht, die den Verlust anderer Sinneserfahrungen betonen wie bspw. die haptischen Qualitäten des Mediums Buch gegenüber den Lesen von PDF-Dateien. Auch wenn man sich bei der Videotelefonie immerhin sehen und zeigen kann, fehlen doch Gerüche und Berührungen.

Wie auch immer man also Gewinn und Verlust bewerten mag, die Virtualisierung des Realen ist nicht aufzuhalten und zwingt zur Anerkennung der Realität des Virtuellen.

Zitierte Literatur

bell hooks (1992). Black Looks. Race and Representation. Boston, South End Press.

Bernstein, Richard J. (1971). Praxis and Action. Philadelphia, University of Pennsylvania Press.

Brentano, F. C. (1971). Psychologie vom empirischen Standpunkt. 2 Bde. (O. Kraus, Ed.; 1–2). Hamburg, Meiner.

Chalmers, David (2022). Reality+. Virtual Worlds and the Problems of Philosophy. New York, W.W. Norton.

Debord, Guy (1967/1996). Die Gesellschaft des Spektakels (Originaltitel: La société du Spectacle, 1967). Berlin, Edition Tiamat.

Derrida, Jacques (1967/1972). Die Schrift und die Differenz (Originaltitel: L'écriture et la différance, 1967). Übersetzt von Rodolphe Gasché. Frankfurt a.M. Suhrkamp.

Derrida, Jacques (1967/1974). Grammatologie (Originaltitel: De la grammatologie 1967). Übersetzt von Hans-Jörg Reinberger und Hanns Zischler. Frankfurt a.M., Suhrkamp.

Foster, Hal (1988). Introduction. In: Ders. (Hg.). Vision and Visuality. New York, The New Press, IX-XIV.

Franck, Georg (1998). Ökonomie der Aufmerksamkeit. München, Hanser.

Goldstein, Kurt (1934). Über Zeigen und Greifen. Nervenarzt 4, 453–446.

Helmoltz, Hermann von (1867). Handbuch der physiologischen Optik. Leipzig, Leopold Voss.

Husserl, Edmund (1966). Analysen zur passiven Synthesis. Hua Bd. XI (M. Fleischer, Ed.). Den Haag, Martinus Nijhoff.

Irigaray, Lucie (1974/1980). Speculum – Spiegel des anderen Geschlechts (Originaltitel: Speculum de l'autre femme, 1974). Übersetzt von Xenia Rajewski. Frankfurt a.M., Suhrkamp.

Jay, Martin (1993). Downcast Eyes. The Denigration of Vision in Twentieth-Century French Thought. Berkeley, University of Califorina Press.

Koffka, Kurt (1935). Principles of Gestalt Psychology. New York, Harcourt Brace.

Krämer, Sybille (2018). Der ›Stachel des Digitalen‹ – ein Anreiz zur Selbstreflexion in den Geisteswissenschaften? Ein philosophischer Kommentar zu den Digital Humanities in neun Thesen. In: Schubert, Charlotte (Hg.). Digital Classics Online 4, 5–11. doi.org/10.11588/dco.2017.0.48490.

Krämer, Sybille (2020). »Kulturtechnik Digitalität«. Über den sich auflösenden Zusammenhang von Buch und Bibliothek und die Arbeit von Bibliotheken unter den Bedingungen digitaler Vernetzung. In: Köstner-Pemsel, Christina/Stadler, Elisabeth/Stumpf, Markus (Hgg.). Künstliche Intelligenz und Bibliotheken 34. Österreichischer Bibliothekartag. Graz, Grazer Universitätsverlag, 57–73.

Lang, Rudolf Ernst (2014). Sehen wie sich das Gehirn ein Bild macht. Stuttgart, Reclam.

Lévinas, Emmanuel (1961/1993). Totalität und Unendlichkeit. Versuch über die Exteriorität (Originaltitel: Totalité et Infini: essai sur l'extériorité, 1961). Übersetzt von Wolfgang Nikolaus Krewani. Freiburg u.a., Alber.

Merleau-Ponty, Maurice (1945/1966). Phänomenologie der Wahrnehmung (Originaltitel: Phénoménologie de la perception, 1945). Übersetzt von Rudolf Boehm. Berlin, De Gruyter.

Meyer, Roland (2021). Gesichtserkennung. Vernetzte Bilder, körperlose Masken. Berlin, Wagenbach.

Misselhorn, Catrin (2021). Künstliche Intelligenz und Empathie. Vom Leben mit Emotionserkennung, Sexrobotern & Co, Stuttgart, Reclam.

Noë, Alva (2004). Action in Perception. Cambridge Mass., MIT Press.

Schürmann, Eva (2008). Sehen als Praxis. Frankfurt a.M., Suhrkamp.

Schürmann, Eva (2020). Die Modalität des Hinschauens. In: Dörpinghaus, Andreas/Lembeck, Karl-Heinz (Hgg.). Sehen als Erfahrung. Baden-Baden, Alber, 17–32.

Stadler, Felix (2021). Was ist Digitalität? In: Hauck-Thum, Uta/Noller, Jörg (Hg.). Was ist Digitalität? Philosophische und pädagogische Perspektiven, Berlin, Metzler, 3–7.

Thomson, Evan (2005). Sensorimotor subjectivity and the enactive approach to experience. Phenomenology and the Cognitive Sciences 4, 407–427.

Weiterführende Literatur

Fiorentini, Elsa/Elkins, James. (2020). Visual Worlds. Looking, Images, Visual Disciplines. New York, OUP.

Gibson, James J. (1979). The Ecological Approach to Visual Perception. Houghton, Mifflin.

Thompson, Evan/Noë, Alva (2002) (Hgg.). Vision and Mind. Selected Readings in the Philosophy of Perception. Cambridge Mass., MIT Press.

Wissen

Tom Poljanšek

Etwas zu wissen bedeutet, nicht extra noch einmal nachsehen zu müssen. Entsprechend geht *der Glaube, etwas zu wissen*, oft mit der Neigung einher, sich des Geglaubten nicht noch einmal zu vergewissern, sondern – zum Guten wie zum Schlechten – unter der Voraussetzung seiner Richtigkeit weiterzumachen. Das Festhalten des Geglaubten als gewusst erlaubt eine komplexitätsreduzierende Einschränkung dessen, womit außerdem gerechnet werden muss. Wissen lässt sich damit funktional als evidentiell gedeckte, *durch ein Subjekt vorabgewickelte Zukunft* fassen, die es ihm gestattet, sich für die Dauer von dessen Geltung auf seine verinnerlichten Notizen, Routinen und Reflexe zu verlassen, statt diese noch einmal mit dem jeweils aktuellen Stand der Dinge abgleichen zu müssen (→ Zukunft). Solange es erfolgreich als Wissen fungieren soll, setzt als gewusst Geglaubtes somit ein Gleichbleiben der Sachverhalte voraus, auf die es sich bezieht.

An dieser Stelle rekurriert die Philosophie häufig auf die Unterscheidung zwischen einem *zweifelsfreien* (etwa apriorisch oder notwendig geltenden) *Wissen* – »episteme« – und *Wissensansprüchen*, die sich auf Erfahrung berufen und daher stets *Gefahr laufen, durch künftige Erfahrung widerlegt zu werden* – »doxa«. Sofern letzteres für unsere alltäglichen Belange zentral ist, liegt der Fokus im Folgenden auf *Wissen mit beschränkter Geltung*. Ein solches, ›situiertes‹ Wissen gilt nicht immer und notwendig, sondern je für *zeiträumlich begrenzte Situationen*.[1] Diese können von sehr unterschiedlicher Ausdehnung und Dauer sein, wie auch die Gründe für das zeiträumlich begrenzte Gleichbleiben von Strukturen, Mustern oder Regelmäßigkeiten, für die solches Wissen gilt, sehr verschieden sein können. So können wir zum Beispiel wissen, dass die Schwer-

---

1 Ausgeblendet bleibt, dass derlei Wissen durch »versachlichende« Indizierung in ›immergültiges‹ Wissen transformiert werden kann (vgl. Poljanšek 2022, 138ff.).

kraft auf der Erde (zumindest für die Dauer ihrer Existenz in ihrer aktuellen Form) ca. 9,81 m/s² beträgt.

Wir können aber auch wissen, dass in bestimmten (geographisch oder digital lokalisierbaren) Regionen bestimmte normative Verhaltenserwartungen bezüglich der Realisierung sozialer Praktiken (wie Sprache, Memegebrauch, Verhalten in Nahbeziehungen etc.; → Kultur; Sozialität) verbreitet sind, so dass wir mit deren situationssensibler Einhaltung rechnen können. Wenn ein Videospiel eine bestimmte *physics engine* verwendet, gilt das entsprechende Wissen bezüglich des Kollisions- und Bewegungsverhaltens der Objekte für die Situation ebendieses Spiels, möglicherweise auch in Variation für entsprechende Fortsetzungen oder Titel desselben Genres. Analoges gilt für Handgesten, Tastenkombinationen und sonstigen Eigenheiten der Navigation und Bedienung, die Geräte wie Smartphones oder Apps und Social-Media-Anwendungen ihren Verwender:innen vorzeichnen. Diese mögen sich im Laufe der Zeit durchaus ändern, dies hindert uns aber nicht daran, uns entsprechendes Wissen mit beschränkter Geltung anzueignen.

Implizites Wissen zwischen Hintergrund und Vorderwelt

Wissen kann in verschiedener Formatierung vorliegen. Auf einer sehr allgemeinen Ebene lassen sich *explizites* und *implizites Wissen* voneinander unterscheiden (Collins 2010). Über explizites Wissen verfügt ein Subjekt in Form wahrer, propositional formulierbarer Überzeugungen, während implizites Wissen all diejenigen Vermögen eines Subjekts umfasst, die ihm (in einem sehr weiten Sinn) ›folgerichtiges‹ oder einstimmiges, situationsangemessenes Verhalten ermöglichen, ohne dass es dazu expliziten Nachdenkens oder bewusst vollzogener Interpretationen bedürfte. Sofern ihm angesichts der sich im Zuge der Digitalisierung stellenden Herausforderungen eine besondere Rolle zukommt, konzentrieren sich die folgenden Überlegungen auf *implizites Wissen* (vgl. Ernst/Schröter 2017).

Implizites Wissen wird häufig am Paradigma praktischer Fertigkeiten (wie Laufen oder Fahrradfahren) exemplifiziert und im Gegensatz zu explizitem Wissen etwa als »*knowing how*« (Ryle 1949, 47) oder »*tacit knowledge*« (Polanyi 1966) bezeichnet. Dies legt zunächst ein Bild mechanisch, aus »eingelebter« oder »dumpfe[r] Gewöhnung« (Weber 2005, 726) vollzogener Tätigkeiten nahe, die ohne echte Bewusstseinsbeteiligung ›blind‹ vollzogen würden. Zum impliziten Wissen gehört jedoch auch der ganze Bereich der Tätigkeiten, deren allmähliche Verfertigung beim Leben vom Einzelnen verlangt, *on the fly* stimmig oder folgerichtig in bisherige Ereignis-, Handlungs-, Denk- oder Interaktionszusammenhänge sich Fügendes beizutragen, ohne lange darüber nachzudenken: Ein solches, sich in einen bisherigen Zusammenhang Fügendes kann der nächste Schritt auf einem glitschigen Grund ebenso sein wie ein witziger Wortbeitrag in einer ausgelassenen Konversation, das Spielen der nächsten Töne bei einer Jazzimprovisation oder das Orchester flink-präziser Tastenkombinationen, mit denen man im Videospiel den schwierigen Endgegner besiegt.

Nicht so sehr haben wir es in solchen Fällen nur mit automatisierten Routinen zu tun, die nach vertrautem Schema mechanisch abgespult werden, sondern mit *vorprädikativen Formen verkörperten Erlebens, Denkens* und *Handelns*, die jeweils mit einer eigenen Sicht[2] und Optik auf die entsprechende Situation einhergehen und auch instantane Entscheidungen innerhalb eines eingeschränkten Spielraums *in situ* aufgeblendeter Möglichkeiten einschließen (→ Visualität). Welche Möglichkeiten sich Verwender:innen dabei je situativ nahelegen, hängt von ihrem jeweiligen dispositionalen *Hintergrund* (Poljanšek 2022, 476ff.) ab, der mindestens teilweise das Ergebnis bisheriger Sozialisation und Eingewöhnung ist. Durch unsere Hintergründe sind uns Situationen und ihre Gegenstände durch die »spontane[] Semiologie« (Bourdieu 1979, 144) unserer Erfahrung je im Lichte dessen gegeben, was *es situativ für uns mit ihnen auf sich hat, was mit ihnen anzufangen ist*: Wer einen bestimmten Gebrauch des Totenkopf-Emoji verinnerlicht hat, reagiert irritiert, verwendet jemand diesen *nicht* zur Ironiemarkierung. Da nun ihre Hintergründe mitunter divergieren, leben Menschen ganz unmetaphorisch in unterschiedlichen Wirklichkeiten (Poljanšek 2022): *Die Wirklichkeit des iPhone-Users ist – zumindest partiell – eine andere als die Wirklichkeit des Android-Users.*

Es nimmt daher nicht wunder, dass viele der heutigen Technologien, Apps und Informationsregime um die habituelle Fixierung genau dieser, sich einzelnen Verwender:innen intuitiv nahelegenden Möglichkeiten und Vorstellungen konkurrieren (vgl. Winkler 2008, 261f.). So besteht die gegenwärtige Aufmerksamkeitsökonomie unter anderem auch in einem Wettstreit um die *Hintergründe* der Konsument:innen.

---

2 Heidegger bezeichnet diese Sicht als »Umsicht« (1967, 69).

Zwischen Oberfläche und Innenleben – Herstellungs- vs. Verwendungswissen

Ein Umstand, der im Zusammenhang von Wissen und Digitalität eine besondere Rolle spielt, betrifft das Verhältnis von *(Benutzer-)Oberfläche* und *Innenleben* der Dinge (vgl. Poljanšek 2011; Hookway 2014): Unser alltäglicher, erfahrungsmäßiger Zugriff auf die Wirklichkeit lässt sich grundsätzlich als *oberflächlich* beschreiben, sofern die ›inneren‹ Realitäten der Dinge sich uns gewöhnlich hinter äußeren Erscheinungen und Anblicken verbergen und wir es normalerweise bei dieser Oberflächlichkeit bewenden lassen. Es besteht hier eine »Dualität zwischen uneigentliche[r] Vorderwelt und eigentlicher Hinterwelt« (Steiner 2006, 290), wobei aus der Perspektive unseres Alltags die *Vorderwelt der Erscheinungen* gegenüber der *Hinterwelt des transphänomenalen Realen* das Wesentliche ist. Für die alltägliche »Bühne des Lebens ist«, wie Dilthey formuliert, »die Rückwand der Kulissen einerlei« (Dilthey 1990, LVIII). So können wir zum Beispiel wissen, dass Wasser bei einer Temperatur von 0 °C gefriert und bei 100 °C verdampft, ohne zu wissen, welche Gesetzmäßigkeiten dieser Korrelation zugrunde liegen. Analog steht es um unser Wissen bezüglich des Funktionierens der allermeisten Apparate, Apps und Anwendungen, mit denen wir alltäglich unser Leben bestreiten: Als Einzelne wissen wir zwar, *wie wir erfolgreich mit diesen interagieren*, was aber (auf der Ebene der Programmierung oder gar auf der Ebene ihrer physischen Realisierung) *ihrem Funktionieren ermöglichend zugrunde liegt*, wissen wir in den meisten Fällen nicht (und brauchen es auch nicht zu wissen, solange an der Oberfläche alles hinreichend reibungsfrei funktioniert, keine Schwierigkeiten auf den tieferliegenden Systemebenen auftreten).

Dies gilt schon für die nichttechnischen, nichtdigitalen Dinge und Abläufe der Natur, es gilt aber umso mehr für all jene Gegenstände und Prozesse, bei denen sowohl die – uns zu allerlei Tätigkeiten und Ablenkungen einladenden – *Benutzeroberflächen* und *Interfaces* als auch das komplizierte, mechanisch-digitale *Innenleben* – welches sich hinter ihnen (oder inzwischen auch in der Cloud und auf Serverfarmen) verbirgt – von anderen designt, programmiert und gestaltet sind. Wie Blumenberg (1999, 35f.) formuliert, bewegen wir uns in technisierten Umgebungen in einer »Sphäre von Gehäusen, von Verkleidungen, unspezifischen Fassaden und Blenden«, in welcher der jeweils »gewünschte Effekt [...] apparativ sozusagen fertig für uns bereit« liegt, während er »sich in seiner Bedingtheit und der Kompliziertheit seines Zustandekommens sorgfältig vor uns« verbirgt.

Mit der zunehmenden Digitalisierung unserer Lebenswelten vertieft sich so die Kluft zwischen dem *Wissen, welches zur Bestreitung eines gewöhnlichen Alltags benötigt wird* – dem *Verwendungswissen* in Bezug auf die Dinge unserer Wirklichkeit – und dem *Herstellungswissen, welches erforderlich ist, um die in ihrem Funktionieren in Anspruch genommenen Apparate und Anwendungen* (ohne vorgefertigte Skripte und Rezepte) *selbstständig verstehend herzustellen* (vgl. Poljanšek 2011; Floridi 2019, 35ff.). Tatsächlich müssen sich heute Hersteller beliebiger Geräte und Anwendungen beinahe ausnahmslos auf ihnen anderweitig zur Verfügung gestellte Funktionen, Applikationen und Informationen verlassen, ohne diese wiederum selbst zu durchschauen. Konnte José Ortega y Gasset (1983, 97) 1929 noch mit Bedauern notieren, dass der Mensch wohl nie »die Begeisterung für die Apparate auf die Theorien ausdehnen [wird], die sie ermöglichen«, erscheint es heute geradewegs unmöglich, das Ensemble der technischen und theoretischen Ermöglichungsbedingungen unseres Alltags auch nur annähernd zu durchschauen. *Der Mensch kann immer mehr, indem er immer mehr von dem, was er kann, selbst nicht zu können braucht.*

Die jüngsten Entwicklungen im Bereich der KI lassen vermuten, dass Menschen sich zukünftig in zunehmendem Ausmaß auf ihnen anderweitig bereitgestellte Funktionen und Informationen verlassen werden, die zwar durchaus *nachweislich empirisch reliabel* sein können, für deren faktische Zuverlässigkeit in einer konkreten Situation aber keine Expert:innen der Herstellung mehr epistemische Verantwortung werden übernehmen können. Sollte diese Entwicklung sich tatsächlich fortsetzen, würden die algorithmischen *Black Boxes* dem Menschen zunehmend Bedingungen seiner Existenz bereitstellen, deren konkrete Ermöglichungsgründe ihm weitestgehend verschlossen blieben. Die (digitale) Technik ginge damit selbst in einen Zustand der ›zweiten Natur‹ über, sofern man die ›erste‹ Natur (im Gegensatz zur Technik) als etwas begreift, das man undurchschaut in dem, was es für einen bereithält, in Anspruch nimmt, aber nicht selbst herzustellen imstande wäre. Ihrerseits wäre die neue Technik als zweite Natur zwar *von uns hergestellt, dadurch aber noch lange nicht durchschaut*. Analog kann man sich eine KI-gestützte ›Naturwissenschaft‹ imaginieren, die zwar bessere Vorhersagen träfe als jede von Expert:innen verstehbare Theorie, selbst aber durch keine Expert:in mehr nachvollziehbar wäre. Die naturwissenschaftliche »Emanzipation von den anthropomorphen Elementen« (Planck 1909, 11) wäre damit gewissermaßen vollendet, sofern sie zuletzt noch den menschlichen Verstand als epistemischen Letztunterzeichner ihrer Geltung hinter sich ließe.

Auch, was sich sonst noch unbemerkt hinter der Oberfläche abspielt, bleibt uns im Alltag vielfach verborgen. So findet sich im Innenleben der Anwendungen und Geräte – neben der Implementierung der ›eigentlichen‹ Funktionen – auch Raum für den Einbau von allerlei Formen von Missbrauch, Manipulationen und ungewollte Eingriffe, die heute aus gutem Grund teils in scharfer Kritik stehen. Konnte man bei der (ersten) Natur wenigstens noch vermuten, dass kein *genius malignus* das Innenleben der Dinge zum Vorteil unbekannter Dritter manipuliert, ist bei technischen Geräten und Social Media Apps ein gewisses Grundmisstrauen durchaus angebracht (→ Vertrauen).

Von Interface zu Interface – Extended Backgrounds und individualisierte Inhalte

Stellte für lange Zeit die analoge *face-to-face* Situation das Paradigma zwischenmenschlicher Kommunikation dar, findet diese heute zunehmend in (face-to-)*interface-to-interface*(-to-face) Situationen statt. Dabei gehen Menschen für gewöhnlich davon aus, dass das, was sie senden, im Regelfall das ist, was beim Gegenüber ankommt. Dies ist allerdings nur unter der nicht unproblematischen Voraussetzung der Fall, dass sich die Hintergründe der je Involvierten bezüglich des Infragestehenden hinreichend ähneln. Werden nun jedoch neben den menschlichen auch *technische Hintergründe* mediierend zwischengeschaltet, nehmen die Komplikationen zu: So lässt sich exemplarisch bei Kurznachrichtendiensten beobachten, dass die zur Darstellung von Emojis verwendeten Piktogramme zwischen den Betriebssystemen trotz Unicode teils starke Unterschiede aufweisen, mitunter auch gar nicht dargestellt werden können. Da Piktogramme (sofern sie nicht bereits durch den Gebrauch spezifisch semiotisiert sind, wodurch ihre piktoriale Wahrnehmung teilweise überschrieben wird) aufgrund ihrer visuellen Gestalt unmittelbar mit bestimmter Valenz und Konnotation aufgefasst werden, kann dies durchaus zu kommunikativen Interferenzen führen: *What you see may not be what the other one gets* (→ Visualität).

Analog zur »*extended mind*« (Clark/Chalmers, 1998) bekommen wir es in der digitalen Welt mehr und mehr auch mit *extended Backgrounds* zu tun, wobei diese jeweils all diejenigen *Selektionsprozesse* umfassen, die *unabhängig vom habituellen Hintergrund der Subjekte festlegen, was konkret auf ihrem jeweiligen technischen Interface zur Darstellung kommt*. So umfasst der extended Background neben den verwendeten Geräten und Plattformen auch die durch Algorithmen und KI vermittelten, teils individualisierten Selektionen von Inhalten (etwa im Fall von Microtargeting oder individualisierten Suchmaschinenergebnissen), automatische Übersetzungen von Nachrichten und Kommentaren, sowie die Individualisierung der Inhalte, die etwa auf sozialen Plattformen durch Abonnements zustande kommen (→ Algorithmus; Kapitalismus; Künstliche Intelligenz).

War in Bezug auf die ›alte‹, analoge Welt noch einigermaßen sichergestellt, dass sich divergierende Auffassungen (wie immer verwickelt) alltagsontologisch auf dieselben ›Sachen‹ beziehen, über die sich dann (mit mehr oder weniger großem Erfolg) sachbezogen streiten ließ, wenden die vermeintlichen ›Sachen selbst‹ ihren Betrachtern zunehmend ganz verschiedene Gesichter zu. Im Grenzfall zeigen sich ihnen schlichtweg *nicht mehr dieselben Sachen*, so dass im Falle von Meinungsverschiedenheiten der gemeinsame Sachbezug selbst zu diffundieren droht und sie nicht mehr nur die Welt des Anderen *nicht verstehen*, sondern *gar nicht erst zu Gesicht bekommen*.

... dass dieser Glaube zu wissen schon die Unwissenheit selbst ist.

Man weiß gemeinhin, dass Immanuel Kant (1784, 481) »Aufklärung« als den »Ausgang des Menschen aus seiner selbst verschuldeten Unmündigkeit« bestimmt. Nun ist die durch das Fortschreiten der Digitalisierung verschuldete Steigerung der Unmündigkeit des Menschen keine, aus der man sich durch mutigen Verstandesgebrauch ohne Weiteres befreien könnte. Nicht zuletzt gilt dies auch in informatorischer Hinsicht, sofern wir fast alles, was wir »über die Welt, in der wir leben, wissen, [...] durch die Massenmedien« wissen (Luhmann 1996, 9). Dabei müssen wir uns stets in großem Umfang auf Informationen verlassen, deren Richtigkeit wir nicht noch einmal (›an der Realität selbst‹ gewissermaßen) überprüfen könnten. Wir sind also darauf angewiesen, aus mehr oder weniger guten Gründen bestimmten Quellen mehr zu vertrauen als anderen.

In dieser Situation lassen sich *Effekte empfundener globaler Desillusionierung* (beispielsweise der Eindruck, dass ›Mainstreammedien ein verzerrtes Bild der Welt zeigen‹) sehr viel leichter erzeugen als in vorhergehenden medienökologischen Gesamtlagen. So lässt sich meist mit relativ einfachen Mitteln zeigen, dass ein Großteil des von Einzelnen als gewusst in Anspruch Genommenen von ihnen selbst nicht zweifelsfrei als solches ausgewiesen werden kann. Es ist in dieser Hinsicht kein Zufall, dass sich ›alternative‹ Medien, Verschwörungstheorien und Ideologien heute häufig aufklärerischer Desillusionierungsmotive bedienen: Man denke etwa an die Rede vom ›Redpilling‹, die in entsprechenden Kreisen Verbreitung findet. Tatsächlich vermag eine Infragestellung der zunächst und zumeist auf Gewöhnung basierenden Grundlagen ihres Alltagsglaubens bei Einzelnen starke epistemische Irritation zu induzieren, ohne dass allerdings »die Desillusionierung die Funktion des Vertrauens übernehmen könnte. Man muß dann die Geschichte des Vertrauensverlustes diskontinuieren und auf leicht variierten symbolischen Grundlagen erneut Vertrauen bilden« (Luhmann 2017, 556f.). Daher belassen es die als alternativ auftretenden Informationsregime für gewöhnlich nicht bei der Desillusionierung, sondern bieten den Verunsicherten ›alternative Fakten‹ zur Wiederversicherung an, um sie an diese nur umso fester zu binden (→ Vertrauen).

In Anbetracht dieser nicht unbedrohlichen Entwicklung erscheint es zunächst als nachvollziehbarer Impuls, sich an die Idee der Wahrheit zu erinnern, um diese gegenüber der bloßen Meinung erneut in Stellung zu bringen. Legte man die Karten jedoch offen auf den Tisch, müsste man zugestehen, dass man selbst in Bezug auf das allermeiste nicht im Medium *sicher gewussten Wissens*, sondern ›nur‹ im Spektrum des *mehr oder weniger Wahrscheinlichen* zu operieren, dafür aber immerhin mit gutem epistemischen Gewissen einzustehen vermag (vgl. Haraway 1988, 579). Was wir auf unserer Seite wissen, sind nicht *richtige Intuitionen* und *untrügliche Gewissheiten*, sondern allenfalls gute, aus retardierender Überlegung erwachsende Gründe für das, was *wahrscheinlicher als anderes* der Fall ist. Und so könnte eine Pädagogik des Wissens im Zeitalter des Digitalen möglicherweise gerade in dieser vermeintlichen Schwäche gegenüber den allzu schnell und genau Bescheidwissenden ihre Stärke finden, indem sie Menschen Mittel und Methoden an die Hand gibt, das ›sehr viel Wahrscheinlichere‹ vom ›sehr viel Unwahrscheinlichen‹ zu unterscheiden. Diese werden gewiss nicht das Bedürfnis nach schnell vermeinten Gewissheiten befriedigen. Im Gegenteil gehen sie häufig zunächst mit einer *retardierenden Entübersichtlichung vermeintlicher Übersichtlichkeiten* einher. Gerade dadurch aber könnten sie den Einzelnen dabei helfen, mit weniger schlechtem epistemischen Gewissen *im Fließend-Ungefähren unserer digitalen Gegenwarten* zu navigieren.

Zitierte Literatur

Blumenberg, Hans (1999). Lebenswelt und Technisierung. In: Ders.: Wirklichkeiten, in denen wir leben. Aufsätze und eine Rede. Stuttgart, Reclam.
Bourdieu, Pierre (1979). Entwurf einer Theorie der Praxis. Frankfurt a.M., Suhrkamp.
Clark, Andy/Chalmers, David (1998). The Extended Mind. Analysis 1, 7–19.
Collins, Harry (2010). Tacit and Explicit Knowledge. Chicago, The University of Chicago Press.
Dilthey, Wilhelm (1990). Die geistige Welt. Einleitung in die Philosophie des Lebens. Erste Hälfte. Abhandlungen zur Grundlegung der Geisteswissenschaften. Gesammelte Schriften Bd. 5. Göttingen, Vandenhoeck & Ruprecht.
Ernst, Christoph/Schröter, Jens (2017). Medien, Interfaces und implizites Wissen. Navigationen. Zeitschrift für Medien- und Kulturwissenschaften 2.
Floridi, Luciano (2019). The Logic of Information. A Theory of Philosophy as Conceptual Design. Oxford, OUP.
Haraway, Donna (1988). Situated Knowledges. The Science Question in Feminism and the Privilege of Partial Perspective. Feminist Studies 3, 575–599.
Heidegger, Martin (1967). Sein und Zeit. Tübingen, Niemeyer.
Hookway, Branden (2014). Interface. Cambridge Mass., MIT Press.
Kant, Immanuel (1784). Beantwortung der Frage: Was ist Aufklärung? In: Berlinische Monatsschrift 12, 481–494.
Luhmann, Niklas (1996). Die Realität der Massenmedien. Opladen, Westdeutscher Verlag.
Luhmann, Niklas (2017). Systemtheorie der Gesellschaft. Berlin, Suhrkamp.
Ortega y Gasset, José (1983). Die Hauptwerke. Der Aufstand der Massen. Über die Liebe. Stuttgart, Ullstein.
Planck, Max (1909). Die Einheit des physikalischen Weltbildes. Vortrag gehalten am 9. Dezember 1908 in der Naturwissenschaftlichen Fakultät des Studentenkorps an der Universität Leiden. Leipzig, Hirzel.
Polanyi, Michael (1966). The Tacit Dimension. Garden City, Doubleday.
Poljanšek, Tom (2011). Wissen und Zaubern an der Oberfläche. In: Alpsancar, Suzana/Denker, Kai (Hgg.). Tagungsband der Nachwuchstagungen für Junge Philosophie in Darmstadt. Marburg, Tectum, 169–186.
Poljanšek, Tom (2022). Realität und Wirklichkeit. Zur Ontologie geteilter Welten. Bielefeld, transcript.
Ryle, Gilbert (1949). The Concept of Mind. Chicago, University of Chicago Press.

Steiner, Uwe (2006). Verhüllungsgeschichten. Die Dichtung des Schleiers. München, Fink.

Weber, Max (2005). Wirtschaft und Gesellschaft. Die Wirtschaft und die gesellschaftlichen Ordnungen und Mächte. Nachlaß. Gesamtausgabe Bd. 22–4. Tübingen, Mohr Siebeck.

Winkler, Hartmut (2008). Basiswissen Medien. Frankfurt a.M., Fischer.

Weiterführende Literatur

Flusser, Vilém (2007). Kommunikologie. Frankfurt a.M., Fischer.

Ihde, Don (1979). Technics and Praxis. A Philosophy of Technology. Dordrecht, Reidel Publishing.

Latour, Bruno (2005). Reassembling the Social. An Introduction to Actor-Network-Theory. Oxford, OUP.

Xeno

Jörg Sternagel

2019 veröffentlichte die in Berlin lebende argentinische Schriftstellerin Samanta Schweblin ihren zweiten Roman mit dem Titel *Kentukis* bei Literatura Random House in Barcelona, der 2020 in der deutschen Übersetzung von Marianne Gareis unter dem Titel *Hundert Augen* beim Suhrkamp Verlag in Berlin erschienen ist. In dem Roman thematisiert Schweblin den menschlichen Umgang mit digitalen Technologien in naher Zukunft, in der sogenannte »Kentukis« zu einem Erfolgsprodukt geworden sind: Als bewegliche und sich über Fernsteuerung bewegende Plüschtiere in Gestalt etwa eines Pandabären, Kaninchens, Maulwurfs oder Drachens sind sie mit digitaler Sensorik und Kameratechnik ausgestattet und ermöglichen dadurch für ihre User:innen mit Internetverbindung und durch Bildschirme etwa am Laptop oder Tablet hindurch Einblicke in das Leben anderer Menschen, die diese Plüschtiere besitzen und diese Einblicke wissentlich in Kauf nehmen, ohne jedoch zu wissen, wer ihre Plüschtiere aktiviert und lenkt und wer ihnen durch sie zuhört und zusieht. Nach Schweblin sind die Kentukis derart überall: »Sie sind hier. Sie sind wir. Sie sind keine Haustiere oder Roboter. Sie sind wirkliche Menschen. Aber wie kann sich jemand, der in Berlin ist, frei durch ein Wohnzimmer in Sydney bewegen? Und wie kann jemand in Bangkok mit deinen Kindern in Buenos Aires frühstücken, ohne dass du davon weißt?« (Schweblin 2020, Klappentext). Der Begriff und Markenname »Kentuki« vermeint dabei vieles: Einerseits erinnert er an real existierende Städte in Australien und der Ukraine, andererseits verweist er auf ein traditionelles japanisches Gericht, eine US-amerikanische Waffe, ein berühmtes russisches Rennpferd oder eine US-amerikanische Fastfoodkette und schafft so Mehrdeutigkeiten, mit Hilfe derer Schweblin Resonanzen bei ihren Leser:innen erreicht, die mit ihnen je nach (Vor-)Geschichte und Lebensmittelpunkt jeweils vergleichbare oder andere Assoziationen entwickeln können (vgl. Ramakrishnan 2020).

Was Schweblin ins Zentrum ihres interkulturellen Romans rückt, sind jedoch weniger digitale Technologien an sich, wie beispielhaft die Kentukis, sondern vielmehr den menschlichen Umgang damit, die Verwendungsweisen; wodurch sie darauf fokussiert, welche Chancen und Probleme zwischen Menschen in der Verwendung dieser und anderer Technologien entstehen. Auf 238 Seiten verwebt Schweblin in 33 nicht nummerierten Kapiteln Erfahrungen mit den Kentukis und das sowohl aus der Sicht der Beobachtenden, den Wesen (*los sers*), die den Kentuki vor ihren Bildschirmen über eine Software steuern, als auch der Beobachteten, den Meistern oder Herren (*los amos*), die den Kentuki vor Ort haben. Die Erfahrungen auf beiden Seiten sind dabei vielfältig und changieren etwa zwischen Ängsten, Begehren, Einsamkeit, Voyeurismus und Zuneigung. Sie erstrecken sich global über viele Länder und Kontinente und vollziehen sich lokal vor allem in Städten und Dörfern. Schweblins Roman zeigt mit ihren zwar fiktiven, aber durchaus real umzusetzenden analog-digitalen Apparaten auf, wie Digitalisierung nicht mehr bloß eine technologische Entwicklung darstellt, sondern Teil unserer Lebenswelt geworden ist und weiter wird und damit unseren Alltag sukzessive transformiert. Genau von dort her lässt sie sich als Digitalität denken, in der Simulation, Fiktion, Virtualität und Realität aufeinander bezogen und kritisch reflektiert werden können (vgl. Noller 2022, 8f.; → Fiktion; Simulation; Virtualität).

Digitalität zu denken, kann so bedeuten, sie von ihren Ansprüchen her zu denken, die noch nicht durch allgemeine Instanzen abgedeckt sind, auf die wir uns berufen könnten. Es sind vielmehr Ansprüche unserer Erfahrungen, die mit ihr auftreten, indem sie Antworten hervorrufen und provozieren. Sie sind in einem ursprünglichen Sinne dia-logisch und gehören einem Zwischenbereich an, der sich der endgültigen Aneignung entzieht (→ Sozialität). Womit ein solcher Anspruch nicht bei sich, im Eigenen verweilen, aber auch nicht auf ein Ganzes verweisen, sondern vielmehr von einem Fremden ausgehen würde, das seine unerhörten Ansprüche laut werden lässt, indem es sich innerhalb, aber zugleich außerhalb der jeweiligen Ordnung regt – angesiedelt an einem unwiderruflichen Draußen, das sich gegen jede Eingemeindung wehrt. »Wäre das Fremde«, so folgert Bernhard Waldenfels mit Edmund Husserl, »das in der ›bewährbaren Zugänglichkeit des Unzugänglichen‹ sein Wesen hat, schlichtweg zugänglich und zugehörig, so wäre nicht mehr, was es ist: ein Fremdes« (Waldenfels, 1990, 7).

Begriffsgeschichtlich lässt sich dieses Fremde zurückführen auf die Vorsilbe »xeno-«, die aus dem altgriechischen ξένον entlehnt ist und sich mit »fremd« übersetzen lässt. »Xeno-« verweist damit auf einen Bereich, der außerhalb meiner Selbst angesiedelt ist, wie etwa auch die Begriffe *externum, extraneum, peregrinum, étranger* und *foreign*. Zugleich verweist »xeno-« auf das, was einem Anderen gehört, wie mit ἀλλότριον, *alienum* und *alien*, und damit auch auf das, was von fremder Art ist, als fremdartig gilt, wie mit ξένον, *insolitum, étrange* und *strange*.

Angewendet auf Schweblins Roman bedeuten diese etymologischen Verflechtungen, dass sich im Benutzen der Kentukis ein Vertrauen in(s) Fremde zeigt (→ Vertrauen), das durch die analog-digitale Apparatur ermöglicht wird, die jeweils auf Seiten der Beobachtenden und Beobachteten eine Xenophilie ermöglicht, die sich neuen Ansprüchen der Erfahrung stellt, sich Anderen und Fremden aussetzt, sich darauf einlässt und überraschen lässt, was jedes Mal jedoch nicht ohne Risiko geschieht (→ Risiko). Denn es bleibt in der Verwendung immer zwar ein dia-logisches Zwischengeschehen, jedoch mit der Einschränkung, dass die Beobachtenden anonym, weder kenntlich noch sichtbar oder hörbar und damit unzugänglich sind; was wiederum den Anspruch der Erfahrung auf der Seite der Beobachteten im wahrsten Sinne des Wortes unerhört lässt, denn wer den Kentuki steuert, gibt sich nicht zu erkennen, spricht nicht und agiert nur durch den Kentuki hindurch:

>»Schauen Sie mich nicht so an‹, sagte Enzo, ›und hören Sie auf, mir im ganzen Haus hinterherzulaufen wie ein Hund.‹ Man hatte Enzo erklärt, der Kentuki sei ›jemand‹, deswegen siezte er ihn. Wenn der Kentuki zwischen seine Beine geriet, protestierte Enzo, aber nur im Spaß, denn sie begannen gerade, sich gut zu verstehen. Das war nicht immer so gewesen. Anfangs war alles sehr ungewohnt, und die bloße Anwesenheit des Kentukis hatte Enzo schon gestört« (Schweblin 2020, 35).

Während sich Enzo in Umbertide in Italien im Laufe der Zeit an den Kentuki gewöhnt, ihn mehr als ein Haustier denn eine Maschine behandelt, antwortet sein Sohn Luca, für den der Kentuki eigentlich gedacht war, ganz anders. Der Kentuki sollte eine therapeutische Funktion einnehmen und sich um den Jungen kümmern, wie es in einer Mediationssitzung von der Psychologin des Jungen empfohlen und von seiner Ex-Frau befürwortet wird. In Gestalt eines Maulwurfs wird der Kentuki von Luca fortan aber eingesperrt, am Wiederaufladen seines Akkus gehindert, was die Verbindung zu seinem Wesen, dem Beobachtenden, der den Maulwurf steuert, für immer abbrechen würde, was Enzo wiederholt verhindert.

Doch belässt es Schweblin nicht bei dieser uns auch (un-)bekannten und (un-)gewohnten Situation im Umgang mit digitalen Medien und mit uns selbst, denn sie lässt ihre Figuren wiederholt versuchen, die digitale Barriere, die der Kentuki aufrechterhält, zu durchbrechen. So probiert auch Enzo mit seinem Kentuki einen Austausch, der über den, der durch die Technologie ermöglicht wird, hinausgeht. Er zeigt dem Kentuki seine Festnetznummer, in der Hoffnung, dass sich die Beobachtende, das Wesen, hinter dem Kentuki offenbart und ihn persönlich anruft. »›Mister‹, sagte er, als er sich wieder vor den Kentuki setzte und eine Nummer aufschrieb. ›Rufen Sie mich an.‹ Er hielt dem Kentuki den Zettel hin. ›Rufen Sie mich jetzt an und sagen Sie mir, was ich für Sie tun kann.‹« (Schweblin 2020, 94). In dem Moment findet der Anruf nicht statt und der Kentuki zieht sich zurück. Enzo hat die Grenze, die zwischen ihm und seinen Beobachtenden durch den Kentuki gesetzt ist, überschritten. Beide, Mensch und die durch einen Menschen gesteuerte Maschine, entfremden sich fortan voneinander, was sich auf der Seite von Enzo in Ohnmacht und Machtlosigkeit äußert, denn er kommt nicht hinter den Kentuki, erreicht nicht den Beobachtenden, das Wesen und das damit für ihn Wesentliche, nämlich einen Menschen hinter der Technologie zu sprechen und zu sehen, kennenzulernen, wer und nicht was dort ist, wer sein Gegenüber ›wirklich‹ ist.

Prozesse der Entfremdung und die »Riesenmaschine«

Digitalität zu denken, heißt so auch, Prozesse der Entfremdung mitzuberücksichtigen, die in der Erfahrung durch immer neue Ansprüche entstehen. »Entfremdet nämlich sind wir immer von etwas, das uns zugleich eigen und fremd ist«, wie Rahel Jaeggi zum Problem der Entfremdung schreibt, was impliziert, dass wir in entfremdeten Verhältnissen auf komplizierte Weise immer Opfer und Täter zugleich sind (vgl. Jaeggi 2022, 47). Enzo, der sich in seiner Rolle oder durch sie entfremdet, spielt diese gleichzeitig selbst, denn er hätte den Kentuki auch nicht mehr aufladen müssen und ihn damit deaktivieren können. Über Schweblin mit Jaeggi lässt sich hier Digitalität als eine Sphäre denken, die uns zwar unzugänglich und fremd erscheint, die aber gleichzeitig von uns mitgeschaffen und immer wieder benutzt und aktualisiert wird. Jaeggis Entfremdungsdiagnose, die von sozialen Institutionen ausgeht, erlaubt die Erkenntnis, dass wir nicht ›Herr‹ über das sind, was wir zusammen tun. Jaeggi bringt es daher mit Erich Fromm drastisch auf den Punkt, der schreibt, dass der »bürgerliche Mensch« eine Welt der großartigsten und wunderbarsten Dinge produziere;

»aber diese seine eigenen Geschöpfe stehen ihm fremd und drohend gegenüber; sind sie geschaffen, so fühlt er sich nicht mehr als ihr Herr, sondern als ihr Diener. Die ganze materielle Welt wird so zum Monstrum einer Riesenmaschine, die ihm Richtung und Tempo seines Lebens vorschreibt. Aus dem Werk seiner Hände, bestimmt, ihm zu dienen und ihn zu beglücken, wird eine ihm entfremdete Welt, der er demütig und ohnmächtig gehorcht« (Fromm 1980, 189).

Hinzu gekommen ist jedoch seit Fromm die immaterielle Welt, ihre Algorithmisierung (→ Algorithmus), ihre vermeintliche Berechenbarkeit, die sich auch als Riesenmaschine beschreiben ließe, die weitere Entfremdungsprozesse anstößt, vor allem weil sie nicht mehr nur dem Werk menschlicher Hände entstammen, was wiederum den Grad der Entfremdung vergrößern und Gefühle der Demut oder Ohnmacht hervorrufen kann. »Die Dinge, Situationen, Gegebenheiten, zu denen wir auf entfremdete Weise kein Verhältnis haben, sind uns nicht folgenlos gleichgültig. Sie beherrschen uns in diesem und durch dieses Verhältnis der Indifferenz« (Jaeggi 2022, 48). Genau in dieses Verhältnis der Indifferenz versetzt Schweblin ihre Charaktere, die mit und durch die Kentukis, die ebenso auch bewegliche *Nanny Cams* oder *Furbys* sein könnten, sich in ihrer Beziehungslosigkeit ständig daran setzen, sich irgendwie zueinander zu verhalten. Sie sind dabei permanent auf rätselhafte Weise von ihren Rollen als Beobachtende oder Beobachtete beansprucht und antworten in einer Welt der Entfremdung, die eine spezifische Form der Beziehung darstellt, nicht eine Nicht-Beziehung oder die bloße Abwesenheit einer Beziehung, sondern die Qualität einer Beziehung. »Paradox formuliert: Entfremdung ist eine Beziehung der Beziehungslosigkeit« (Jaeggi 2022, 49).

Anders gewendet und zurückgeführt auf die Geschichte von Enzo bedeutet dies, dass die Bindung zum Kentuki und seinem Wesen weiter besteht und dass in einer Beziehung der Beziehungslosigkeit, in Anwesenheit ohne Gegenwart und im Fortgang des indifferenten Verhältnisses. Doch bleibt Schweblin hier nicht stehen, sondern lässt den Beobachtenden doch bei Enzo anrufen, weil er seinen Sohn durch den Kentuki hindurch sehen möchte. »›Ich will Luca wiedersehen.‹ Enzo presste den Hörer mit solcher Kraft an sein Ohr, dass es schmerzte. ›Ich will ...‹, sagte die Stimme. Enzo legte auf« (Schweblin 2020, 242). Die Qualität der Beziehung ändert sich mit einem

Anruf, mit einer menschlichen Stimme, die etwas einfordert, weiterhin auch technologisch vermittelt, jedoch in ihrem Medium dringlicher, nahbarer und fordernder. Enzo kann damit nicht umgehen. Er begräbt in seiner Ohnmacht den analogen-digitalen Maulwurf ›sehenden Auges‹ in seinem Garten. Das im Roman vordergründig angenommene Vertrauen in(s) Fremde und die daraus entstehenden ›wunderbaren‹ Begegnungen schlagen in ›unsäglichen‹ Terror um, der sich gegen die Kentukis, aber auch gegen die Menschen dahinter richtet. Schweblin bietet so eine Möglichkeit, Fragen der Verantwortung im Denken der Digitalität nachzugehen, die Technologien in ihrer Verwendung zwischen Menschen verorten und von dort aus Praktiken im Umgang mit ihnen nachvollziehbar machen, die zwischen Xenophilie und Xenophobie changieren können, wenn sie nicht weiter kritisch reflektiert und anders eingesetzt werden, nämlich in Anerkennung der auch durch sie hindurch auf der anderen Seite existierenden Menschen. Digitalität zu denken, heißt dann auch, von der Grundannahme meines Gegenübers auszugehen, sich darauf einzulassen und behutsam einen Umgang zu pflegen, auch wenn nicht immer klar ist, ob mein Gegenüber wirklich ein menschliches Gegenüber ist, denn natürlich besteht die Möglichkeit, dass mir ein Bot gegenübertritt, ohne dass ich von seiner Existenz weiß.

Xenofeminismus und »prometheische Verantwortung«

Diese Unzugänglichkeit auszuhalten gehört mit dazu, und es sind unter anderem Vertreter:innen des Xenofeminismus, die im Weiterdenken der Digitalität dazu passende Vorschläge machen, indem sie den Fokus des Nachdenkens noch einmal verschieben: 2014 veröffentlichen die Vertreter:innen des polyglossalen Kollektivs Laboria Cuboniks mit seinen Mitgliedern Amy Ireland (Sydney), Diann Bauer (London), Helen Hester (London), Katrina Burch (nomadisch), Luca Fraser (Halifax) und Patricia Reed (Berlin) online ein *Xenofeministisches Manifest*, das eine Politik für die Entfremdung verfolgt, in der Entfremdung als Wirkung und Funktion der Möglichkeit, Freiheit aufzubauen, verstanden wird. »Das ›Gegengebene‹ ist beweglich. Nichts ist starr. Alles ist für radikale Veränderung empfänglich – materielle Bedingungen ebenso wie gesellschaftliche Formen« (Laboria Cuboniks 2015, 16). Prozesse des Entfremdens und Entwickelns von Formen der technologischen Mediation sollen nach Laboria Cuboniks, dessen Name ein Anagramm zu dem französischen Autorenkollektiv »Nicolas Bourbaki« aus den 1930er Jahren bildet, weiter verfolgt werden, und zwar so, dass nicht mehr nur wenige, sondern mehr davon profitieren, indem sie nicht länger nur einem »bloßen Interesse des Kapitals« zunutze kommen: »Die Werkzeuge, die es sich anzueignen gilt, vermehren sich unablässig, und obwohl niemand deren umfassende Zugänglichkeit behaupten kann, waren digitale Werkzeuge nie breiter verfügbar oder leichter anzueignen als heute« (Laboria Cuboniks 2015, 16). Womit die Vertreter:innen des Xenofeminismus in ihrem Manifest nicht unterschlagen, dass es Benachteiligungen Vieler durch Wenige, etwa durch die stetig expandierende Technikindustrie, gibt. Das Ziel muss daher sein, genau diese Situation zu ändern und sie abzuschaffen. Wenn wir, ausgehend von sozialer Ungleichheit und einem Ungleichgewicht in der Verteilung von Arbeit und Kapital, eine durchgehende Computerisierung unserer Lebenswelt feststellen, in deren Zentrum die Digitalität steht, die eine Herrschaft der Codes, der Programme und der Algorithmen und damit auch der Kontrolle und Überwachung mit sich bringt, so muss es doch Möglichkeiten geben, wie diese Codes, Programme und Algorithmen anders verwendet werden können (→ Hacken). Es gilt daher weiter zu suchen und auszuprobieren, wo diese Zugänglichkeit möglich ist und ermöglicht werden kann, was auch damit einher geht, unsere Wirklichkeit in ihrer »monströsen Komplexität« immer und immer wieder zu hinterfragen und das mit »ihren Überschneidungen mit Glasfaserkabeln, Radio- und Mikrowellen, Öl- und Gas-Pipelines, Luft- und Schifffahrtsrouten sowie der unablässigen, gleichzeitigen Ausführung von Millionen von Kommunikationsprotokollen mit jeder vergehenden Millisekunde« (Laboria Cuboniks 2015, 18).

Aus dieser globalen Komplexität ergeben sich dringende kognitive und ethische Anforderungen, »prometheische Verantwortungen«, denen wir uns stellen müssen: Xenofeminismus fordert daher eine »konstruktive Schwingung zwischen Beschreibung und Vorschreibung, um das rekursive Potenzial zeitgenössischer Technologien auf Geschlechter, Sexualitäten und Machtungleichheiten zu mobilisieren« (Laboria Cuboniks 2015, 16). Im Besonderen sehen ihre Vertreter:innen viele vergeschlechtlichte Herausforderungen, die mit dem Leben im digitalen Zeitalter zusammenhängen, etwa die sexuelle Belästigung in sozialen Medien, der Missbrauch von personenbezogenen Daten, die Störung der Privatsphäre und das Umgehen des Bildschutzes, für die es einen Feminismus braucht, der »sich mit Computern wohlfühlt«: »Heute müssen wir eine ideologische Infrastruktur entwickeln, die feministische Interventionen innerhalb der verbundenen, vernetzten Elemente der gegenwärtigen Welt unterstützt und ermöglicht« (Laboria Cuboniks 2015,

19–20). Dabei handelt der Xenofeminismus von mehr als digitaler Selbstverteidigung und der Freiheit von patriarchalen Netzwerken. Vielmehr fordert er dazu auf, sich jeweils selbst mit den Fähigkeiten auszustatten, bestehende Technologien umzunutzen und neue kognitive und materielle Werkzeuge im Dienst gemeinsamer Ziele zu erfinden. Mit anderen Worten, wird hier dafür eingetreten, eine positive ›Freiheit-zu‹ statt einer einfachen ›Freiheit-von‹ geltend zu machen. Beispielhaft können hierfür Maker- oder Do-It-Yourself-Bewegungen einstehen, die existierende Technologien für den persönlichen und nicht-kommerziellen Gebrauch nutzen, um spezielle Probleme zu adressieren, wie das Herstellen von günstigen Hand- oder Beinprothesen durch 3-D-Drucker für bedürftige Kinder nicht wohlhabender Familien ohne Krankenversicherungsschutz, die dadurch wieder am Alltag teilhaben können (vgl. Sternagel 2020, 313–325). Oder aber es stehen dafür die Kentukis und vergleichbare Technologien ein, die, so zeigt Schweblin auch, andere, produktivere Verwendungsweisen eröffnen, wie die der Überwindung von Einsamkeit, der Pflegeassistenz oder des interkulturellen Austauschs, im Laufe dessen sich über Eigenheiten und Fremdheiten Quellen der Regeneration auftun.

Technomaterialismus und radikale Genderpolitik

Als eine Vertreterin des Xenofeminismus plädiert Helen Hester in einem solchen Zusammenhang für einen Technomaterialismus (→ Materie), der eine radikale Genderpolitik formuliert, die sich als aktivistisches Instrument begreift, mit Hilfe dessen versucht wird, die

> »offensichtlicheren materiellen Grundlagen der (Inter)Aktion in aktuellen Vermittlungskulturen in den Vordergrund zu rücken und sich auf jüngere Auseinandersetzungen mit dem Digitalen zu berufen, die dessen rohe Materialität gegenüber den angeblich ätherischen Eigenschaften hervorheben« (Hester 2020, 14).

Mit Anleihen aus dem Cyberfeminismus und dem Posthumanismus geht es darum (→ Transhumanismus), das, was etwa als entkörperlicht oder freischwebend verstanden wird, in seinen infrastrukturellen Gegebenheiten und mit der widerspenstigen Körperlichkeit seiner Nutzer:innen und Produzent:innen zu verorten. Digitalität mit dem Xenofeminismus zu denken, heißt demnach, sowohl ihren Anteil an dem Gewebe unseres Alltagslebens als auch ihr Potenzial für aktivistische Interventionen anzuerkennen. Es geht so unter strategischer Nutzung bestehender Technologien um nicht weniger als die Umgestaltung unserer Welt, wobei die Frage offen bleibt – und das ist auch eine vorsichtige Kritik an diesen Vorschlägen des Xenofeminismus –, von wessen Welt die Rede ist (vgl. de Sena 2018, 203–221). Hier und jetzt gilt es weiter und genauer zu unterscheiden, wer überhaupt Zugang zu welcher Welt hat, was das *Xenofeministische Manifest* als Manifest aber zumindest andeutet: »Xenofeminismus zeigt den Wunsch an, eine fremde Zukunft zu bauen, mit einem triumphierenden X auf einer mobilen Karte. Dieses X ist kein richtungsweisendes Zeichen, sondern die Einfügung eines topologischen Schlüsselbildes für das Schmieden einer neuen Logik« (Laboria Cuboniks 2015, 34).

Doch wer kann an dieser neuen Logik wie schmieden? Ist das X in seiner Setzung wie von Elon Musk im Juli 2023 in seiner Umbenennung von Twitter nicht doch ein richtungsweisendes Zeichen? Nicht nur aus phänomenologischer, sozialphilosophischer und xenofeministischer Sicht bleiben hier und jetzt Fragen nach immer neuen Ansprüchen in der Erfahrung offen.

Zitierte Literatur

de Sena, Isabel (2018). Die Glut neu entfachen. Einige kritische Anmerkungen zum Xenofeminismus. In: Sollfrank, Cornelia (Hg.). Die schönen Kriegerinnen. Technofeministische Praxis im 21. Jahrhundert. Linz, transversal texts, 203–221.
Fromm, Erich (1980). Zum Gefühl der Ohnmacht. In: Ders. Gesamtausgabe Bd. 1. Stuttgart, DVA, 189–206.
Jaeggi, Rahel (2022). Entfremdung. Zur Aktualität eines sozialphilosophischen Problems. Berlin, Suhrkamp.
Laboria Cuboniks (2015). Xenofeminismus. In: Avanessian, Armen/Hester, Helen (Hgg.). Dea ex machina. Berlin, Merve, 15–34.
Noller, Jörg (2022). Digitalität. Zur Philosophie der digitalen Lebenswelt. Basel, Schwabe.
Ramakrishnan, J.R. (2020). Samanta Schweblin's New Novel, the Panopticon is Cute. Conversation with Samanta Schweblin. Electric Literature vom 12.11.2020. https://electricliterature.com/samanta-schweblin-little-e yes/ (zuletzt geprüft 2024-03-30).
Schweblin, Samanta (2020). Hundert Augen. Berlin, Suhrkamp.

Sternagel, Jörg (2020). Andere Orte. Versuche der Teilhabe in technologischen Zeitaltern. Internationales Jahrbuch für Medienphilosophie 6, 313–325.
Waldenfels, Bernhard (1990). Der Stachel des Fremden. Frankfurt a.M., Suhrkamp.

Weiterführende Literatur

Hester, Helen (2020). Xenofeminismus. Leipzig, Merve.
Jaeggi, Rahel (2022). Entfremdung. Zur Aktualität eines sozialphilosophischen Problems. Berlin, Suhrkamp.
Waldenfels, Bernhard (1990). Der Stachel des Fremden. Frankfurt a.M., Suhrkamp.

YOLO

Eva Gredel

YOLO (Akronym für *You online live once*), *Newbie* (Synonym zu *Neuling*) oder *Sysop* (Kontamination zum englischen *System Operator*) sind sprachliche Einheiten auf der Wortebene, die in unterschiedlichen Kontexten als Elemente des »Netzjargons« (Wikipedia 2023a) verstanden werden. In Diskursen zur Sprachkritik und Digitalität werden solche Einheiten häufig auf kulturpessimistische Weise problematisiert (→ Kultur): Die sprachbesorgte Öffentlichkeit hat dabei vor Augen, dass sich im Kontext digitaler Kommunikation in manchen Bereichen (etwa im Kommentarbereich von YouTube, auf Wikipedia-Diskussionsseiten oder in Online-Foren) neue Schreibformen entwickelt haben, die von normativen Erwartungen an schriftsprachliche Produkte abweichen. Damit gehen sprachliche Muster und Phänomene einher, die von der Standardsprache (alltagssprachlich als ›Hochdeutsch‹ bezeichnet) abweichen (können). Oftmals wird dies mit Sprachverfall in Verbindung gebracht. Im Gegensatz zur sprachbesorgten Öffentlichkeit kommen Linguist:innen jedoch zu einer anderen Einschätzung dieser neuen Schreibhaltung im Kontext internetbasierter Kommunikation: »In der Linguistik wird diese Entwicklung eher als Ausdifferenzierung der Möglichkeiten des schriftsprachlichen Handelns verstanden« (Storrer 2013, 331). Linguistische Arbeiten zeigen, dass sich diese neue Schreibhaltung nicht nur auf der Wortebene, sondern etwa auch im Bereich der Morphologie/Morphosyntax (Gredel 2018, Flinz/Gredel 2020) – also unterhalb der Wortebene – sowie im Bereich der Syntax (Albert 2013) oder auch auf der Ebene graphischer Mittel wie Interpunktion (Beißwenger et al. 2023), Bildzeichen (z. B. Emoticons und Emojis, vgl. Beißwenger/Pappert 2019) oder Typographie (Androutsoupolous 2023) zeigt. Dies gilt es im Folgenden differenzierter zu betrachten und sprachwissenschaftlich einzuordnen. Dabei soll der Ausdruck *internetbasierte Kommunikation* (IBK) synonym zu *digitale Kommunikation* genutzt werden, womit »in der linguistischen Forschung die dialogisch-interaktionale Sprachverwendung unter den Bedingungen netzbasierter Vermittlung« (Beißwenger/Lüngen 2022, 431) beschrieben wird. Die netzbasierte Vermittlung bezieht sich darauf, dass die Kommunikation auf der Basis von Kommunikationstechnologien erfolgt, die die Infrastruktur des Internets als technische Grundlage nutzen. Unter solche Technologien sind neben Messenger-Anwendungen, auch verschiedenste Typen digitaler Plattformen (Wikis, (Micro-)Blogs oder Videoportale wie YouTube) sowie Online-Games zu fassen (→ Netzwerk; Technizität; Virtualität).

»Das Deutsche« als Bündel von Varietäten

Der oben beschriebenen internetbasierten Kommunikation begegnen manche Sprecher:innen bzw. Schreiber:innen des Deutschen deshalb kritisch, weil »viele schriftsprachliche Produkte der Netzkommunikation von den normativen Erwartungen abweichen, die man gemeinhin an redigierte Schrifttexte heranträgt« (Storrer 2014, 171). Es lassen sich in der internetbasierten Kommunikation also immer wieder schriftsprachliche Produkte finden, die von dem abweichen, was in der Schule als Standardsprache durchgesetzt, in Grammatiken und Wörterbücher kodifiziert und in manchen Domänen (etwa in Printmedien) ganz überwiegend realisiert wird. In der Linguistik allerdings wird das Hochdeutsche nur als eine Spielart des Deutschen – fachsprachlich als Varietät – verstanden, die neben Jugend-, Regional- und Fachsprachen zum Einsatz kommt. »Das Deutsche« wird also in der Linguistik oftmals als Bündel zahlreicher Varietäten konzeptualisiert.

Im Zuge der Digitalisierung hat sich der sprachwissenschaftliche Fokus in den letzten Jahren klar auf Muster und Phänomene von IBK gerichtet. In diesem Zusammenhang wurde die Unterscheidung des text- und des interaktionsorientierten Schreibens in den wissenschaftlichen Diskurs eingebracht: Schriftsprachliche Produkte wie Tweets, Kommentare in der Anschlusskommunikation auf YouTube oder Postings auf Wikipedia-Diskussionsseiten aus Kontexten der internetbasierten Kommunikation, die von den normativen Erwartungen wie etwa orthographische Korrektheit abweichen, werden auf das interaktionsorientierte Schreiben zurückgeführt (Storrer 2013). Beim interaktionsorientierten Schreiben ist das übergeordnete Ziel, im digitalen und dialogischen Austausch schnell auf andere Schreiber:innen zu reagieren. Die Schnelligkeit der Reaktion wird dann in vielen Fällen höher priorisiert als die Elaboriertheit und Korrektheit des schriftsprachlichen Produkts. Auch das Beziehungsmanagement der Schreibenden bzw. Interagierenden steht dann im Vordergrund (→ Sozialität). Beim textorientierten Schreiben geht es hingegen um die Einhaltung grammatischer und orthographischer Regeln und der Schreibprozess wird auf ein elaboriertes Produkt hin orientiert, das textsortenspezifischen Mustern entspricht.

Während in der sprachbesorgten Öffentlichkeit häufig die Annahme getroffen wird, dass das interaktionsorientierte Schreiben mit seinen Abweichungen von der Standardsprache auf andere schriftsprachliche Produkte der Schreibenden etwa in schulischen Kontexten »abfärbt«, gibt es dafür bisher in linguistischen Untersuchungen keine empirische Evidenz (vgl. Storrer 2014). Im Gegenteil lässt sich anhand der Wikipedia zeigen, dass viele Schreibenden die beiden Schreibhaltungen kontext- und situationsangemessen einsetzen können. So lässt sich sowohl das textorientierte sowie das interaktionsorientierte Schreiben in den hypertextuell verlinkten Namensräumen der Online-Enzyklopädie Wikipedia finden (→ Hypertext): Die Artikelseiten der Wikipedia weisen Muster des textorientierten Schreibens auf, wohingegen die Diskussionsseiten, die den Autor:innen zur Aushandlung online-enzyklopädischer Inhalte dienen, durch das interaktionsorientierte Schreiben gekennzeichnet sind. Deutlich wird somit, dass Autor:innen je nach Äußerungskontext die jeweils angemessene Schreibform zum Einsatz bringen können. So sind die Wikipedia-Artikel (überwiegend) an orthographischen Normen und grammatischen Standards orientiert. Die Autor:innen nehmen auf Artikelseiten im Kontext des textorientierten Schreibens eine Anpassung an etablierte Strukturierungsmuster der Textsorte online-enzyklopädischer Artikel vor. Das Schreibziel beim textorientierten Schreiben ist ein Produkt (bei Wikipedia der online-enzyklopädische Artikel), »das über den laufenden Kommunikationszusammenhang hinausgehend Bestand haben soll« (Storrer 2013, 337). Auf den Diskussionsseiten der Wikipedia steht im Kontext der Aushandlung online-enzyklopädischer Texte das Beziehungsmanagement im Austausch mit anderen Wikipedia-Autor:innen sowie das aktuelle Kommunikationsgeschehen im Fokus.

Muster, Phänomene und Praktiken des interaktionsorientierten Schreibens

In der sprachwissenschaftlichen Forschung hat es sich in den letzten Jahren etabliert, Muster, Phänomene und Praktiken des interaktionsorientierten Schreibens nicht nur qualitativ, sondern auch quantitativ mithilfe großer sowie digital vorliegender Datensammlungen zu untersuchen (vgl. Beißwenger/ Lüngen 2022; → Digitale Geisteswissenschaften). Diese Datensammlungen werden Korpora genannt und dienen der empirischen Absicherung sprachwissenschaftlicher Hypothesen. Die Landschaft der deutschsprachigen IBK-Korpora ist zwischenzeitlich relativ gut ausgebaut und diese stehen als digitale Forschungsinfrastrukturen langfristig zur Verfügung. Die folgenden Beispiele zum interaktionsorientierten Schreiben sind überwiegend den Wikipedia-Korpora des Leibniz-Instituts für Deutsche Sprache (IDS 2023) entnommen, die neben Sprachdaten der Wikipedia-Artikelseiten auch Daten verschiedener Typen an Wikipedia-Diskussionsseiten enthalten.

Über Korpora sind etwa Muster des interaktionsorientierten Schreibens rekonstruierbar, die folgende Funktion haben: »Für das Interaktionsmanagement und die Beziehungsgestaltung bilden sich neue Formulierungstraditionen und grafische Konventionen heraus, die paraverbale und körpergebundene Kommunikationssignale aufgreifen und in neuer Weise medial realisieren« (Storrer 2013, 337). Storrer (2013, 55ff.) zeigt korpusbasiert, dass etwa Aktionswörter wie *seufz*, **seufz**, *grins*/**grins**; *lach*/**lach** auf den Diskussionsseiten der Wikipedia häufig vorkommen, auf den Artikelseiten hingegen mit sehr geringer Frequenz. Auch Emoticons wie :-), :-(oder ;) finden sich fast ausschließlich auf den Diskussionsseiten. Im Beispiel von einer Wikipedia-Benutzerdiskussionsseite unten, das für eine Korpusstudie zur digitalen Kommunikation erhoben wurde, ist der folgende Interaktionsausschnitt mit drei Postings enthalten (WUD17/H11.44691, Wikipedia 2023b):

(1) Hallo Hagen Graebner, ich habe einen Artikel zu dem Thema Teddykaninchen erstellt- mein Mentor bücherwürmlein hat mir gesagt, ich soll das bitte von Ihnen vorher nochmal ansehen lassen... Meine ›Baustelle‹ finden Sie unter [Link]. [...] Ich weiß nur noch nicht wie ich das nun am besten mache!? Über eine Antwort von Ihnen und einen Kritischen Blick auf meinen Artikel würde ich mich sehr freuen... Verbesserungsvorschläge nehme ich gern an. Lieben Gruß Conny – *Conny29 20:11, 28. Aug. 2008 (CEST)*

(2) So schnell wird man zum Experten :-). Ich habs mir angeschaut und fand es nicht so schlecht. Einiges sollte noch auf Enzyklopädie-Niveau bringen, ich wusel gleich mal bisschen drin rum. Wir kkriegen das schon hin. Ach noch was: Im Allgemeinen duzt man sich in der WP – ich zumindest nix dagegen – oder kennen wir uns im wahren Leben? – *Hagen Graebner 18:43, 29. Aug. 2008 (CEST)* – [...]

(3) hallo hagen – ab jetzt wirst du geduzt *grins
dankeschön das du dir die zeit genommen hast, meinen artikel anzusehen und zu bearbeiten....
ein paar kleine anmerkungen habe ich dazu, wo ich nicht weiss wie ich das verwenden soll: teddykaninchen sind keine kaninchenrasse sondern 2 und damit die oberbezeichnung für teddyzwerge und teddywidder – kaninchen.... wie erklär ich das am besten.... hm- beispiel: gib mal bei wiki zwergkaninchen ein, dann bekommst du auch verschiedene unterrassen aufgelistet, nämlich farbenzwerge, hermelin, fuchszwerg usw. – *Conny29 20:56, 29. Aug. 2008*

Dieser Interaktionsausschnitt macht gleich mehrere Aspekte des interaktionsorientierten Schreibens deutlich. Mit dem Beispiel können zunächst die relevanten Aspekte der Struktur von Diskussionsseiten verdeutlicht werden: Autorschaft ist auf den Diskussionsseiten der Wikipedia in vielen Fällen über die Signatur (im ersten und dritten Posting ist dies Nutzer:in *Conny29* und in Posting 2 ist es Nutzer:in *Hagen Graebner*) markiert. Zudem werden die Postings über die sogenannten Zeitstempel (englisch *timestamps*) in der Zeit verortet. Üblich ist, dass die Postings, die auf ein anderes reagieren, eingerückt werden. Es ist auch anhand des Beispiels zu sehen, in welcher Dichte Stilmarker bzw. Muster des interaktionsorientierten Schreibens auf den Diskussionsseiten der Wikipedia erscheinen können. Anhand der Postings ist ersichtlich, dass die Orientierung an orthographischen Normen und grammatischen Standards nur bedingt relevant ist: So finden sich elliptische Muster und orthographische Fehler (z.B. *schnelll*, *kkriegen* und die Kleinschreibung der Substantive in Posting 3), die nicht korrigiert werden, obwohl dies nachträglich möglich wäre. Die realisierten Fehler sind allerdings eher als Schnellschreibphänomene zu deuten und weniger als tatsächliche Kompetenzfehler. Auch ein Emoticon ist als Stilmarker des interaktionsorientierten Schreibens zu finden: *So schnelll wird man zum Experten :-)*. Zudem kann **grins* in (3) als netztypischer Stilmarker des interaktionsorientierten Schreibens gedeutet werden (Storrer 2014, 180).

Auch auf anderer Ebene finden sich in den drei Postings Aspekte des interaktionsorientierten Schreibens: So sind der Hesitationsmarker *hm* und die vorgelagerten Auslassungspunkte als Elemente fingierter Mündlichkeit zu verstehen. Dabei weicht sowohl die Form wie auch die Funktion der Auslassungspunkte in den Postings von dem im Amtlichen Regelwerk Normierten ab. Dort heißt es: »Mit drei Punkten (Auslassungspunkten) zeigt man an, dass in einem Wort, Satz oder Text Teile ausgelassen worden sind« (Amtliches Regelwerk 2018, §99). Tatsächlich realisiert Conny29 hier statt der üblichen drei Punkte insgesamt vier Punkte, die keine Auslassung konkreter Buchstaben, Wörter oder Textteile im Sinne des Amtlichen Regelwerks markieren. Vielmehr kann mit Beißwenger und Steinsiek (2023) vom transmodalen Segmentieren gesprochen werden, bei dem es darum geht, bei den Interaktionspartner:innen Wissen zur Multimodalität mündlicher Gespräche zu aktivieren. Diese sollen die Auslassungspunkte als schriftliche Nachbildung non-verbaler Signale etwa beim Überlegen in mündlichen Gesprächen interpretieren.

Auffällig sind auf den Wikipedia-Seiten auch Aspekte sprachlicher Höflichkeit. So adressiert Nutzerin Conny29 ihren Interaktionspartner in Posting (1) mit der formellen pronominalen Anrede (Siezen), die in der mündlich kopräsenten Interaktion beim Dialog mit Unbekannten angemessen ist. In der digitalen Kommunikation haben sich jedoch plattformspezifische Gepflogenheiten entwickelt: In Wikipedia etwa ist es üblich, dass sich Autor:innen duzen, auch wenn sie sich außerhalb der Wikipedia noch nie begegnet sind. Dies kann als Ausdruck der Vertrautheit in der gemeinsamen virtuellen Lebenswelt der Wikipedia – zumindest bei langjährigen Autor:innen – gedeutet werden. Auf anderen Plattformen (z.B. auf Business-Netzwerken wie Xing oder Linkedin wird dies jedoch anders gehandhabt (vgl. Gredel 2023).

Auch besondere kommunikative Praktiken des Adressierens und Revidierens sind beim digitalen Schreiben relevant. Zu den spezifischen Praktiken des Adressierens und des Revidierens beim digitalen Schreiben auf den Diskussionsseiten der Wikipedia gehört etwa die sequenzielle Vernetzung von Postings durch das namentliche Adressieren mit dem @-Operator. Dies wird etwa auf der Diskussionsseite zum Wikipedia-Artikel *Annexion der Krim* genutzt (Posting 8), bei der es um die Aushandlung des Titels zum Eintrag geht (Wikipedia 2023c):

(4) Aktuell Konsens für ~~Verschiebung~~ Erweiterung Verdeutlichung des Themas, am 4. Mai 2015 des Lemmas
    Nach Kharons Einlenken und da sich noch keiner gegen das lemma Krimkrise seit 2014 ausgesprochen hat, scheint es Konsens zu sein, das Lemma zunächst auf »Krimkrise seit 2014« zu verschieben. *– Designtheoretiker (Diskussion) 09:01, 30. Apr. 2015 (CEST)*

(5) Deine Interpretation meiner Haltung dazu ist falsch. *– Kharon 12:29, 2. Mai 2015 [...]*

(6) *Danke! – Freigut (Diskussion) 14:20, 30. Apr. 2015 (CEST)*
(7) Die erste Annexion und damit verbundene Krise fand ja schon unter Grigori Potjomkin 1783 statt. Die en WP hat dazu den Artikel en:Annexation of Crimea by the Russian Empire. Der wäre doch passend zu übersetzen ;) Die derzeitige Formulisierung der Einleitung ist deutlich besser – die Krise geht über die Annexion hinaus. Daher kein Interesse an einer erneuten verschiebung.– *Serten [...] 15:36, 30. Apr. 2015*
(8) @Serten: Hab ich dich richtig verstanden; willst du sagen kein Umweg sondern direkt auf Annexion? sorry ist nicht ganz klar. *– Caumasee (Diskussion) 22:58, 30. Apr. 2015*

Charakteristisch ist auch die Praktik des Revidierens, wie sie im Titel des Threads (im Kontext von Posting 4) zu sehen ist: *Aktuell Konsens für Verschiebung Erweiterung*. Es geht um das Durchstreichen des Wortes *Verschiebung* das – rein technisch gesehen – auch einfach gelöscht werden könnte. Es wird Folgendes umgesetzt:

»Damit wird eine Praktik der medialen Schriftlichkeit dafür adaptiert, die Rekonstruierbarkeit sequenzieller Bezüge in schriftlicher Interaktion selbst im Falle nachträglichen Editierens im Beitrag sicherzustellen. Beitragsteile *als gelöscht* [Hervorhebung im Original] zu markieren, hat dabei eine andere Qualität als eine echte Löschung: Mit der Löschung wird einmal Geäußertes spurenlos unsichtbar gemacht; mit der Durchstreichung wird hingegen ein Textsegment als *nicht mehr gültig* [Hervorhebung im Original] markiert« (Beißwenger 2016, 304).

Der Prozess des Editierens bleibt somit sichtbar und Stadien der kollaborativen Textproduktion direkt auf der textuellen Oberfläche rekonstruierbar.

Fazit und Ausblick

In diesem Beitrag wurden Phänomene, Muster und Praktiken des interaktionsorientierten Schreibens anhand der Wikipedia illustriert und sprachwissenschaftlich als Teil einer von vielen Varietäten des Deutschen vorgestellt. Deutlich wurde, dass sich das interaktionsorientierte Schreiben auf unterschiedlichen Sprachebenen manifestiert (u.a. graphisch, syntaktisch und pragmatisch). Auch auf anderen Plattformen finden sich diese neuen

Schreibformen, die häufig als »Netzjargon« kulturpessimistisch für einen angeblichen Sprachverfall im deutschen Sprachraum verantwortlich gemacht werden. Entgegen der häufig geäußerten Meinung innerhalb der sprachbesorgten Öffentlichkeit, konnte sprachwissenschaftlich fundiert bisher noch keine empirische Evidenz dafür gefunden werden, dass das interaktionsorientierte Schreiben auf digitalen Plattformen auf das textorientierte Schreiben in anderen Kontexten »abfärbt« (vgl. Storrer 2014). Sprachdaten der Online-Enzyklopädie Wikipedia legen nahe, dass Schreiber:innen des Deutschen beide Schreibhaltungen parallel beherrschen und diese situations- und kontextangemessen einsetzen können.

Zitierte Literatur

Albert, Georg (2013). Innovative Schriftlichkeit in digitalen Texten: Syntaktische Variation und stilistische Differenzierung in Chat und Forum. Berlin, Akademie-Verlag.
Amtliches Regelwerk (2018). Deutsche Rechtschreibung. Regeln und Wörterverzeichnis. Aktualisierte Fassung des amtlichen Regelwerks entsprechend den Empfehlungen des Rats für deutsche Rechtschreibung 2016. Mannheim.
Androutsopoulos, Jannis (2023). Kontextualisierung digital. Repertoires und Affordanzen in der schriftbasierten Interaktion. In: Meier-Vieracker, Simon et al. (Hgg.). Digitale Pragmatik. Berlin, Metzler, 13–38.
Beißwenger, Michael (2016). Praktiken in der internetbasierten Kommunikation. In: Deppermann, Arnulf/Feilke, Helmuth/Linke, Angelika (Hgg.). Sprachliche und kommunikative Praktiken. Jahrbuch 2015 des Instituts für Deutsche Sprache. Berlin, De Gruyter, 279–310.
Beißwenger, Michael/Gredel, Eva/Rebhan, Lena/Steinsiek, Sarah (2023). Ellipsis Points in Messaging Interactions and on Wikipedia Talk Pages. In: Cotgrove, Louis/Herzberg, Laura/Lüngen, Harald/Pisetta, Ines (Hgg.). Proceedings of the 10th International Conference on CMC and Social Media Corpora for the Humanities, University of Mannheim, 14–15 September 2023, 40–46.
Beißwenger, Michael/Lüngen, Harald (2022). Korpora internetbasierter Kommunikation. In: Beißwenger, Michael/Lemnitzer, Lothar/Müller-Spitzer, Carolin (Hgg.). Forschen in der Linguistik. Eine Methodeneinführung für das Germanistik-Studium. Paderborn, Brill|Fink, 431–448.

Beißwenger, Michael/Pappert, Steffen (2019). Handeln mit Emojis. Grundriss einer Linguistik kleiner Bildzeichen in der WhatsApp-Kommunikation. Duisburg, UVRR.

Gredel, Eva (2018). *Itis*-Kombinatorik auf den Diskussionsseiten der Wikipedia. Ein Wortbildungsmuster zur diskursiven Normierung in der kollaborativen Wissenskonstruktion. Zeitschrift für Angewandte Linguistik 1, 35–72.

Gredel, Eva (2023). Siezt du noch oder duzt du schon? Korpusstudie zum Gebrauch und zur Aushandlung sozialdeiktischer Zeichen auf digitalen Plattformen. In: Meier-Vieracker, Simon et al. (Hgg.). Digitale Pragmatik. Berlin, Metzler, 39–57.

Gredel, Eva/Flinz, Carolina (2020). Morphosyntax im deutsch-italienischen Vergleich: Kontrastive Fallstudie zu Wortbildungsprodukten und deren diskursiven Funktionen in der internetbasierten Kommunikation der Online-Enzyklopädie Wikipedia. Deutsche Sprache 3, 193–209.

Leibniz-Institut für Deutsche Sprache (2023). Wikipedia-Korpora. https://www.ids-mannheim.de/digspra/kl/projekte/korpora/archiv/wp/ (zuletzt geprüft 2024-03-30).

Storrer, Angelika (2013). Sprachstil und Sprachvariation in sozialen Netzwerken. In: Frank-Job, Barbara/Mehler, Alexander/Sutter, Tilmann (Hgg.). Die Dynamik sozialer und sprachlicher Netzwerke. Konzepte, Methoden und empirische Untersuchungen an Beispielen des WWW. Wiesbaden, Springer, 331–366.

Storrer, Angelika (2014). Sprachverfall durch internetbasierte Kommunikation? Linguistische Erklärungsansätze – empirische Befunde. In: Plewina, Albrecht/Witt, Andreas (Hgg.). Sprachverfall? Dynamik – Wandel – Variation. Berlin, De Gruyter, 171–196.

Wikipedia (2023a). Kategorie Netzjargon. https://de.wikipedia.org/wiki/Kategorie:Netzjargon (zuletzt geprüft 2024-03-30).

Wikipedia (2023b). Wikipedia-Benutzerdiskussionsseite Hagen Graebner. https://de.wikipedia.org/wiki/Benutzer_Diskussion:Hagen_Graebner (zuletzt geprüft 2024-03-30).

Wikipedia (2023c). Wikipedia Diskussionsseite zum Artikel *Annexion der Krim*. https://de.wikipedia.org/wiki/Diskussion:Annexion_der_Krim_2014/Archiv/005 (zuletzt geprüft 2024-03-30).

Weiterführende Literatur

Marx, Konstanze/Weidacher, Georg (2014). Internetlinguistik. Ein Lehr- und Arbeitsbuch Tübingen, Narr.
Marx, Konstanze/Lobin, Henning/Schmidt, Axel (2020). Deutsch in Sozialen Medien: Interaktiv – multimodal – vielfältig, Berlin, De Gruyter. doi.org/10.1515/9783110679885.
Meier-Vieracker, Simon et al. (2023) (Hgg.). Digitale Pragmatik. Berlin, Metzler, 39–57.

Zukunft

Florian Arnold

Was ist nur aus ›der Zukunft‹ geworden? Wird ›die Zukunft‹ heute etwas anderes als was sie vormals war oder ist sie gewissermaßen schon längst passé? – Wer so fragt, rechnet bereits mit einer Geschichte der Zukunft, mit einer historischen Entwicklung eines Konzepts, das zugleich mehr zu sein scheint als ein herkömmlicher Begriff von etwas. Vielmehr scheint mit ›der Zukunft‹ jener Horizont unserer Lebenswelt bezeichnet, *vor* dem etwas (Gefühle und Gedanken, Dinge und Handlungen) auf uns zukommt. Mit der Ankunft des Zukünftigen scheint jedoch auch umgekehrt dessen Abgang, seine Vergänglichkeit nicht weniger als unsere eigene verbunden, so dass wir im Umgang mit Künftigem insbesondere unsere endliche Gegenwart inmitten einer sich wandelnden Welt erfahren.

Das scheint seit jeher der Fall zu sein und doch, schauen wir auf unsere Gegenwart der algorithmischen Kaufempfehlung, des digitalen Derivatehandels oder der simulativen Technikfolgenabschätzung, meinen wir zudem eine Veränderung wahrzunehmen, die diesen Zukunftshorizont in unserem Alltag umgestaltet: Der Horizont verengt sich auf zu Erwartendes, das dadurch gerade immer unausweichlicher und bedrohlicher wirkt. So mag sich bisweilen die Frage aufdrängen, was wir überhaupt noch Neues von unserer Zukunft erwarten sollen: Nur noch eine ›ewige Wiederkunft des Gleichen‹ oder doch anderes, Unvorhergesehenes, vielleicht gar ›das Ereignis‹ eines gänzlich Unerwart*baren*?

Geschichtliches

In Absetzung von alltäglichen Ursache-Wirkungszusammenhängen und ihren technischen Umsetzungen kann man in den heutigen Prognosewerkzeugen und -praktiken vor allem Nachfolgetechnologien ehemals kultischer

Prädiktionen wiedererkennen. Diese sind darin von zweckgerichteten Alltagshandlungen unterschieden, dass künftige, bezweckte Wirkungen nicht gemäß disponibler Naturkausalitäten in der Gegenwart verfolgt werden. Stattdessen wird auf Verfahren zurückgegriffen, deren direkte Erfolgsaussichten etwa durch intransparente Absichten höherer Mächte eingenebelt sind oder durch eine erhöhte Deutungswillkür und eine damit einhergehende Irrtumsanfälligkeit irritiert werden. So weisen etwa Orakelspruch oder Vogelschau – trotz ihrer technischen Kunstfertigkeit – den Charakter von *Prophezeiungen* auf, deren Deutungen streitbar bleiben. Sie sind weniger durch Naturkausalitäten bestimmt, als durch unterstellte *Verbindlichkeiten* motiviert und setzen ein gewisses Wohlwollen des Schicksals, der Götter, der Natur etc. voraus. Sie lassen bloß Mögliches und zuweilen geradezu Unwahrscheinliches erwarten.

An dieser prophetischen Erwartungshaltung hat sich im Grunde auch heute kaum etwas geändert, außer dass Künftigem nunmehr mathematisch-empirische Wahrscheinlichkeiten zugeordnet werden können, die aus technischen Neuerungen hervorgehen und ihrerseits wieder technische Neuerungen inspirieren können. Was Fragen der Zukunft und ihrer Offenheit im Allgemeinen betrifft, scheint heute weder auf Gott noch den Laplace'schen Dämon Verlass, so dass sich dagegen insbesondere seit Mitte des 20. Jahrhunderts vor allem technikintensive Copingstrategien entwickelt haben, die die genannten Prädiktionsverfahren durch solche der *Präemption* zu ersetzen suchen. In Anlehnung an Antoinette Rouvroy (Rouvroy/Stiegler 2016) hat Erich Hörl diesen Wandel präzisiert:

»Die Differenz von Präemption und Prädiktion ist hochsignifikant, die beide verschiedene Modi der Antizipation markieren. Prädiktion ist die statistische Vorhersage, die ein, ja das kybernetische Anfangsproblem noch im Reich des Wahrscheinlichen und gerade noch nicht im Reich des Möglichen war, sodass man sagen könnte: Der Prozess der Kybernetisierung geht gerade von der Prädiktion zur Präemption und vom Wahrscheinlichen zum Möglichen über und wird gerade darin environmental« (Hörl 2021, 153).

Was den für die Frage der digitalen Zukunftsauffassung entscheidenden Umzug vom »Reich des Wahrscheinlichen« in das »Reich des Möglichen« ausmacht, lässt sich genauer an dem »Anfangsproblem« der Kybernetik festmachen, vor das sich ihr Namensgeber, Norbert Wiener, bei seiner Arbeit für den britischen Militärgeheimdienst im WWII gestellt sah: die Trefferwahrscheinlichkeit der britischen Luftabwehr zu erhöhen. Die Idee Wieners war nun, die künftige Flugbahn feindlicher Flugzeuge durch eine mathematisch-empirisch-technische Rückkopplung der fortlaufend erfassten Flugdaten in der Gegenwart treffsicher zu antizipieren und (im Bestfall automatisch) anzuvisieren. Es sollte ihm bis zum Kriegsende nicht gelingen und doch war damit auf andere Weise die Zukunft antizipiert.

Was dieses Verfahren der Prädiktion anhand von mathematischen Wahrscheinlichkeiten (anstatt von mantischen Verbindlichkeiten) jedoch von dem einer Präemption von Möglichkeiten unterscheidet, lässt sich an dem Verhältnis von Flugabwehr und Flugzeug verdeutlichen: Das Ziel- und Schießverhalten der FLAK ist zwar in dem Sinne *tendenziell* präemptiv, dass es der wahrscheinlichen Flugbahn ›zuvorkommen‹ *soll*, jedoch nicht in dem Sinne, dass es auch in der Realität zu einer Kreuzung der Geschoss- und Flugbahn *in jedem Moment* kommen muss. Dies schlicht aus dem Grund, dass ein abruptes Ausweichmanöver weiterhin *möglich* bleibt. Die FLAK also steuert in der Gegenwart ihr Ziel weniger direkt an, als sie indirekt eine zukünftige Begegnung von ihrer Seite, mithin einseitig, möglich zu machen sucht: »it is extremely important to shoot the missile not a the target, but in such a way that missile and target may come together in space at some time in the future« (Wiener 1949, 11). Zukunft und Gegenwart kommen also nicht gänzlich zur Deckung: gar nicht *realiter* und nur streckenweise *virtualiter*. Gerade letztgenannter Sachverhalt gilt auch noch für die optimierte Präemption kybernetischer Rückkopplungen von heute und lässt sie so weiterhin als einen Übergang (im Sinne Hörls) erkennbar werden: vom »Reich der Möglichkeit« nunmehr zum ›Reich der Virtualität‹. In diesem herrscht nicht mehr die Präemption, sondern die *Spekulation*.

Damit steht die Frage im Raum, was das »Reich der Möglichkeit« dann von dem der Virtualität unterscheidet (→ Virtualität). Und wie könnte es überhaupt aussehen, Zukunft und Gegenwart zur Deckung zu bringen, ohne dass beide ununterscheidbar würden und Deckungsgleichheit in Identität umschlüge? Als oft bemühtes Beispiel einer solchen Spekulation mag der automatische Hochfrequenzhandel von Derivaten (etwa *futures*) gelten. Joseph Vogl (2010) und Jens Beckert (2018) haben im Detail die Ab-, Ver- und Vorläufe jener in der Gegenwart wertstiftenden Wetten auf Zukunftswerte beleuchtet. Gleichwohl handelt es sich in diesen Fällen zunächst um eine *virtuelle* Deckungsgleichheit von Gegenwart und Zukunft, die immer wieder von *realen* Krisen beeinflusst oder zunichte gemacht wird. Die virtuelle Logik der autopoietischen Wertschöpfung des Finanzmarktes bleibt dabei weiterhin in Takt, der virtuelle Handel geht weiter, indem auch auf Krisen spekuliert und diese mit entsprechenden Anteilen zugleich real hervorgebracht werden können: Die Zukunft bleibt virtuell Gegenwart. Und doch scheint eine *gänzliche Entkopplung* der Finanzwirtschaft von der Realwirtschaft wohl eine Illusion, die letztlich von der Realität ihrer eigenen Auflösung eingeholt würde: Ihre ökonomische Deckung ebenso wie die spekulative von Gegenwart und Zukunft ist eine virtuelle, die im Krisenfall als bloß virtuelle gerade *real* erkennbar wird. Woher aber dann eine *reale* Deckung nehmen, wenn nicht stehlen oder bluffen?

Kontemporäres

Mit dem bereits angedeuteten Phänomen der »Environmentalität« bezieht sich Hörl auf eine Begriffsschöpfung Michel Foucaults (2004, 361), die ein Diffundieren von Machttechniken in die letzten Nischen menschlicher Umwelten beschreiben soll und durch die Foucault zugleich das Programmwort für den »kommenden Modus der Gouvernementalität prägte« (Hörl 2021, 147). ›Environmentalität‹ kommt dabei dem gleich, was man in Rekursion mit Lenin ›Steuerungsmacht plus die Digitalisierung der ganzen Welt‹ nennen könnte. Die komplexe Rückkopplung dieser ›objektiven‹ Infrastruktur mit unserem ›subjektiven‹ In-der-Welt-sein schlägt heute voll auf unser Zeitbewusstsein oder genauer: auf unser Zeitvorbewusstes durch (→ Computerarchäologie). Mark B.N. Hansen hat in der Nachfolge von Friedrich A. Kittler (1989) und Timothy S. Barker (2012) die genuine Wirk(lichkeits)weise der sogenannten »twenty-first-century media« als ein dem Bewusstsein eher unzugänglicher, auf die körperverwandte »sensibility« der Welt selbst zielender Mechanismus beschrieben (Hansen 2015, 5f.). Dieser Mechanismus bilde nicht mehr primär feed-back-Schleifen mit der menschlichen Wahrnehmung auf Bewusstseinsebene, sondern fungiere umgekehrt als vorgelagertes »feed-forward« nichtbewusster sowie nicht-menschlicher Perzeptionen in ein verspätetes Bewusstsein »*after the fact*«: »no longer at the center of the present *of sensibility*, consciousness can only impact the actual happening of sensory presencing *indirectly* and in a *proleptic* or *anticipatory* mode, by planning for new presencings of sensibility in the future« (Hansen 2015, 25).

Was wir auf dem mentalen Schirm haben, wie man sagen könnte, kommt uns – die wir das bewusste Hier-und-Jetzt als »Urimpression« (Husserl 2000, 24ff.) normalerweise für das Nadelöhr der Wirklichkeit halten – also stets schon zuvor. Unsere bewusste Gegenwart ist demnach schon die vorkalkulierte Zukunft einer anderen Gegenwart und zwar jener einer ›sensiblen‹ Welt von »twenty-frist-century media« und ihrem hyperkomplexen Datenverkehr unterhalb unserer Wahrnehmungsschwelle. Auf diese Weise machen Medien uns jedoch, wie Hansen (2015) zugleich betont, nicht nur zu dem, was wir sind (oder genauer: was wir jeweils in *unserer Gegenwart gewesen sein werden*), sondern sie machen uns allererst zugänglich, was wir nicht sind und was wir noch werden (könnten) – vermittelt durch eben jene Medien, an denen wir unsererseits abzulesen lernen, *wie* es dazu kommen könnte.

Einen ähnlichen Sachverhalt hat Wolfgang Ernst als »delayed present« beschrieben und dabei deutlich gemacht, dass die digitalen Bedingungen unseres Zeitbewusstseins wesentliche Umformatierungen unserer Gegenwart zur Folge haben, die zunehmend die Gestalt einer (an-)archivarischen Wiedervergegenwärtigungsinstanz annimmt:

> »The symbolic ordering of time into past, present and future is ever more compressed into one dense time window of the extended present. In that sense, the current condition is literally con-temporary, an interlacing of temporalizing gestures: on the one hand, there is an instant *archiving the present* in digital data processing, while on the other hand the past is immediately coupled with the actual present in online communication: *re-presencing the archive*. Even the immanent future is already pre-calculated in real-time: *futurum exactum*« (Ernst 2017, 9f.).

Im Unterschied zum Hochfrequenzhandel hätten wir es nach Hansen und Ernst also nicht bloß mit einer *virtuellen* Deckungsgleichheit von Gegenwart und Zukunft zu tun: Wo die mediale Welt selbst unserem Gegenwartsbewusstsein vor-gekoppelt ist, kommt es zu einer *realen* Deckungsgleichheit (mag dabei die Perzeption des Bewusstseins auch weiterhin eine andere als die der medialen Welt selbst sein; → Visualität). Im medialen *feed-forward*-Bewusstsein scheint sich somit der Verdacht zu erhärten, dass ›die Zukunft‹ (als offener Ereignishorizont) unter digitalen Zeitbedingungen eigentlich nur noch als Add-on einer von der Vergangenheit bereits überholten Gegenwart ihre Funktion erfüllt. Die Zukunft *käme* in der Gegenwart vor allem als *kommende* Vergangenheit daher. Die Gegenwart wäre schon längst die Zukunft und die Zukunft ihrerseits hätte nie eine eigene, erst werdende Gegenwart besessen.

Doch die Zukunft ist niemals bloß vergangen, ohne dass ihr Vergehen zugleich ein Zukunftspotential birgt, das es *nun* und zwar *mit Bewusstsein* auszuschöpfen gilt. Mit anderen Worten: Herkunft ist nicht einfach Zukunft, sondern auch Zukunft kann (wieder) Herkunft *werden* einer anderen Gegenwart – quasi im Zuge einer spekulativen Gegenaneignung ihrer Enteignung.

Paratemporäres

Was Hansen und Ernst als »feed-forward« oder »delayed present« beschrieben haben, hat seit Mitte der 2010er Jahre auch vermehrt Eingang in künstlerisch-kuratorische Konzepte gefunden. So liest man etwa im Begleitband zum deutschen Beitrag der 17. Architekturbiennale in Venedig: »The future is not a time. It's a tool to deal with time [...]. The future is anchored in our present as a narratological tool, which connects individual and collective experiences of the past with each own's and societies' expectations of the coming time« (Engel/Grawert 2021, 247).

Entsprechend war die Ausstellung als ein spekulatives Szenario gestaltet, das die Besucher:innen in das Jahr 2038 versetzte. Wie der eher geringe zeitliche Abstand bereits andeutet, ging es dabei nicht um epische Utopien oder Dystopien in fernen Zeiten, sondern um ein pragmatisches Zukunftsnarrativ unter dem Motto einer »Neuen Gelassenheit/New Serenity« (→ Fiktion). Das Narrativ ist komplex, die Message einfach: ›Unsere Zukunft ist noch machbar‹; vor allem: Sie wird in der Gegenwart gemacht, gewissermaßen gegen alle vorauseilenden Schreckensbotschaften und durch einen gelasseneren Umgang mit dem Kommenden. Durch eine solche Veränderung unserer Selbsterzählungen im Übergang der Zeiten soll sich mit der Gegenwart zugleich die Zukunft verändern, die aus ihr hervorgeht. Oder wie es der englische Titel kurz und prägnant formuliert: »The Future is Present« (Engel/Grawert, 2021, 246).

Gegenwendig zu Hansen oder Ernst wird hier eine andere Perspektive eröffnet, die weder eine bloße Kritik an einer vorprogrammierten Zukunft noch eine gänzliche Verweigerung jeder Instrumentalisierung des Künftigen darstellt. Vielmehr wird geradewegs eine Ingebrauchnahme der Zukunft als »tool« propagiert, wenn auch im Hinblick auf andere Horizonte ihrer *Vergegenwärtigung*. Dieses Vorgehen, das sich zugleich als Konterstrategie zur Environmentalisierung im Zeichen von Kontrolle und Kapital versteht (→ Kapitalismus; Überwachung), lässt sich als »Hyperstition« bezeichnen (als Neologismus von ›hyper‹ und ›superstition‹). Dieses Wording geht auf ein gleichnamiges Filmprojekt zurück, das Christopher Roth, als Mitglied des Kurator:innenteams des deutschen Venedig-Beitrags, bereits 2016 gemeinsam mit anderen verwirklicht hatte und das als Filmprojekt exakt das ist (bzw. zu sein versucht), was es bezeichnet: eine Hyperstition, eine *selbsterfüllende Prophezeiung* im Sinne eines *bewussten* »feed-forward«, einer *bewussten* Wiederbeschleunigung des »delayed present« und zwar mit Blick auf eine *bewusst* entworfene Zukunft, von der aus wir gewissermaßen retrospektiv und doch proaktiv unsere Gegenwart umgestalten in fortlaufenden Schleifen.

Eine damit verwandte Strategie, die Zukunft nicht einfach als Verlängerung des *status quo* zu behandeln, ist der *Retrofuturismus*. Herkunft ist dann nicht einfach Zukunft, Zukunft also nicht bloß das, was aus der Herkunft erwachsen ist, sondern das, was erst noch und immer noch aus ihr erwachsen könnte, obwohl wir von vergangenen Zeiten sprechen. So macht auch hier eine *bewusste Umkehrung* die Zukunft dergestalt zur Herkunft, dass sich diesmal in der Vergangenheit (statt in der Gegenwart wie bei der Hyperstition) ein weniger kontemporärer als paratemporärer Zukunftshorizont öffnet. Steampunk, Dieselpunk, Cyberpunk erkunden nicht bloß ›vergangene Zukünfte‹, sondern erschließen vielmehr zukünftige Vergangenheiten, Zukunftspotentiale von schon Gewesenem und zwar *aus der Sicht unserer Zukunft*. Dabei unterscheidet sich dieses Vorgehen nochmals von den eher sterilen Kuriositäten einer kontrafaktischen Geschichtsschreibung wie der Potentialis vom Irrealis. Im Retrofuturismus wird die Vergangenheit des bloßen Vergehens zur Gewesenheit des weiterhin Anwesenden, zur Fortdauer des Wesentlichen oder eben zu einer Herkunft *der* Zukunft, die Vergessenes, Verdrängtes oder gar Verworfenes wiederkehren lässt in der Gegenwart, als Gegenwärtiges.

Beide Konterstrategien (→ Hacken), Hyperstition und Retrofuturismus, verhalten sich gewissermaßen wie Gegenzeitigungen, wie Paratemporalisierungen in Gegen- und Nebenstellung zu einer bloß passierenden Gegenwart des feed-forward, die im begradigten Zeitkanal Richtung Zukunft vorangetrieben wird (V→G→Z). Stattdessen wird durch beide Strategien die Gegenwart ihrerseits allererst wieder zum Begegnungszeitraum von Herkunft und Zukunft als zwei gleichermaßen in der Gegen-Wart *ankommenden* Zeiten, wenn auch aus entgegengesetzten Richtungen (V→G←Z). Das Wesentliche an diesen Zukünften besteht also nicht in einem linearen Fortschritt, da gerade die technische Implementierung dieses altmodernistischen Glaubens kritisiert wird, sondern in ihrer *Künftigkeit*, die selbst für das Gewesene, die Herkunft noch charakteristisch ist: Dass überhaupt noch etwas auf *uns zukommen kann*, soll so zur Einsicht in den *wesentlichen* Unterschied zwischen einem bloßen *Event* und einem tatsächlichen *Ereignis* werden.

Doch erlauben es die digitalen Zeitverläufe überhaupt noch, etwa durch diese spekulativen Konterstrategien, eine Ereignishaftigkeit des Künftigen (wieder) möglich zu machen? Das hängt wohl davon ab, was wir heute unter Spekulation verstehen wollen, und das wiederum davon, was Spekulation *einst* bedeuten konnte – und könnte?

Zukunftsloses

Wo die digitale Verschränkung der Zeitdimensionen Vergangenheit, Gegenwart und Zukunft mehr und mehr zu einem »thickening of the present moment« (Barker 2012, 194) führt, dort stellt sich letztlich die Frage, ob wir es nicht auch in der Tat mit einer *realen* wie *virtuellen Aufhebung* der Zeiten in der Gegenwart zu tun haben könnten, statt lediglich mit einer *simulativen* bzw. *fiktiven* Deckungsgleichheit *für uns* von *an sich* weiterhin eigenständigen Zeitdimensionen des menschlichen Zeitbewusstsein. Letzteres anzunehmen würde voraussetzen, dass den drei Zeitdimensionen keine wesentliche Veränderung widerfahren könnte. Ersteres hingegen schlöße ihre Umgestaltung mitnichten aus, etwa im Blick auf die vorbewusste Eigenzeitlichkeit digitaler Medien.

Betrachtet man alle bisherigen Beispiele von dieser Warte aus, bewegen sie sich weiterhin in einem klassischen Zeitbewusstsein. Prädiktion und Präemption rechnen im Grunde weiterhin mit Wahrscheinlichkeiten und Möglichkeiten einer noch ausstehenden bzw. außenstehenden Zukunft des Noch-nicht-jetzt. Doch auch die spekulativen Konterstrategien der Hyperstition oder Retrofuturisierung dringen nicht ganz bis zu einem ›Reich der Virtualität‹ vor, in dem Zukunft und Gewesenheit nicht mehr angewiesen wären auf ihre *erst künftige, noch nicht angekommene* Verwirklichung. Denn dieses Reich auch nur in Gedanken zu betreten verlangte ein anderes Zeitverständnis, das sich in letzter Instanz gleichzeitig von der Zukunftsfixierung sowie dem Ereignisglauben der Neuzeit (als der Zeit des Neuen, der Innovation, der Kreativität etc.) zu lösen vermöchte. Erst dann ließe sich von einer Aufhebung, nicht nur von einer simulativen bzw. fiktiven Deckung der Zeiten sprechen.

Das klingt nun vollends nach mystischen Spekulationen – und so ist es auch gemeint. Eine tatsächliche Aufhebung würde sich wohl erst in einem wortwörtlichen Zeitbewusstsein ›ereignen‹, einem Zeit-bewusst-sein, dem das Sein der Zeit bewusst ist und das diese Zeit selbst darum auch bewusst *ist*, ohne sich einfach in ihr aufzulösen. Spekulationen im Sinne einer philosophischen Mystik sind *nun* bereits die sich vollziehende, *virtuelle Realität* (nicht die bloße Wahrscheinlichkeit oder Möglichkeit) *des Denkens*; dessen nicht mehr allein künftige, sondern *angekommene* Gegen-Wart – *jenseits* des alltäglichen

Zeitbewusstseins. Diese spekulative Gegen-Wart aber ist ebenso bereits *reale Virtualität* geworden im »delayed present« der medialen feed-back/feedforward-Schleifen – *diesseits* des alltäglichen Zeitbewusstseins. Diesseits wie jenseits des alltäglichen Zeitbewusstseins heben sich das ideelle und materielle Extrem der Spekulation zunehmend auf (→ Materie), wird die Unzeitlichkeit der Medien zu der ihres Denkens wie umgekehrt die Unzeitlichkeit des Denkens zu der seiner Medien. Einmal so betrachtet, dürfte es in Zukunft nur noch Events, kein Ereignis mehr geben – und das ist voraussichtlich schon das Ereignis...

Zitierte Literatur

Barker, Timothy S. (2012). Time and the Digital. Connecting Technologiy, Aesthetics, and a Process Philosophy of Time. Hanover Nh., Barthmouth College Press.
Beckert, Jens (2018). Imaginierte Zukunft. Fiktionale Erwartungen und die Dynamik des Kapitalismus. Berlin, Suhrkamp.
Engel, Ludwig/Grawert, Olaf (2021). The Future is Present. In: Kubina, Lukus et al. (Hgg.). 2038 – The New Serenity. München, Sorry Press, 246–250.
Ernst, Wolfgang (2017). The Delayed Present. Media-Induced Tempor(e)alities & Techno-traumatic Irritations ot the Contemporary. Berlin, Sternberg Press.
Foucault, Michel (2004). Geschichte der Gouvernementalität II: Die Geburt der Biopolitik. Frankfurt a.M., Suhrkamp.
Hansen, Mark B.N. (2015). Feed-Forward. On the Future of Twenty-First-Century Media. Chicago u.a., The University of Chicago Press.
Hörl, Erich (2021). Environmentalitäre Zeit. In: Friedrich, Alexander et al. (Hgg.). Konfigurationen der Zeitlichkeit. Jahrbuch Technikphilosophie 7, 137–162.
Husserl, Edmund (2000). Vorlesungen zur Phänomenologie des inneren Zeitbewußtseins. Tübingen, Niemeyer.
Kittler, Friedrich (1989). Die Nacht der Substanz. Bern, Benteli Verlag.
Rouvroy, Antoinette/Stiegler, Bernard (2016). The Digital Regime of Truth. From the Algorithmic Governmentality to a New Rule of Law. La Deleuziana 3, 6–27.
Vogl, Joseph (2010). Das Gespenst des Kapitals. Zürich, Diaphanes.

Wiener, Norbert (1949). Cybernetics, or Control and Communication in the Animal and the Machine. Paris, Technology Press.

Weiterführende Literatur

Ernst, Wolfgang (2013). Chronopoetik. Zeitweisen und Zeitgaben technischer Medien. Berlin, Kadmos.
Stiegler, Bernard (2009). Technik und Zeit. Teil 1: Die Schuld des Epimetheus. Berlin, Diaphanes.

Biographische Notizen

Lisa Åkervall ist Associate Professor für Filmwissenschaft an der Fakultät für Kulturwissenschaften der Universität Göteborg. Ihre Forschungsschwerpunkte sind kinematographische Affekte, digitale und soziale Medien, postkinematische Ästhetik, und die Medienästhetik des Neoliberalismus. Derzeit schreibt sie an einer Monografie über das Verhältnis von Ästhetik, Subjektivität und Neoliberalismus in digitalen Medienkulturen. ORCID: 0000–0002-7166-9268

Florian Arnold ist akademischer Mitarbeiter an der ABK Stuttgart. Philosophische Promotion an der Universität Heidelberg, designwissenschaftliche Promotion an der HfG Offenbach. Verantwortlicher Redakteur der *Philosophischen Rundschau* und Co-Host des Podcasts ARNOLD&ARNOLD. Forschungen u.a. zu Medientheorie und Metaphysik, Ästhetik und Design. Zuletzt erschienen: *Paramoderne* (Böhlau 2023), *Die Architektur der Lebenswelt* (Klostermann 2020) und *Philosophie des Designs* (Mithg., transcript 2020). http://www.florianarnold.net

Christoph Bareither ist Professor für Kulturanthropologie mit dem Schwerpunkt Digitale Anthropologie an der Universität Tübingen. In Forschung und Lehre konzentriert er sich auf die ethnographische Untersuchung digitaler Alltagskulturen. Ziel seiner Arbeit ist es, einen Beitrag zu drängenden gesellschaftspolitischen Debatten zu leisten, indem er die Veränderungen von Alltagspraktiken und -erfahrungen durch digitale Technologien beleuchtet. ORCID: 0000–0002-1784-0773

Johannes C. Bernhardt ist Hochschuldozent für Geschichte und Mediale Ausstellungsgestaltung an der Universität Konstanz. Nach Stationen an den Universitäten Freiburg, Mannheim und Bochum arbeitete er von 2017 bis 2023

als Digital Manager am Badischen Landesmuseum. Forschungsschwerpunkte sind Alte Geschichte, Kulturmanagement und digitale Transformation. Jüngste Publikation: *AI in Museums. Reflections, Perspectives and Applications* (Mithg., transcript 2023). ORCID: 0000-0002-1988-8957

Rafael Capurro ist Professor em. an der Fakultät für Information und Kommunikation, Hochschule der Medien Stuttgart. Er war Mitglied des European Group on Ethics in Science and New Technologies (EGE) der EU-Kommission und ist Gründer des International Center for Information Ethics (ICIE), der International Review of Information Ethics (IRIE) und der Capurro Fiek Stiftung für Informationsethik. Buchpublikationen (Auswahl): *Leben im Informationszeitalter* (Akademie-Verlag 1995). *Homo Digitalis. Beiträge zur Ontologie, Anthropologie und Ethik der digitalen Technik* (Springer 2017). https://www.capurro.de

Julia Gül Erdogan ist Historikerin mit den Forschungsschwerpunkten Kulturgeschichte der Technik und Umweltgeschichte. Nach ihrer Dissertation »Avantgarde der Computernutzung. Hackerkulturen der Bundesrepublik und der DDR« hat sie zu Computer Integrated Manufacturing sowie zur Telearbeit geforscht und ist derzeit Mitarbeiterin an der TU Berlin. Neben der Digitalgeschichte befasst sie sich mit der Geschichte des Tauchens seit dem 19. Jahrhundert aus technikanthropologischer Perspektive.

Daniel Martin Feige ist Professor für Philosophie und Ästhetik an der Staatlichen Akademie der Bildenden Künste in Stuttgart. Promotion an der JWGU Frankfurt a.M., Habilitation an der FU Berlin. Publikationen v.a. zur Ästhetik und Anthropologie in ihrer Verbindung zu klassischen Themen der praktischen und theoretischen Philosophie. Jüngste Monographie: *Die Natur des Menschen. Eine dialektische Anthropologie* (Suhrkamp 2022). i.V.: *Kritik der Digitalisierung. Technik, Rationalität und Kunst*. ORCID: 0000-0002-7197-5812

Petra Gehring ist Professorin für Philosophie an der TU Darmstadt. Publikationen zur Philosophie des 18. bis 20. Jahrhunderts, zur Begriffs- und Wissensgeschichte, zu Sprache, Zeichen und Metaphern sowie zu Bio- und Digitaltechnologien. Buchpublikationen zuletzt *Über die Körperkraft von Sprache. Studien zum Sprechakt* (Campus 2019) sowie *Datensouveränität. Positionen zur Debatte* (hg. mit Steffen Augsberg, Campus 2020). Demnächst erscheint: *Biegsame Expertise. Geschichte der Bioethik in Deutschland* (Suhrkamp 2024).

Gabriele Gramelsberger ist Professorin für Wissenschaftstheorie und Technikphilosophie an der RWTH Aachen sowie Direktorin des Aachener Käte Hamburger Kollegs *Kulturen des Forschens*. Als Philosophin publiziert sie zur Digitalisierung von Wissenschaft und Gesellschaft. 2023 erhielt sie den K. Jon Barwise-Preis der American Philosophical Association. Jüngste Publikation: *Philosophie des Digitalen zur Einführung* (Junius 2023).

Eva Gredel ist Juniorprofessorin für Germanistische Linguistik mit dem Arbeitsschwerpunkt »Digitale Kommunikation in Vermittlungskontexten« an der Universität Duisburg-Essen. Ihre Forschungsinteressen liegen u.a. im Bereich der internetbasierten Kommunikation sowie digitaler Methoden. Die Habilitation mit der Venia Legendi für Germanistische Linguistik erfolgte 2022 mit einer Arbeit zu digitalen Diskursanalysen am Beispiel der Wikipedia. ORCID: 0000-0002-3689-9834

Stefan Höltgen ist Wissenschaftlicher Mitarbeiter in der Abt. Medienwissenschaft der Universität Bonn im DFG-Projekt *Computerphilologie: Technische Lektüren der BASIC-Programmierkultur*. Promotionen in Germanistik und Informatik. Arbeitsgebiete sind die Computerarchäologie, Game Science, Medial Humanities. Mitherausgeber der Reihe *Computerarchäologie*, Herausgeber der Lehrbuchreihe *Medientechnisches Wissen*, Sprecher der AG Informatik- und Computergeschichte in der GI sowie Convenor der AG Spiele im DHd e.V. ORCID: 0000-0001-8669-8507

Sybille Krämer ist Professorin em. für Philosophie an der Freien Universität Berlin und seit 2019 Seniorprofessorin an der Leuphana Universität Lüneburg. Arbeitsschwerpunkte sind u.a. Symbolische Maschinen, Kulturtechniken der Formalisierung und Digitalität, Medienphilosophie und Digital Humanities. Jüngere Publikationen: *Figuration, Anschauung, Erkenntnis. Grundlinien einer Diagrammatologie* (Suhrkamp 2016) und *Media, Messenger, Transmission. An Approach to Media Philosophy* (Amsterdam UP 2015). http://www.sybillekraemer.de

Roland Meyer ist DIZH-Brückenprofessor für Digitale Kulturen und Künste an der Universität Zürich und der Zürcher Hochschule der Künste (ZHdK). Seine Forschungsschwerpunkte als Bild- und Medienwissenschaftler sind algorithmisch vernetzte Bildkulturen, virtuelle Bildarchive sowie die Geschichte, Theorie und Ästhetik operativer Bildlichkeit. Jüngste Publikationen: *Bilder un-

ter Verdacht. Praktiken der Bildforensik (Hg., De Gruyter 2023); *Gesichtserkennung* (Wagenbach 2021). ORCID: 0000-0001-6737-6959

Catrin Misselhorn ist Professorin für Philosophie an der Georg-August-Universität Göttingen. Ihre Forschungsgebiete sind philosophische Probleme der KI, Roboter- und Maschinenethik. Auf Deutsch veröffentlichte sie die Bücher: *Künstliche Intelligenz – das Ende der Kunst?* (Reclam 2023); *Künstliche Intelligenz und Empathie. Vom Leben mit Emotionserkennung, Sexrobotern & Co* (Reclam, 3. Aufl. 2024); *Grundfragen der Maschienenethik* (Reclam 2018, 5. Aufl. 2023, 3. Platz auf der Sachbuchbestenliste von Zeit, ZDF und Deutschlandfunk Kultur). ORCID: 0009-0004-4032-5210

Sabine Müller-Mall ist Professorin für Rechts- und Verfassungstheorie mit interdisziplinären Bezügen an der Philosophischen Fakultät der TU Dresden. Ihre Forschungsschwerpunkte liegen in der Rechtsphilosophie, der Verfassungstheorie und dem Verfassungsrecht. Gegenwärtig forscht sie insbesondere zur Theorie juridischen Urteilens, zu Recht und Ästhetik sowie zum Verhältnis von Normativität und Techniken künstlicher Intelligenz.

Armin Nassehi ist Professor für Allgemeine Soziologie und Gesellschaftstheorie an der Ludwig-Maximilians-Universität München. Seit 2012 ist Herausgeber der Kulturzeitschrift *Kursbuch*, Arbeitsschwerpunkte sind Kultur-, Religions- und politische Soziologie sowie Wissenschaftstheorie. Jüngste Publikationen: *Muster. Theorie der digitalen Gesellschaft* (C.H. Beck 2019); *Gesellschaftliche Grundbegriffe. Ein Glossar der öffentlichen Rede* (C.H. Beck 2023); *Kritik der großen Geste. Anders über Transformation nachdenken* (C.H. Beck 2024). ORCID: 0000-0002-3651-0278

Jörg Noller ist Lehrstuhlvertreter für Ethik an der Universität Augsburg und Privatdozent an der Ludwig-Maximilians-Universität München. Er forscht und publiziert zur digitalen Lebenswelt und verbindet die kritische Reflexion auf die neuen Medien mit der Analyse klassischer philosophischer Theorien. ORCID: 0000-0002-1070-156X

Carsten Orwat ist Senior Researcher am Institut für Technikfolgenabschätzung und Systemanalyse (ITAS) des Karlsruher Instituts für Technologie (KIT). Sein Schwerpunkt ist die interdisziplinär und problemorientiert betriebene Technikfolgenabschätzung von Informationstechnologien. Derzeit arbeitet er zu den gesellschaftlichen Folgen der Künstlichen Intelligenz, insbesondere algorithmischen Diskriminierungsrisiken und systemischen Risiken. www.carsten-orwat.de

Tom Poljanšek ist Postdoc und Assistent der Professur mit dem Schwerpunkt Theoretische Philosophie der Georg-August-Universität Göttingen. Forschungsschwerpunkte sind die Philosophie des Geistes, Phänomenologie, Metaphysik/Ontologie, Technikphilosophie und Ästhetik; aktuell arbeitet er an seinem Habilitationsprojekt *Vom Zusammenhängen der Erfahrung. Eine Philosophie der Situation*. Jüngste Publikation: *Realität und Wirklichkeit. Zur Ontologie geteilter Welten* (transcript 2022).

Karoline Reinhardt ist Juniorprofessorin für Angewandte Ethik an der Universität Passau und arbeitet zu Themen der Digitalisierungs- und Migrationsethik. Vor ihrer Ernennung war sie Postdoctoral Fellow am DFG Exzellenzcluster *Machine Learning. New Perspectives for Science* an der Eberhard Karls Universität Tübingen. ORCID: 0000-0002-6711-0496

Rebekka Roschy ist Stipendiatin des Graduiertenkollegs Schaufler Kolleg@TU Dresden. In ihrem Dissertationsprojekt beschäftigt sie sich als Historikerin mit der Geschichte der Künstlichen Intelligenz (KI) in Deutschland, schwerpunktmäßig in der DDR.

Sebastian Rosengrün ist Senior Lecturer für digitale Technikphilosophie an der CODE University of Applied Sciences Berlin. Dort hat er am Aufbau eines Liberal-Arts-Programms für Studierende der digitalen Produktentwicklung mitgewirkt. Er lehrt und forscht vor allem zur Philosophie von Künstlicher Intelligenz, und arbeitet zu der Frage, wie die Digitalisierung Mensch und Gesellschaft verändert. Weitere Schwerpunkte sind Logik, analytische Sprachphilosophie und Metaphysik. ORCID: 0000-0002-0747-8424

Christian Schröter (geb. Vater) ist PostDoc an der Digitalen Akademie der Akademie der Wissenschaften und der Literatur|Mainz und leitender Koordinator der Nationalen Forschungsdateninfrastruktur für materielle und immaterielle Kultur (NFDI4Culture). Als Technikphilosoph und Wissenshistoriker publiziert er zur Digitalität sowie zum Öffnen von Black Boxes und wurde in Heidelberg mit einer Arbeit zu Alan Turings Maschinen promoviert. ORCID: 0000-0003-1367-8489

Jens Schröter ist Professor für Medienwissenschaft an der Universität Bonn. Leitung (zusammen mit Prof. Dr. Anna Echterhölter; PD Dr. Sudmann und Prof. Dr. Alexander Waibel) des VW-Main Grants *How is Artificial Intelligence Changing Science?* (Start: 2022). Aktuelle Veröffentlichungen: *Medien und Ökonomie* (Springer 2019); *Media Futures. Theory and Aesthetics* (zusammen mit Christoph Ernst, Palgrave 2021). http://www.medienkulturwissenschaft-bonn.de; www.theorie-der-medien.de; www.fanhsiu-kadesch.de. ORCID: 0000-0002-4989-686X

Arno Schubbach ist Mathematiker und Philosoph. Er forscht und lehrt an der Hochschule für Gestaltung und Kunst Basel und der Friedrich-Schiller-Universität Jena. Der Schwerpunkt seiner Forschung liegt auf der Geschichte der Philosophie seit dem achtzehnten Jahrhundert und Theorien von Kultur, Kunst, Wissenschaft und Technik. In diesem Zusammenhang hat er zuletzt vor allem zur Digitalisierung, Artificial Intelligence und Machine Learning gearbeitet. ORCID: 0000-0003-4536-3940

Eva Schürmann ist Professorin für Philosophische Anthropologie, Kultur und Technikphilosophie an der Universität Magdeburg und arbeitet zur Medialität und Visualität des Geistes. Für ihre Theorie des Sehens wurde ihr 2014 der Wissenschaftspreis der Aby-Warburg-Stiftung zugesprochen. Neuere Veröffentlichung: *Vorstellen und Darstellen. Szenen einer medienanthropologischen Theorie des Geistes* (Fink 2018). ORCID: 0000-0001-9378-5350

Eva Seidlmayer ist Postdoc bei ZB MED – Informationszentrum Lebenswissenschaften in Köln. Sie leitet das DFG-Projekt *AQUAS – Automatic Quality Assessment: NLP methods for semantic mapping of life-science texts*, in dem sie u.a. ein maschinelles Lernverfahren zur Erkennung von Desinformationen auf Basis semantischer Eigenschaften entwickelt. Sie promovierte in der Philosophie und studierte zudem Bibliotheks- und Informationswissenschaft. ORCID: 0000-0001-7258-0532

Philipp Staab ist Professor für Soziologie von Arbeit, Wirtschaft und technologischem Wandel an der Humboldt-Universität zu Berlin und Co-Direktor am Einstein Center Digital Future. In seiner Forschung verbindet er Themen der Arbeit, Sozialstrukturanalyse, Techniksoziologie und politischen Ökonomie in gegenwartsanalytischer Absicht. Aktuelle Schwerpunkte sind die politische Gestaltung des digitalen Kapitalismus, kritische Infrastrukturen und der

Zusammenhang von Digitalisierung und Nachhaltigkeit. http://www.philippstaab.de

Jörg Sternagel ist Privatdozent an der Universität Konstanz und Akademischer Rat an der Universität Passau. 2021 Gastprofessor Medientheorie Hochschule für Angewandte Wissenschaften Hamburg. 2018–2020 Vertretungsprofessor Medientheorie Berliner Technische Kunsthochschule. 2019 Habilitation Universität Konstanz, Venia Legendi Medienwissenschaft. Publikationen u.a.: *Ethics of Alterity* (Rowman & Littlefield 2023), *Beyond Mimesis* (Mithg., Rowman & Littlefield 2023), *Denken des Medialen* (Mithg., transcript 2024). ORCID: 0000-0002-0970-1087

Jörg Volbers ist habilitierter Philosoph mit akademischen Stationen in Paris, Berlin, Weimar sowie Düsseldorf, und arbeitet nun in der IT-Branche. Er publiziert zu Autoren wie Wittgenstein, Dewey und Foucault. Schwerpunkt seiner Forschung ist die Frage, wie kritisches Denken, Subjektivität und Lebensform sich zueinander verhalten. Gegenwärtig sucht er nach einem Konzept digitaler Rationalität, das Computer weder vermenschlicht noch mystifiziert. http://www.joergvolbers.de

Christian Wachter ist wissenschaftlicher Mitarbeiter am Arbeitsbereich Digital History und Mitglied des Center for Uncertainty Studies, Universität Bielefeld. Zu seinen Forschungsschwerpunkten zählen Hypertext, Methoden der Digital Humanities, Geschichtstheorie und politische Kulturgeschichte (frühes 20. Jahrhundert). 2021 erschien seine Arbeit *Geschichte digital schreiben* bei transcript. Aktuell erforscht er politische Diskurse in der Weimarer Republik mit digitalen Verfahren. ORCID: 0000-0003-2937-0868

Eva Weber-Guskar ist Professorin für Ethik und Philosophie der Emotionen an der Ruhr-Universität Bochum. Sie arbeitet derzeit zur Ethik der Künstlichen Intelligenz und zu Fragen von zeitlichen Aspekten in Theorien des guten Lebens. Sie hat sich mit einer Arbeit über Menschenwürde als Haltung in Göttingen habilitiert und wurde mit der Schrift *Die Klarheit der Gefühle. Was es heißt, Emotionen zu verstehen* (De Gruyter 2009) an der Freien Universität Berlin promoviert. ORCID: 0000-0002-1171-5007

Index

3-D-Drucker, 396

A

Abakus, 15, 136
Abhörvorrichtungen, 338
Abu Ghraib, 43
action units, 95
Affective Computing, 93–96
Affordanz, 26, 257, 406
agency, 26
Agent, 244, 306, 339, 361
agential realism, 244
Ahnensimulation, 332
Akteur, 293–295, 298, 341, 342, 350
   nicht-menschlich, 314
Akteur-Netzwerk-Theorie, 201, 239
Alexa, 353
Algebra, 14
Algorithmus, 10, 11, **13**, 26, 47, 76, 83, 115, 125, 130, 159, 180, 186, 198, 215, 239, 292, 298, 306, 323, 342, 351, 371, 385, 393, 395
   euklidischer, 17
   genetisch, 306
   Social Media, 131
Algorithmustheorie, 16
Alibaba, 258

alien, 391
Alltag, 23, 29, 41, 153, 238, 371
   Vorhersagen, 304
Alphabet, 82, 83, 264
   binär, 82
Alphabet (Firma), 77, 177, 258, 337
alter ego, 310
alternative Fakten, 386
Amazon, 77, 177, 258
Amazon Web Services, 179
analog, 140, 190, 237, 263, 293, 351, 390, 391, 394
   Computer, 139
   Ziffern, 138
Analog/Digital-Wandler, 264
Analytical Engine, 137
Android, 178, 381
Aneignung, 46, 141, 176, 291, 294, 390, 414
angelos, 169
Annotation, 87
Anonymität, 93, 149
Anonymous, 147
Anthropic, 259
Anthropologie, **23**, 128, 161, 192, 201, 243, 319, 330

Anthropotechnik, 329
Apokalypse, 329
  transhuman, 334
Apoptose, 258
Apparat, 382, 383, 390, 391
Apple, 77, 149, 177, 258
Approximation, 216, 217, 303
Apriori, 58, 379
  technisches, 53
arab spring, 258
Arbeit, 29, 66, 82, 312, 371
  Humanisierung, 141
  Massena.slosigkeit, 141
Arbeitsspeicher, 75
arché, 229
Architektur, 18, 65, 85, 158, 160, 266, 267
Archiv, 52, 54, 55, 58
  Computer, 58
  Daten, 77
  Kopien, 323
Ariadnefaden, 85, 172, 236
Arithmetik, 85
ARPANET, 237
Ars Combinatoria, 13
Artefakt, 10, 33, 51, 56, 75, 87, 111, 235, 240, 265, 319, 350, 353
  symbolisch, 82, 84
Artificial General Intelligence, 188
Asimovsche Gesetze, 112
Assemblage, 28, 28, 29
Ästhetik, 26, **33**, 64, 116, 125, 316
Atari, 57
Atomkrieg, 237
Aufmerksamkeit, 118, 127, 179, 186, 215, 219, 353, 368
  Bindung, 177

Lenkung, 313
ökonomisch, 374, 381
Auge, 47, 342, 367, 370, 372, 373
Augment (Projekt), 156
Augmented Reality, 273, 274, 277, 357, 364
Aushandlung, 23, 29, 78, 256, 297, 401
Aussagenlogik, 139
Automatisierung, 125, 291, 319
  Bildproduktion, 47
  Datenverarbeitung, 141
Automobil, 45, 285, 291, 314, 321, 347
  autonomes, 112, 316
  smart, 190, 338
Avatar, 95

B
Baidu, 258
Ballspiel, *siehe* Spiel
Basic Formal Ontology, 248
Bastler, *siehe* Hobbyisten
Bay Area, 149
  Hackerinnen, 152
Bedeutung, 28, 42, 86, 111, 129, 165, 168, 169, 197, 199
  extrinsische, 86
  intrinsische, 86
Bedeutungswandel, 20, 72, 169, 302
Benutzeroberfläche, *siehe* Interface
Beobachter, 170, 171, 367
Berechenbarkeit, 39, 56, 129, 139, 303, 393
Berechnungsgitter, 303
Berechnungsschritte, 303
Sozialität, 311
BERT, 218, 243

Bewusstsein, 11, 165, 187–190, 205, 210, 215, 228, 254, 310, 332, 367, 375, 380, 412
Computeranalogie, 189
bias, 97, 219, 323
  algorithmisch, 374
  induktives, 217
Bibliothek, 10, 14, 53, 77, 156, 168
Big Brother Awards, 152
Big Data, 10, 72, 76, 83, 180, 291
  als unzureichendes Konzept, 324
  Digitale Geisteswissenschaften, 81
  Hypertext, 156
Bilder, **41**, 82, 118, 126, 199, 342, 367
  Bilder, technische, 239
  Bildkultur, digitale, 342
  Fälschung, 88
  operative, 44
  Taxonomie, 39
Bildkulturen, 47
Bildschirm, 57, 82
Binärcode, *siehe* Code
bit, 139
black box, 28, 88, 218, 343, 352, 383
BlackLivesMatter, 46
blinder Fleck, 316, 374
  menschlicher Selbstreflexion, 330
Blockchain, 288, 293
Blog, 400
Bontitätsscore, 190
born digital, 76
Brettspiel, *siehe* Spiel
Btx-Hack, *siehe* Hacken
Buch, 83, 125, 155
  Gutenberggalaxis, 161
  haptisch, 376

Buchdruck, 9, 82
Bürgerkonto, 259

C

Cambridge Analytica, 253, 341
camera obscura, 372
capta, *siehe* Daten
CARE-Prinzipien, 78
CERN, 159
CGI-Effekte, 44
Chaos Communication Congress, 152
Chaos Computer Club, 78, 150
Characteristica universalis, 19
Chatbot, 38, 87, 99, 188, 210, 337, 354, 394
ChatGPT, 9, 126, 186, 218, 253, 259, 327, 337, 354
  Recht, 283
Checkers, *siehe* Dame
checks and balances, 259
chilling effects, 297
chōra, 225
class, 245, 276, 349
Clearview AI, 341
Cloud
  Anwendungen, 180
  Cloud-Dienste, 293
  Quantencomputer, 269
  Speicher, 178
Code, 24, 57, 82, 230, 264, 288, 395
  binär, 267, 351, 371
  Neucodierung, 73
common sense, 105
Community Memory, 149
  und Frauen, 152
computational humanities, *siehe* Digitale Geisteswissenschaften
computational photography, 42

Computer, 56, 135, 140, 191, 210, 268, 278, 312, 313, 395
Grenzen, 268
Großrechner, 145
Hacken, 145
menschlich, meistens weiblich, 138
Quantencomputer, 267
Rechenknecht, 302
Supermedium, 302
Computerarchäologie, **51**, 140, 145, 412
Computerspiele, 57, **61**, 116, 159, 213, 380, 400
cracken, 148
Hypertext, 159
Künstliche Intelligenz, 190
concepts, 245
control, 78, 177, 256, 277
corps, siehe Leib
Cracker, 148
Cracktro, 148
Crasher, 147
creatio, 166
credo quia absurdum est, 332
Critical Code Studies, 23
Critical Data Studies, 23
Cyberfeminismus, 396
Cyberspace, 273, 276, 361, 364

D
daktylos, 166
DALL-E, 47, 218
Dame, 213
Dampfkraft, 236
Dartmouth Summer Research Project, 185
Data Act, 298

Data Governance Act, 298
data mining, 83
Datafizierung, 74, 81, 324
Praktiken der Verdatung, 83
DataGlove, 276
Dateiformat, 43, 161
Daten, **71**, 77, 83, 156, 176, 186, 200, 218, 243, 259, 265, 273, 291, 306, 323, 341, 351
Aneignung, 291
Bild.d., 47
D.akkumulation, 291
D.industrie, 77
D.korpora, 85, 87
D.mengen, 373
D.mining, 83
D.monopole, 259
D.qualität, 77
D.ressource, 338
D.schatz, 342
D.silo, 77
D.verkehr, 413
data labeling, 141
Fehler, 351
Kuratierung, 219
Lücken, 351
Metadaten, 47, 77, 340
Missbrauch, 253
öffentliche, 78
personenbezogen, 291, 297
private, 78
Verzerrung, 295
Datenbank, 76, 81, 120, 215
Hypertext, 156
juristische, 283
Datenfernübertragung, 237
Datenhandschuhe, 277
Datenkraken, 175

Datenschutz, 78, 97, 298
Datenschutzgrundverordnung, 259, 298
Datenträger, 323
Datenverarbeitung, 41, 71, 72, 74, 140, 278, 295
   Automatisierung, 141
   Korrektur, 297
   Löschung, 297
   polizeilich, 339
dechiffrieren, 268, 311
dedomena, 71
Deep Learning, 88
deep learning, 84, 218, 352
DeepFace, 343
Dehomag, 76
delayed present, 413
Demiurg, 166
Demo, 148
Demokratie, 253
   KI in, 354
demos, 258
Demoszene, *siehe* Hacken
Denkkollektiv, 249
Denkstil, 249
Descriptive Ontology for Linguistic and Cognitive Engineering, 248
Design, 34
   Computerspiele, 67
   fehlerhaftes, 316
   Risikovermeidung, 298
Desinformation, 172, 253, 258
deus ex machina, 335
Dezimalzahlen, 82, 137, 267
Diagramm, 17, 56, 72, 84, 88
Difference Engine, 137
Differentialgleichung, 302, 305
   nichtlinear, partiell, 304

Differenz
   anthropologisch, 209
   Information, 171
   temporal, 309
digit, 190
digital
   Ziffern, 138
Digital/Analog-Wandler, 264
digital computer techniques, 140
Digital History, 135
digital humanists, *siehe* Digitale Geisteswissenschaften
Digital Humanities, *siehe* Digitale Geisteswissenschaften
Digital Market Act, 298
Digital Service Act, 298
Digitalcomputer, 55
Digitalcourage, 152
Digitale Geisteswissenschaften, 23, 71, **81**, 142, 160, 200, 240, 265, 402
   big tent, 82
   Irrtümer, 88
   'Stachel des Digitalen', 89
Digitalisierung, 25, 135
   als Prozess, 135
   Kritik, 37
   Kultur, 58
   Quantisierung, 264
   Schübe, 291
   Vertrauensfragen, 348
Digitalität, 10, 25, 125, 141, 348
   Meta-Technologie, 322
Digitalzahlen, 264
digitus, 136
   Ringabdruck, 166
Ding, 24, 182, 319, 320, 323, 382
   epistemisches, 233
   operativ, 82

discrete state machines, 139
Diskriminierung, 259, 298, 343
  algorithmische, 298
Diskursarchäologie, 51
Disneyland, 301
Dispositiv, 53, 256
Distributed Denial of Service, 147
Do It Yourself, 396
Docuverse, 159
Doppelspaltexperiment, 263
doxa, 379
Dreidimensionalität, 85
Dreifelderwirtschaft, 321
Drive, 178
Drohnen, 44
Dualzahlen, 82
Dublin Core Ontology, 246

E
E-Learning, 159
Echokammer, 258
Echtzeit, 46, 55, 118, 156, 202, 274, 286, 310
Ecommerce, 175
edges, 157
ego, 310
eidos, 165, 170, 225
Einhorn, 327
Einsamkeit, 390
  Überwindung, 396
Eisenbahn, 234
Eleganz, 34
Elektrizität, 27, 137, 236, 266
Elektromobilität, *siehe* Automobil
Email, 82
  Bulletin Board System, 149
  Mailboxsystem, 151
Emanation, 227

embodiement, 354
Emoji, 384, 399
  Totenkopf, 381
Emoticon, 399
Emotion, 26, **93**, 103, 199, 373
  Basisemotionen, 38
  Responsivität, 86
Enhancement, 329
Entfremdung, 392
Entkörperung, 87
Entmaterialisierung, 231
Entwurf, 18, 57, 137, 239, 246, 319
Environmentalität, 275, 277, 361, 369, 410, 412
Enzyklopädie, 81, 83, 167
  online, 401
episteme, 379
Epistemologie, 58, 72, 86
Epoche, 125
Ereignis, 310, 415, 417
Erinnerung, 73, 320
  Bilder, 41
Erschließung, 155
esprit, *siehe* Geist
Ethik, 77, 97, **103**, 147, 171, 190, 202, 219, 297, 317, 330, 353, 364
  deontologische, 107
  deskriptive, 103
  Hacker-Ethik, 146
  normative, 104
EU-Gesetzgebung
  AI Act, 258
  Data Act, 258
  Data Governance Act, 258
  Digital Market Act, 258
  Digital Service Act, 258
Euklids Algorithmus, 17
Europäische Open Science Cloud, 77

Evolution, 167, 170, 205
ex nihilo, 167
explainable AI, 218
extended mind, 384
Externalität, 85
EyePhone, 276

F
F/OSS, *siehe* Open-Scource-Software
face recognition, *siehe* Gesichtserkennung
Facebook, 176, 337, 340, 341, 374
Facial Action Coding System, 95
Fahrzeug, *siehe* Automobil
FAIR-Kriterien, 77
fake, 358
    Rechtspraxis, 287
fake news, 88, 253, 257, 347
false positives, 217
Faustkeil, 319
feature extraction, 216
feed forward, 412
Feedback, 214, 411
Fehler, 58, 316, 352
    Daten, 351
    menschlich, 317
Fehlerkultur, 88
Fernsehen, 54, 116
Fiktion, 26, **115**, 159, 357, 359, 375, 390, 414
Film, 116, 273, 367
Filter, 42, 46, 118, 264, 351
    Spam, 215
    Upload, 293
Finger, 128, 136, 320
Flugzeug, 137, 191, 350
Formalisierung, 56, 138
Fortschrittsglaube, 141

Fotografie
    analog, 265
    Beweismittel, 286
    digital, 42
    Smartphone, 342
Foundation Models, 295
Foundational Ontology, 248
franchise, 121
Französische Revolution, 137
Friend-of-a-Friend Ontology, 246
Funk, 238, 268
Funktionalismus, 189
Funktionieren, 39
Furby, 393

G
Gaia-X, 77
Gedächtnisinstitution, 52
Gedächtniss, 10
Gedankenexperimente, 256, 329, 332
Gefühle, *siehe* Emotion
Gegenkultur, *siehe* Kultur
Gehirn, 139, 214
Gehirn-im-Tank, 329
Geist, **125**, 138, 167, 189, 201, 210, 227, 329
Geistlosigkeit, 130
Gemini, 337
gender, 55, 65, 256, 349
    Hacken, 152
    radikal, 396
Gene Ontology, 246
General Artificial Intelligence, 330
general-purpose simulator, 360
general purpose technology, 180
generative KI, 42, 47, 122, 126, 131, 186, 188, 215, 218, 219, 354
Genius malignus, 384

Geometrie, 74, 85
Geschichte, 19, 24, 51, 76, **135**, 187, 218, 236, 264, 338
  Computergeschichte, 135
  Hackergeschichte, 149
Geschichtsschreibung, 415
Gesellschaft, *siehe* Sozialität
Gesichtserkennung, 96, 215, 339, 341, 343, 371, 373
  Hochrisikotechnologie, 343
  People of Color, 343
Gewaltenteilung, 259
Glasfaserkabel, 395
Globaler Süden, 78
  Data Labeling, 141
Gmail, 178
Google, 175, 176, 259, 269, 337, 341
  Kritik an, 338
Google+, 178
Götter, 35, 410
  Homer, 375
  Teilhabe, 330
Grammophon, 301
Großrechner, *siehe* Computer
Grundrechte, 295, 297
  Einschränkung, 297
Gutenberggalaxis, 161

H
Hacken, 57, 71, 141, **145**, 237, 268, 338, 395, 415
  Bayrische Hackerpost, 151
  Btx-Hack, 150
  Datenschleuder, 151
  Demoszene, 148
  gender, 152
  Haecksen, 152
  obsessives Programmieren, 146
  Problemlösung, 145
  Scriptkiddies, 147
  Hacker-Ethik, 78, 146
Haecksen, *siehe* Hacken
Halbleiter, 267
Handlungslogik, 353
Hardware, 188
Hausbesetzerszene, 150
Haut, 84
Head Mounted Display, 275
Heimcomputer, 141, 147
Herakliteischer Weltenbrand, 329
Hermeneutik, 11
  digitale, 81
  klassische, 81
Herrschaft, 198, 254, 255, 338
  Algorithmen/Programme/Codes, 395
Heuristik, 303
hexis, 109
hidden layers, 88
Hilbertprogramm, 13
Himmelskunde, 74
Hinterwelt, 382
Hippies, 149
Hobbyisten, 57, 147
Höhlengleichnis, 362
Höhlenmalerei, 84
Hollerith, 76
Hollywood, 44
Holografie, 266, 353
Homebrew Computer Club, 149
Human Brain Projekt, 187
human capital, 65
hyle, 166, 225
Hylemorphismus, 166
Hype, 338, 374
Hyperfiction, 159

Hypermedia, 158
Hyperstition, *siehe* selbsterfüllende Prophezeiung
Hypertext, **155**, 202, 235, 401
Hypertext Markup Language, 159
Hypertext Transfer Protocol, 160

I

idea, 166, 170
Ideengeschichte, 136, 191, 224, 229, 330
Illusion, 357, 359, 375
Imitationsspiel, *siehe* Turing-Test
Immersion, 359–361
impressions, 168
imprimitur, 166
infon, 170
Information, 53, 72, 139, 155, **165**, 171, 201, 234, 243, 291, 311, 322, 323, 371
    Architektur, 160
    falsche, 172
    freier Zugang, 150
    I.theorie, 139
    I.verlust, 311
    Kontrolle, 178
    öffentlich zugänglich, 337
    Vertrauen, 347, 385
information retrieval, 155
informationelle Selbstbestimmung, 291, 297
Informationsgesellschaft, *siehe* Information
Informationsrente, 182
Informationswissenschaft, 138, 168, 244
Informationszeitalter, 168, 171, 239
Infrarot, *siehe* Strahlung

Infrastruktur, 27, 76, 160, 324, 400
    kritische, 253
Innovation, 161, 295
intellectus, 127
Intellektualtechniken, 321
Intelligenz, 126, 185, 320
    Maschinen-I., 188
Intentionalität, 24, 94, 210
Interface, 41, 277, 320, 374, 382
Intergalactic Computer Network, 237
International Business Maschines, 76, 213, 214
Internet, 9, 82, 176, 237, 323, 337, 400
    Datenmassen, schnell und billig, 219
    Fragmentierung, 292
    Inbegriff des Digitalen, 374
    kommerziell, 177, 292
    mobil, 76
Internet of Things, 247
iPhone, 9, 381
iPod, 179
iTunes, 179

J

jargon-file, 146

K

Kabelnetz, 238
Kalkül, 139, 323
Kamera, 43, 263
Kampfspiel, *siehe* Spiel
Kanten, 157, 233
Kapitalismus, 38, 122, 131, 172, **175**, 192, 202, 231, 258, 293, 314, 385, 414
    digitaler, 172

Selbstoptimierung, 277
Überwachungsk., 337
Kartenspiel, *siehe* Spiel
Katastrophe, 237
   technisch verursacht, 316
Kentukis, 389
Klassifikation, 188, 245
Klimawandel, 304
Knoten, 233
knowing how, 380
Knowledge Graphs, 247
Kochrezept, 15
Kombinierbarkeit
   von Technologien, 324
Kommunikation, 82, 141, 166, 171, 283, 384, 399
   technisch, 311
   Überwachung, 339
Kommunikationstechnologien, 400
Kommunikationstheorie, 169, 311
Kompression, 264
Königsberger Brückenproblem, 238
Konsequentialismus, 106
Kontrolle, 322, 372, 395
   digitale, 253
   soziale, 76
Kontrolliertes Vokabular, 245
Koordinatensystem, 85
Kopie
   als stabiler Vorrat, 323
   verlustfrei, 293
Körper, 85, 86
   Entkörperung, 87
   Fiktionalisierung, 276
   Galaxie, 276
Korpora
   Datenk., 85
Krankenversicherung, 396

Kränkung, 127
Kreationismus, 167
Kritische Infrastrukturen, 253
Kryptohumanismus, 329
Kryptologie, 87, 138, 267, 268
Kultur, 27, 61, 97, 116, 125, 192, **195**, 235, 244, 257, 317, 363, 380, 399
   Gegenkultur, 145
   mathematische, 14
   relationaler Begriff, 27
Kulturelles Gedächtnis, 10, 84
Kulturgeschichte, 74
Kulturindustrie, 61, 65
Kulturpessimismus, 399
Kulturtechniken, 9, 20, 82, 321
   alphanumerisch, 81
   digital, 81
   Verflachung, 84, 372
Kunst, *siehe* Ästhetik
K.markt, 33
Künstliche Intelligenz, 9, 20, 26, 58, 85, 93, 126, 180, **185**, 201, 205, 210, 213, 235, 259, 281, 292, 330, 337, 385
   als unzureichendes Konzept, 324
   Bildkorrektur, 41
   Ethik, 141
   Hype, 338
   Massenarbeitslosigkeit, 141
   schwache, 188
   starke, 188
   telos, 86
   wet AI, 187
Künstliche Moral, *siehe* Ethik
Künstliche neuronale Netze, *siehe* Neuronale Netze
Kybernetik, 139, 169, 256

Anfangsproblem, 410
zweiter Ordnung, 171

L
Labeled Faces in the Wild, 342
Landvermessung, 74
Languages of Art, 264
Laplace'scher Dämon, 410
Large Language Models, 9, 84, 160, 186, 292, 327, 331, 337
    Recht, 283
    Überraschung, 316
Laser, 266
Leben, 97, **205**, 316, 348, 358
    Kohlenstoffbasis, 210
    überwachtes, 339
Lebensform, 126, 207
Lebenswelt, 228, 358, 364
Legal Tech, 284
Leib, 97
    Körper, die wir selber sind, 370
    Wahrnehmungsorgan, 370
Leib-Seele-Problem, 189
Library and Information Science, 168
Linked Data, 247
LinkedIn, 404
Literatur, 34
Lizenz, 176
LLaMA, 218
Lochkarte, 19, 74, 137
Lock-in-Effekt, 292
Logarithmen-Tafeln, 137
Logik, 19, 56, 198, 244, 397
    digitaler Profile, 343
    Entwicklung, 139
    Finanzmarkt, 411
    franchise, 122
    Gesellschaft, 65

Handlungsl., 353
instrumenteller Vernunft, 37
Kulturindustrie, 68
L.Prozesse, 191
modal, 249
Netzwerk, 158
Rechtspraxis, 288
Überwachungskapitalismus, 176
unzuverlässigen Erzählens, 119
logos, 55
Logozentrismus, 370
Longivity, 329
Lootbox, 65
Los Alamos, 302
Löschung, 405
    nicht-erfolgt, 341
Luftabwehr, 410, 411

M
Macht, 125, 177, 253, 291, 322, 324, 412
    Grammatiken, 38
    Hacken, 147
    Konfigurationen, 52
    -netzwerke, 327
    patriarchale Anmaßung, 370
maker space, 396
Manhattan-Projekt, 302
Maps, 178
Maschinelles Lernen, 26, 38, 86, 125, 180, 186, 201, 210, **213**, 235, 243, 281, 292, 295, 306, 337, 352
Maschinelles Sehen, 39, 186, 371
Maschinenethik, *siehe* Ethik
Maschinenlesbarkeit, 84, 323
    TEI, 87
material culture studies, 229
material turn, 228
Materialisierung, 375

Materialität, 81
Materie, 202, **223**, 244, 328, 358, 361, 370, 396, 417
mathematical taylorism, 130
Mathematik, 130, 273
   Grenze der Physik, 305
   plastische, 324
matters of concern, 231
Medialität, 81, 116, 157, 187
Medien, 9, 61, 265, 266, 273, 320, 374, 417
   alternative, 385
   Konvergenz, 55
   Leiblichkeit, 320
   operative, 57
   Transformation, 286
Medienarchäologie, 51
Medienkompetenz, 162
Medizin
   Diagnostik, 190
Medizinethik, *siehe* Ethik
Meistergleichungen, 14
Meme, 46, 380
Memex, 155
memoria, *siehe* Erinnerung
mens, *siehe* Geist
Mensch, 208
   Fehlerhaftigkeit, 317
   Raster der Beschreibung, 340
Mensch-Computer-Kommunikation, 248
Mensch-Maschine-Analogie, 139
Mensch-Technik-Beziehung, 23
Menschenlesbarkeit, 323
Menschenrechte, 297
   Verletzung, 253
Menschenwürde, 297
mental images, 367

Mentale Zustände, 189
messen, 265
Messgerät, 74
Messung, 71, 74, 87, 95, 340
Meta (Firma), 77, 176, 177, 258, 337
Metadaten, 47, 77, 340
Metaethik, 103
Metaphysik, 227, 329, 360, 370
Metaversum, 225, 273, 364
mētera, 225
methexis, 170
metoo, 258
metrisches System, 137
Midjourney, 47, 126
Mikrofilm, 156
Mikroskop, 86
Mikrotargeting, 385
mimesis, 301
Mimik, 95
mind, *siehe* Geist
Mind Uploading, 329
Mittelmeerraum, 233
Mobiltelefon, 175, 238
Modallogik, 249
Modell, 13, 73, 367
   Gehirn, 214
   Komplexität, 305
   mathematisch, 302
   Ordnung, 257
   Wissenschaft, 89
Modewort, 185, 357
Monade, 310
Mond, 41, 48
Monstrum, 393
Monte-Carlo, 306
Moral, *siehe* Ethik
morphé, 166, 170
Morphologie, 399

Mother of all Demos, 9
Museum, 29, 57, 74, 87, 159
Musik, 82, 126, 320
    Piepsen des Computers, 146
    streaming, 177
Musizieren, 39
Mustererkennung, 38, 86, 88, 269, 292, 312, 338, 343, 399
Mutter, *siehe* Materie
Mythologie, 202, 235
Mythos des Digitalen, 141

N
n-tupel, 245
Nachnutzbarkeit, 250
Nationalsozialismus, 75
Natur, 34, 207, 235, 410
natural language processing, 215
Navier-Stokes-Gleichungen, 304
neoliberale Vereinnahmung, 89
networked self, 121
Netzjargon, 399, 406
Netzwerk, 47, 77, 83, 115, 149, 201, **233**, 245, 273, 293, 323, 340, 400
    Baum, 234
    dezentralisiert, 234
    Netz in Netzen, 234
    patriachal, 396
    Ring, 234
    Stern, 234
    verteilt, 234
    zentralisiert, 234
Netzwerklogik, 158
Neue, das, 310
Neuer Materialismus, 223, 229, 328
Neuronale Netze, 139, 191, 214, 218, 306, 373
    Emotionen, 95

Kunst, 38
    Trainingsdaten, 338
Newbie, 399
NFT, *siehe* non fungible token
Nicolas Bourbaki, 394
nodes, 157
Nomoi, 330
non fungible token, 33, 363
nous, 127
Null, 15, 324
Numerik, 302

O
Oberfläche, 54, 85
Oculus Rift, 277
Öffentlichkeit, 181, 255, 260
oikos, 254
Ökologie, 256
    globale, 229
    Medien, 385
Ökonomie
    Daten, 176
    der Aufmerksamkeit, 374
on the fly, 381
ontological commitments, 250
Ontologie, 77, 166, **243**, 357, 363
    Dublin Core, 246
    Foundational, 248
    Friend-of-a-Friend, 246
    Gene, 246
    Probleme, 375
    Top-Level, 248
ontos, 243, 249
Opazität, 88
Open Data, 77, 78
Open Graph, 340
Open Science, 250
Open-Source-Software, 150

OpenAI, 186, 259, 327, 337
Operationalisierung, 138, 278
Operatoren
  Geist, 125
  logische, 125
  Take off der O., 324
Oral History, 55
Ordnung
  alphabetisch, 155
  Modell, 257
  O.smodell, 255
  plausible, 311
  Welt, 258
organon, 320
Orwell-Jahr 1984, 339

P
Palantir, 341
Panopticon, 338
Papiermaschine, 20
Partizipation, 256–258
Pascals Wette, 331
People of Color, 343
Personal Computer, 9, 141
personenbezogene Daten, *siehe* Daten
Pessimismus, 224
Pfadabhängigkeit, 310, 315
Pflege, 111, 190, 396
Pflicht, 103
Pflichtenethik, *siehe* Ethik
Phänomenologie, 369
  alien, 56
Phantasie, 273
philosophia perennis, 224
photoelektrischer Effekt, 263
phronesis, 109
physics engine, 380

Physik, 74, 205, 263, 304
physis, 319
Piktogramm, 384
Pixel, 191, 264, 283, 375
Plancksche Wirkungsquantum, 263
Plancksches Strahlungsgesetz, 263
Platform Seeing, 45
Platons Höhle, 362
Plattform, 258, 259, 337, 341, 363, 384, 400
Plattformunternehmen, 178
Plüschtiere, smarte, 389
poiesis, 170
policy, 256
polis, 253
politics, 256
Politik, 29, 150, 175, 219, **253**, 296
politikos, 253
polity, 256
Populärkultur, 29
populi informator, 166
Positivismus, 89
post-quantum cryptography, 268
Postdigitalität, 10
Posthumanismus, 396
  kritisch, 328
  technologisch, 328
postkinematographisch, 116
Postkutsche, 236
Postmoderne, 256
Postphänomenologie, 25
potentialiter, 358
Präemption, 410
praesentia, 88
Praktiken, 26, 265, 361, 380, 394, 401
  Bild, 41
  gesellschaftlich, 313
  religiöse, 329

prästabilierte Harmonie, 310
Praxeologie, 72, 86, 201
Praxistheorie, 25
Pretty Good Privacy, 268
Primfaktorzerlegung, 268
privacy by design and default, 298
Privatbesitz, 177
Privatheit, 97, 260
Privatsprache, 249
Produktion, 175
Profil, 339
Prognose
    Gefährderpotential, 341
    Konsumverhalten, 341
    Wahlentscheidung, 341
    -werkzeuge, 409
Programmieren, 219
programmieren, 57, 97, 125, 148, 180, 315, 332, 342, 352, 382
    Fehler, 131
    Menschen, 315
    Zukunft, 414
Programmiersprache, 58
Project Ellmann, 337
prólepsis, 166
properties, 245
Prophezeiungen, 410
propre, siehe Leib
Prozessieren, 83, 323
Psychotechnik, 340
Pythagoreische Lehre, 329

Q

Quanten, 13, 170, 229, **263**, 306
Quantenmechanik, 206, 266
Quantenphysik, 263
Quantifizierung, 264

Risiken, 294
sozialer Sachverhalte, 292
qubit, 170, 267
queerness, 256

R

race, 276, 349
Radio, 54, 395
Randgruppen, Disziplinierung von, 340
Rassismus, 370, 374
    Aufhebung im Cyberspace, 276
Raum, 85, 157, 199, 225, **273**, 364
Re-enactment, 56
Realität, 376
    Begriff, 374
    physikalische, 358
Reality TV, 121
Rechenautomat, 74
Rechenbrett, 15, 17, 136
Rechenknecht, 302
Rechenleistung, 215
Rechenmaschine, 19
    17. Jahrhundert, 136
    elektronische, 313
    universelle, 140
Rechenoperation, 136
Rechenregeln, 13
Rechenschieber, 320
Rechnenkunst, 320
Recht, 52, 78, 98, 149, 171, 202, 219, **281**, 293, 298, 314, 350
Redpilling, 386
Referenz, 42
Regel, 62
Regeln, 213
Register, 155
Regulation, 219

Reich der Zwecke, 108
reliance, 353
Remix, 115
Resonanz
    emphatische, 86
Ressourcen
    Daten, 77
    R.verbrauch, 235
Retrocomputing, 51, 57
Retrofuturismus, 415, 416
Rezept, 383
Rezeption, 117
Rhizom, 157
Riesenmaschine, 393
Risiko, 20, 88, 190, 202, 219, 258, 288, **291**, 311, 348, 391
Risikoakzeptanz, 296
Roboter, 45, 95, 210
Roboterethik, *siehe* Ethik
Robotergesetze, 112
Rohstoff, 77, 176
Röntgenstrahlung, *siehe* Strahlung
Royal Society, 136
Rückkopplung, *siehe* Feedback
Rückwand der Kulissen, 382

S
salva veritate, 86
Samen, 207
Sankt-Nimmerleinstag, 331
Satellit, 238, 306, 321
Schach, 62, 213, 372
Schaden, 294
Schaltbarkeit, 324
Schaltkreis, 139
Schaltungen, 189, 323
Schicksal, 190, 410
Schlachtfeld, 44

Schnittstelle, *siehe* Interface
Schönheit, 34
Schöpfung, 166
Schreibmaschine, 301
Schrift, 52, 286, 312
Schriftrollen
    stark beschädigt, 85
Schwarzes Brett
    online, 149
Science and Technology Studies, 23, 239
Science Fiction, 187
    posthumane Fabulierlust, 329
Scientific Revolutions, 249
screenshot, 371
Scriptkiddies, *siehe* Hacken
Seele, 189
Seelenwanderung, 329
Seitenzahlen, 83
self-fulfilling prophecy, 415
    transhuman, 334
selfie, 371
Semantic Web, 77, 160, 247
Semantik
    Information, 171
    Mensch-Maschinen S., 322
    Quanten, 264
    raumorientiert, 273
sensory ideas, 73
Serverfarm, 76
Sexismus, 370, 374
Signal, 74, 137, 310–312
    Unsicherheit, 351
Signalprozessor, 54, 76
Silbersalz, 42, 266
Silicon Valley, 327, 373
    New-Age-Reservat, 334
Silizium, 267

Simulakrum, 230, 301
Simulation, 44, 95, 200, 274, **301**, 332, 357, 359, 375, 390
  audiovisuelle und taktile Technologie, 357
  Denken, 186
  Form von Wirklichkeit, 359
  Gehirn, 187
  numerische, 302
  stochastisch, 306
  Vortäuschung falscher Tatsachen, 301
Simulatorkrankheit, 277
Singularity, 329
Sinnesdaten, 71, 72
Sinnlichkeit, 34
Siri, 353
Skript, 383
Skulptur, 273
Smart Cities, 175, 291
smart contracts, 288, 293
Smartphone, 27, 41, 77, 84, 117, 338, 342, 371, 380
Snapchat, 117, 118
Snowden-Enthüllungen, 341
Social Credit System, 257
Social Media, 131, 158, 175, 292, 338, 380
  Aufmerksamkeit, 313
  Grundmisstrauen, 384
  Kanäle, 121
  Profile, 339
  Schauplatz der Selbstbeschreibung, 340
  sexuelle Belästigung, 395
Social-Media-Plattformen, 27
Software, 58, 148, 150, 156, 188, 293, 332, 341

software engineering, 131
Softwareentwicklung, 186
Sortieren, 83
Souveränität, 78, 127, 129, 255, 259
Soziale Netzwerke, *siehe* Social Media
Sozialität, 61, 97, 131, 187, 198, 257, 281, 293, **309**, 322, 347, 362, 380, 390, 401
Spamfilter, 215
Spannungszustände, elektrische, 312
SPARQL Protocol And RDF Query Language, 247
Speicher, 43
Spiel, 213
  Augmented Reality, 277
  Ballsp., 63
  Brettsp., 63
  Computersp., *siehe* Computerspiele
  Existenz, 64
  Kampfsp., 63
  Kartensp., 63
Spielhalle, 65
Spielregeln, 15, 372
Spionage, 258
Sprache, 53, 170, 380
  Kunstspr., 323
  Maschinenspr., 322
  natürliche, 312
  Programmierspr., 17, 58
  Standardspr., 399
  Varietät, 400
Sprachkritik, 399
Sprachmodelle, *siehe* Large Language Models
Sprachphilosophie, 244
Sprachspiel, 126
Sprachverarbeitung, 186

Spur, 74
Stable Diffusion, 47, 218
Statistik, 83
Stereotype, rassistisch und sexistisch, 373
Sterne, 74
Stilometrie, 87
Strahlung
 Infrarot, 87
 Röntgenstrahlung, 87
Streaming, 177
streaming, 116, 120
Strukturwandel, 78
Subjekt-Objekt-Dichotomie, 170
Sucht, 175
Super Mario Bros, 68
Superintelligenz, 127, 327, 329
 anarcho-liberal, 334
Symbol, 283, 320
 operativ, 82
 S.schemata, 264
 S.system, 19
 Verarbeitung, 139
Syntax, 399
Sysop, 399
System
 Dysfunktion, 295
 Funktionsweise, 352
 künstliches, 112
Systemtheorie, 171, 315
Szenario, 180, 414

T
Tabelle, 75
tacit knowledge, 380
Tamagotchi, 66
Tanz, 320
Täterprofil, 340

Tatort, 287
Tätowierung, 84
Taxonomie, 245
Tech Model Railroad Club, 145
Technikethik, *siehe* Ethik
Technikfolgenabschätzung, 190, 409
Technikgeschichte, 74, 135
Technizität, 19, 26, 72, 127, 198, 236, 264, 314, 315, **319**, 322, 325, 351, 400
 Wesen des Technischen, 322
Technologie, 23
 als großtechnische Systeme, 321
 digital, 264
 disruptiv, 364
 general purpose, 180
 KI, 259
Technologien, 350
Telefon, 190, 338
Telegraf, 267
Telegraph, 234, 236, 264
Teleologie, 363
Telephon, 236
Teleskop, 86
telos, 86
Tetris, 68
Text, 82, 126
 Archiv, 52
 Lektürepraxis, 156
 lineare Struktur, 156
 T.formate, 156
 T.generator, 191
 T.sorte, 401
Text Encoding Initiative, 87
The International Society for the Study of Information, 171
Theaitetos, 330
Theater, 273
Thermodynamik, 304

Theurgie, 329
Tier, 208, 311
TikTok, 117, 258, 374
timestamp, 403
Tinte, 85
Tod des Autors, 161
Token, 325, 354
token, 87
Tonaufnahme, 286
Töpfergott, *siehe* Demiurg
topographic writing space, 158
topos, 225
Training, *siehe* Maschinelles Lernen
Trainingsdaten, 219, 338
Transaktionen, 339
Transformation
    Alltag, 29
    Daten, 73
    digitale, 9, 33, 323
Transhumanismus, 29, 187, 202, 210, **327**, 328, 364, 373, 396
Transklusionen, 160
Traveling Salesman Problem, 238
Trialektik, 260
Tripel, 245
Trivialmaschine, 314
Tugendethik, *siehe* Ethik
Turing-Maschine, 16, 130
Turing-Test, 188, 315
TUWAT-Kongress, *siehe* Hacken
Twitter, 374, 397
Typographie, 34, 399
typos, 166

U
Überlastung, 316
Übersetzung, 239, 323, 385
Überwachung, 38, 76, 99, 126, 172, 176, 257, 258, 277, 313, 322, **337**, 339, 371, 395, 414
    Kameras, 45
    Nutzung der Daten, 338
Überwachungskapitalismus, 256, 337
Uhrwerk, 19
ultimate media technology, 360
Umwelt, 27, 227, 274, 316
    Simulation, 306
Unberechenbarkeit, 311
Unbestimmtheit, 39
Unbewusstes, kulturelles, 86
Unerwartbarkeit, 409
Unmündigkeit, selbstverschuldet, 385
Unsichtbarmachung, 374
Unsterblichkeit, Träume davon, 373
Unterfläche, 54
Unterseekabel, 268
Unterwelt, 227
Unvollständigkeitssatz, 316
Unwahrscheinlichkeit, 410
Unwissen, 348
Upmood, 99
Urimpression, 412
Urkunde, 71
Urteil
    Ästhetik, 125
    ästhetisches, 35
    moralisches, 105
Utilitarismus, 105
Utopie, 254

V
Verbraucherschutz, 298
Verdatung, 43, *siehe* Datafizierung
    trivialster Lebensäußerungen, 339

Verdinglichung, 231
Vergegenwärtigung, 414
Verhalten
    Änderung durch Information, 313
    Beeinflussung, 177
    intelligent, 210
Verhältnismäßigkeitsprinzip, 297
Verkörperung, 211, 354
Vermessung, 39, 177, 190, 200, 256
Vernetztheit, 260
Verschleiß, 316
Verschwörungstheorien, 386
Verstehen, 171, 188
Vertrauen, 20, 42, 78, 96, 296, **347**, 384, 386, 391
    Kultur, 322
Verunmöglichung, 293
Verwertungslogik, 39
Video, 126, 286
    streaming, 177
Videospiel, *siehe* Computerspiel; Computerspiele
Videoüberwachung, 190, 191, 338, 342
virtual reality, 353, 357, 363
Virtualisierung, 376
Virtualität, 200, 223, 230, 273, **357**, 374, 390, 400, 411
    Kritik, 364
    Modus von Realität, 361
    negativ konnotiert, 358
virtus, 358
Visualisierung
    Datenressourcen, 45
    militärisch, 275
    wissenschaftlich, 275
Visualität, 26, 42, 56, 83, 98, 116, 286, 331, **367**, 381, 384, 413
Vokabular, kontrolliertes, 245

Volkszählung, 75
Von-Neumann-Maschinen, 267
Vorderwelt, 382

W
Wachstum, 234
    Welt ohne W., 181
Waffensysteme, autonome, 190
Wahl-O-Mat, 260
Wahlmanipulationen, 253
Wahlwerbung, 175
Wahrnehmung, 209
Wahrnehmungstheorie, 72
Wahrscheinlichkeit, 311
    mathematisch, 411
    Simulation, 306
Wanzen
    elektronisch, 338
Webstuhl, 19
WeChat, 258
Welt, 35, 351
Werbung, 176, 190
    Social Media Profil, 341
Wetter
    Unwetterwarnsystheme, 190
    W.simulation, 304
Whole Earth, 9
Wikileaks, 148
Wikipedia, 157, 401, 402
    Diskussionsseiten, 399
    Korpora, 402
Wirtschaftsethik, *siehe* Ethik
Wissen, 25, 54, 99, 155, 159, 319, 330, 367, **379**
    Asymmetrie, 338
    Bewahrung, 10
    explizit, 380
    Geltung, 379

Herstellungswissen, 383
implizit, 380
Komplexitätsreduktion, 379
unnötig, 382
Verwendungswissen, 383
W.produktion, 76
Wissenschaftsgeschichte, 74, 135
Wissensgeschichte, 238
World Wide Web, 159, 237

X
X, 397
XANADU (Projekt), 160
Xeno, 152, 230, 311, **389**
Xenofeminismus, 394
Xenophilie, 391
Xing, 404

Y
YOLO, 93, **399**
You online live once, siehe YOLO
YouTube, 115, 117, 400
   Kommentarbereich, 399

Z
Zahl, 13, 15, 82, 136–138
   Repräsentation, 139
   Z.reihe, 74
zählen, 265
Zahlzeichen, *siehe* Ziffer
Zeichen

alphanumerisch, 283
Bedeutung, 52
dematerialisiert, 230
Digitalisierung und Z.-Theorie, 323
Gebrauch, 86
indexikalisch, 42
operational, 15
System, 53
Träger, 52
Z.prozesse, 314
Z.signaturen, 84
Zeit, 302
Echtzeit, 55
Irreversibilität, 84
Zeitkanal, 415
Zeitkritik, 54
Zeitung, 347
Zellularer Automat, 278
Zensur, 253
Zettelkasten, 83, 156
Zielerfassung, 44
Ziffer, 13, 15, 190
   digit, 138
Zoom meeting, 375
zoon politikon, 254
Zukunft, 54, 135, 202, 281, 303, 311, 331, 379, **409**
Zuverlässigkeit
   Künstliche Intelligenz, 353
Zweidimensionalität, 84